中国人民纪念拉贝，是因为他对生命有大爱、对和平有追求。

——中国国家主席习近平2014年3月28日在德国科尔伯基金会的讲话

拉贝与中国

［德］托马斯·拉贝　编著

本书翻译组　译

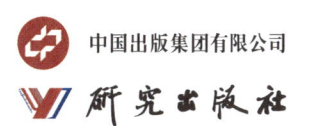

中国出版集团有限公司

研究出版社

图书在版编目（CIP）数据

拉贝与中国 /（德）托马斯·拉贝编著；本书翻译组译. — 北京：研究出版社，2024.1
ISBN 978-7-5199-1550-6

Ⅰ. ①拉… Ⅱ. ①托… ②本… Ⅲ. ①拉贝（Rabe, John 1882-1949）—生平事迹 Ⅳ. ① K835.167

中国国家版本馆 CIP 数据核字（2023）第 245363 号

出 品 人：陈建军
出版统筹：丁　波
策划编辑：张　琨
责任编辑：张　琨
助理编辑：于孟溪

拉贝与中国

[德] 托马斯·拉贝　编著
本书翻译组　译

研究出版社出版发行

（100006　北京市东城区灯市口大街 100 号华腾商务楼）
北京中科印刷有限公司印刷　新华书店经销
2024 年 1 月第 1 版　2024 年 5 月第 2 次印刷
开本：710 毫米 ×1000 毫米　1/16　印张：39.75
字数：521 千字
ISBN 978–7–5199–1550–6　定价：98.00 元
电话（010）64217619　64217652（发行部）

版权所有·侵权必究
凡购买本社图书，如有印制质量问题，我社负责调换。

本书翻译组

顾问 梁怡 张骥

审核 阮祥燕（率首都医科大学附属北京妇产医院翻译团队）

校对 谷牧青

翻译 程姣姣 豆竹丽 谷牧青 鞠蕊 靳灵鸽 金婧
　　　　蒋子雯 李萌 李春美 李婧 李扬璐 闵敏
　　　　罗穗豫 秦爽 田玄玄 王玉 王宾红 王月姣
　　　　王虎生 许新 许仲婷 杨瑜 张凌燕 赵越
　　　　张露平 张颖

序一

| 史明德
　　中国资深外交官、前驻德大使、中德友好协会会长

　　不久前，我收到托马斯·拉贝先生托人转来的一封信，希望我给他即将出版的《拉贝与中国》作序，我欣然接受了。

　　2020年正值中国人民抗日战争暨世界反法西斯战争胜利75周年。在我们无限缅怀无数为中国人民抗日战争抛头颅洒热血的先烈的同时，也怀着深深的感激之情纪念那些支持中国人民抗日斗争的许多国际友人，约翰·拉贝就是其中的一位。亲身经历了1937—1938年南京大屠杀的拉贝先生，与委员们一道在南京建立国际安全保护区，挽救了25万中国人的生命，被世人称为"中国的辛德勒"。他所留存的日记是迄今研究南京大屠杀数量最多、保存最完整和最有价值的历史文献。

　　我与拉贝家人的相识可以追溯到20世纪90年代，至今对此记忆犹新。当时我在中国驻波恩使馆工作，当获悉在柏林生活的拉贝外孙女乌苏拉·莱茵哈特夫人保存着已故拉贝老先生的日记时，我和梅兆荣大使立即飞往柏林，到莱茵哈特女士家里拜访，亲见并翻阅了保存完好的《拉贝日记》。在她家的车库里，我发现了存放在那里的拉贝先生的墓碑。后来，莱茵哈特将这座墓碑捐赠给了南京市政府。完整的《拉贝日记》（八本历史日记和两卷本家庭历史资料）由托马斯·拉贝于2017年捐给了中国国家档案馆。

　　约翰·拉贝先生于1950年病逝并葬于柏林西部的威廉皇帝纪念堂公墓。墓地的租契于1985年到期，此后拉贝的家人一直将墓碑保存于家中。经与

拉贝的家人商酌，南京市政府决定出资用以续租墓地和重修墓碑。2013年12月13日，墓碑落成仪式在拉贝墓地原址举行，我作为中国驻德国大使，和托马斯·拉贝先生及社会各界代表出席了这一活动。墓碑非常醒目，拉贝先生的浮雕肖像栩栩如生。这不是一块普通的墓碑，而是时任南京大学艺术学院院长、现任中国美术馆馆长吴为山无偿设计和制作的具有重要纪念意义的艺术作品。

托马斯·拉贝先生是德国海德堡大学妇产医院的妇科医生，因与中国特殊的渊源，他多次应邀来华出席重要活动，并与中国同行保持着密切的往来和合作。与此同时，他不断追寻祖父在中国的足迹，广泛搜集与祖父有关的资料和信息，历经10年撰写了《拉贝与中国》，这本书全面介绍了约翰·拉贝的一生，记录了他在中国生活工作30年，足迹遍布各地的详细情况，特别是他在南京大屠杀期间撰写日记的背景以及他的耳闻目睹和切肤感受。该书既是难得的珍贵史料，也是拉贝老先生热爱中国、珍爱生命、临危不惧和高尚的人道主义精神的真实写照。

我在这里特别要对托马斯·拉贝先生表示崇高的敬意和感谢！

2020年8月15日

序二

| 张建军

侵华日军南京大屠杀遇难同胞纪念馆原馆长

南京大屠杀史与国际和平研究院执行院长

约翰·拉贝先生及其家族与南京有着一段跨越80多年的特殊情缘。

在生死攸关的战争时刻,拉贝先生选择与中国朋友共命运。1937年秋冬,面对日军对南京的空袭和进犯,已在中国生活了近30年的拉贝先生,决定留在南京。他在日记里写道:"善待了我30年之久的我的东道主国家遭遇了严重的困难,我们难道不应该设法帮助他们吗?至少救救一些人吧。"他的日记《敌机飞临南京》,详细记录了日军在南京的暴行,收录了大量图片、简报、信函等资料,为世人留下了十分珍贵的南京大屠杀史料。

战争是冷酷的,但人性是温暖的。时任西门子中国公司总代理(驻南京)的拉贝,充分利用了自己的特殊身份,在20多位同样留在南京的外籍同事的推举下,出任人道主义救援机构——南京安全区国际委员会的主席。在南京大屠杀那些腥风血雨的日子里,他们共同救助了25万名难民,创造了战时救助难民的壮举。值得一提的是,拉贝将自己的住宅作为难民收容所,在中国同事的协助下,保护了650名难民。受助的人们感激地称他是"活菩萨"。

拉贝回到德国后,延续着与中国的友谊。1938年5月,拉贝在柏林作了多场有关日军在南京施以暴行的报告,并放映了美国牧师约翰·马吉拍摄的南京大屠杀纪实影片,为此他受到纳粹的警告和调查,工作和生活都受到了严重的影响。战后，拉贝一家穷困潦倒。闻讯后的南京市民自发募集资金，购买食物寄到拉贝家中，为拉贝一家送去了温暖。

拉贝先生离开我们已经70多年了，但南京市民却从来没有忘记他。南京市政府出资修缮并续租了拉贝墓地，拉贝的墓碑在我馆永久保存。我馆展陈突出展示了拉贝的人道主义救援事迹，组织了一年一届的"感恩·南京安全区"国际和平徒步活动，用脚步寻访拉贝在南京的足迹。

托马斯·拉贝先生以拉贝后人的独特视角，为我们再现了他的祖父追求和平的一生，以及他的家族为维护历史事实与和平所做的努力。相信读者通过这本书，将对拉贝及其家族有更多的认识和了解。当今，与拉贝生活的时代相比，世界已更加成为一个命运共同体。2020年春，我们为拉贝的后人捐赠了抗疫物资，共同应对肆虐全球的Covid-19病毒。我们相信，就像南京大屠杀的黑暗岁月终将过去一样，阴暗过后，必有晴天！

谨以此序，再次表达对约翰·拉贝的感恩和敬意！

2020年11月23日

序三

| 梁　怡

　　北京联合大学人文社科部原主任，教授
　　约翰·拉贝北京交流中心首席专家
　　第四届约翰·拉贝和平奖获得者

　　由托马斯·拉贝主席编著的《拉贝与中国》是一部全面了解其祖父约翰·拉贝先生的优秀著作。1937年侵华日军制造南京大屠杀期间，约翰·拉贝先生作为国际委员会主席，领导委员会建立了安全区，使25万南京平民免遭日军的残害，他因此义举闻名于世，永载史册。2003年，我在德国作高级访问学者期间，曾经租住在托马斯·拉贝教授的家中，并有幸见到了全部的约翰·拉贝日记的手稿。当时，记录日军在南京暴行的多卷合集的中文译本《拉贝日记》已经出版。2009年我又将记录他在北京生活期间的5卷本手稿合集，以《我眼中的北京》为书名出了中文版本。尽管如此，我仍深感对于约翰·拉贝先生的了解还是很有限的。近些年，托马斯·拉贝先生从他祖父日记中选取出主要的内容，又将埃尔温·维克特、乌苏拉·莱茵哈特、鲁特·哈罗和罗梅君等人作品中的部分内容组合在一起，陆续编辑成这本书，包括德文版、英文版和西班牙文版。现在，其中译本即将问世，他的努力、他的用心和他崇高的历史使命感真是令我非常感慨。

　　托马斯·拉贝是一名妇产科医生。一般讲，孙子整理祖父的日记，即使是历史专业难度也不小。然而，作为一名历史研究者，我还是非常想赞扬他的这本书。

第一，这是一本以历史文献为基础，完整、客观地介绍约翰·拉贝生平的著作。书中用大量的文字、图片等历史档案，向世人全面展示了约翰·拉贝先生不平凡的一生。作者不是历史学者，但是选取、引用的资料都做到出处清楚，有凭有据。虽非个人档案集，但多数内容均可以当成档案文献使用。而且，作者在每个章节里都写上自己的感想和分析，非常讲究。

第二，这本书从多方面、多角度记录历史。不仅有自己祖父的日记手稿及其不同历史阶段的收藏，还将约翰·拉贝先生朋友的相关文献选进来。尤其是作为南京安全区国际委员会主席，当年他与委员会成员们、南京国际红十字会、南京市政府、中国军方以及日本、德国、美国等驻华使领馆官员接触的情况都作为典型的文献资料选编了进来，非常利于读者对这段历史有更为全面的了解和分析。

第三，这本书反映了约翰·拉贝先生在中国30年的经历。从26岁到56岁，拉贝先生的足迹遍布北京（17年）、天津（6年）、南京（7年）等地。今天，人们在赞扬他南京义举彰显了国际人道主义精神的同时，更应该追溯他在中国的历史足迹和精神向往。本书展示了约翰·拉贝在中国各地游历的照片、收藏的古玩和画册，以及大量的个人体会，这些都为人们提供解读他当年壮举的思想和情感依据，即30年间他与中国人民建立起来的深厚友谊和对中国文化的尊重与欣赏。

第四，这是一本传承和延续拉贝家族与中国人民友谊的书。这本书不仅有历史，也有当下。作为中国政府友谊奖获得者，托马斯·拉贝高度认同习近平主席倡导的人类命运共同体理念，在全世界建立了6个拉贝中心（其中两个在中国），以弘扬其祖父的人道主义精神。

更值得称赞的是,他每年到北京,必定为大学生或市民做专题讲座,介绍约翰·拉贝事迹及其中体现的国际人道主义精神,并竭尽自己所能为中德两国的医疗事业作出实际的贡献,将习近平主席赞扬他祖父"对生命有大爱、对和平有追求"的精神传承和发扬光大。

衷心祝愿托马斯·拉贝教授的著作获得热烈好评。

2020年9月1日

序四

| 杨善友
　　南京大学拉贝与国际安全区纪念馆主任

　　2020年是中国人民抗日战争暨世界反法西斯战争胜利75周年，也是"南京好人"约翰·拉贝逝世70周年。托马斯·拉贝10年辛苦编著的《拉贝与中国》即将付梓，具有重要的纪念意义。托马斯·拉贝因其祖父约翰·拉贝与我结缘，是对我生活影响至深的一个人。英语里有一句谚语：如果你不相信一个信使，你就不会相信他所带给你的信息。按照这个逻辑，我觉得很有必要对托马斯·拉贝相关情况首先做一介绍。作者是德国海德堡大学教授，亦是一位妇产科医生，其身份和职业对于写作所需要的严谨和精确可谓锦上添花。更令我感动的是他对中国政府和人民一以贯之的友好和热爱。其居所内，无论是书橱中的艺术品，还是窗台上的纪念物，中国元素随处可见。离家不远的海德堡约翰·拉贝交流中心更是为中国留学生和访问学者们提供了开展和平项目的平台。他荣获中国政府"友谊奖"和南京荣誉市民的称号可谓实至名归。

　　《拉贝与中国》是关于约翰·拉贝研究的最新成果。约翰·拉贝的档案资料主要由两部分构成：一部分是约翰·拉贝自己撰写的原著，共有20多本书稿，其中最重要的部分已经编辑出版，包括中文版、德文版、日文版和英文版的拉贝日记，梁怡主编的拉贝日记北京卷《我眼中的北京》，中国国家档案馆主编的《拉贝日记（影印本）》等。第二部分是他人编著的研究成果。就书名含有"拉贝"的著作而言，就有黄慧英著的《拉贝传》、托马斯·拉贝编著的《约翰·拉贝画传》、何建明撰写的《拉贝先生——南京大屠杀中的"洋菩萨"》、哈璐特（即鲁特·哈罗）著的《拉贝在中国》、汤道銮主编的《黑夜里的烛光——拉贝与南京安全区国际救援研究》、王卫星著的《约翰·拉贝》等。

比较而言，托马斯·拉贝的这本书具有以下特点：

1. 广泛地占有史料。托马斯·拉贝不仅继承了拉贝家族的文化遗产，而且在书中还部分涉猎了其他相关研究成果。读者或许从只言片语中就能感受到约翰·拉贝由于对工作的敬业，对人类的关爱，以及克服困难的勇气，从而活出了生命的意义；或许从字里行间依然能体会到温暖与感动。

2. 作为约翰·拉贝之孙，通过父母的言传身教，祖父的优秀品质对他而言是渗透血脉的。因此，其所著作品给我们传递的信息是别人无法替代的。

3. 书中既有史海钩沉，又有现实观照。作者虽然记录了历史和现实的一个个片段，却都是生活中的雪泥鸿爪，不仅再现了约翰·拉贝的一生，而且具有鲜明的时代气息。

约翰·拉贝，立德立言，功在不朽。在侵华日军南京大屠杀期间，很多人都纷纷离开了南京，他却无畏地做一个逆行者，带领一批为正义而战的勇士，为保护25万人摩顶放踵，连同他的日记一起，成为那段历史的证人证言。作为纪念，坐落于南京大学校园内的拉贝故居，于2006年建设为拉贝纪念馆。开馆以来，共计接待近30万名中外来宾。随着被列入国际和平博物馆、第七批全国重点文物保护单位、第一批国家级抗战纪念遗址，拉贝纪念馆将一如既往地在国际舞台上弘扬中华民族铭记历史、珍爱和平的优良传统。

以上所序，只是我可以描述的部分。也许那些力有不逮之处，才真正精彩。希望读者通过阅读本书，"多识前言往行，以畜其德"。

2020 年 11 月 23 日

译者序

| 阮祥燕

　　首都医科大学附属北京妇产医院妇科内分泌科主任
　　绝经门诊项目中心主任，生育力保护中心主任
　　首都医科大学妇产科学系副主任
　　托马斯·拉贝中国医学合作伙伴

　　认识托马斯·拉贝始于 2010 年我到德国图宾根大学妇产医院的首次访问学习。我的导师阿尔弗雷德·缪克（Alfred O. Mueck）教授（2015 年度中国政府"友谊奖"获得者）是托马斯·拉贝几十年的好朋友，他引荐托马斯·拉贝与我认识。他说，托马斯·拉贝的家族与中国有着特殊的渊源，他的祖父约翰·拉贝在南京大屠杀期间保护了 25 万中国人，有一部电影叫《拉贝日记》，展现的就是他的这一伟大壮举。回国后，我找到这部电影，认真看了几遍，被约翰·拉贝等国际友人在中国人民的危难关头做出的国际人道主义义举及其伟大精神深深感动。

　　幸运的是，我与托马斯·拉贝是同行，我们都是妇产科医生，是主攻生殖与妇科内分泌领域的专家。2013 年托马斯·拉贝教授欣然接受我的邀请，来北京进行更年期与妇科内分泌相关问题的国际研讨。同时，我以大会执行主席的身份请他做了一场"约翰·拉贝在中国"的报告。拉贝教授在报告的最后表示，要将祖父与中国的友谊继续传递下去。作为一位妇产科医生，他非常愿意将自己擅长的专业和技术与中国同道分享。这场报告感动了所有参会人员，会场掌声经久不息，诸多医生和大学生们纷纷与托马斯·拉贝合影留念。2014年，首都医科大学向托马斯·拉贝教授颁发了客座教授聘书。

此后，我们合著的三部学术著作《妇科内分泌学热点聚焦》《生殖内分泌学热点聚焦》《生殖内分泌学临床实践》先后由人民卫生出版社出版，第四部医学合著《更年期与妇科内分泌疑难病例评析》也将于 2021 年出版。首都医科大学与人民卫生出版社联合申请创刊《妇科内分泌与生殖医学》英文杂志，我拟任主编，托马斯·拉贝教授、阿尔弗雷德·缪克教授将任荣誉主编。我与托马斯·拉贝从相识到合作 10 余年来，北京妇产医院在更年期、妇科内分泌与生育力保护方面获得 20 项以上国内第一或国内唯一的创新性项目成果。基于托马斯·拉贝本人对中国医学事业的杰出贡献，2018 年，经我们申请他获得了中国政府"友谊奖"殊荣。2019 年在中华人民共和国成立 70 周年之际，托马斯·拉贝教授作为首都医科大学的客座教授和中国科技部重要的高端外国专家，再次应邀出席天安门国庆观礼庆典。

多年来，托马斯·拉贝希望《拉贝与中国》一书中文版在中国发行，以教育更多的青少年致力于世界友好与和平。感谢托马斯·拉贝将祖父的德文日记及相关文献做了英文解读，使得我和我的医学研究生团队 27 人翻译了《拉贝与中国》。我们有的是热情，但我们不太熟悉历史。于是，请梁怡教授等历史学家做审校，以期对书中提及的重要历史人物和事件尽量翻译准确。

历经两年多的反复修改，中文译本《拉贝与中国》初稿得以完成，但难免有疏漏之处，敬请专家与读者指正。作为一个中国人，我非常感谢托马斯·拉贝对此书付出的心血与贡献，正如他本人所说，祖父的日记对中国更重要。我想说，托马斯·拉贝对祖父日记及其精神的解读同样对中国更重要。

2020 年 11 月 23 日

中国·北京

前　言

托马斯·拉贝

我的祖父约翰·拉贝先生是在我出生前一年不幸逝世的。我编撰这本书，希冀借此抒怀，同时，探寻祖父的人生印迹，他的追求、与中国的情缘，特别是1937年至1938年侵华日军攻占南京后他在城中熬过的日日夜夜。

（一）

1937年7月7日中国抗日战争全面爆发后，为躲避日军蹂躏，从8月到12月，上海、苏州、无锡、镇江、杭州、芜湖和南京等地被迫逃离家园的中国百姓就达1800万人，45万人不得不栖身难民营。而在12月13日日军占领南京后开始的大屠杀中，不幸罹难的中国军民人数高达30万（田伯烈 Timperley，1938）。

南京当时是中国的首都。日本军队1937年12月13日破城之前，在英美军舰的帮助下，各国使馆的外交官于11月底和12月初都纷纷撤离，直到1938年2月初局势稍稍稳定后才陆续返回使馆。

这期间留在城里的外国人只有27个，其中，19个美国人、1个英国人、2个俄国人和5个德国人。这5个德国人来自不同行业：我祖父是德国西门子公司中国分公司总代理（旧时，对外国在中国开设的商行称为"洋行"，因而那

| 拉贝与中国

2006年10月31日，托马斯·拉贝向约翰·拉贝故居内的约翰·拉贝雕像献花

时的西门子公司在中国称为"西门子洋行"。本书中，一律以"公司"统称——译者注）。克里斯蒂安·克勒格尔（Christian Kröger）是德国卡洛威茨公司驻中国的总代表，爱德华·施佩林（Edward Sperling）是上海一家保险公司的一名德国高管。19名美国人中有多名传教士，例如，约翰·马吉牧师（Rev. John G. Maggie）、W. P. 威尔逊·米尔斯牧师（Rev. W. P. Mills）、詹姆斯·麦卡伦牧师（Rev. James McCallum）、恩内斯特·福斯特牧师（Rev. Ernest H. Forster）等。还有在金陵大学任教的美国和英国人，例如，M. S. 贝茨博士（Dr. M. S. Bates）、查尔斯·里格斯（Charles Riggs）、刘易斯·史迈思博士（Dr. Lewis S. C. Smythe）和美国基督教青年会主任乔治·费奇先生（Mr. George Fitch）。还有两个美国人，南京鼓楼医院的外科医生罗伯特·威尔逊博士

（Dr. Robert O. Wilson）和金陵女子文理学院校务代理明妮·魏特琳女士（Mrs. Minnie Vautrin）。他们两人都是国际红十字会南京分会的成员。

值得一提的是，日军入城前，包括南京市市长、警察局长等在内的中国政府官员都逃离了南京城，留下来的绝大多数都是穷人中的穷人。

在那段最黑暗的日子里，我祖父与这些勇敢无畏的国际友好人士毅然成立了一个"南京安全区国际委员会"，祖父被推举为主席。

从一定意义上讲，祖父和南京安全区国际委员会承担起了市长留下来的部分事务。同时，他们以该委员会为依托，成功建立起一个面积约为4平方公里的"中立区"，即"国际安全保护区"，他们还在安全区内建起了25个难民营，从那场惨绝人寰的杀戮中拯救了约25万中国人的宝贵生命。

祖父在安全区内的房屋连同约500平方米的花园成了难民的避难所。正值天气寒冷，又赶上阴雨连绵，祖父竭力向他们提供饮用水、食品和一些基本生活用品，虽竭尽全力，栖息在花园临时搭建的雨棚下的人也只能睡在芦苇编织的席子上。为迷惑日军，约翰·拉贝将德国纳粹党的旗帜插在房顶。从日军1937年12月13日攻入南京到1938年2月，祖父的院子共庇护、拯救了约650名中国人。

对我祖父而言，1937年圣诞节最美丽的圣诞节礼物就是他能够在自己的住所和花园中保护650名中国难民的生命。1938年1月31日农历新年时，这些难民感激我的祖父并尊称他为"活菩萨"。

令人不堪回首但永远挥之不去的是，在祖父和南京安全区国际委员会所辖的4平方公里安全保护区以外，南京已变成一座人间地狱。攻入南京后的日本军人残忍杀害了滞留下来的包括已放下武器的中国军人（日军的说法是"不得享有战俘身份"）以及妇女、儿童和老人在内的普通民众30多万人，他们遭受了各种暴行，被活埋、溺水、强奸，被刺刀捅杀、机枪扫射等，敌人的手段可谓无所不用其极，残忍程度登峰造极。我的祖父将这一切都以日记的形式记录了下来，多达 10 卷，2000 多页（www.john-rabe.de）。这段真实的历史就定格在了 1937 年和 1938 年的中国南京。

这批被完整保存下来的原始记录对历史学家客观认识那段历史有重要意义。

同时它也让我们看到，当一个人胸怀道德勇气和人间大爱时就能创造奇迹，特别是当这个人能够将志同道合者团结在一起时，就能将一切伟大的愿景变为现实。从这个意义上讲，我的祖父无疑是一个范例。

（二）

我的祖父与祖母道拉·拉贝（Dora Rabe）于日军占领南京第二年离开中国返回德国后居住在柏林。祖父于 1950 年不幸逝世。

因我是 1951 年出生的，我对祖父约翰·拉贝的最初了解和逐步认识都来自父亲奥托·拉贝（Otto Rabe）。有意义的是，父亲 1917 年生于中国北京，并跟随祖父祖母在中国生活到 14 岁才返回德国。我记得，小时候父亲经常对我们说，孩子们应该深入了解你们的祖父约翰·拉贝。乌苏拉·莱茵哈特是约翰·拉贝的外孙女，她和家人与我们家相邻而居，所以我也从她那里了解到不少关于祖父的故事。

在我们这些孩子们的脑子里，父亲讲的很多他在中国的经历，就像天方夜谭。其中戈壁沙漠的沙尘暴、靠近天津的北戴河休假胜地以及那些海滨小屋里的白蚁，还有父亲捉蛇时的惊险尤其引人入胜。那时父亲在加格瑙小城（Gaggenau）做执业医生，我们全家都住在那里。祖父的日记就存放在家中小阁楼的木箱中。出于强烈的好奇，我多次询问父母有关那些日记的事。但是，直到我高中毕业前夕才知道这些日记是关于祖父在中国的故事，特别是他从侵华日军枪口下拯救中国人的事迹。

现在回想起来，我完全能够理解父母亲当初不希望过早让孩子们看到那些包括战争暴行照片的初衷。父母毕竟亲身经历了那场可怕的世界大战，还亲眼见证了1958年的柏林危机、1961年8月13日民主德国（东德）修建柏林墙、1962年古巴导弹危机等。他们深知战争究竟意味着什么，因此不再愿意看到战争。记得我快上小学时，凯泽斯劳腾和加格瑙等地仍有一些第二次世界大战留下来的炸弹坑。为防止发生危险，父母不允许我们在那里做游戏。

直到上小学后，我才陆续从影视作品中接触到第二次世界大战和战争中发生的那些大屠杀的场面。而当我直接接触祖父的那些珍贵日记时，已经是一名医学院的学生了。时至今天，我首次翻开祖父在南京大屠杀期间所写日记时的情景仍历历在目。翻读这些日记中的某些段落，呈现在我眼前的是触目惊心的一个又一个战争场面和充满死亡的恐怖世界，同时还有我的祖父在日本人进攻南京时，不顾个人安危全力帮助中国平民的一些细节。当时我想，作为一个人，面对死亡，祖父内心肯定也充满恐惧，但他更有坚强的信念。

（三）

通过祖父的日记，我不但了解到祖父与中国的情缘，同时还知晓了祖父返回德国后遭遇的那些不公和不幸。在相当一段时期，纳粹德国与第二次世界大战有关的一切事情对我们孩子来说都属于禁忌，我们对其中的微妙关系不甚了解。后来，当从祖父的有关南京的书中得知他的德国国家社会主义工人党（NSDAP纳粹）身份时，我们的确感到不可思议。

在过去相当一段岁月中，人们对他的事迹一无所知。由于1937年德国与日本结盟，祖父约翰·拉贝却在战争中帮助了盟友日本的战争对手——中国，当他和家人于1938年返回德国柏林后，遭受到歧视和不公正的待遇。盖世太保把他带走并进行审讯，最后要求他对在南京目睹的日军暴行保持沉默，并强迫祖父给希特勒写一封信，保证将对南京发生的一切保持沉默。此外，将他保存的美国传教士约翰·马吉拍摄的南京大屠杀的胶片没收。万幸的是，祖父被允许保留了自己的那些日记。

第二次世界大战结束后，他更加感觉到在战争中的危难时刻帮助他人是多么重要，并不断对自己的纳粹身份进行深刻反思。而在1937年，祖父并没有认识到德国纳粹的邪恶，并相信包括纳粹领袖阿道夫·希特勒本人在内的任何一个纳粹党成员都是"像你和我一样的普通人"。那么，是否因为祖父曾经的纳粹党员身份，就能说他不是一个好人吗？对这个问题，可以听听埃尔温·维克特博士（Dr. Erwin Wickert）的观点。

（四）

埃尔温·维克特博士是祖父的挚友，他俩1936年在南京相识，后来维克特博士曾任德国驻中国大使，他与祖父的友情及他的驻华大使经历对我深入了解并认识祖父及其相关历史帮助很大。维克特博士于1997年公开出版了祖父的部分日记，正书名为"约翰·拉贝——南京的德国好人"，副标题是"一个南京人的日记"，之后兰登书屋等两家出版社先后出版了这本书，该书后来被分别译成了英、中、日、韩等多种语言。就内容而言，它主要反映了祖父在南京的经历，但维克特博士附了自己的一些点评，这很有意义。特别是，我获准使用这部作品的任何内容。维克特博士还帮助审读了我的这篇前言。他给予祖父约翰·拉贝"一个伟大的德国公民"的评价令人感怀。

（五）

在本书中，我将按年代顺序介绍祖父。从他在德国出生开始到第二次世界大战后重返德国。其中主要包括他的童年和青年时期、他在非洲和中国，特别是 1937 年至 1938 年他在南京的岁月。主要参考文献如下：

1. 德文版的《拉贝传记》(*Rabe's Biogra—vieh*)，在德语中，"Biogra" 的意思是传记，"vieh"，这里是乌鸦，拉贝家族的名字取自这种动物。这本书主要从约翰·拉贝在汉堡出生一直到他在非洲接受商业培训结束为止。

2. 《我眼中的北京》(*Peking, Wie Ich es Sah*)，包含《慈禧太后最后的诏书》(*The Last Edicts of the Great Last Empress Widow Tsu-Hsi*，共 5 卷)，主要介绍中国清王朝末年的情况及 1906 年至 1924 年间北京人的社会生活、中国社会和文化状况等。

3. 《我在中国西门子的四分之一世纪》(*A Quarter of a century at the Siemens Group in China*)，概述了祖父作为西门子公司员工，在中国 25 年的工作经历。这期间，他先后在西门子驻北平、天津和南京公司任职，直到 1938 年返回德国。

4. 《敌机飞临南京》(*Feindliche Flieger Über Nanking*)(1—6 卷，共 8 本)、《轰炸南京》(*Bomben Über Nanking*)（共 2 册），记录着祖父 1937 年在南京的经历，直到 1938 年初他被召回德国。

5. 《我的父母》(*Mein Elternhaus*)，主要介绍了祖父及家人 1925 年至 1930 年在天津的工作和生活。

6. 《族谱》(*Loose-leaf Collection on the Family Chronicle*)，其活页本中主要记录着许多关于祖父的先辈们的故事和祖父在非洲的见闻。

7. 《弥勒佛》（*The Laughing Buddha*）和《中国的百宝箱》（*Remnants of the Chinese Chest*），是两部关于拉贝家族以及中国艺术品和文化的书。
8. 在德国秘密警察盖世太保严令祖父保持沉默后，祖父只写了一本名为《1945年后》（*Nach 1945*）的日记，其中真实地记录了第二次世界大战结束后祖父及家人所经受的苦难，饥饿差点夺走他和家人的生命。他们不得不拿从中国带回的中国地毯等物品去交换土豆充饥。

《约翰·拉贝》使我们深受启发。这部影片由奥斯卡奖得主佛罗瑞·加仑伯格（Florian Gallenberger）担任导演，乌尔里希·图库尔（Ulrich Tukur）扮演约翰·拉贝，史蒂夫·布西密（Steve Buscemi）饰威尔逊博士（Dr. Wilson），丹尼尔·布鲁赫（Daniel Brühl）演罗森博士（Dr. Rosen），制片人是米莎·霍夫曼（Mischa Hoffmann）、杰恩·莫伊特（Jan Moyto）和本杰明·赫曼（Benjamin Herrmann）。除此之外，由唐建平创作的歌剧《拉贝日记》也带给中外观众深深的感动。

（六）

作为约翰·拉贝的后代，牢记历史的意义在于传承。

2005年，我与家人在海德堡建立了约翰·拉贝交流中心，并陆续收集到约翰·拉贝写的20余本手稿。遗憾的是，在第二次世界大战战乱中，祖父的另外3本书和一些珍贵的近代文献不幸遗失了，那三本书是：《孔夫子的一生》（*Das Leben des Konfuzius*）、《旧衣与废铁》（*Plünn und Knoken*）和《镶银边的画集》（*Das Bilderbuch mit den Silberecken*）。

有意义的是，该中心所有收藏的祖父约翰·拉贝编写的有关近代历史的文献，包括中日1937年至1938年南京大屠杀的日记，均对访问者开放。我还代表约翰·拉贝的后人接待了不少历史学家，其中包括参与"中日联合历史研究"项目的两国专家。

我与约翰·拉贝的外孙女乌苏拉·莱茵哈特夫人、我的两个兄弟安德烈亚斯·拉贝（Andreas Rabe）和迈克尔·拉贝（Michael Rabe）以及我妻子伊丽莎白·拉贝（Elisabeta Rabe）共同编撰此书，以进一步探讨约翰·拉贝的一生，从而更好地认识他所处的时代。通过此书的编写，我还体会到个人的力量是有限的，但只要有勇气、特别是有朋友们的帮助就可以取得成就。

写到这里，祖父日记中关于1938年南京早春的一段话浮现在我眼前："冬天即将过去，但寒风夹杂着雨水仍不断袭来，这对所有在难民营的人真是太糟糕了，他们饥寒交迫，心中充满对死亡的恐惧，期盼着明天就能离开这里……"

让我们不要忘记他们。我希望未来的世界是一个和平的家园，我还希望看到南京和广岛结为友好城市。

托马斯·拉贝

约翰·拉贝之孙代表拉贝家族

2020年10月

目　录

序一	1
序二	3
序三	5
序四	8
译者序	11
前言	13

第一章　拉贝其人　　1

第一节	约翰·拉贝小传	3
第二节	父母　童年　学徒岁月	11
第三节	约翰·拉贝在非洲	27
第四节	约翰·拉贝的家庭	33

第二章　平津往事　　47

第一节	约翰·拉贝在北京	49
第二节	遣返德国	61
第三节	约翰·拉贝在天津（1925—1931）	66

第三章	南京·南京	75
第一节	约翰·拉贝在南京（1931—1938）	77
第二节	南京大屠杀	106
第三节	国际舰船	212
第四章	见证历史	221
第一节	迈纳·瑟尔·贝茨	226
第二节	乔治·费奇	231
第三节	恩内斯特·福斯特	234
第四节	克里斯蒂安·雅各布·克勒格尔	238
第五节	约翰·马吉	244
第六节	詹姆斯·亨利·麦卡伦	251
第七节	威尔逊·普卢默·米尔斯	254
第八节	刘易斯·史迈思	258
第九节	爱德华·施佩林	266
第十节	明妮·魏特琳	273
第十一节	罗伯特·威尔逊	281
第十二节	奥斯卡·陶德曼	285
第十三节	保罗·沙尔芬贝格	294
第十四节	乔治·罗森博士	302
第十五节	南京的媒体人	335

第五章　重返德国　337

第一节　回国、演讲、禁言　339
第二节　致信希特勒　343
第三节　战后的生活　345
第四节　来自南京的援助　355
第五节　约翰与道拉之墓　359

第六章　后人感悟　369

第一节　鲁特·哈罗谈拉贝　375
第二节　埃尔温·维克特谈拉贝　381
第三节　外孙女眼中的外祖父　393
第四节　托马斯·拉贝谈祖父　398
第五节　幸存者和研究者眼中的拉贝　410
第六节　相关书籍及作品　421

第七章　永恒怀念　435

第一节　侵华日军南京大屠杀遇难同胞纪念馆　437
第二节　德国联邦总统与拉贝故居　444
第三节　托马斯·拉贝与南京大屠杀幸存者见面　455

第八章　多元演绎　457

第一节　拉贝日记的出版　459
第二节　拉贝日记的中文翻译工作　478
第三节　歌剧《拉贝日记》首演　483

| 第四节 | 电影《拉贝日记》 | 486 |

第九章　传承友谊　　489

第一节	南京荣誉市民	491
第二节	约翰·拉贝纪念铭牌	494
第三节	约翰·拉贝荣获"十大国际友人"奖	497
第四节	约翰·拉贝荣获"中国人民抗日战争胜利70周年"纪念章	500
第五节	2017年习近平主席接见约翰·拉贝的后人	501
第六节	向约翰·拉贝之孙颁发"中国政府友谊奖"	504
第七节	约翰·拉贝和平奖	506

第十章　命运与共　　523

第一节	在北京担任客座教授	525
第二节	内分泌科新诊室揭牌	527
第三节	约翰·拉贝海德堡和柏林展览	529
第四节	约翰·拉贝事迹在北京展览	534
第五节	海德堡约翰·拉贝交流中心	541
第六节	约翰·拉贝北京交流中心	549
第七节	国内与国际交流	555

附录1	中国近现代历史的大事件	561
附录2	约翰·拉贝所著文章和相关书籍	565
附录3	部分人名、地名及相关术语	589
鸣　谢		595

位于南京大学拉贝故居院内的约翰·拉贝像，中国美术馆馆长吴为山作品

南京的英雄

第一章

拉贝其人

JOHN RABE

第一节　约翰·拉贝小传

1882年11月23日，约翰·拉贝生于德国汉堡。他的父亲是一位船长，但很早就去世了，拉贝只得辍学离家当了两年半的学徒，之后又在汉堡一家出口商行作了一年半的伙计。

1903年，经老板推荐，约翰·拉贝前往非洲的莫桑比克劳伦莫那克。当时莫桑比克是葡萄牙的殖民地。他在当地的一家英国大公司找到一份工作，这得益于他能说一口不错的英语。

1906年，他因感染疟疾被迫返回德国。

1908年，他乘火车经西伯利亚大铁路前往中国，并在北京的一家说德语的公司工作。

1909年，他与在汉堡时结识的道拉在上海结婚。这对青梅竹马的恩爱夫妻在中国生活了30年，期间仅有短暂的别离。

1911年，他进入西门子北京公司。第一次世界大战期间，尽管1917年中国向德国宣战，拉贝仍选择留在中国。他从中德互利的角度说服了中国官员，同意他在战争期间继续负责西门子北平办事处的业务（1928年至1949年中国人民政治协商会议第一届全体会议闭幕，这期间北京称北平——译者注）。

1919年，德国战败，在中国的德国人也被视为侵略者，拉贝与在华的其他德国人一样像囚犯一样被从中国遣返。

1920年，他再次前往中国。可以说，他是走"后门"，即经日本返回中国的。最初，他以"玉丰（音）公司"（Yü Fong Co.）的名义，在北平重建了西门子公司。随后，他成为西门子中国公司北平分公司的商务总监。

1925 年，西门子公司将他平调到天津担任西门子天津分公司的销售部经理。第一个炎热的夏天，他带全家去北戴河避暑，他本人也休息了三个星期。在天津，他将家安在了俄租界。

1931 年，拉贝奉调前往首都南京出任西门子中国公司总代理，负责公司在中国的所有业务。他家住在广州路小桃园 10 号（现为广州路小粉桥 1 号），家旁边是一个小杏树园。

1933 年 10 月 15 日，他拿出院子北侧的一片土地开办了一所德国学校。

1934 年，为从德国政府获得办校所需资金，他加入了纳粹党，即德国国家社会主义工人党。

1936 年 11 月，为打击共产主义的蔓延，日本和德国签署了《反共产国际条约》。一年后，意大利加入了该条约。

1937 年 7 月 7 日，日本侵华战争全面爆发。中日两国军队在北平外围发生战斗，7 月 28 日，中国军队撤离北平。

1937 年 7 月 30 日，日军占领天津，8 月 13 日对上海发动进攻。在长达三个月的围困之后，上海沦陷，部分中国军队撤退到首都南京，日军紧随其后。

当时，居住在南京的外国人与南京政府官员和市民一起于 11 月从南京撤离。西门子总部命令拉贝从南京返回柏林。他安排女儿等家人回国，自己却拒绝离开南京。他与数名外国传教士、大学教师、医生和商人等一起建立了一个中立的"安全保护区"。在侵华日军占领南京后的混乱中，中国难民可以在这一安全区获得食物、衣服，并住在这里。

1937 年 11 月 22 日，拉贝被推选为由 15 名成员组成的南京安全区国际委员会主席。他们建立这个安全保护区的目的，是保护那些未能离开南京的中国军人和百姓免受日军的屠杀和暴行。

在南京西部的安全区内，外国使馆和金陵大学位于中心，在近 4 平方公里的范围内建立了 25 个难民营。约翰·拉贝的家也在这里。拉贝还向难民开放了自己的房屋和约500平方米的院子。在这里，总共约650人获得保护。

1937年12月1日，南京市市长及其他政府官员撤离并授权南京安全区国际委员会和约翰·拉贝主席接管该市管理工作。

1937年12月10日，中国军队在南京保卫战中失利后，日本军队开始攻入南京。

1937年12月13日，南京沦陷。此后，日军进行了长达6周的恐怖屠杀。拉贝和国际委员会的其他成员在日军进入南京后与其进行了多次会面，试图说服日军尊重国际安全保护区的边界。但是，他们提出的要求只收到了有限的效果。

拉贝在当天的日记中写道："如果不是亲眼所见，我无法相信这里所发生的一切。日本士兵砸开店铺的门窗，想拿什么就拿什么。……我看到一家德国起士林面包店被他们洗劫一空。……我们将大约1000名已放下武器的中国士兵安置在司法部大楼里，但有400至500人被日军捆绑起来从那里强行拖走。我们估计他们是被枪毙了，因为我们听到了不同型号机枪的扫射声。我们被日军的这种暴行惊呆了……"

在南京大屠杀中，日本军人对20万至35万放下武器的中国军人和平民进行了无差别的屠杀。这是20世纪历史上针对手无寸铁的平民和士兵的最大规模的屠杀之一。日军掠夺并烧毁了南京及周边城市，摧毁了三分之一以上的建筑物。被俘的中国军人或被活活烧死，或被活埋，或被斩首，或遭酷刑，或被刺刀捅死，或被集体枪杀。2万至8万名不同年龄段的中国妇女和女童遭强奸和残杀。成千上万的妇女被迫成为性奴隶，即"慰安妇"。

大约25万中国人进入安全保护区寻求庇护。他们很快成为安全保护区内的"永久居民"，而不是临时居民。他们当中有些是撤退时没能离开南京的中国军人。日军要求拉贝和安全保护区国际委员会交出这些人，并对安全区进行了几次巡查。但拉贝和国际委员会成员没有将他们交给日军。此外，他们还努力阻止日军在南京市内的暴行,并设法确保安全保护区内的难民得到必要的饮食和庇护。他们还致函各国政府,请求他们对日军的暴行进行干预并记录这些事件,以便使之受到国际媒体的关注。

拉贝用他的纳粹标志,例如袖章或万字旗,来防止日军的暴行。他多次写信给希特勒,请求他出面阻止日军的杀戮。与此同时,他与国际委员会其他成员一道记录了日军的各种行径,并将一些记录转交日本驻中国使馆,要求他们干预并制止。拉贝还在日记中记下了自己的经历。美国传教士约翰·马吉拍摄了这些事件。

拉贝在一篇日记中写道:"日军士兵三五成群地在城里游荡,抢走了所有能抢的东西。"

"他们不断强奸妇女和女童,杀害任何抵抗或试图逃跑的人,或者那些在错误时间出现在错误地方的可怜人。他们无差别地对成年女性和女童施暴。例如,8岁以下的女孩和70岁以上的妇女都遭到最残酷的蹂躏,然后被殴打并被杀害。我们发现一些妇女的尸体横在啤酒杯的碎片上,还有一些尸体被竹棍刺穿。我亲眼看见这些暴行,受害者中的一些人生前还与我交谈过,而在她们被运到鼓楼医院太平间后,我看到的只是她们的尸体。我个人保证我的报告的真实性。"

拉贝在另一则日记中说:"您或许认为这不可能,但即使在国际安全保护区内的妇女也会遭到日本军人的强奸。那里生活着5000至10000名妇女,而我们外国人又很有限,不可能同一时间在所有地方保护所有难民特别是妇女免遭日本军人的蹂躏。个人根本无力抵抗那些武装到牙齿上的魔鬼,这些魔鬼击毙任何一个试图自卫的人,这些魔鬼只尊重我们这些外国人,但几乎我们每个人都有数十次险些被害。我们互相问对方:'你还能忍受多长时间?'"

1937年12月19日,拉贝在当天的日记中写道:"6个日军士兵在黑暗中翻过我家花园的篱笆,试图从里边打开大门。当我在园中用手电筒照着其中一名士兵的脸时,他伸手去拿手枪,但当我向他吼叫并将我的纳粹袖章甩到他面前时,他的手又立刻缩了回去。随后,6个人全部在我的要求下翻过花园的篱笆离去。我家的大门绝不会向他们这样的无耻之徒打开。当时我庭院里有300至400名难民。我不记得到底有多少人是用草席、旧门板和临时搭建的简陋的铁皮棚抵御严寒和冰雪。"

1937年12月24日,拉贝写道:"圣诞节的气氛荡然无存。在过去几周中,我必须面对如此多的尸体,以至于当我看到这些死者的遗体时必须绷紧自己的神经,拼命控制住自己的感情,坚持用自己的眼睛见证这些暴行,以便以后作为目击者告诉世人。每个人都不能对这种暴行保持沉默。"

1938年2月18日,南京安全区国际委员会改名为一个新组织,即南京国际救济委员会。拉贝在南京的使命已完成,他接到德国西门子总部的指示,奉调命返回德国。

1938年2月23日,拉贝离开南京,乘英国军舰前往上海,然后与妻子道拉一同返回德国。之后,他与家人一起先在柏林西门子公司位于蒂尔曼街的西门子公寓居住了一年。

在德国,他试图唤起政府和民众对侵华日军在中国暴行的关注。他在柏林作了几场讲座,展示了一些照片,并播放了美国牧师约翰·马吉拍摄的影片,所有内容都涉及日军在中国的暴行。但因为当时德国是日本的盟国,拉贝的这些努力都四处碰壁,并被视为在帮助作为德国盟国日本的对手,而被押到位于柏林阿尔布莱希特亲王大街的盖世太保总部接受审讯。他在被迫承诺不再作讲座、不出版日记之后获释。1938年6月8日,他在给希特勒的一封信中再次被迫明确了这一点,并保证不再进行任何类似活动、不违反德国政府相关政策与规定。他的日记得以保留,但马吉拍摄的那些珍贵影像资料都被没收。

与此同时,基于拉贝在中国为拯救人的生命所做的工作,他获得了国际红十字会授予的"国际红十字会"的勋章、中国政府授予的"领绶采玉勋章"。

之后，拉贝再次受雇于西门子公司，并被该公司紧急派往阿富汗的西门子分公司继续工作。

从阿富汗返回德国后，拉贝和家人从1939年起住在柏林。但是他们的房子在第二次世界大战结束前被盟军炸毁了。

第二次世界大战结束后，拉贝一家的生活可从他写的几则日记中略见一斑。

"1945年7月2日：今天家里只剩下几片面包了。我们已经两周没能买到土豆了，但是我们希望今天能买到。"

"1945年8月24日：我们正在挨饿，但感谢上帝，我们没有被饿死。我们常常既没有土豆，也没有面包。但是在我们完全绝望之前，食品一次又一次地来到了家中，我们才得以活了下来。"

"1945年8月28日：我带回两个从俄国人卡车上掉下来的土豆，是两个。现在这是所有路人都在争着去抢的战利品，多么珍贵啊。动作必须要快，否则就得吃亏。是的，我们都饿到这种境地了。饥饿是痛苦的，但总是没完没了地抱怨并不能解决目前的困境。问题是，我们还能坚持多久？"

第二次世界大战结束初期，拉贝一家的生活情况十分艰难。柏林被美、英、法、苏四国占领后，最初拉贝在苏占区被苏联人强迫做搬运工业设备等重体力活。他和家人几乎被饿死，妻子道拉·拉贝的体重急剧下降至不到88磅（40公斤）。拉贝本人患有严重循环系统疾病和糖尿病，常常为了能喝上一盘汤而不得不干12小时的重体力活。

1946年初，当柏林再次有食物可供购买时，为了能买到食物，拉贝卖掉了一部分从中国带回的物品。

拉贝在1946年6月7日的日记中写道："我们用一条中国地毯通过中间人孔先生从特普佛夫人那里换回了300磅土豆（约136公斤）。这次总算是不缺吃的了。"

关于"去纳粹化问题"(Denazification):拉贝去纳粹化的手续办得极其艰难,首先受到苏联人审讯,然后又被英国人审讯和调查。

1946年4月18日,拉贝的去纳粹化申请被拒绝,理由包括两条:一是他曾临时代理过德国国家社会主义工人党(纳粹党)在南京的党小组长劳滕施拉格博士(Dr. Lautenschlager)的职务;二是他被认为"像他这样聪明的人完全可以不加入纳粹党"。其结果是,"自1946年5月3日起,我不能再到西门子办公室正式上班。假如1934年我在中国的时候就知道纳粹的种种暴行的话,那年我绝对不会加入德国国家社会主义工人党。假如1937年12月日军进攻南京时我作为一名德国人所持的政治立场与当时在南京的其他外国人相冲突的话,那几位英国人、美国人和丹麦人等绝不会推选我为南京安全区国际委员会主席。我成为当时南京成千上万难民的'活菩萨',而在自己的祖国我反倒成了'被社会遗弃的人'。不过这倒是能使我摆脱思乡之愁"。

1946年6月7日,拉贝完成了"去纳粹化"。他在6月3日的日记中写道:"我终于被夏洛滕堡的英占区'去纳粹委员会'宣布完成了'去纳粹化'。对我进行的一系列'去纳粹'调查的结论是:'尽管你曾经当过德国国家社会主义工人党南京党小组临时代理组长,并且你在返回德国后没有退党,但由于你在中国卓有成效地开展人道主义工作,本委员会决定并宣布你已经完成去纳粹化程序。'至此,一直折磨我的精神枷锁终于卸掉了。感谢上帝!感谢上帝!我收到了许多来自西门子公司朋友和领导的祝贺,公司宣布给我放几天假,让我能够从这些日子的巨大精神压力中恢复过来。"还有两件事给以他们心灵的慰藉和精神的解脱:

一是"去纳粹化委员会"在继1946年6月做出上述结论后,公布了后续调查的最终结果:约翰·拉贝当年只是德国国家社会主义工人党的一个普通党员,在党内没有担任过任何职务。"去纳粹化委员会"1946年6月7日的决定是最终决定。

| 拉贝与中国

西门子公司总部因此决定继续聘用拉贝。不过，西门子公司总部自1938年将拉贝从中国调回后，主要安排他做一些翻译工作，再也没有任命他担任过该公司任何部门的任何领导职务。

二是来自中国的支持和援助。拉贝曾拯救过的中国人始终惦记着他和他的家人。他们为拉贝募捐了约2000美金，将这笔钱寄给了在美国的米尔斯（Mills）牧师的夫人，请他将食物包裹寄给约翰·拉贝。那时约翰·拉贝由于缺乏营养正患一种难受的皮肤病，服用了几罐子黄油和熏肉后才痊愈。就这点而言，寄来的食物救了他和家人的命。

此外，1947年，南京市市长代表南京人民正式提出在南京为拉贝提供住房和养老金，同时希望拉贝当年能去东京出席由盟国设立的远东军事法庭对日本战犯进行的起诉和审判，并出庭作证。但迟暮之年的约翰·拉贝疾病缠身，无法前往。他和家人一起，在柏林一直为西门子公司工作到去世（退休后仍在为西门子工作）。

1950年1月5日，拉贝因中风不幸逝世，葬于柏林夏洛滕堡的威廉纪念教堂墓园（Kaiser Wilhelm Memorial Cemetery in Berlin Charlottenburg）。

1997年，约翰·拉贝和妻子道拉·拉贝的墓碑被竖立在南京市的公墓，以纪念约翰·拉贝在南京大屠杀期间为拯救生命所做的贡献。拉贝在柏林的墓地仍然保留，南京市政府在此建有拉贝纪念墓地。

资料来源：

[1] www.john-rabe.de
[2] John Rabe Diaries
[3] Erwin Wickert (Ed.): *John Rabe. The Good German from Nanjing*. Deutsche Verlags-Anstalt, Stuttgart, 1997 (Diaries of Rabe). 443 pages. ISBN 3421050988

第二节　父母　童年　学徒岁月

约翰·拉贝的出生地——汉堡

约翰·拉贝于1882年11月23日生于汉堡。具体出生地点是汉堡港的福尔赛村4号，斯图本乌克大道的拐角处（见图1）。

房子上有一只乌鸦（我祖父在他的传记中画的）（见图2）。乌鸦单脚站立，右爪抓着一个球状物，象征对店铃保持警觉。如果你睡着了，这个球就会掉到地上。

约翰·拉贝在他的日记里写道

就像童话故事里说的那样，在记忆中，他将一只乌鸦放在屋脊上，它抬起右爪抓着一个球，球中有关于重新找到运输船队的消息。（永远保持清醒，不要睡觉！否则球会掉下来！）

图1 → 约翰·拉贝出生地的地图：福尔赛村4号，斯图本乌克大道街角
图2 → 约翰·拉贝传记中的漫画。他放置了一只乌鸦在屋脊上，其右爪抓着一个球

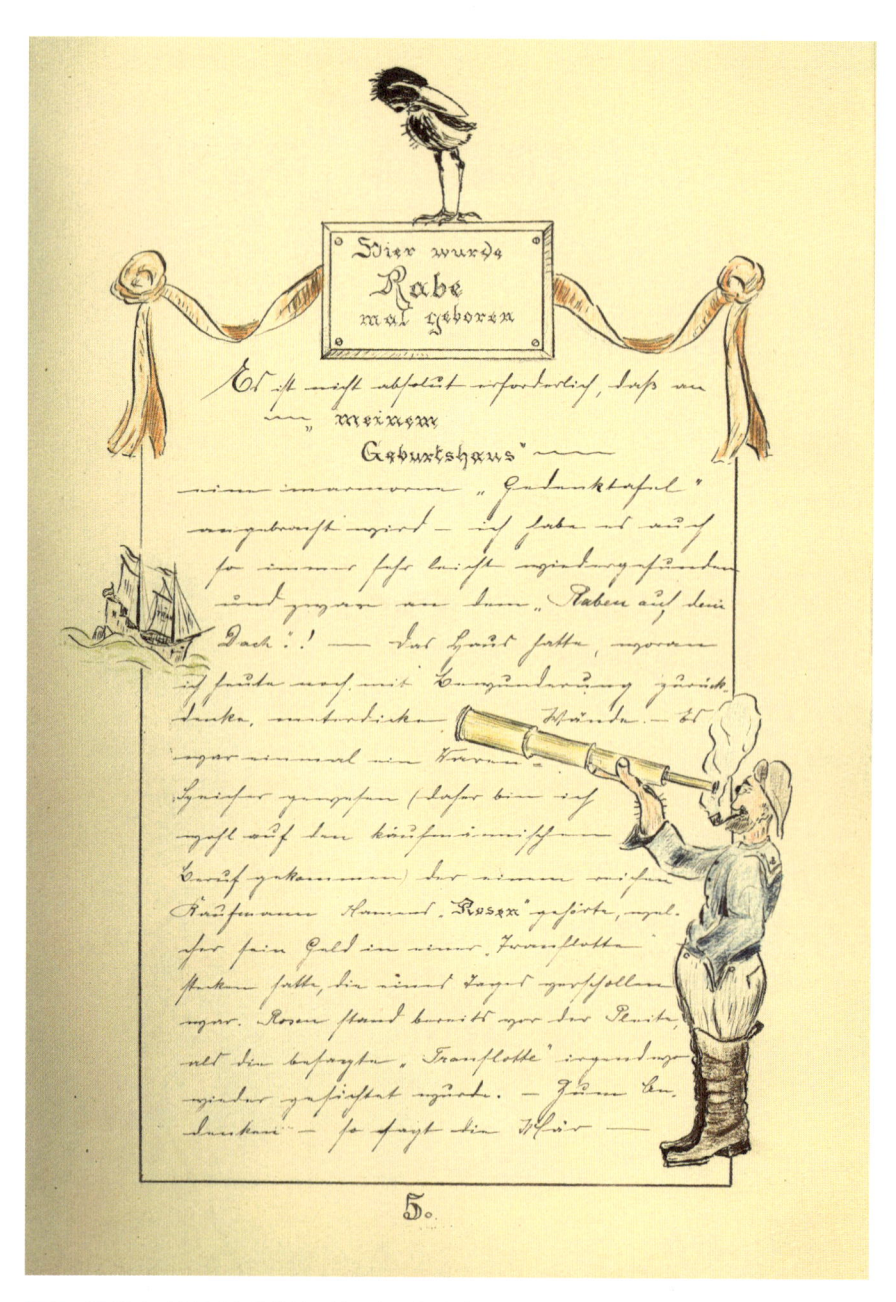

图3　1882年11月23日约翰·拉贝在汉堡出生。拉贝手稿原文页

图 4　约翰·拉贝的出生地汉堡
　←约翰·拉贝的画作　→当年明信片上汉堡港区的照片

早些时候的汉堡人总会做出一些特别的事。这再正常不过了！不管我的祖辈是否成为找到那个被认为已经失踪的"船队"的幸运者，或是将这个"船队"卖出去而获利，可惜的是我都没能找到这个失去的"船队"。我敢肯定，他们以前曾在这些船上劳作。

我的父母

摘自约翰·拉贝：《族谱》的活页

我的父亲马尔库斯·拉贝（Marcus Rabe）在青年时代生活艰辛，早早就被送到海上劳作。即使是如今，一个在船上打工的男孩仍然不能说有"纯粹的

| 拉贝与中国

快乐"的生活。那时还不像现在,轮船由汽轮机驱动,那时仅仅靠风帆航行,一次出海要航行三到四年。尽管如此,他还是当上了船长。

  青年时期的过度劳累和职业经历损害了他的健康。他曾在南太平洋,以及南美、澳大利亚和中国附近海域航行多年,而且在运河上也跑过船。身体状况多年来一直不佳,这也使他失去了航海生涯中最后的快乐。没有在迷雾中穿越过英吉利海峡的人,对此是无法理解的。即使那样,那时要改变职业也不是一件容易的事。因此,父亲不得不再次做起汉堡港的理货员来。后来,他又在汉堡港当起了航运公司的代表,以此来养家糊口。

注:此时,即 1882 年 11 月 23 日,约翰·拉贝出生了。不幸的是,在约翰·拉贝 16 岁的时候,他的父亲因胃癌英年早逝。

图5 约翰·拉贝在汉堡的出生地
↖ 一张老明信片上的约翰·拉贝在汉堡的出生地
↙ 楼下的房子里是个杂货店
(《约翰·拉贝画传》中的漫画)

图 6　约翰·拉贝的父母（1876 年 6 月 24 日结婚）
　　← 约翰·拉贝的父亲马尔库斯·拉贝（Marcus Rabe），生于 1846.1.3，卒于 1898.7.18
　　→ 约翰·拉贝的母亲安娜·拉贝（Anna Rabe），生于 1849.1.21，卒于 1916.7.16

摘自约翰·拉贝的传记手稿

　　我父亲叫马尔库斯，是汉堡—南美航线的船长。他是一位文雅诚恳、阅历十分丰富的绅士——对他，我真的说不出半个不字。

　　不幸的是，他去世得太早了！

　　我母亲无论过去还是现在，精力都很充沛。上帝保佑她还健在，所以我要保护好自己。不能说过头了，否则我要被掌嘴的。但我还要实话实说，她的字写得漂亮，而且写字时手腕很放松！（亲爱的妈妈，请你原谅，这是真实的！）

　　注：约翰·拉贝的母亲叫安娜·塞西莉·内·科恩（Anna Cecilie Nee Cölln），她是乌特森人（Uetersen）。

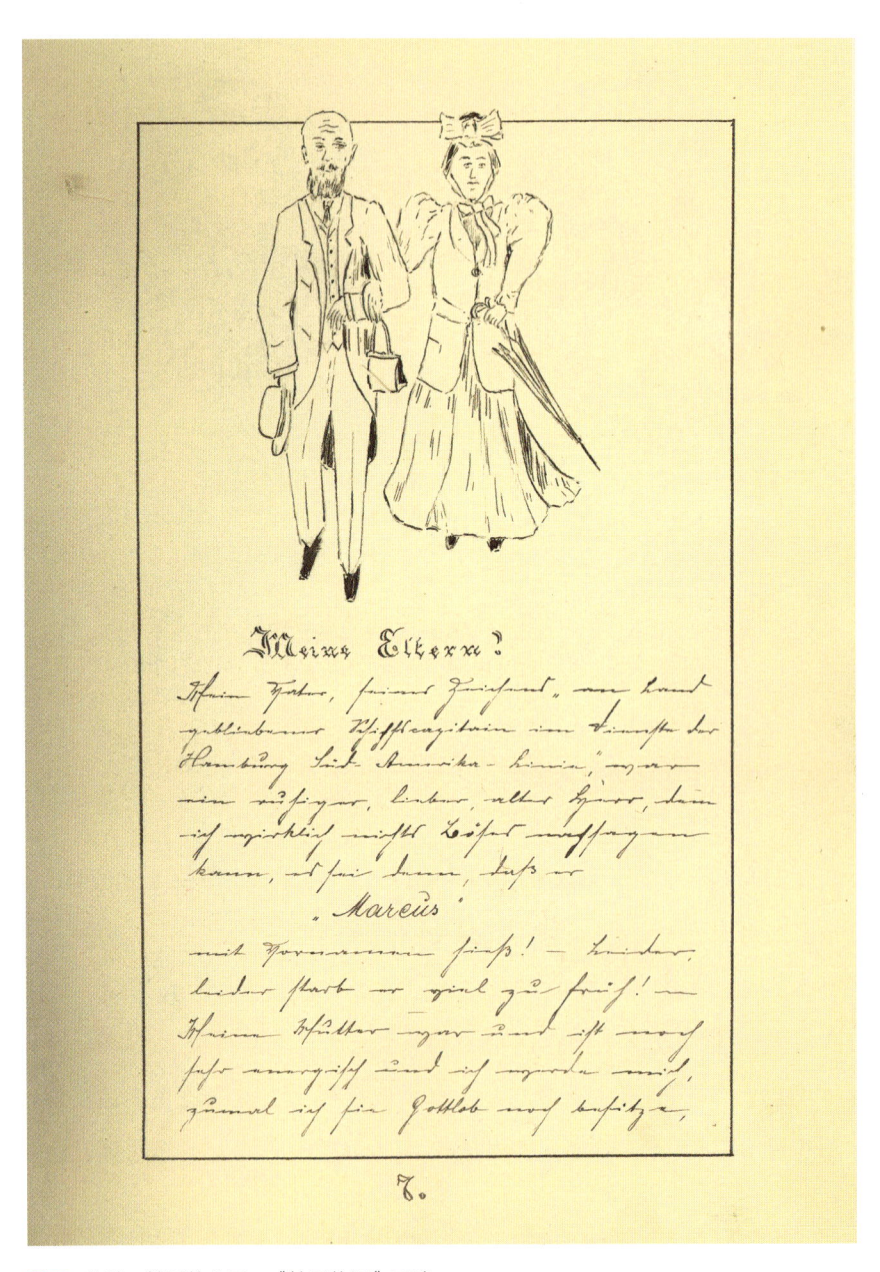

图7 约翰·拉贝的父母 《拉贝传记》手稿

拉贝家族姓氏的由来

拉贝家族的姓氏来自靠近丹麦的边境地区。18 世纪的马尔库斯·拉贝居住在岑讷（Tondern，见出生证明，图 9）。在南迁中，家族姓氏末尾的字母"n"丢掉了。自此，姓氏变为"Rabe"。

图 8　尼古拉和索菲亚·拉贝·安诺 1711 年位于岑讷的房子

图 9　18 世纪的马尔库斯·拉贝的出生证明。1769 年 11 月 1 日出生于岑讷
　　　原件来自：《约翰·拉贝家族的资料》，以后简称《族谱》

| 拉贝与中国

图 10　拉贝家族的族谱树，修订时间截止到约翰·拉贝的儿子奥托·拉贝（1917 年 5 月 13 日生于北京，2001 年 1 月 7 日逝世于拉施塔特）　原件来自：约翰·拉贝家族的《族谱》（活页）

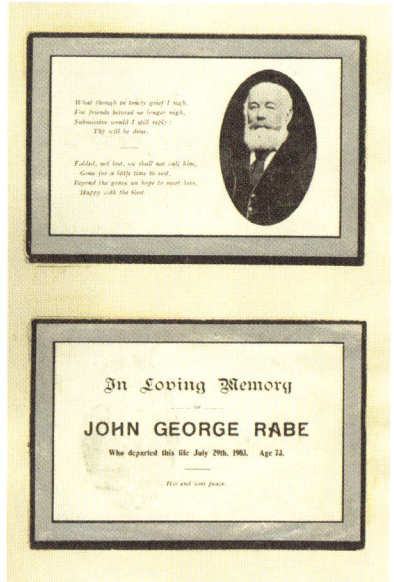

图 11　乔治·拉贝（1913 年 7 月 29 日去世）
源自：约翰·拉贝，《族谱》中姓氏的由来（活页）

伯祖父约翰·乔治·拉贝

摘自《拉贝传记》

我祖父有一个兄弟，年轻时移居澳大利亚。他的后代今天仍然住在那里。我的英文名字"约翰"要归功于伯祖父约翰·乔治·拉贝。

为此，德意志帝国驻北京大使馆永远不会原谅我！

伯祖父于 1913 年 7 月 29 日去世，享年 73 岁。

约翰·拉贝在他的《族谱》活页的另一处写道：

伯祖父给我起了英文洗礼名"约翰"，这让我欠了他一份人情（见图 11、图 12）。

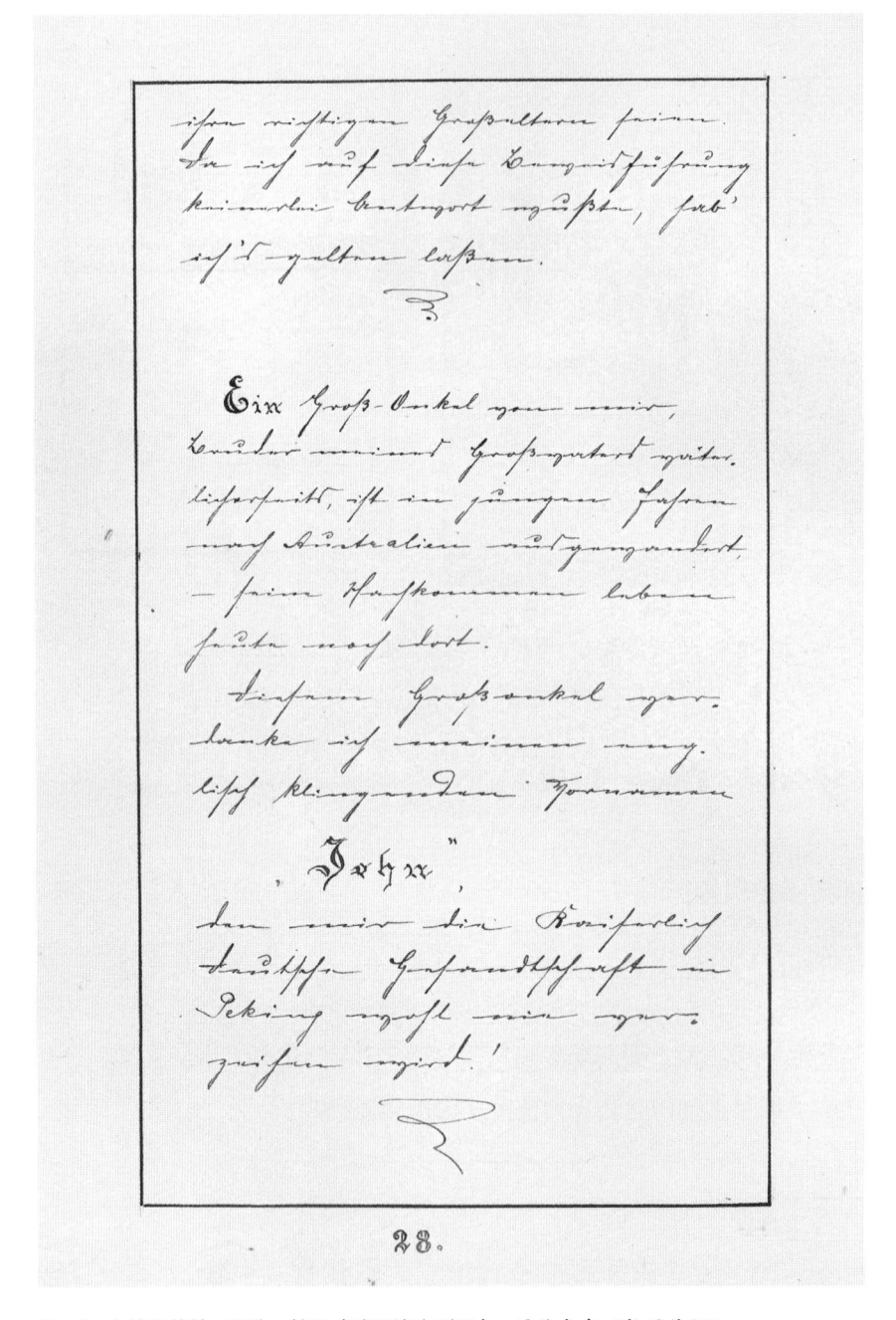

图12　大伯父约翰·乔治·拉贝（移居澳大利亚）　原件来自《拉贝传记》

约翰·拉贝的童年

我童年最早期收藏的一些好照片被保存了下来(见图13、图14)。在《银婚》一书中,有两张我和姐姐安娜的照片,分别拍摄于1885年和1888年,我在此附上一张。我在照片上穿的那套斜纹布西服是我的第一套正式西服,我把它保存了很长时间。这也是我唯一感到骄傲的西装。我的其他衣服都是妈妈自己做的。作为一名销售学徒,我仍然穿着妈妈做的西装。坦白地说,我并不太喜欢这套西服,因为妈妈通常给我的衣服做个"女士袖子"(有一个垫肩)。

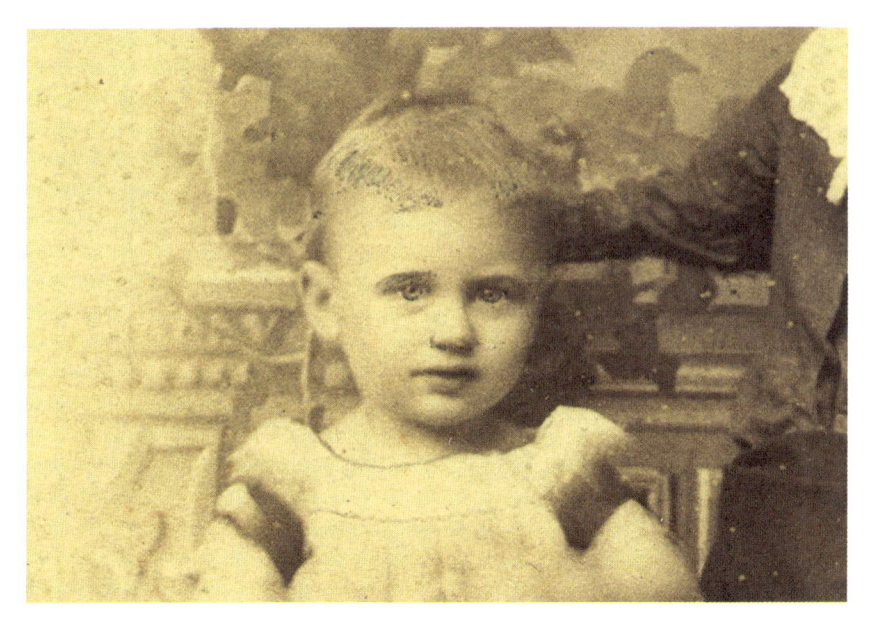

图13 1885年,约翰·德特勒夫·海因里希·拉贝,马尔库斯和安娜·拉贝的儿子,生于1882年11月23日,卒于1950年1月5日
来自:约翰·拉贝家族的《族谱》(活页)

| 拉贝与中国

Der Jubilar
  und seine Schwester
    „Anni"

图 14 ↑1885 年，约翰·拉贝和他的姐姐　↗1888 年，约翰·拉贝和安娜·拉贝（约翰·拉贝的姐姐），安娜·拉贝生于 1879 年 12 月 17 日，卒于 1934 年 11 月 14 日
来自：约翰·拉贝家族的《族谱》（活页）

霍乱爆发和父亲去世

霍乱疫情在汉堡爆发。我们家死了3个人。姐姐和我虽然都感染了,但却奇迹般地逃过了这一劫。母亲的一个妹妹当时就死于霍乱。在父亲工作的码头,有数百名工人因此死亡。那时(1892年)几周之内,城里几乎每天都有2000人丧生。

我和姐姐在童年时代都承受了巨大的压力,为我们家生病的人担心和悲伤。到后来,我父亲又患上了胃癌,也可以说他完全是饿死的,死在了我母亲的怀里。当时我们都在场,我才16岁。父亲忍受着折磨而没有一句抱怨。我们和母亲的幸福生活从此荡然无存,父亲的死让我们感受的痛苦无以言表。母亲独自照料着我们两个半大的姐弟,是她鼓起了我们重新生活的勇气。我们得到了一笔小小的遗产,足够让我读到中学毕业,但我却在初中毕业考试后就辍学了。

尽管如上所述的各种艰辛和困苦折磨着我们全家,但疾病等痛苦并没有压垮我们,我们学会了如何让自己快乐,让童年时代更加美好。我在《拉贝传记》和《饥寒交迫的岁月》中的描述就是一个见证。

学生时代

我在学校读书的时间有些长,至少应该缩短一年(见图15、图16)。虽然法定入学的年龄是6周岁,但我5岁时就被送到了学校,当时我并不知道这个情况。

我先是就读于咖啡种植园里的罗姆私立学校。一年后我不得不离开这所学校,因为我的学习成绩总是"第一名",学校已无法满足我的需求。父母认为不能因此责备我。后来,我就进了圣保利中学。在这个学校里,我不再是

图 15　约翰·拉贝的学生时代
　　　摘自《拉贝传记》

图 16　约翰·拉贝的学生时代
　　　原件来自《拉贝传记》（聚特林字体）

"第一名"，也不必再转学了。有时我甚至还逃学，这是大家都知道的。

关于我的学生时代，实在没有什么值得说的。我经常挨打，可恨的是，我始终无法避免这种境遇。

学徒生涯

离开学校后，我成了"出口代理及代销"公司的学徒。公司老板是 A. 康拉德，公司位于古城墙 36 号乙，证券柱 1 号。

康拉德和他夫人的妈妈谈话时，我要出去，在外面等待。

第一章 拉贝其人

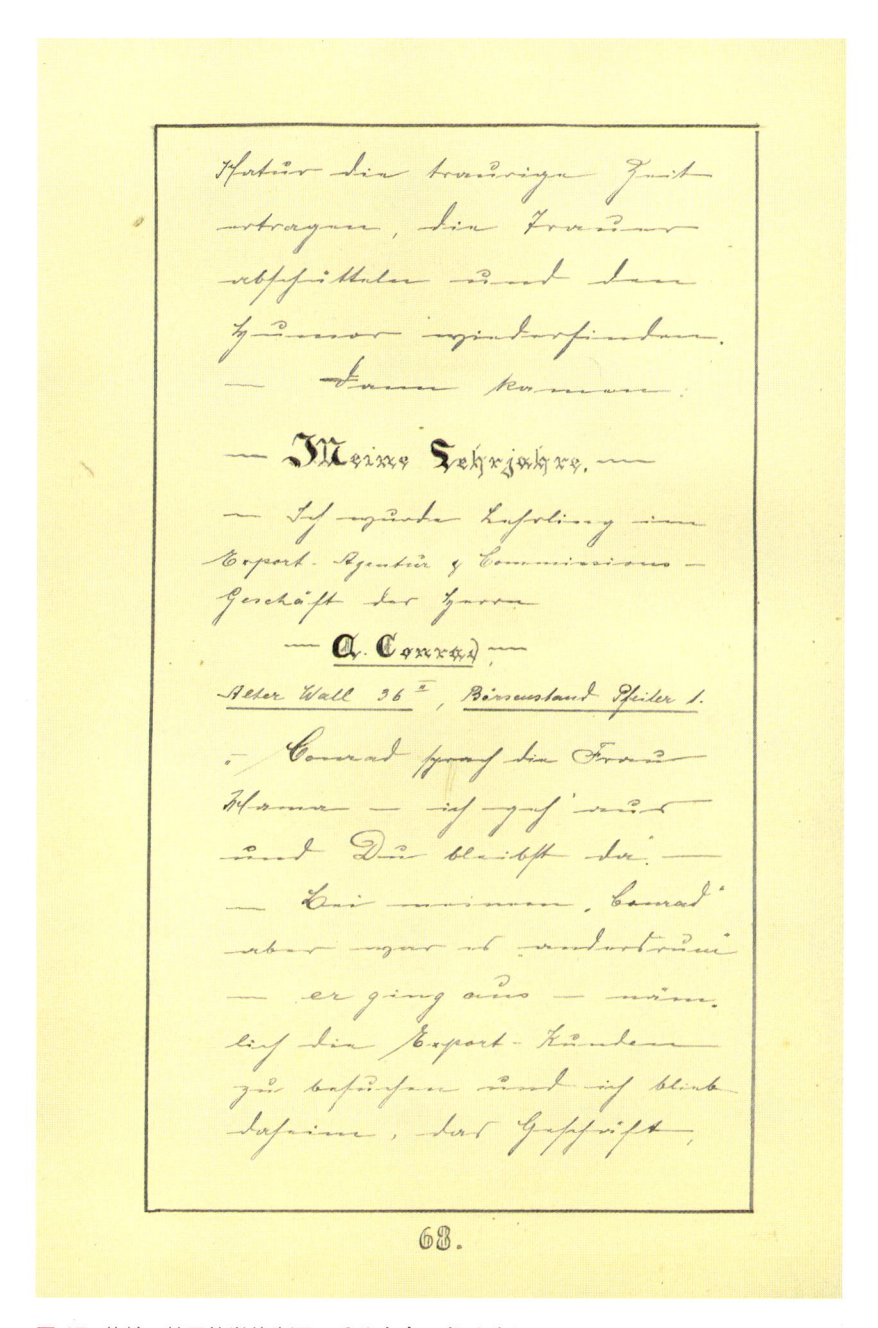

图17 约翰·拉贝的学徒生涯　原件来自《拉贝传记》

| 拉贝与中国

在公司里,康拉德出去拜访出口商、客户,而我留下照看公司。

不幸的是,马尔库斯·拉贝去世太早,年轻的约翰·拉贝在初中毕业后不得不离开学校,开始当学徒。他曾当过两年半学徒,然后在汉堡一家出口代理公司担任助理达1年半。

这张集体照拍摄于约翰·拉贝去非洲之前(见图18)。

图18 1903年,约翰·拉贝的朋友们和他一起在汉堡成立了橡树叶旅游者俱乐部
　　 资料来自:约翰·拉贝家族的《族谱》(活页)

第三节　约翰·拉贝在非洲

摘自《拉贝传记》

后来，我开始了自己的漫游生活。在告别家庭和家乡时，内心比我想象的还要难受。在灿烂的阳光下，我看着美丽的城市和易北河右岸著名的景色——诺伊米伦、魔鬼桥、尼恩斯特藤、布兰克内瑟……在我身后慢慢消失。"我必须，我必须到城外去"——船上的乐队演奏着我们市长作的曲子。我悄悄地擦干眼角的泪水。我已经过了19岁，该告别亲人去做我自己的事情了（见图19、图20）。

在老板的推荐下，他于1903年前往莫桑比克的劳伦莫那克。这个地方位于非洲东南部，是葡萄牙的殖民地。在那里，他先在一家德国公司工作，后来又到了一家英国大型公司。这为他拥有深厚的英国文化功底打下了基础。

后来因为得了疟疾，他不得不于1906年返回家乡。

托马斯·拉贝感悟说：

上面简要描述的非洲之行，在约翰·拉贝的《族谱》活页中有详细的介绍。

当时，他乘坐的从汉堡航行到非

图19　约翰·拉贝装饰画
原件来自：《拉贝传记》

| 拉贝与中国

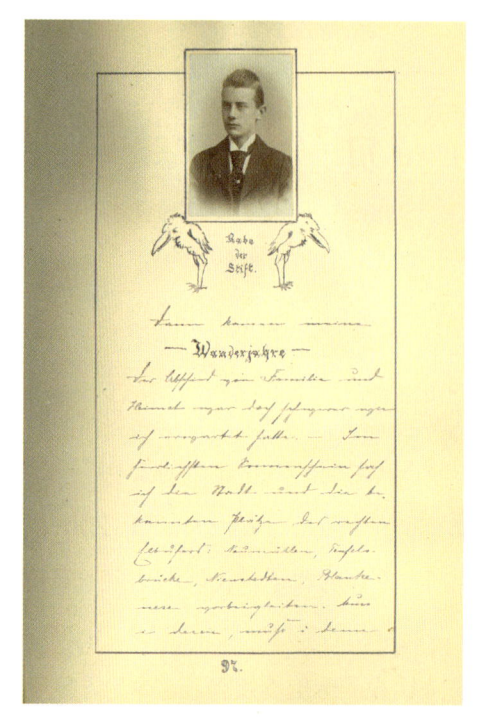

图20 约翰·拉贝的漫游年代　原件来自《拉贝传记》手稿（聚特林字体）

洲的船，是当时一艘很时髦的蒸汽动力轮船（见图21）。在前往非洲的途中，船驶过了苏伊士运河。在《拉贝传记》中，他通过中途停留地的大量照片，非常生动地描述了这一旅程。对当时还年轻的约翰来说，这些崭新的感受给他带来巨大的冲击，深深地打动了他。

地点：洛伦索-马贵斯（Lourenco Marques），位于德拉瓜湾

我在汉堡的康拉德出口代理公司做了两年半的学徒和一年半的助理。之后，我于1903年去了非洲东南部的葡萄牙殖民地，我老板的一些亲戚在那里。他们在洛伦索-马贵斯（莫桑比克的一个省，位于德拉瓜海湾，即现在的马普托湾）的吕德斯＆旺德施耐德（Lueders & Wandschneider）公司

图 21　航行在汉堡—非洲的轮船　来自《拉贝传记》

工作（见图 22a，22b，23）。

AFRIKA.

Nach einer Lehrzeit von 2½ und Commis-Zeit von 1½ Jahren im Export-Agentur Geschäft von A. Conrad, Hamburg, (worüber ich in meiner "Biogra-vieh" berichtete) reiste ich 1903 nach portugiesisch Süd-Ostafrika, zu Verwandten meines Chefs , den Herren Lueders & Wandschneider in Lourenço Marques - Delagoa Bay. (Prov. Mozambique). L. & W. waren Lebensmittel Importeure für Transvaal , unterhielten aber in Lourenço Marques auch ein Detail Geschäft , das von einem Australier geleitet wurde. Wir Europäer hatten mit dem Detailgeschäft weiter nichts zu tun als es zu

图 22a　关于非洲的手稿

　　第一次从正面看洛伦索-马贵斯的全貌，就像个碉堡，我和几个朋友曾被关在那里，因为我们游泳时没有穿泳衣。当我们到达德拉瓜海湾时，这

| 拉贝与中国

图 22b　约翰·拉贝（右）在非洲

个海港城市的大街上有 12 家酒吧（全是女服务员），而且十几条便道上也有 12 家酒吧（而且也全是女服务员）。

当我刚开始运用我在非洲学到的商业知识时，公司进入清盘阶段。我在这一地区为数不多的几家德国公司也没有找到工作。就在我已经打算不得不再次回家的时候，当时我居住的镇上最大的英国公司——艾伦韦克公司给了我一个很好的职位，我自然很高兴地接受了。

我把放在手提箱里的羊驼制服拿出来放在非常特殊的箱子里，因为当时我正在穿它。我让犹太"专业摄影师"拉扎鲁斯给我拍了一张"漂亮的照片"（见图 24）。当时，这张照片在这里（非洲）完全达到了它的目的，甚至引起了劳克斯的嫉妒。劳克斯是位家境宽裕但非常节俭的柏林人，他拿起铅笔写道：一顶巴拿马帽、一套制服、拍一次照，总共要 3 英镑！不行，我可付不起！

* * *

因为我的两个朋友，劳克斯和温格会说很多种语言，他们之间沟通主要用英语、法语或葡萄牙语，如果我想自如地参加他们的谈话，我也必须

图23 约翰·拉贝在非洲（1903—1906年）

↑ 约翰·拉贝在葡属非洲的吕德斯＆旺德施耐德公司工作时的员工团队，该公司位于洛伦索-马贵斯——德拉瓜海湾（莫桑比克的一个省）。这家公司曾是为特兰斯伐尔供应粮食的进口商

↓ 约翰·拉贝在非洲居住的房子

资料来自：约翰·拉贝家族的《族谱》（活页）

很好地掌握这些语言。今天，我仍然感谢他们。

可以说这两个比我大不少的同事，把我培养成一个20多岁的新手。

* * *

| 拉贝与中国

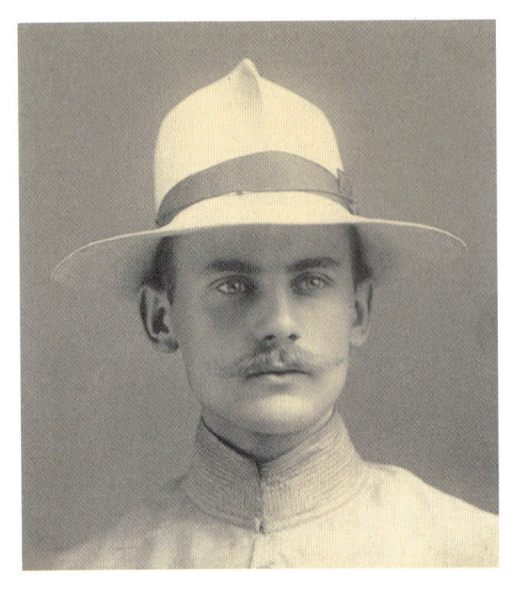

图 24 在非洲戴巴拿马帽的青年约翰·拉贝
资料来源：约翰·拉贝家族的《族谱》（活页）

我在这家英国公司的工作给我赢得了声誉，加上其他方面的一些成就，一家德国社团，此前很少注意到我的德国洛伦索–马贵斯协会开始关注我了。我被邀请成为德国俱乐部的一名会员，但是由于我微薄的薪水，我一直没有加入。正当我在犹豫是否加入时，竟然得到了这家俱乐部董事会的一个职位。如果再不马上明确表态就显得有点妄自尊大了，于是，我学会了打网球（我的英国公司允许我这样做），这在德国公司做事时是不可能的。我也加入了德国赛艇俱乐部，并且在很短的时间内成为俱乐部的副主席。简而言之，在我刚看到公告时，我是有点胆怯的。但干起来后，我越发感到自己对此很"精通"。

* * *

在英国公司的工作中，我主管一个部门，负责特兰斯瓦尔的食品、石油和炸药进口，并管理一家玉米加工厂，我非常喜欢。如果不是得了疟疾，我原本可以和英国人一起再多生活 18 个月。此外，还有更大的问题——我的思乡病越发严重，只有一种药可以治——回家。于是，我从 1906 年开始踏上了回家的旅途。

第四节　约翰·拉贝的家庭

约翰·拉贝和妻子道拉·拉贝

约翰·拉贝还是个孩子的时候，就认识了他的心上人道拉。约翰·拉贝在他的《拉贝传记》中这样描述他与妻子的初次相遇：

当我遇到我的妻子时，她是这样的（见照片），那时她才4岁。我正沿着斯图本胡克街（位于汉堡的一条街道）闲逛，打算在舍尔维埃格的路口去看舒伯特公司的广告画，这时我见到她从排水沟对面的下水道探出头来，她要将落

图25　道拉·舒伯特，童年（4岁），汉堡，后来成为约翰·拉贝的妻子

| 拉贝与中国

在里面的一个弹子球捡起来。我大吃一惊,止住了脚步……

1909年,约翰·拉贝青梅竹马的女朋友道拉·舒伯特,以未婚妻的身份只身前往中国,打算和她的未婚夫约翰·拉贝结婚。

婚礼于1909年10月25日在北京举行(见图26)。除了短暂的分离,两人在中国一直生活到1938年2月。

图26 约翰·拉贝和道拉·拉贝的结婚照,1909年10月25日摄于上海

孩子们

托马斯·拉贝说：

加入这个家庭的第一个成员是 1910 年出生的女儿玛格丽特（Margarete）；1917 年 5 月 13 日，儿子奥托（Otto）出生（见图 28、图 29）。

约翰·拉贝也曾尝试成为一名诗人，许多书中的诗作都印证了这一点（见图 27）。

奥托·拉贝

1919 年，在约翰·拉贝回国期间，当时 2 岁的奥托感染了一种蠕虫病，尽管在汉堡接受了治疗，但这种病仍然非常顽固——直到 8 岁之前，奥托都非常瘦小，并且饱受这种疾病的折磨（乌苏拉·莱茵哈特，2008 年）。

奥托·拉贝在天津的一所德国学校上学，一直到 1930 年。此后，他不得不回德国去上寄宿学校，因为南京没有德国学校（他的父亲在 1930 年底调到南京）（见图 30）。他先是在迪茨市（Dietz an der Lahn），后来在巴伐利亚州的诺伊博恩（Nduadudrn）寄宿学校。在那里，他遇到了道格拉斯伯爵的儿子们，并和他们一起在他们家位于博登湖的长石（Langenstein）城堡度假。年老的道格

图 27　约翰·拉贝关于爱和孩子的诗

| 拉贝与中国

图 28　约翰和道拉·拉贝与孩子们，玛格丽特（左侧站立者）和奥托（在母亲怀中）

图29　← 约翰·拉贝和他的儿子奥托·拉贝
→ 奥托·拉贝（1917年5月13日生于北京）和保姆（1919年）
来源：约翰·拉贝《银婚集》

拉斯伯爵夫人非常关心奥托·拉贝，处处照顾他。后来他学了医学，在巴登巴登（Baden-Baden）附近的加格瑙（Gaggenau）做了全科医生。他在年轻的时候本想成为一名狩猎高手——也许是被约翰·拉贝在非洲的经历和天津家里楼梯间的猎物标本所迷倒。

奥托·拉贝有三个儿子。迈克尔（Michael Rabe）是第一次婚姻所生的儿子，托马斯（Thomas Rabe）和安德烈亚斯（Andreas Rabe）是第二次婚姻，与埃尔瑟·拉贝（Else Rabe）（娘家姓是路德维希）所生的儿子。托马斯·拉贝是本书的编辑和作者。

我的父亲奥托经常告诉孩子们关于中国的事情：如何捉蛇，什么是沙

| 拉贝与中国

图30　奥托·拉贝在天津（1917年5月13日生于北京，2001年1月7日卒于哈施塔特）
↑ 奥托·拉贝和他的第一辆自行车，天津
↙ 在拉贝位于天津住所的楼顶平台　↘ 1933年，奥托·拉贝在诺伊博恩尘暴，白蚁有多危险，如何保护自己家免受白蚁的侵害，关于火药的发明，如何制造来复枪等等。在长大成人期间他学会了多种语言：德语、英语和汉语。他中文学得很好，可以解释"为什么世界是一个球"（见图30之右下）。

2001年1月7日，奥托·拉贝在哈施塔特去世。

> 我非常感激我的父亲和母亲——特别是他们对亚洲、对人类和对书籍的热爱。
>
> ——托马斯·拉贝

玛格丽特·格蕾特尔·拉贝

关于女儿格蕾特尔·拉贝（Gretel Rabe）和威廉·施莱格尔（Wilhelm Schläger）先生1930年8月3日在天津的婚礼，约翰·拉贝写道：

1929年4月，我的女儿（见图31）与我公司的职员威廉·施莱格尔先生订婚。

什么叫订婚，我不懂。我的一个朋友问中国人，回答就是："订婚就像你在仓库里买了一些货，但是现在还不能发货。"

婚礼于1930年8月3日举行（见图32）。我们的中国同事也想参加这个婚礼，并谨慎地问我是否可以参加。当然啦，我说，我邀请你们全体都来参加。他们说想了解教堂婚礼仪式，

图31 玛格丽特·拉贝在天津

图32 玛格丽特·施莱格尔（娘家姓拉贝）和威廉·施莱格尔于1930年8月3日在天津结婚。左一是奥托·拉贝，左三约翰·拉贝，右二是道拉·拉贝

但确实不知道要注意些什么。没有比这更容易的了，我解释说，你们只需要看我的妻子，她怎么做你们就怎么做。如果她哭了，你们大家都要跟着哭！我不知道他们是否信了这些，但我妻子没有哭，所以大家也没有哭。问题出在牧师主持婚礼时选用的贺词"雅各布与天使的搏斗"上，这根本不会让人哭得起来！

> 玛格丽特这个名字对应玛格丽特花。因此，在婚礼上（图32），整个教堂都装饰着白色的玛格丽特花。照片中，新婚夫妇站在中间，我的父亲奥托·拉贝站在门的最左边。道拉·拉贝站在一个手提花篮要撒鲜花的孩子右侧。
>
> ——托马斯·拉贝

第一章 拉贝其人

新婚的施莱格尔家庭后来生了两个女儿,都是在中国出生的。威廉·施莱格尔先生,先在北平工作,后来在奉天(现沈阳)工作,直到1937年与家人一起返回德国。大女儿乌苏拉·莱茵哈特(娘家姓施莱格尔)和家人离开中国时才6岁。

她们一家在柏林就住在约翰·拉贝家附近,后来住一起,直到拉贝1950年去世。在这本书中,她还写了一篇关于约翰·拉贝的文章。1997—1998年,她向全世界提供了拉贝的《南京日记》(包括纽约、南京、东京)。莱茵哈特家生育了4个孩子。她的妹妹古德隆(Gudrun)后来嫁给了罗伯特·斯坦华斯(Robert Steinwachs)先生,生育了两个孩子,很可惜,她在2006年就去世了,享年70岁。

图33 约翰·拉贝
↑ 在天津住所的屋顶天台上
↓ 他的妻子道拉

拉贝一家在天津

在天津,居民区仍然划分为不同的租界。拉贝一家第一次住在马场道的俄租界。

约翰·拉贝写了一本书来纪念天津的这座房子,书名为《我的父母》(*Mein Elternhaus* [engl. My Parental Home])。

约翰和道拉·拉贝的照片是在他们家的屋顶露台上拍摄的(见图33)。

| 拉贝与中国

南京 1937
海滨度假胜地北戴河

夏天，南京热得让人受不了。它与汉口、重庆齐名，是中国"三大火炉"之一。因此，约翰·拉贝的妻子道拉在天刚热的时候就去了天津以北的海滨度假胜地北戴河。约翰·拉贝在8月底也随后赶到（维克特，1997年）。

约翰·拉贝写道：

当时的秦皇岛已经被日本人占领了，日军的军用列车不断向天津方向驶去，每辆车都配有高射炮，这让我有点担心。看起来比我想象的严重多了！

北戴河，离秦皇岛大约一个小时的路程，这里看不到日本的军队，但空气中有一种紧张的气氛，这让我立刻订了从秦皇岛到上海的返程机票。但得到的回复是："机场已被占了两个月。"正当我还在考虑如何尽快返回的时候，传来了上海被日本人袭击的消息。因此，当时也无法指望经上海返回南京了。

图34 约翰·拉贝（上）和他的妻子道拉（下）

银婚

道拉和约翰·拉贝于 1934 年 10 月 24 日在南京庆祝银婚（见图 35b）。

这一天，约翰·拉贝将一本名为《银婚集》的新书献给了他的妻子道拉。在这本书中，他整理了许多关于他们的家庭、孩子、德国学校和其他的故事。小册子上还有许多他自己写的诗，让这本小册子更加完整和珍贵（见图 35a）。

图 35a ← 《银婚集》的封面
→ 书中的诗

| 拉贝与中国

图 35b 1934 年 10 月 24 日，道拉和约翰·拉贝的 25 周年结婚纪念日（银婚）

约翰·拉贝给夫人道拉·拉贝的信

南京，1938年1月27日

我亲爱的道拉：

英国领事普罗多·布龙（Prideaux Brune）先生即将乘坐英国炮艇前往上海。他拿了很多邮件去那里，其中有3个厚厚的信封给你，里面装的是我在南京的日记：

第二卷的第二部分

第三卷的第一和第二部分

第四卷的第一和第二部分

第五卷的第一部分

图36a 约翰·拉贝在南京（1934年）

第一卷和第二卷的第一部分存放在汉口的"库特沃"号船上的储藏室里。

我今天发给你的内容，包含了从"库特沃"号离开南京那天到昨天的这段时间所有主要的事情。这些都是为你写的，日后我会让人把它们装订起来。第一卷已经装订成册。如果你想让别人读这些日记或其中的部分内容，随便你好了。未经党的同意，不得发表任何日记里的内容。所以在上海，你要首先问问拉赫曼先生这个问题。但我认为在我到了那里之前，最好不要发表任何东西，因为我很怀疑帝国政府会不会同意。

| 拉贝与中国

图 36b　约翰和道拉·拉贝一家
前排左起：格蕾特尔·施莱格尔（娘家姓拉贝）、道拉·拉贝、约翰·拉贝
后排左起：乌苏拉·施莱格尔、古德隆·施莱格尔、维利·施莱格尔

另外，这本日记和我所有的日记一样，不是直接写给大众的，而是写给你，或者说是写给家人的。我可以在这个城市里自由活动，但不允许我离开，至少暂时不允许。

最美好的问候，

吻你，

你的约翰

南京的英雄

第二章

平津往事

JOHN RABE

第一节　约翰·拉贝在北京

《我在中国西门子的四分之一世纪——一位西门子海外代表的随笔》，由约翰·拉贝创作。这本书是他献给枢密顾问卡尔·弗里德里希·冯·西门子（Carl-Friedrich von Siemens）的。该书总结了1934年之前他在中国的经历，涉及中国的政治背景、国内冲突和西门子公司在华业务（如分支机构、订单、员工）情况（见图37）。拉贝名字的中文印章（阴刻）保存至今，并陈列在海德堡的约翰·拉贝交流中心。

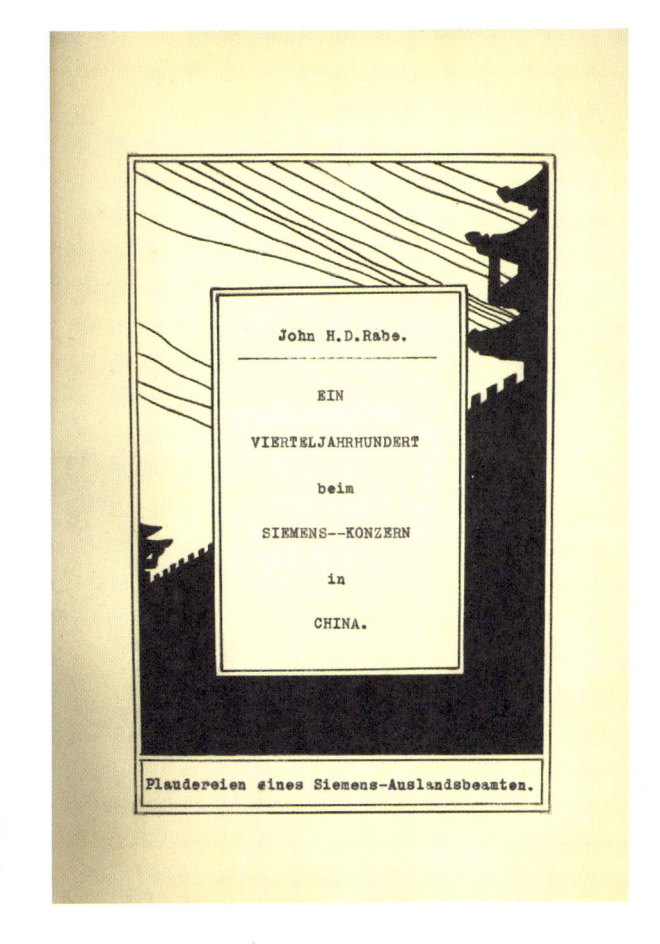

图37　约翰·拉贝的书：《我在中国西门子的四分之一世纪》

| 拉贝与中国

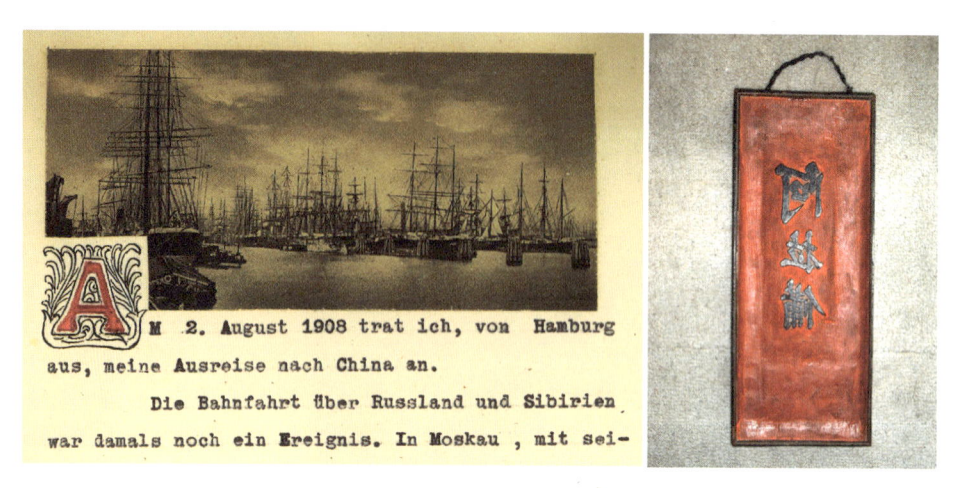

图 38　← 跨越西伯利亚铁路前往中国之旅　→ 当年刻有拉贝名字的门牌

图 39　矗立在颐和园万寿山昆明湖湖畔的石碑

约翰·拉贝在北京

1908年，约翰·拉贝第一次来到中国，先是在北京一家说德语的商店做销售员，直到1911年。

1908年8月2日，他踏上了自己的中国之旅（见图38），乘坐跨西伯利亚铁路的火车，经莫斯科到北京（1908年8月18日，约翰·拉贝抵达北京京奉铁路火车站，即前门车站——译者注）。他在书中描述了自己的旅行经历（《我眼中的北京》第一卷）。在书的前言中，他建议任何一位到国外旅行的人都应当把自己的旅行印象记录下来（见图39—44）。

1911年他加入了在北京的西门子公司。1935年，约翰·拉贝向枢密顾问卡尔·弗里德里希·冯·西门子献上了一本书，书名为《我在中国西门子的四分之一世纪》。他在书的前几页写道：

"我发觉25年来与自己的老东家还从未谋面——这似乎不太合理。当我与某些显赫的顾客、部长、公使或者类似身份的人士交往时，他们总是随口提及自己在冯·西门子先生府上进行过这样或那样的私人会面。这个时候，我总是觉得自己'愚蠢透了'。尊敬的枢密顾问先生，我甚至连您的照片都没有。虽然我从《西门子新闻》上剪下了一张您的漂亮照片，但这张照片以一种悲剧性的方式从我手上遗失了。事情是这样的：我中国厨师的孩子们不仅热衷于收集香烟广告的图片，还有名人的照片，他们之间的交易很活跃。这张照片就是因此被偷走的。在我的强烈抗议之下，它终于物归原主。但这时我才发现，尊敬的冯·西门子先生，您可受委屈了，这张照片已经不能再被挂起来了。"

在《我眼中的北京》和《慈禧太后最后的诏书》中，他描述了20世纪初北京的历史和文化。义和团运动期间，北京一些被损毁的建筑后来又得到了重建。宫殿、城墙、城门、颐和园等等都给他留下了深刻的印象。在这些书中，他还谈到了文化、艺术、工匠和官员。

图 40　↑ 北京颐和园的石舫

图 41　← 北京：南口长城

　　无论过去还是现在都令人印象深刻的是长城（见图 41），这是历史上的一个边境防御工事，用来保护中华帝国免受来自北方游牧骑兵的侵扰。长城全长 6350 公里（主墙 2400 公里），在体积和规模上都是世界上最大的建筑。长城由一个体系所组成，这一体系包括部分彼此不相连的段落，它们建于不同年代，建筑风格也不尽相同。

图42　北京　↑ 故宫午门　↓ 贩卖自制食品的街头商贩

| 拉贝与中国

清末中国政治的变革

选自约翰·拉贝《我在中国西门子的四分之一世纪》

与此同时,中国即将面临巨大的政治变革。在慈禧(全名叶赫那拉·杏贞)(见图43)和被她软禁的傀儡皇帝光绪去世后,爱新觉罗·溥仪登上了皇位。当时他还是一个孩子,他的父亲、醇亲王奕譞被任命为摄政王(德国人称他为醇亲王)。此项任命也是慈禧太后临终前颁布的。

清帝国的一个重臣袁世凯(向慈禧告发了光绪帝——那个曾经被他称为朋友的人)。他背叛了光绪,成了慈禧公开的朋友,后来又背叛了慈禧,所以他必须以最快的速度离开北京。他伪装成苦力逃走了,而我有机会目睹这次逃离。

紧接着是一道皇帝诏书,颂扬了袁世凯的许多功德,并提到了他因此而受到皇室的嘉奖。这道诏书的结尾大意是说,谁想到这样一个有功之臣因为脚疾不得不辞职呢?他因此要回到自己的家乡去医治,等等。

如果摄政王当时抓住了他,这个诏书可能就不会颁布了。袁世凯的角色没有到此结束,这一点我们大家似乎都很清楚。但他

图43 慈禧太后

扮演的角色能重要到何种程度，我们那时也无法预料。由孙中山先生多年准备的革命在汉口和广州爆发，并在中国南方以惊人的速度发展，当时袁世凯还只是一个"跛足人"。

摄政王派往南方的军队被打败了，那些没有投降共和体制者的军队满腹牢骚地班师回朝。这也成了决定摄政王命运的关键时刻，他再也无法应付困难的局面。为了挽救危局，他把跛脚的袁世凯召回了北京。袁已经和南方取得了联系。袁世凯来了，他再也不是叛徒，而是变得声名显赫，并将政府的控制权掌握在自己的手中，成为中国的总统。

托马斯·拉贝感悟：
慈禧的崛起，从一位不起眼的妃嫔到权倾朝野的太后，已经超出了她同时

图44　慈禧太后的葬礼

代人的想象。在不少西方人的印象中,她的宫廷生涯是与一系列的欲望、手段与权谋相联系的。

早在1910年埃德蒙·拜克豪斯(Edmund Backhouse)和约翰·布兰德(John Bland)出版的传记中,就对她的人格进行了歪曲,把慈禧太后描述成一个声名狼藉的、堕落的人。

来自西方文化的小说和故事采用了这种范式,将慈禧描述为一个雄心勃勃的女人,她为自己在后宫的生活筹谋,并不断提升自己的妃嫔等级。其中一个最著名的故事就是诺贝尔奖获得者赛珍珠(Pearl S. Buck)的小说《少女阿兰》(*The Girl Orchid*),这本书就是用这种方式来描绘慈禧生活的。

1908年11月15日,慈禧驾崩。临终之时,她将醇亲王的儿子溥仪立为皇位的继承人。

约翰·拉贝在西门子公司北京分公司

从1908年开始,约翰·拉贝在北京一家讲德语的公司做销售员,1911年开始在西门子北京分公司(见图45)工作。第一次世界大战期间他仍留在那里。虽然中国于1917年在协约国的压力下对德国宣战,但他出于自己的利益,说服了中国的官员们,让他们相信战争期间继续保留西门子公司在北京的代表处对中国有利。

约翰·拉贝在1911年加入了西门子公司
选自约翰·拉贝《我在中国西门子的四分之一世纪》

回顾我进入西门子公司的事,必须提到此前我在汉堡做过的商业学徒,

图 45　1909 年至 1938 年西门子公司在中国的北平设有办事处；截至 1913 年一直位于苏州胡同，之后搬到了灯市西口

↑ 大门入口处　↓ 大门上的设计很具艺术性

在非洲的 4 年的工作经历，以及在中国生活的两年半时间。就是说，我已经不是一名毫无生活经验的毛头小伙子了。我也知道失业是什么滋味。因此说说当年的事，我也不怕丢人。当我在北京的西门子公司谋得一个做会计和文书的职位时，妻子和我都激动得流下了热泪，真是喜极而泣啊！西门子公司给了我一份虽然不丰厚但足够生活的薪水，还有一个暖和的办公室。我在那里的工作很顺心，与同事们和我的直接领导、英年早逝的高级工程师普夫岑罗伊特（Pfützenreuter）相处很融洽。他们让我的生活得以持续下去，后来也让我十分享受这一段美好时光。我觉得自己的才干获得了他们的肯定和赞许。

那时他们还是十分艰苦的，北京的办公室当时设在苏州胡同，那是一个小巷子，遇到下雨天就很难走。后来情况有所改善，市政当局派人清除了巷子里低洼处积聚的污泥，解决了这一问题。

1913 年，我们的商业代表处迁到了北京的灯市口，我的私人住所也搬到了灯市口附近。

以上，写于 1924 年 7 月。

（托马斯·拉贝：1914 年至 1918 年，在第一次世界大战期间，中国也在进行内战，德国人被拘留并被遣返。约翰·拉贝和他的家人回到了德国，但 1920 年，约翰·拉贝又取道日本回到中国，为西门子工作。）

1911 年，我们在中国建立了第一个大型电台，虽然费了很大力气，还是很及时地筹措到了资金。因为就在付款之后的第二天，南京的对应电台就被军阀张勋破坏了。所以根据总部的指示，准备在上海另建一个新电台。从那以后的 28 年里，西门子从中国海军军部那里获得了垄断权，一直为中国海军装备电台。这是一笔大生意。

同样，在北京建设有轨电车的工程也在进行中。

北京与天津的电话联系很差,人们甚至还使用铁导线。我们提出了加装感应圈的建议。

西门子中国公司上海分公司

(托马斯·拉贝:西门子中国公司是西门子在亚洲所有业务的总部。西门子在北京的分公司当时有两位负责人:一位负责商业,一位负责技术。商业经理就是约翰·拉贝,技术经理叫普夫岑罗伊特(Pfützenreuter)(卒于1918年)。约翰·拉贝也在西门子中国上海分公司短暂工作过。)

以下选自《我在中国西门子的四分之一世纪》

1912年初,公司召我到上海去(见图46)。我在当时的北京是按照美国的现金出纳方式登账和结算的,上海总代理处对我的账本的副本甚感满意,要让我到上海把我们记账的秘诀告诉他们。我尽可能拖延时间,迟迟没有动身。因为南方的革命运动正搞得热火朝天。在上海,中国人居住的地方大部分已是一片废墟,我们在北京也经历过类似的情况,特别是北方政府的软弱正渐渐显露无遗。

图 46 西门子中国公司在上海（西门子上海分公司，负责协调西门子公司在整个亚洲的业务）

第二节 遣返德国

遣返德国

选自约翰·拉贝《我在中国西门子的四分之一世纪》

1919年3月9日，在一名英国海关官员对我们的行李做过仔细检查后，我们穿过一排长长的观众，在摄影机的拍摄声中，被带领到了P&O公司的"新星"号、"诺瓦拉"号和"阿特罗伊"号三艘轮船上。我们请求将几名患有严重流行性感冒和痢疾的病人留下来，但没有被接受，只准许一名自称是"奥地利皇帝"的精神病人和3个国籍不明的黑人孤儿留下，孤儿被送进了孤儿院，那个精神病人后来也被遣送了回去。

我和家属被安排上了"诺瓦拉"号轮船，在准许我们上船之前，他们再次对我们进行搜身，即使对妇女和孩子们也不例外，目的是搜查我们身上有没有武器。上船的过程几乎持续了整整一天。我在岸上忙于维持秩序和让大家保持安静，主要是给整天没有吃饭的孩子们分发面包和饮料。大量的中国童子军封锁了登船点，他们非常和善，帮忙买来了这些食品。这一点大家都没有想到。而英国人却把我们从一个地方赶到另一个地方，最后才轮到我登船，还得再次接受搜身。搜身时他们把所有我个人的一点点钱和红十字会组织的救济金全都拿走了，一分钱都没有留给我。连于尔根先生的地址也被抄走了。

这绝不是一次愉快的旅行，完全是押运俘虏的行程。"诺瓦拉"号就是一艘"补给船",是一艘能容纳少量旅客的货船。轮船上的舱房很少,很快就被占满了。委员会很不幸,现在我也是这个委员会的成员,不得不进行强力的干预,费了很大的劲才将那些被占用的少量舱房腾出来。我们需要用船舱安置患者。但舱房太少,显然不够,不得不将其他病人安排到下面的中层甲板去。中层甲板用木板和稻草隔出一些小间,每间可以容纳10至14个人。饭食倒是足够,我们每天都有牛肉和土豆吃,如果印度和中国的船员不是简单地用手将食物抓到镀锡铁皮盘子里的话,这些食品品尝起来应该是不错的。白面包、黄油和茶也供应充足,但没有准备孩子们需要的食物,幸好我们自己在上海已备好了。炖肉汤,这是东亚沿海地区一道名汤,就是太辣了,孩子们不喜欢,根本喝不了。

由于船上没有遮阳棚,甲板下的温度高达45摄氏度。虽然妇女和孩子们热得痛苦不堪,但上船时一些患感冒的人却奇迹般地痊愈了,最终我们到了新加坡。只可惜有一位年轻女子在新加坡患上了脑膜炎,船还没有到马赛她就死去了。船上的吵闹声很大,病人深受其苦。我们这批"俘虏"总共有700人,其中孩子就有200个,管好这些吵闹的孩子真是不容易。

我也为自己的家庭成员甚感担心。我的妻子患了肾病,两个孩子正在出水痘。考虑到我是委员会成员,为了我的诚信,我的妻子宣布放弃了安排给她住的船舱,整个旅程都待在中层甲板或楼梯间,由此引出了一个笑话:拉贝家因此用不着担心回家后房间不够住了,楼梯间就是一个好地方。由此可见,虽说当时的境遇十分恶劣,但也不乏苦中作乐的心情。

当我们经过马赛的时候,看见德国战俘穿着绿色囚服在清理一处很大的着火现场。在到达南安普顿之前,我们要开车穿过雷区去荷兰海岸,由于晚上穿越太危险了,我们在路上过夜。

在1919年5月3日我们最后到达了鹿特丹。

我们受到荷兰人的热情招待。在一个很大的接待厅里,先是给了我们一碗美味的豌豆汤,之后还有许多让人喜欢的礼物。

就在同一天,我们乘火车去了韦塞尔(Wesel),在那里他们以音乐欢迎我们。我们列队穿过了这座城市。我们和40来名同伴终于可以继续前往汉堡的旅程了。

1919年回到德国
摘自约翰·拉贝《我在中国西门子的四分之一世纪》

海德堡——帮人反挨打

市政厅的钟楼上飘扬着一面红色的旗帜。这时,我身旁的一个人跳到一块大石头上,也以同样有力和爱国的语气回答了那个俄国人。不过,他的话还没有说完,就遭到一群暴徒的殴打。他被打倒在地,我走上去把他扶起来,但我同样遭到他们的殴打。为了逃命,我俩拔腿就逃,逃到了正在驶过的一辆车上才摆脱了这伙暴徒。

他就是霍尔特(Hoist)先生,担任过 *Hamburger Warte* 的编辑,后来我听说过关于这位正直的人的消息,但再也没有见到过他。遗憾的是,我在汉堡还亲眼见过几起其他暴徒的行凶行为,我却无能为力,无法给予帮助。有一次我站在阿尔斯特河畔,看到暴徒从船上用长木棒追打几个在河里游泳的人,直到他们在河里淹死为止。

1920年:卡普政变

这是1920年德国最重要的政治事件,它把德国推向内战的边缘,迫使帝国政府逃离柏林。大多数的反动派是德国军队和德国全国人民党(DNVP)的积极分子或前成员。后来就发生了卡普暴乱。我对国内政治知之甚少,也可以说完全不懂政治。后来我才搞明白,那时的德国内部比表面看起来更恶劣,两派斗争非常激烈:我住的地方左面是施泰因广场,那里是国防军所在地;右面是乌兰德大街,共产党人就在塔特尔萨尔。晚上两派相互开枪射击,我和我的家人不得不离开房间,睡在过道里。

柏林的情况相当糟糕。清晨起来,我们要在浴缸里存水,以保证白天有水喝,还要小心翼翼地照应着不让煤气炉的火熄掉。我提着一只皮革的手提包,走遍全城,想在朋友那里买到一些煤饼。

卡普政变导致了1920年3月柏林大罢工。那些日子里正好是总罢工,挨饿的大学生们上街当男妓,歌剧演员们在后院教唱。那真是段苦不堪言的日子,咸肉要凭票购买,而我自然没有错过这个机会。布伦德尔(Brendel)先生告诉我西门子城里有个地方,在那里可以买到便宜的豆子。我拿着买来的满满两纸袋豆子回家,天却下起雨来,又坐不上有轨电车,纸口袋被雨打湿,到家时只剩下一半豆子。说实话,我真的不适合在柏林生活!我分了一些早餐面包给一位挨饿的同事,他曾把他的食物留给我的孩子。在电车里,有一位姑娘饿得晕过去,我把自己的食物分了一些给她。我还记得每天都会遇到的那些异常困苦的事。布劳恩(Braun)先生是我们在上海的会计,他回国休假,邀请布伦德尔先生、我,还有他的几位同事喝杯啤酒,品尝从他的家乡巴伐利亚州带回的白面包、黄油和香肠,我们互相鼓励。布劳恩先生把我们的所有食物都给了一位卖火柴的小女孩,小女孩大声哭喊着,火柴都掉到了地上,带着这些难得的好东西向等在门口的妈妈跑去。看到这个场面我们的啤酒喝不下去了。我得到了派驻中国工作的合同,这个合同可以让我家中的亲人不至于受严重通货膨胀的侵害。

不过,由于签证只发给日本人,我不能确定我能否重返中国。所以,我抛妻舍子,只身一人先行前往中国。准备等到情况明朗后,再接他们一起到中国。

1920年7月9日重返中国

1920年6月9日乘坐轮船"南开丸"号返航,这艘蒸汽轮船是战后第二艘从汉堡开往东方的轮船。烟囱上有黑白色条纹。船长是一名日本人,船员由日本人及德国人组成。

当我们最终到达神户的时候,水已经渗入船舱,我们的大行李已经严重损坏。在美丽的神户酒店,我们可以在几天的海上颠簸后休息一下。上岸后我们首先拜访了中国领事:"我们想要一张到中国的入境许可。"他答应了。

我本应乘火车经朝鲜到北京。但有消息说,朝鲜境内的铁路被台风毁坏,我就跟几位德国朋友乘一艘日本汽轮经濑户内海到大连——这是我一生中最美的一次海上旅行。

我们从大连坐火车经过沈阳,再从天津去北京,一路都很顺利。经过中国边境时,中国人张开双臂欢迎我们。我们受到了友好的接待,也用不着打开随身携带的行李,同行的英国人的行李却受到了严格的检查,我们的心里涌现出一种幸灾乐祸的感觉。

重建我们的业务并不容易。首先,我们必须重新开始,一开始挂靠在一家中国公司下面,以此为掩护。

重建业务取得进展,达成了一系列重大交易。包括将天津一座煤矿进行电气化改造,约4000万马克。哈尔滨有轨电车的建造合同,也在北京签署完成。

| 拉贝与中国

第三节　约翰·拉贝在天津
（1925—1931）

西门子天津分公司

1925年，约翰·拉贝调任为西门子天津公司的销售经理（见图47、图48）。

西门子的天津办事处

摘自约翰·拉贝《我在中国西门子的四分之一世纪》

国民政府终于在争取生存的战争中取得了决定性的胜利，并确定南京为其首都，将北京更名为"北平"，意为北方和平。

图47　西门子天津分公司（1925）

因为随政府迁走的官员及家属达3万人之多，北平城顿时变得空空荡荡。外国的公馆留下没迁走，他们的人员今天还住在北平。人们不能抱怨。他们不想离开美丽的四周围有高墙的使馆区，因为国民政府虽然给他们提供了在南京建造新使馆的土地，但迁往新首都的一笔费用是相当可观的。

北平，现在只是旅游者对它还感兴趣，因此我们于1925年将北方的办事处总部迁到天津，反正那里正在建设一个自动化的电话交换局，需要较多的工作人员。

图 48　1925 年的天津　↑ 天津白河及海港　↓ 天津维多利亚路

| 拉贝与中国

1930 年，约翰·拉贝在回柏林探亲时升职了。

经理雷德斯博士说：

> 拉贝先生，天津办事处就由您负责了。您就放手干，但不要让我们在账目上看到赤字（亏损）。我牢牢记住了这个吩咐。在经过西伯利亚的旅途中对商业问题有过充分的考虑，脑海里也作了一个计划。可是，情况却和我的预期完全不同，正像汉堡一个古老的谚语说的："人算不如天算。"我遇到的情况再次证明古人说得一点儿不错。

拉贝一家在天津的住所

拉贝在天津的寓所，位于马场道421号，有两层楼，非常漂亮。它有一个很大的屋顶露台，我的父亲奥托·拉贝在上面为蛇准备了饲养箱。

拉贝寓所的楼梯间里放着约翰·拉贝在非洲时狩猎的战利品（见图49）。

书柜是紫檀木做的（见图52），在运送回德国的途中得以幸存，现在存放在我们海德堡的家里。

在许多嵌有珍贵镶嵌的中国雕刻盒子中，有一个在搬家途中或在柏林的战争中没能保存下来。

我的祖父约翰·拉贝在自己的书《我的父母》中"我的祖屋"部分描述了他在天津的寓所和古董（见图54）。

图49 约翰·拉贝在非洲时狩猎的战利品

图 50　拉贝在天津的家（1925—1931）
　　　　楼梯下面的角落，从一楼到二楼都陈列着来自非洲的狩猎战利品

图 51　拉贝在天津的寓所（1925—1931）
　　↑ 位于天津马场道 421 号的寓所
　　↘ 楼梯上是在非洲时狩猎的战利品

| 拉贝与中国

图 52　约翰·拉贝天津家的内景
　　　→ 起居室的大书柜
　　　↓ 百宝箱

图 53　约翰·拉贝天津寓所内景　← 大肚弥勒佛　→ 花瓶

图 54　约翰·拉贝的书:《我的父母》

拉贝与中国

1930—1931年约翰·拉贝经历的两件大事：

1930年8月3日他女儿玛格丽特和威廉·施莱格尔先生举办了婚礼。

第二个重要事件是约翰·拉贝一家休假回德国，回程时经过跨西伯利亚铁路返回中国。

图55 约翰·拉贝1930年

以下摘自约翰·拉贝《我在中国西门子的四分之一世纪》

鉴于神经型流感的影响，经过咨询，我不得不在1930年夏天通过西伯利亚回家，以便康复。我在德国的停留持续了3个半月，这是我22年来第二次回家。

我12月中旬开始了经由西伯利亚返回天津过圣诞节的旅程。我一直希望能在冬天穿越西伯利亚。如果你的旅行运气极差的话，这样的旅行会很无聊，我的运气还行。旅伴是海曼（Heimann）先生（哈尔滨一家公司的经理）和夫人，以及来自上海的建筑师沃尔特梅德（Woltemade）先生，他在与旅伴回国探亲的路上，在快到莫斯科时，经历了一次脱轨事故，但没有受伤。如他所说，这是一次缓慢的脱轨，所以人们对脱轨事故提前做了准备。

这是一次很棒的旅行。因为我一直在密切关注有没有脱轨，甚至连沃尔特梅德先生也不例外，他已做好应对脱轨的准备。

除了我之外，还有一个汉堡人——船主马蒂亚斯的儿子，在这个旅程中，你可以想象，在西伯利亚待了14天，"带汉堡口音的德语"成了日常交流的语言，因为除了两个汉堡人，没有柏林人在场，剩下的是英国、美国、比利时和日本乘客,当然不能搭讪。

其他的人也都很好,比如日本外交官——雅默凯特格里(Jammerkategorie)先生,这是我猜测的名字。他在柏林买了一个非常体面的留声机,我们不得不在旅途中开着它。结果,我们时不时地把包厢变成一个音乐厅。出于对非常尊敬的日本先生的感谢,我们用这首优美的歌曲开始了每个夜晚的音乐会:

> 他的妈妈来自横滨,爸爸来自巴黎,他妈妈总是穿着睡衣,因为爸爸很喜欢……

在回来的路上,我被通知到上海开会,但不得不在南京下车去迎接弗里德兰德主任,他在那里中断了他的中国之行。弗里德兰德先生在参观新建的中山陵公园时问道:"你觉得怎么样?""太好了"——是我的回答,就像在格伦沃尔德一样。"我很高兴,"弗里德兰德先生说,"因为我想让你待在这里。"

在中国北方生活了23年之后,我现在就要搬到中国的中南部,正如一位同事开玩笑地说的那样,我将成为南京的一名陵园管理员。

我同意在南京工作。回到了天津准备履行调职手续。因为南京还没有德国学校,我不得不和我13岁的儿子分开。虽然很难过,但没办法。由于我本人没有空,我妻子不得不立即返回德国,把我们的儿子安置在德国家乡的寄宿学校。

她(道拉·拉贝)只有两个月的时间出国和回国,包括待在家里。因为我将于11月在南京开始履新。我们都知道,北方即将发生新的动乱,这可能会扰乱她的回国之旅。她解决了问题,但回程很不顺利,麻烦不断。在奉天,她了解到,由于劫匪频繁袭扰(每列火车都被袭击和抢劫),乘坐火车直接前往天津是不可能的。因此，她和女儿以及女儿的家人（我的女婿施莱格尔已经从奉天被转回北平）一起从奉天坐火车到大连，再从那里乘船到天津。

我本人随即启程，于 1931 年 11 月 2 日抵达南京。

托马斯·拉贝感悟：

我父亲奥托·拉贝总是给我们孩子们讲述下述往事：

> 为了保证在经过西伯利亚荒原的大约 14 天的火车旅程中得到良好的服务，约翰·拉贝在旅程开始时承诺给乘务员数量较大的美元，先预付一半，如果一切顺利，另一半可以在柏林或中国支付。

约翰·拉贝是否会讲中文，通过这段旅程我们也找到了答案。

> 这次在海关没有问题。留在莫斯科的戈斯波丁·赫尔曼给我留下了一个手提箱，里面装着毛皮衣服和一件新的银餐具。箱子实际上应该通过海关。但是我设法向尊敬的中国海关官员讲清楚，并用他家乡的方言说，从曾祖父时代起，每一位尊贵的中国旅行者的衣袋里都装着刀叉。这件事就在笑声中解决了。

后来，他又写到关于他在南京西门子的工作：

> 在没有翻译的情况下工作了很长一段时间后，我终于聘到了一位中国秘书——优秀的韩湘琳先生。

南京的英雄

第三章

南京·南京

JOHN RABE

第一节　约翰·拉贝在南京
（1931—1938）

南京

南京是江苏省的大都市，距北京和广州分别为 1100 公里和 1600 公里，长江流经南京。

如今，南京位于中国最大的经济带之一长江三角洲，总面积 6600 平方公里。长江沿着南京城的西边流过。该市位于上海以西约 300 公里，重庆以东近 2000 公里。

南京位于京沪铁路线上，是长江上最大的港口之一，也是一个重要的交通枢纽。

南京属亚热带季风气候，四季分明，与武汉、重庆等城市同属"长江三大火炉"。

当代南京

南京是中国最大的工业和政治城市之一。

南京是中华人民共和国江苏省的省会，也是华东地区第二大城市，全市下辖 11 个区。截至 2019 年，总人口为 850.55 万。

南京在中国历史和文化中具有举足轻重的地位，自公元3世纪至1949年曾是多个王朝及中华民国的首都。

南京是重要的文化、教育、科研、政治、经济、交通和旅游中心，也是世界上最大的内陆港口之一。

南京市还是中国行政管理架构中的十五个副省级城市之一，享有仅略低于省的司法管辖权和经济自治权。

南京拥有众多高质量的大学和科研机构，入选全国百所重点大学的高校数量居各大城市第三位。

南京是千年来全国最重要的城市之一，公认的中国四大古都之一，也曾经是世界上最大的城市之一，尽管经历了战争和灾难，如今它和平且繁荣。

南京的历史变迁

明朝

1368年，明朝第一个皇帝洪武帝再次将南京定为中国的首都。在21年的时间里，朝廷征用了大约20万人把南京建成了世界上最大的城市，人口估计接近50万。至今仍保存完好的城墙就是从这个时期开始修建的。南京在当时相当繁荣，除了传统的纺织业，印刷业和造船业也得以建立。当时的南京是中世纪最大的帆船造船厂，也是郑和下西洋的宝船舰队的母港。从这里，他率领船队到达印度、阿拉伯和非洲。1421年，永乐皇帝迁都北京（"北方的首都"）后，第一次给这座城市取了她现在的名字南京（"南方的首都"）。

清朝

在清朝,南京被称为江宁,是清政府两江总督府的所在地。南京是1842年《南京条约》的签约地,该条约迫使清政府向西方开放。后来,太平天国起义军曾定都于此,为其取名天京("天堂的都城")。江宁是中国19世纪中叶的中心。

民国时期

1912年,孙中山将南京再次定为首都。直到今天,孙中山的陵墓仍然坐落在这座城市东部的紫金山脉中。袁世凯后来将首都迁回了北京。国民党与共产党分裂后,蒋介石于1927年在南京建立了全国政权,由他领导,与武汉国民党左翼和北平军阀争夺政权。

中华人民共和国

1949年,中国共产党执政后,北平改回从前的名称北京,并成为中华人民共和国的首都。南京则变为省会城市。

南京印象（见图 56—图 61）

图 56　↑ 南京城的南城墙（1934 年）　↓ 南京港（1920）

第三章　南京·南京

1937年的南京

　　维克特评论《拉贝日记》的节选，载于《约翰·拉贝——南京的德国好人》。

　　1937年南京约有130万人口，西门子公司在那里建立了电话系统，为发电厂安装了汽轮机，并为好几家医院提供了德国医疗设备，由西门子培训的中国专业技术人员负责设备的保养和维修，但他们经常无事可干，要等待新设备的到货。拉贝每天都能从中国的各部门获得向西门子订货的合同。

　　当时在南京有一家德国饭店。天津著名的起士林-巴德糕饼店也在那里开了一家分店。以大使陶德曼为首的德国大使馆从北平迁到了南京，其他国家的大使馆也开始在南京忙于建馆。"远洋通讯社"从南京播发了有关中国政治方面的报道。同时期的上海是中国的经济中心。南京与上海就像美国华盛顿与纽约的关系。

　　在南京实施统治的是蒋介石。他的政治抱负是要把由各路军阀割据的四分五裂的国家统一起来，并实现国家现代化。当时在西北延安，毛泽东率领红军经过举世闻名的长征，在那里建立了根据地。

　　南京那时驻有30名至40名德国军事顾问，后来有些人带着家属离开了。蒋介石从1927年开始聘用他们，并与他们签订私人聘用合同。

　　这些德国军事顾问的任务是把蒋介石的军队训练成精锐部队，既能和毛泽东的革命军队抗衡，也能抵抗日本军队。

　　1934到1935年间，德国退役上将汉斯·冯·泽克特（Hans von Seeckt）是顾问团团长，他曾经是魏玛共和国的陆军总司令。亚历山大·冯·法尔肯豪森（Alexander von Falkenhausen）将军是汉斯将军的后任。他们开始着手训练几个精锐师，正是这几支部队于1937年秋天在上海长时间顽强抵抗了日本军

| 拉贝与中国

图 57 南京 1934 年　↑ 南京下关火车站　↓ 铁道部

队的入侵。

南京的德国军官们在一般情况下不大和外界交往，蒋介石专门建造了一个住宅区供他们居住。他们在那里的生活环境与在德国的乡间别墅没有什么两样。他们中的大部分人只签约几年，对中国、对这个国家的土地和人民及其文化和历史很少感兴趣，他们更多的是聚在一起谈论个人的经历、调动、职务变动或是战争经历。由于他们完全来自不同的派别，政治观点不同，因此有时会发生争执，汉斯上将不得不为他们设立了一个名誉法庭。

在南京的外国商人，在中国常常一待就是好几年。对他们来讲，回国返乡的道路遥远而又漫长。当时全中国只有一条民航航线，经营者是汉莎公司的一个子公司（欧亚公司）。中国和欧美之间没有直飞的空中航线，他们回国多半要先乘轮船从上海到热那亚，在那儿下船后再转乘火车回德国，整个行程大约要4周至6周时间。如果走西伯利亚铁路大约只要10天至12天。尽管如此，大部分人还是愿意乘船，这要比坐火车舒服得多。

托马斯·拉贝感悟：

早在1934年，南京就具有了现代化的规模。来自世界各地的船只停泊在南京郊区下关的大型国际港口。由于南京位于长江的两岸，在雨季经常洪水泛滥，但额外的好处是频繁的洪水会使当地的土壤十分肥沃（见图58下）。

摘自约翰·拉贝的《我在中国西门子的四分之一世纪》一书

南京只有几家德国公司；除了西门子在中国设有机构外，还有卡洛威茨公司、昆斯特-阿尔贝斯公司和新民贸易公司。另外3家德国公司也将很快在这里开设分支机构，分别是施密特公司、科发·德鲁克公司和启新工程公司……

图58 南京 1935　↑南京下关（同盟）港口　↓下关的洪泛区
选自约翰·拉贝《我在中国西门子的四分之一世纪》

约翰·拉贝写道：

南京不仅是中国当时的首都，还是德国拥有小小驻军的城市。就是说，这里有一个由著名的鲍尔（Bauer）上校设立的"德国军事总顾问处"，只可惜他由于患天花病过早地去世了。后来由魏策尔（Wetzell）将军接任他的工作，现在的领导是法尔肯豪森（Falkenhausen）将军，由他担任总顾问团团长。蒋介石交给他们的任务是负责改组中国军队。

总顾问团当时有7名将军，7名上校，2名中校，8名少校，2名装甲兵专家，1名轻型巡洋舰专家，11名上尉，5名中尉，2名弹药专家，3名武器管理员，2名化学家，3名工程师和1名兽医，共54人。"我一辈子也没有见到过像南京这里这么多的将军和军官们"，不久前一位美国人对我如此说。"我也没有见过"，我只能如此回答说。军事顾问团的军纪甚是严格，完全遵循优秀而古老的普鲁士军队传统。

一位西门子外国职员眼中的南京
摘自约翰·拉贝的《我在中国西门子的四分之一世纪》

公司业务恢复正常后，我现在可以近距离地看看南京和它的周边了。

南京是一座具有3000年历史的古城，几千年间它曾遭受过无数次的蹂躏。但在我银婚纪念日这一天却是风平浪静。500年前明朝把都城从南京迁到了北京。明代的那些建筑物，除了极少部分保留下来以外，其他的都只剩下了一片废墟。保存比较完好的也许就是市中心那座经常修复的鼓楼了，中午的时候会从楼内传出钟声，但已经不是由人去敲了，而是用电声替代。现在的机场，以前是皇宫所在地，还有一些废墟遗址，比如宫门的下半部。明朝陵墓如今也只剩下了些坚实的底部建筑。几乎未受任何损害的是那条通往明孝陵的祭神道

| 拉贝与中国

（有石雕武士、马和大象的石头雕像）。

　　坚固的城墙在外面看来还比较完整，但里面已经有好几处倒塌了。如果要看城门的话，古老的南城门是最值得一看的。这座城市的秀丽风光还来源于东面的山丘群——紫金山脉。紫金山附近有许多风景优美的寺庙，是郊游休闲的好去处，如牛首山、原始森林、庙、燕子矶、玄武湖等等。这些会给人们留下深刻印象。如此美丽风景对于我这个老"东亚人"来说已不足为奇了，不像那些从欧洲乍到中国的外国人；因为在中国北方的这么多年中，特别是在北平，更大更宏伟的寺庙和宫殿我都见过。但我们必须承认，我们从南京这些景色中感受到的大部分印象是现代而非古代文化。

　　坐落在港口下关的那条沿江大道一年前还是很窄，也很拥挤，在交通量较大的情况下，汽车就只能走走停停，一步一步地挪动。现在这条路已经拓宽了3倍，而且还建造了配套的大型停车场。位于长江边上的城市总电站也进行了彻底的翻修（艾赛尔特［Eysoldt］先生，为此做了不少的工作），电站拥有两台功率为5000千瓦的汽轮机。另外，他们又向我们定购了一台功率为1万千瓦的汽轮发电机，今年内还要订第三台相同功率的汽轮机。一个用于停靠小型船只的巨大而宽敞的码头现正在建设之中，预计年内完工。

　　火车轮渡使得南京和浦口之间的火车往来成了可能。

　　一条始于江边的宽广的现代化沥青主干道——中山路，全长约12公里，横贯整个南京城，一直通往坐落在山上的中山陵。从这条主干道上又分出很多宽阔的街道，这些街道的数量每个月都在增加，并形成了一个延绵不断的城市街道网（见图59）。在老城区里，大面积地改建了一批稠密、狭窄的街道。因为修建新街道的需要，一些建筑物都必须强制拆除。其中，计划穿过鼓楼医院的一幢楼房修建一条主干道，医院方面强烈反对，也提出了抗议，但还是无济于事。当医院管理层还在为是否拆除大楼而犹豫不决的时候，城管部门已推倒了这座大楼。

第三章 南京·南京

图 59 1935年南京——城市风光　↑白下路和太平路的交叉处　↓新街口广场
选自约翰·拉贝《我在中国西门子的四分之一世纪》

所有政府官员，包括目前还有很多还在老式房子里办公的那些政府官员，都将搬入新楼。铁道部、交通部和外交部已搬到了宏伟气派的新楼。政府新组建了一个中央医疗卫生局。目前在城市的西北面正在兴建一个现代风格的居民区，区内有1000套住宅。这个居民区的设计方案是由一家德国建筑咨询公司提供的。一座现代化的水厂建成了；从南京到南方和北方各大城市的航空交通已走上正常轨道；新修建的街道下面还铺设了现代化的下水管道。由于蒋介石对城市建设下达了相关指示，所有这一切进展神速。

中山陵

在整个景色如画的公园中，中山陵（见图60）是一道最靓丽的风景线。中山陵共有300多级台阶，从那个漂亮的大理石石拱门后开始，沿着台阶往山上走直到山顶，绕过孙中山博士的大理石像，就到了富丽堂皇的孙中山纪念厅。在纪念厅里，穿过一扇门后就是孙中山的陵墓——其实是一个圆顶小室，在这个圆形小室中间沉下去的地方就是镶有孙中山先生大理石像的石棺。整个建筑非常雄伟，很符合欧洲人的欣赏眼光。但我那些中国朋友们大部分都不喜欢这种建筑。中国人宁愿喜欢那种古老的建筑风格，如神道路上的明孝陵、带围墙的庭院和花园等等。这个墓地很大，是按中国传统风格建造的。墓地位于一座别致花园的中间，花园里还有一些纪念性庙堂和大理石碑。其中有一部分石碑是从遭到破坏的古老的北京颐和园中运来的，后来人们在这上面重新刻上一些新内容。

在离已被踏平的小径不远处就是体育馆。体育馆的四周是能容纳2万名观众的看台，场内的跑道都是按最现代化方法建造的（配有西门子扩音器）（见图61）。还有一些特殊的设施：演出台、演讲台、举击台和一个大型的全是用马赛克贴成的游泳馆。不从事专业游泳运动的中国人和欧洲人也可以到游泳馆去游泳，我作为一个"汉堡人"，在到南京的第一个夏天就享受了一番。（对

图60 1935年南京 ↑紫金山中山陵 ↓孙中山博士的石棺
选自约翰·拉贝《我在中国西门子的四分之一世纪》

图61 1935年南京 ↑游泳池 ↓配有西门子扬声器的体育场
选自约翰·拉贝《我在中国西门子的四分之一世纪》

这一切,弗里德兰德尔经理却从未享受过!)

南京,这座南方的都市,如今又重新焕发了生机,如果不再遭受新的动荡和战争的创伤,她必将迎来光明的未来。然而,悲观者的预言说道,1936年又将是一个战争的年头,许多中国人也对此深信不疑。日本早就想让国民政府解散德国军事顾问团了,从而以300名不拿薪酬的日本人取而代之。我的一个朋友柯文(Kowen)问我,那我们该怎么办?那么,亲爱的,让我们打开一本名为《不要害怕》的新书。不过,在行动之前,我们提个建议,我给你唱一首好听的歌:

> 如果我们要担心
> 明天世界将会怎样
> 是悲伤还是快乐
> 那么,今天就是今天

南京,1935年3月4日
约翰·拉贝

1931—1938年拉贝在南京的住所和西门子办公室
摘自约翰·拉贝的《我在中国西门子的四分之一世纪》

通过卡洛维茨公司的介绍,它在南京已有一座办公楼——我后来找到了一所住处。这所住房是我们的电讯工程师约翰·汉森(Johannes Henson)先生10月31日去世前为我租下的。不过,这房子令我十分失望。因为那时南京的住房还异常简陋(见图62a)。我对一个朋友讲述我的第一印象时是这样

| 拉贝与中国

说的：年轻人啊，年轻人，这个南京也许只是一个小乡镇。但愿我实事求是的描述不会超过我的幽默感。先讲房子吧，这已是一个了不起的建筑物，我走进门进入一层，打开灯，灯光透过地板照亮了整个楼层（不是开玩笑），我不用安装西门子的电话，也不用走到楼上去，就可以站在下面和楼上的所有人员进行交谈。这所住房的楼梯很陡，只有像我这个出身海员之家有一个船长父亲的人才能探着身子走下楼去。我的妻子如果不想摔倒的话，就要背过身子向下走。有客人来的话，通常先要问一下是否有头晕病，或者是否想在身上绑根绳子再走到楼上去。

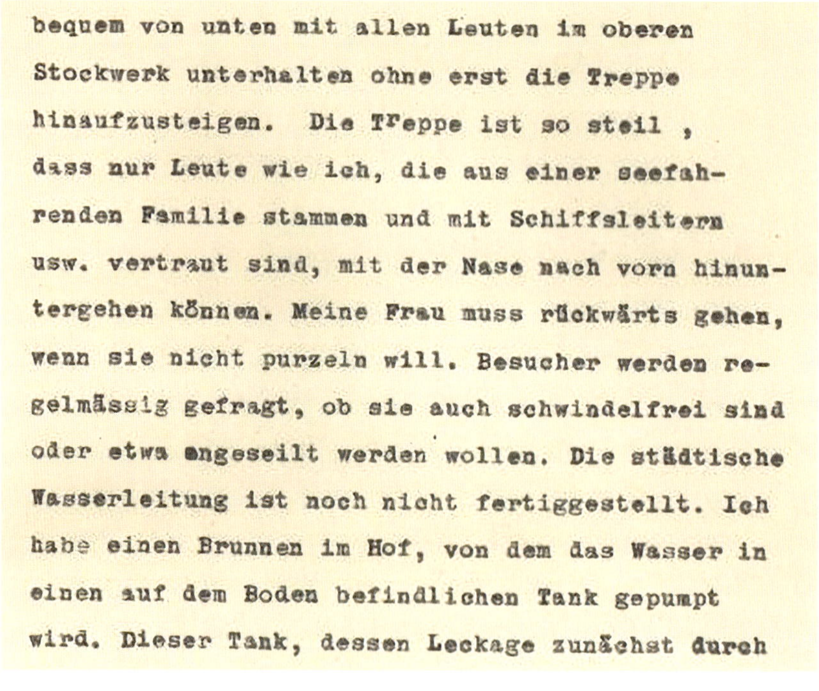

> bequem von unten mit allen Leuten im oberen Stockwerk unterhalten ohne erst die Treppe hinaufzusteigen. Die Treppe ist so steil, dass nur Leute wie ich, die aus einer seefahrenden Familie stammen und mit Schiffsleitern usw. vertraut sind, mit der Nase nach vorn hinuntergehen können. Meine Frau muss rückwärts gehen, wenn sie nicht purzeln will. Besucher werden regelmässig gefragt, ob sie auch schwindelfrei sind oder etwa angeseilt werden wollen. Die städtische Wasserleitung ist noch nicht fertiggestellt. Ich habe einen Brunnen im Hof, von dem das Wasser in einen auf dem Boden befindlichen Tank gepumpt wird. Dieser Tank, dessen Leckage zunächst durch

图 62a　约翰·拉贝对其在南京住所的描述。当约翰·拉贝初到南京时，从一位中国房东处租了第一座房子；他于 1933 年在小粉桥 1 号建造了一座新房子，并在里面成立了新的德国学校

选自约翰·拉贝《我在中国西门子的四分之一世纪》

图 62b　1932 年 12 月 25 日约翰·拉贝在鲍姆加特纳（Baumgärtner）家族留言簿上的留言

市政建设工程中的自来水管尚未安装完工，我的院子里有一口井，是用一个安装在地面的水泵向上抽水，并储存在水罐里。

托马斯·拉贝感悟：

然而，正如鲍姆加特纳（Baumgärtner）家族 1932 年 12 月 25 日的一本留言簿上的留言所显示的那样，约翰·拉贝很有幽默感，如图 62b 所示。鲍姆加特纳先生的父亲是汉莎航空摄影公司（汉莎公司全资子公司）的飞行员，他从空中航拍了南京的照片，他的儿子阿诺·鲍姆加特纳（Arno Baumgärtner）授权我使用这些照片。

| 拉贝与中国

国际保护区和约翰·拉贝的家

航拍照片（见图63）显示了国际安全区的位置（大约4平方公里）。在今南京大学（原金陵大学校园）拉贝与国际安全区纪念馆（暨拉贝国际和平与冲突化解研究交流中心）是拉贝故居所在地。

南京的约翰·拉贝之家坐落在市中心——现在属于南京大学。拉贝家住宅的东侧小房间是西门子的办公室。在这房子的后面是德国学校，于1933年开办。

图64上显示了1934年时的住处；其下为2006年10月31日重新开放后的情景。参见上海德国总领馆网站：http://www.shanghai.diplo.de/Vertretung/shanghai/de/__bilder/__bildergalerie-rie/John-Rabe-Haus.html.

如今，这座房子被周围无数摩天大楼所包围。参见 www.john-rabe.de

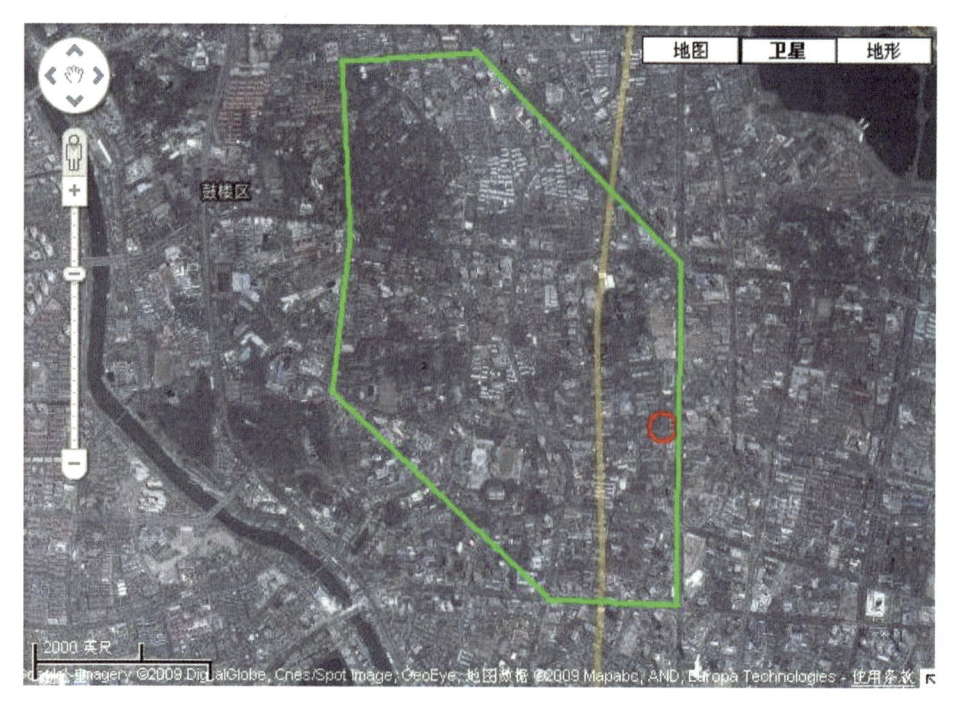

图63　2008年南京鸟瞰图（www.google.maps）。绿圈为安全区，红圈为约翰·拉贝住处。在图片的左下方，可以看到历史古城墙。

第三章 南京·南京

图64 1934年拉贝在南京的住处
  ↓ 1934年约翰·拉贝和他的助理韩湘琳合影；住宅右侧的房子是西门子公司的办公室
  ↑ 约翰·拉贝故居在2006年10月31日重新开放

南京的德国学校和南京德国社区
西尔维亚·凯特胡特 《南京德国人史》，联邦外交部编

德中文化协会成立于1935年，负责联络文化工作。与南京的德国驻华使馆和国民党政府进行合作。德国学校也是德国文化政策的承载者之一。

1933年10月15日，德国社区建立的"南京第一德国学校"，开了先河（见图65—66）。《中国狄斯特》（22/1933）引用了庆祝学校成立时的诗作："忠实的德国人的双手；德国的学校建筑已经建成；可以在这里找到家；母语亲爱的声音！"

学校由40名德国人组成学校理事会，西门子代表约翰·拉贝任第一任董事长。学校主要由德国人和在南京的公司捐款资助。像其他在中国的德国学校一样，该学校从1934年开始遵循纳粹党组织以及帝国科学、教育和人民教育部的外国学校政策指南开展工作。

学校也接纳讲"其他语言"的学生，并为中国儿童提供了预备课程。但是，学生名单上的中文姓名仍是少数，也就是十几名学生。

在20世纪30年代早期，南京有100名德国人；到1937年，据记载南京有228名德国人。20世纪30年代末期大概有23000名德国人在中国。其中18000—20000人是1937年到达上海的犹太移民。

在中国的德国人按行业划分依次为：商业人员、人文学者、外交和领事使团的工作人员以及传教士。然而，南京是一个特例。这里德国社区包括大部分商人，这些"商人"中的大部分其真正身份是军事顾问和他们的家庭，以及领事官员和工程师。由此，德国学校的小学生大部分是军事顾问的孩子。1936年

图 65　1933 年位于南京的德国学校

初的学校理事会 67 名成员中有 52 人是军事顾问。

南京陶德曼德国社区有着"强烈的焦虑","将来会有一天中国没有了更多的金钱,也无意愿雇用德国军事顾问",德国社区可能会彻底消失。

德国社区大力参与了学校的建设。在中国的德国社区有许多德国人致力社区公共事务,如他们建立了非营利协会,将德国的机构和组织联合起来。特别是在战争年代,它们是在中国的德国人社会生活重要的组成部分。

1935 年,德国社区也受德国国家社会主义工人党(即纳粹)当地分支机构的领导,它在中国的机构是纳粹中国委员会。中国委员会受纳粹国际联络部的领导。中国委员会认为希特勒的对日政策，对德国在中国的事务构成较大风险，因而，大胆直率地表明了自己的观点。不过在这之后，中国委员会就调整了自己的观点，与官方政策协调一致。与此相类似，起初大部分华裔德国人在日本侵华战争中都十分明确地支持中国，后来也与纳粹的政策统一起来。

一位西门子外国职员对德国学校的看法
摘自约翰·拉贝的《我在中国西门子的四分之一世纪》

真正的学校

创办这所德国学校并不容易，有一大堆问题需要解决。不过，最终我得到了带有孩子在身边的那些父母亲的衷心感谢。我自己的儿子由于年龄已大，不适合进我建立的学校学习。这所学校的校舍是1933年夏天在我亲自监督下建造完成的，就在我家的旁边。在学校建设期间，我与建筑商及地产所有人，即南京一所中国大学的系主任签订了一份合同。按照这份合同，他要按照我的设计，为我建造一幢新的办公楼和住房。现在我就租住在这处房子里。由此，我也终于获得了一个较好的居住条件。

约翰·拉贝担任学校理事会理事长，也负责为学校融资。为了获得德国的财政补贴，也为了学校进一步发展，他于1934年加入了纳粹党。

图 66　南京的德国学校（1933 年 10 月 15 日）

↑ 南京的德国学校：约翰·拉贝的房子右侧后院日常生活的照片；房屋和学校之间的小建筑物是西门子办公室。
↙ 教师 C. 卡尔克夫人和孩子们
↘ 1933 年 10 月 15 日，约翰·拉贝在学校开幕式上演讲

| 拉贝与中国

1933 年南京西门子公司

摘自约翰·拉贝的《我在中国西门子的四分之一世纪》

我被通知到上海开会,但经理弗里德伦德(Friedländer)中断了在中国的旅行安排到达南京,为了与经理会面,我又不得不提前在南京下火车。在游览新建的中山陵时,弗里德伦德先生问我:"你喜欢这里吗?"我说:"美极啦!几乎就像在格伦沃尔德的森林中一样。"弗里德伦德先生说:"我很高兴,您这么说。""您就留在这里工作吧。"对我来说这是一个"恩赐"。但我情愿从车里跳出来步行回到天津去。在中国北方生活了 23 年后,如今却要我把根扎在中国的南方或者说是中部地区。

图 67　← 约翰·拉贝和他的同事韩湘琳(助理)在约翰·拉贝住处旁边的西门子办公室前。(南京)
→ 约翰·拉贝当时的名片,当时他的名字中文写作"艾拉培"

第三章 南京·南京

图68 约翰·拉贝（左）和他在南京的同事韩湘琳先生

> 1931年，我的父亲约翰·拉贝调到南京。
> 他要在南京负责整个西门子中国区的业务。
>
> ——奥托·拉贝（约翰·拉贝之子）

西门子南京分公司

西门子总部在柏林

枢密顾问卡尔·弗里德里希·冯·西门子在柏林管理遍及全球的公司业务。

中国上海总部协调西门子在亚洲的所有业务。

101

西门子公司在中国

南京是西门子在中国设立的唯一的分公司所在地（见图67）。西门子在南京建立了电话系统，为医院的电力供应提供德国设备。受过西门子培训的中国技术工人，经常处于等待设备的状态。拉贝每天向西门子提交来自中国各部门的订单。

西门子南京分公司

该机构负责在中国各地开展业务。拉贝担任总经理。以下设施属于公司：

1. 约翰·拉贝的住所；
2. 西门子的设施；
3. 西门子仓库；
4. 发电厂。

约翰·拉贝的员工

约翰·拉贝总共有14名员工。在日本占领南京期间，拉贝与他们及家人和佣人，共约50人住在一起（见图69上）。

约翰·拉贝的家庭佣人

在南京的约翰·拉贝家里，有4位家庭佣人：一名男仆，一名厨师，一名秘书和一名司机。

在西门子南京公司，韩湘琳先生任助理（见图68），还有会计师、翻译、销售业务员各1名，4名技术人员和2名学徒。

位于长江的下关电厂有三个5000～10000kW汽轮机（见图69下、图70）。以下是电厂最重要的员工：

白先生（Mr. Bai），曾任该电厂的经理，首席工程师卢法森（Loh Fasten）先生，里贝（Riebe）先生负责维修。其他许多中国员工保障公司的顺利运行。

约翰·拉贝（1937年10月19日）

"里贝在重建电站时工作出色。2号汽轮机在满负荷（5000kW）状态下运行。现在3号汽轮机正在维修，是6年前交付到货并投入运行的唯一一台由老式波尔西克锅炉驱动的汽轮机，此后一直连续运行。现在，连久负盛名的美国锅炉甚至都不能再运行了。"

约翰·拉贝对待他的员工热情周到。

约翰·拉贝（1937年11月21日）

"电力公司的经理白先生请求和我住在同一住所。同意！"

"现在，首席工程师卢法森先生想和他的妻子、仆人来这里居住。由于跨洋社区的人们将搬去库特沃，学校建筑将再次被腾空，因此可以作为住所。"

"电站在这座城市占据中心位置。没有电力就没有照明。日本人也深以为然。"

施佩林给乔治·罗森博士的信（1937年12月21日）

"12月21日，应西门子日本总部菊池先生要求，我召集并安置了60名电力工人，维修下关电力照明中心。工人们不愿为日本人工作，因为他们有50名亲朋好友在下关的国际出口公司寻求避难时，被日本士兵残酷杀害了。"

约翰·拉贝（1938年1月5日）

"上午10点左右，一辆日本卡车开到西门子仓库，带走了在下关电厂工作的15名工人。"

拉贝与中国

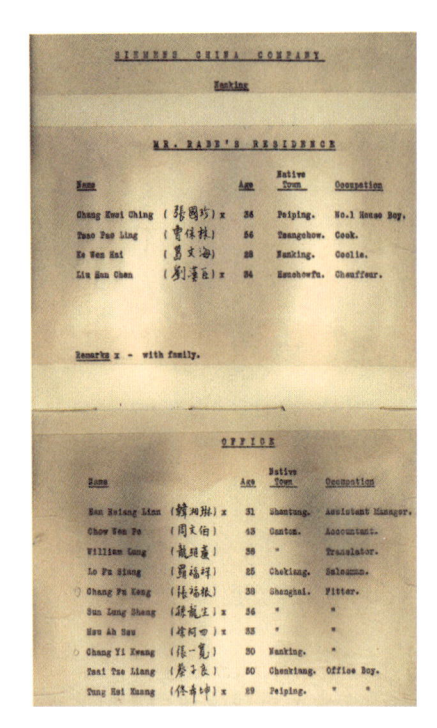

图 69
← 西门子中国公司南京分公司员工名单
↓ 南京长江边的下关发电厂，
　　西门子提供的汽轮机（5000kW）

图70 ↑ 1931年南京发电厂安置的西门子汽轮机
　　　↓ 雪光电力供应公司的电厂（摘自"西门子公司档案"）

| 拉贝与中国

第二节　南京大屠杀

约翰·拉贝在华期间的中德关系

选自罗梅君（Mechthild Leutner）主编的《德中关系1937—1949：政治、军事、经济和文化》

其他编者：Wolfram Adolphi 和 Peter Merker。

柏林学术出版社（Akademie Verlag Berlin），1998年，第53—67页。

中国的抗日战争自1937年7月7日爆发的"卢沟桥事变"迅速蔓延为第二次世界大战重要组成部分。卢沟桥事变是德中关系变化的重要转折点。纳粹领导层针对日本和中国的多轨外交方针开始动摇。德国政府宣布保持中立并希望中日两国能够早日解决彼此之间的冲突。

中国政府改变了以往对日方提出的要求妥协退让的态度，转而寻求维护自身利益，希望得到同样遭受日军侵略的国家的支持。

德国对其在国际外交领域发挥何种特别作用和得失不断进行反复推敲：在涉及对华政策上，由于在此前德国已经放弃了从不平等条约中所获得的在华的所有特权，因此德国成了中国的一个重要的军火供应国和经济伙伴。但是，由于德国与日本签署的《反共产国际协定》（*Anti-Komintern Pakt*），这决定了德国似乎对日本有更大的重要性和影响力。遵循交战双方的意愿，德国扮演了调停者的角色，但职能仅限于"信息传递"。借此，德国外交界和军界的保守派精英希望能够继续推行过去奉行的中日平衡对待的政策。然而，在日本毫不退让的态度面前，德国的调停是失败的。

在欧洲，希特勒于1937年11月命令德国进入紧急战备状态，需要日本为其征服计划提供保障。这时，所有支持与中国政府交好的声音全都消失。1938年2月，新任德国外交部长里宾特洛甫（Ribbentrop）放弃了纳粹德国在中日之间的中立政策，对日本做出了实质性让步：在外交上承认伪"满洲国"，减少甚至暂停向中国提供战备物资，召回德国军事顾问以及驻华大使陶德曼。

战争开始与德国"中立"

1937年7月7日，日本军队在北平西南方向的马可波罗桥（卢沟桥）点燃战火。最初，华北军事将领宋哲元和南京政府都认为能够将战事控制为一场局部冲突，并希望通过谈判化解危机。然而，日本在没有正式宣战的情况下进一步扩大战火。1937年7月底，战争规模远远超出了"局部冲突"的范围。[1]中国南京政府内部经过激烈讨论，决定不再像此前那样对日本不战而退。此外，各阶层群众普遍展现出坚决抵抗的意志，使向日本屈服或再度让步换取和平协议成了一种国内政治风险。

7月17日，蒋介石在庐山会议上呼吁全国人民联合起来抵抗侵略者。[2]接着，中国国民党与中国共产党建立起了抗日民族统一战线。[3]在中国的大规模军事抵抗面前，日本人认识到，靠一场闪电战击败中国是不可能的，而一场旷日持久的战争将不可避免地耗尽日本并不丰富的资源。中国领导人希望通过正面抗战，迫使日本接受和平。他们坚信，其他世界大国会出面和平调解，日本也会制止任何损害外国列强利益的行为。

日本侵华战争全面爆发前后几周，中国财政部部长孔祥熙一直待在德国。这期间他就与合步楼公司（一家德国从事与国民政府军火贸易的私人公司）的业务进展、两国经济关系与希特勒、戈林、沙赫特和一些德国企业家进行了多轮会谈，讨论内容还涉及有关政治话题。[4] 会谈得出一个印象：德国不会改变对华政策的基本原则和目标。希特勒1937年7月13日会见孔祥熙时表示，德国与中国乃至整个远东地区的关系是建立在商业基础之上的。德国作为工业国，中国作为原材料和农产品丰富的国家，为实现互利互惠，自然有赖于商品交易。德国在远东地区绝没有任何政治和领土要求……他希望在中国和日本之间保持平衡。在必要情况下，德国愿意对双方进行调停。戈林在7月11日的谈话让孔祥熙相信，德国会长期执行对华"基于政府协议的商品交易"政策。不过，今后中国采购军火应当支付外汇。戈林认为，即使条件不再优惠，中国也会愿意继续交易，因为他们无法放弃德国的军用物资。为避免在极度紧张的局势中两国经贸合作陷入危机，孔祥熙在向蒋介石请示后，同意了德国提出的外汇支付军购的要求。

西方列强对中日战争的爆发都很震惊。英、美两国希望战争尽快结束，但并不打算干预。他们继续实行对日的绥靖政策。英国要求中日双方保持"克制"。英国外交大臣艾登1937年7月12日警告日本大使说，冲突将危及英日关系。但他却在第二天拒绝了中国要求调停的请求。此后数周甚至数月之内，这种态度没有明显改变。[5]

对德国而言，这场东亚战争来得极不合时宜，因为它使德国处理中日两国的关系变得十分复杂。[6] 1937年7月14日，德国外交部长冯·纽赖特（Von Neureiter）在柏林会见中国大使程天放。同一天，他还让日本大使武者小路（Mushakoji）向他介绍日本方面的立场。各方继续相互试探。[7]

德国的策略是力图不向外表明德国对日本侵华战争的态度和立场。德国的对华和对日关系，及其在欧洲的备战进程都不应受到影响。希特勒指示外交部长冯·纽赖特（Neurath），在这场远东战争中保持"严格的中立"，并表示期待"尽快和平解决"。7月20日,德国驻外机构收到此番措辞的指示。[8]

国民党领导人启用多种外交渠道,以期在中日谈判中处于有利位置。蒋介石向陶德曼表示,他十分希望德国对冲突进行调解,因为"德国是唯一能与日本和平对话的力量"。然而德国政府此时并不敢贸然进行直接调停,他们认为成功的机会极其渺茫。1937年7月21日,蒋介石通过德国军事顾问告知德国政府,他力求和平解决冲突,但绝不会向日本人的最后通牒屈服。[9]

与此同时,日本也在向德国施加政治压力。德国驻日大使赫伯特·冯·狄克逊(Herbert von Dirksen)要求德国在"长期紧张时期"全面停止向中国运送武器,[10]陶德曼大使试图安抚蒋介石等人,以尽可能地保证德国在华利益。在希特勒看来,所谓"中立"原则就是既坚持"德日同盟关系",又继续向中国提供装备和武器,只是"要在外界不会发现的伪装下进行"。不过,德国拒绝了日本提出的立即停止向中国提供军火并撤回军事顾问的要求。然而,德国不管采取何种外交策略,毫无疑问,日本已成为纳粹政府东亚战略的决定性因素。[11]

1937年8月23日,狄克逊在东京提出启动中日调停。据称,德国军事顾问曾警示蒋介石,"继续战斗将令中国血流成河"。[12]对《反共产国际协定》的考量是德国外交部认为应迅速结束战事的另一个缘由。他们认为,中日之间发生战争"有利于苏联在其方面牵制日本,并在军事行动中削弱日本的实力"。[13]德国负责中国事务的外交官不断警告,日本的行径将把中国推向苏联。[14]8月30日,德国得知中苏双方于8月21日在莫斯科签订《中苏互不侵犯条约》,这一预言似乎得到了证实。

希特勒(Hitler)对中国战争进程的看法深受里宾特洛甫(Ribbentrop)的影响。1937年9月19日,里宾特洛甫报告希特勒:"坚信不要很久,日本军队就将取得决定性胜利",而德国在华经济利益似乎不会受其影响。里宾特洛甫采纳了日本武官大岛浩（Oshima）关于"尽快同意在中国与日本统一行动"的建议。这与德国在华经济界人士的普遍意见相左,这些人始终认为,其经济利益的实现离不开德中政府间的友好关系。

作为德国驻伦敦大使,里宾特洛甫发表的远东政策言论激怒了西方列强。他们认为,德国在华颇为可观的经济利益应该成为纳粹政府制定其对华政策的决定因素。英国外交大臣艾登在1937年10月27日的讲话也表明了这一点。

德国调停取代国际联盟援助

中方和平解决1937年7月7日卢沟桥事变的愿望没能实现。双方在前线的交锋愈演愈烈。日本军队只有30万人,但在军事技术和组织上远超中国,他们迅速进军华北,占领了北平、天津和其他重要地区。[15]

日军在中国中部的进攻遭遇到顽强抵抗。1937年8月13日,在大量军舰和战机支援下,日军开始进攻上海。在中国精锐部队的奋力抵抗下,战斗持续了3个月。在这场防御战中,德国军事顾问对中国军队的训练、武装和指挥起到了至关重要的作用。[16] 日本人因此提出强烈抗议,并坚持要求德国撤回军事顾问。[17]

中日军队在上海的交战让双方损失惨重,德国军事顾问训练出来的部队大多遭受重创。1937年11月12日,日本占领上海。随后,日本军队迅速突破南京的两道防线。12月12日,蒋介石率领中国的主力部队从南京撤往汉口地区。当日,日本侵略军占领了中国当时的首都南京,随后几周内发生了骇人听闻的大屠杀事件。[18]

中国政府多次向国际联盟（League of Nations）寻求支援,联盟将中国接纳为华盛顿条约缔约国。在1937年11月举行的讨论远东问题的布鲁塞尔会议上，蒋介石希望获得国际社会援助以抵抗日本侵略。[19]

德国政府拒绝参加布鲁塞尔会议。[20] 由于不是国际联盟成员国，德国一方面不愿与西方各国采取共同的政治和外交行动，另一方面也不公开否定日本的行径。然而，德国政府回应了日本提出的希望德国对冲突进行调停的建议。[21] 1937年10月16日，陶德曼（Trautmann）大使还主张德国出席布鲁塞尔会议，[22] 然而在与国民政府外交部次长陈介会谈时，他得到指示转达德国的态度，即认为布鲁塞尔会议毫无意义以及德国愿因此进行调停的信息。[23] 布鲁塞尔会议没有为中国带来任何实质性成果。国民党政府失望地意识到，西方列强并不打算谴责日本并采取措施抵抗侵略者。[24]

"信使角色"及其失败

早在1937年10月21日，日本外相广田弘毅就告知德国驻东京大使，日本随时准备与中国进行直接谈判，并且欢迎一个中国认可的国家，如德国或意大利说服南京政府达成和解。[25] 一周之后，广田再次表达日方对于德国调停的愿望。[26] 于是，通过德国驻东京武官欧根·奥托（Eugen Otto）将军获悉这一立场的陶德曼大使，于10月29日再次与中国外交部次长陈介接触。他向对方表示，"现在是寻求与日本和解的时候了。我们将准备进行调停"。[27]

1937年10月30日，德国与中国政府成员再一次进行会谈。[28] 德国外交部相关负责人此刻欢迎由德国参与冲突调停。介入调停似乎能确保外交官员们在制定未来德国的远东政策上有更大的影响力。不过，里宾特洛甫（Ribbentrop）以《反共产国际协定》为由所主张的亲日方针任何时刻都没有动摇。德国外交部继续推行在东亚的多轨外交，但同时也担心陶德曼将承诺德国政府会作出某种表态。因此，国务秘书冯·马肯森（Von Mackensen）10月30日指示陶德曼向中方明确表示，德国只能充当中日间的"信使角色"。南京政府不应期待德国会起更大的作用。[29]

1937年11月3日，狄克逊（Dixon）从东京向柏林发出一份《日本和平条约基本原则》，其中包括7项条件：

1. 内蒙古自治；
2. 扩大华北非军事区并建立一个亲日政府；
3. 扩大上海地区非军事区；
4. 禁止任何反日活动；
5. 共同反抗布尔什维克主义；
6. 降低日本货物的进口关税；
7. 尊重外国公民权利。[30]

陶德曼11月3日与蒋介石、孔祥熙进行秘密会谈时尚不清楚日本所提要求的细节，但建议原则上与日本达成协议。[31] 根据柏林的指示，陶德曼在11月5日向蒋介石和孔祥熙告知日本提出的"和平条件"，并建议他们以接受这些条件作为谈判的基础。蒋介石要求日本在谈判开始前恢复战争爆发前的秩序。否则，若马上接受这些条件，"中国政府就有被公众舆论掀翻的危险"。[32] 此外，蒋介石希望等待布鲁塞尔会议的结果。因此，各方同意对日本提出的条件保密。

中国领导人内部对于与日本进行和谈的态度并不统一。汪精卫在7月29日的一次广播讲话中表示，中国的实力不足以抵抗日本侵略者，因为中国落后日本发展70年。[33] 此后，汪精卫成为与日和解最为积极的支持者之一。[34] 1937年12月5日，汪精卫公开表示，中国应当审慎考虑日本提出的停火和平条件。[35] 知名公众人物，如哲学教授胡适、《大公报》总编辑张季鸾、国家社会党领导人张君劢及青年党党魁左舜生和李璜，均建议蒋介石接受调停，并与日本人进行磋商以争取有利条件。[36] 德国外交官陶德曼、费舍尔（Fischer）、劳滕施拉格（Lautenschlager）试图与中国政府代表进一步会谈，以增强中方的谈判意愿。[37]

日军推进的速度导致蒋介石和德国军事顾问法肯豪森（Falkenhausen）对于军事形势的判断出现差异，这对谈判进程造成相当大的影响。英国大使馆1937年11月20日向英国外交部汇报：德国军事顾问"不再对中国军队的实力持乐观态度"。法肯豪森在与德国外交官同步开展的调停努力中表现亦是如此。[38] 11月9日，他提醒蒋介石、孔祥熙和副总参谋长白崇禧："长期的战争和经济紊乱将令中国迎来布尔什维克主义。"[39] 11月8日，在与陈诚将军会面后他认为，"现在也许到了向中国施加压力以促成和平的时刻"。[40] 陶德曼提到，法肯豪森抓住"一切机会"与他共同扩大谈判基础。[41]

1937年11月底，就与日本进行和谈之事，国民党高层内部的态度发生了明显转变。布鲁塞尔会议的失败，加上中国西北和上海的沦陷，日本在和谈条件上再度加码。在与总参谋长商议并就谈判条件达成一致后，蒋介石在12月2日接见了陶德曼大使。[42]

蒋提出，中国准备接受德国的调停，但前提是"德国要充当真正的调解者"。12月6日，汪精卫领导的国民党国防委员会在第三十四次会议上正式通过德国的调停。[43] 据《拉贝日记》记载，上海电台在12月7日报道，蒋介石拒绝了陶德曼转达的和平条件。但是，拉贝从德国大使馆秘书罗森处得知的秘密消息是蒋介石接受了那些"和平条件"。[44]

1937年12月4日，外交部长纽赖特提交了一份备忘录，上面记有11月3日以来日本和中国通过德国交换磋商立场的情况。[45] 此份文件应为中日双方政府提供一个意见一致文本的基础，即"立即促成两军之间的停火谈判及随后中日当局的和平会谈"。[46] 纽赖特宣布，在双方同意的情况下，"德国将郑重呼吁停止两国间的敌对状况以建立和平关系"。纽赖特表示,"这一呼吁必要时将由元首本人提出",并"不采取任何政治声明的形式"。[47]

日本在 11 月提出的和平条件原已显示出妥协的迹象,但在持续的军事胜利下,主张强硬立场的人占了上风。认为与中国进行谈判并非日本的真实意愿所在,若中国对最终条件不让步,那么就可通过军事手段来解决。日本加大宣传力度以促成《反共产国际协定》。[48] 12 月 16 日,狄克逊告知,日本方面决定回应纽赖特提交的备忘录。然而,该回应实则是对"11 月 2 日提出的基本原则的强化",因为日军的"辉煌战果"使公众舆论"完全改变"。[49]

1937 年 12 月 24 日,纽赖特告知陶德曼,日本提出了实质上更为苛刻的条件,[50] 陶德曼于 12 月 26 日至 27 日将这些条件转交国民政府。[51] 从自我保护的角度看,这些条件是国民政府所无法接受的,但它希望以此来争取时间。1938 年 1 月 2 日,陶德曼向柏林汇报了孔祥熙的立场,即中国政府似乎不会完全拒绝日本提出的条件。1 月 13 日,中国政府试图通过陶德曼与日方更为深入地探讨新谈判条件以形成决定性共识。[52] 1 月 15 日,孔祥熙向陶德曼发去了一份类似的声明,请他转交东京方面。日本没有对这种托词性的声明表示同意。狄克逊在电报中写道,武官奥特从"绝对可靠的来源"获悉,日本政府"从中国的回应中看不到任何和谈意愿"。因此,他们"拒绝继续承认蒋介石政府,并中断所有对话"。[53]

德国外交部长冯·纽赖特于 1938 年 1 月 16 日从日本驻德大使东乡茂德(Togo)那里获知,日本将不再认可蒋介石领导的国民政府为谈判对象。1 月 18 日,南京国民政府重申,他们将继续为中国主权和领土完整而战,并且将不会承认一个傀儡政府。1 月 20 日,日本中断了与中国的外交关系。[54] 至此,德国将双方带到谈判桌前的努力彻底失败了。

承认伪"满洲国"

日本自1932年策划成立伪"满洲国"以来就一直谋求获得德国的外交承认。[55] 这种承认远不只是一个认可满洲地区独立的问题,更重要的是体现德国对日本外交政策的明确支持。1936年春,德国与伪"满洲国"签订贸易协定后,东京和新京的德国外交人士多次表示将认真考虑对伪"满洲国"的外交承认。他们提出,这将进一步扩大德国在满洲地区的贸易空间,并增强在远东地区的影响。陶德曼周围的中国事务外交官对此持否定态度,认为这将威胁德中关系。

1937年11月随着德国的欧洲军事战略计划进入新阶段,德国政府的态度发生转变,此时日本也在中国取得了军事上的胜利。希特勒当时要直接用武力实现其扩张目的,首要目标是吞并奥地利和捷克斯洛伐克。希特勒认为,英法两国是德国扭转时局的主要对手,与这两个大国交战不可避免。这一观点遭到勃洛姆堡(Blomberg)、弗里奇(Fritsch)和纽赖特(Neurath)等军界和外交界保守派精英的反对。他们认为德国的军备不足以对抗西方劲敌。[56] 这也是他们反对德国单方面偏向日本的原因。他们认为发展与中国的关系,可以保持其在军事和经济上的强势地位。对于希特勒而言,这些想法与其全球战争计划相比尚居次位。里宾特洛甫关于保持英国中立的考虑使其赢得越来越多的发言权。其认为对外政策上,德国应进一步寻求与英国和解。里宾特洛甫建议"低调但坚韧地"扩大德国—意大利—日本势力范围,并对此进行"高效部署"。[57] 日本得到德国的青睐是其地缘战略优势使它最适合在远东及太平洋地区牵制西方力量,同时又对苏联干预欧洲形成威慑。[58]

然而,承认伪"满洲国"一事应处于暂缓状态,以便"一定程度确保"德国贸易在"满洲国和被日本新占领的中国省份"不受日本影响。[59] 此外,德国政府认为在调停过程中宣布承认伪"满洲国"不合时宜,这将危及调停结果。

外交部长纽赖特在1938年1月反对承认伪"满洲国"。[60]

1938年2月,在战争筹备过程中,德国外交、国防和经济部门进行高层重组。随着新任德国外交部长里宾特洛甫到任,德国外交政策也随之明显转为激进。

德国"调停"失败后,狄克逊在东京建议"紧急调整我们与日本和中国的关系"。[61] 他认为,在这场遥遥无期的战争中,日本将成为胜利者,而被击败的蒋介石将被迫转向苏联。

德国驻中国的外交官在1938年2月强调性地指出了承认伪"满洲国"对德中关系的不利后果,[62] 然而,这种观点已不再被柏林重视。不过外交部指示,尽管德国计划承认伪"满洲国",但仍要说服中国政府不要冻结与德国的外交关系。经济方面的考虑可被看作是解释这一举动的首要因素。[63]

1938年2月20日,希特勒在国会大厦讲话。[64] 他的解释是,他认为"中国在精神上和物质上都不足以强大到能够抵御布尔什维克主义的冲击"。如此一来,希特勒便在其备战阶段将全球战略方针置于中国利益之上。在远东的经济损失则应当通过与日本达成协议获得补偿。

中国政府强烈抗议德国政府承认伪"满洲国",但由于极度依赖德国提供的战争物资,并打算继续依靠德国军事顾问,中国回避了恶化对德关系基本原则的讨论。相比之下,中国媒体公开指出,德国以这种认可日本侵略行为的方式根本性地改变了其东亚政策。

中止战争物资供应,撤离军事顾问,召回驻华大使

除1937年10月短暂停止外,德国一度持续向中国提供战争物资。然而,希特勒1938年5月访问意大利之后,戈林(Göring)全面停止了对中国的战争物资供应。[65] 在具有影响力的大企业介入下,情况又有了转机。经济部受委托在合步楼公司的框架内,根据调整后的规定运送武器,并与中国就有关安排进行了谈判。[66]

然而，对在华军事顾问之事，纳粹领导人放弃拖延战术，[67] 向日本提出的要求做出了让步。1938年4月22日，军事顾问团团长冯·法肯豪森将军被告知，根据"德国政府的意愿"，"作为顾问服务中国政府的前德国军官应结束其合约关系"，并"即刻"返回德国。[68] 德国外交部向中国大使做出的解释是：如果有这30来名前德国军官的存在并参战，全世界会认为我们正积极影响着中国的战事，这与德国长期寻求的"中立立场"是有矛盾的。[69]

事实上，包括法肯豪森在内的德国军事顾问都实质性地参与了在中国抗日战争的参谋工作。[70]

由于撤回军事顾问的决定遭到了中国政府和顾问本人的拒绝，5月和6月的外交关系呈现出激烈的拉锯局面。[71] 最终，中方屈服于德国的压力。6月23日，中方宣布解除与德国军事顾问的合约（5人除外）。[72] 中方遗憾地接受了德国的这一决定，他们希望德方未来能够继续考虑中德双方曾经建立的"特殊友谊"。7月5日，德国军事顾问们登上中国政府安排的火车专列前往香港。[73] 尽管中国政府做出了诸多让步，里宾特洛甫仍然没有撤销召回陶德曼大使的决定，[74] 德国政府甚至一度考虑彻底中断与中国的外交关系。只有当德国提出的所有要求都得到满足时，才考虑"维持关系的可能性"。[75]

参考书目：

[1] 见 Hsu Long-hsuen/Chang Ming-kai 1971: 175-187, Garver 1992: 6f, Eastman 1986: 548-551, Iriye 1986: 495, Easter mutton 1989: 292, Spence 1995: 531, 中共北京市委党史研究室 1995: 71-82, Shi Yuanhua 1996: 4f.

[2] 见安作璋 1986: 890, Yan Qi/Zhang Tongxin 1991: 427-429.

[3] 1937年9月23日，经过深入的秘密谈判，蒋介石公开宣布与中国共产党合作建立抗日民族统一战线。统一战线建立的重要成果，是将陕北的中央红军改编为国民革命军第八路军（简称八路军），并在华中地区组建了正规的新四军。并且，总部设在延安的中国共产党任命周恩来为共产党在国民政府的正式代表。但统一战线无法弥合两党之间的根本分歧，也无法在短期内给战争带来转变。见 Yan Qi/Zhang Tongxin 1991: 433-436; Wu 1992b: 80f sddY`nQi/Zg`nfTon- fxin1991: 433-436; Xu 1992a: 80e.

[4] 孔祥熙的欧洲之行表面上是去参加乔治六世国王在伦敦的加冕典礼，实际上，孔出访德国才是最重要的部分。代表团包括翁文灏（资源委员会主任）、陈绍宽（海军部）、桂永庆（军方）、曾养甫（铁道部）、QiJun（口译员，HAPRO业务联络员）等。见 National Archives/Microcopy T120, Roll 1802, Serial 3708H, AA, Dept. Pol. VIII, Aufn. E0365612 – Chinese Embassy Berlin to AA, List of Participants of the Kong Delegation. See also Kirby 1984: 238, Guan Demao 1985: 69f, Tan Guang 1990: 8.

[5] cf. Xu Lan 1991: 115-117; Sa Benren/ Pan Xingming 1996: 218f.

[6] cf. Fox 1982: 229.

[7] 7月23日，孔祥熙在伦敦通过与外交大使约阿希姆五世会晤，代表国民党政府发表了日本侵略行为直接源于阿道夫·希特勒的观点，表达了中方对日本侵略的立场。Cf. the corresponding record Ribbentrop for Hitler of 24.7.1937（ADAP, series C, vol. VI/2, doc. 493）. 孔祥熙的一系列论据与外交大使程天放陈述的基本相似。

[8] 在发送给德国驻伦敦、华盛顿、巴黎、罗马、布鲁塞尔、海牙、里斯本、东京、南京和莫斯科大使们的电报中，国务秘书冯麦克·恩森宣告，"为了保密信息和语言规范"，德国政府"将在远东冲突中保持严格的公正"。德国"极为关切地"关注事态发展，并出于经济利益最大化需要，希望"早日和平解决这一事件"。ADAP, Series D, Vol. 1, Doc. 463.

[9] ADAP, Series D, Vol. 1, Doc. 465 DB Nanjing, Trautmann, to AA, 21.7.1937.

[10] 见 NA/Microcopy T120, Roll 3184, Serial 7069H, AA, Dept. of Pol. VIII, Aufh. E525905 - DB Tokyo, Dirksen, to AA, 20. 7. 1937.

[11] Cf. the telegrams printed in ADAP, series D, vol. 1, as doc. 469-473, exchanged between Berlin and the German embassy in Tokyo.

[12] ADAP, series D, vol. 1, doc. 483 - DB Tokyo, Dirksen to AA, 23.8.1937.

[13] eda.

[14] ADAP, series D, vol. 1, doc. 476-DB Nanjing, Trautmann to AA, 1.8.1937.

[15] 见 Zhu Guisheng and others 1982: 58f An Zuozhang 1986: 898, Li Youren/Guo Chuanxi 1988: 243-247; Zhu Hanguo 1993: 564-577; Dreyer 1995: 210-216.

[16] cf. Martin 1981a: 48f, Liang 1978: 93, Garver 1992: 7; Tao Wenzhao/Yang Kuisong/Wang Jianlang 1995: 98; cf. Martin 1997 in detail.

[17] 1937年7月27日日本大使德克森发表了在"当前紧张局势"下"德国军事顾问支持中国的工作"改变了日本人的情绪，令他们"对德国十分痛心"的观点。（ADAP, Series D, Vol. 1, Doc. 469）. See also another telegram from Dirksens to the AA of 23.8.1937（ibid., doc. 483）.

[18] Cf. An Zuozhang 1986: 892-899, Williamsen 1992: 135-145; Dreyer 1995: 216-224. 关于日军攻占南京一事，见第三章德军的报道。

[19] 布鲁塞尔会议于1937年11月3日至24日举行。包括美国和英国在内的18个国家参加。美国、英国、法国、意大利、比利时、荷兰、葡萄牙和中国是1922年2月6日签署华盛顿会议《九国公约》的9个国家中的8个。第9个协议签署国是日本，该国拒绝参加布鲁塞尔会议。在布鲁塞尔，中国主要提到《九国公约》中的协议7，该协议承认尊重中国主权、领土和行政完整的原则。Shi Yuanhua1994: 508-514; Tao enzhao/Yang Kuisong Wang/Jianlang 1995: 52ff.

[20] 德国作为《九国公约》的未签署国和非国际联盟成员并未被自动提名参加会议，但因为该国的重要性被邀请参会。根据Neurath记录，希特勒决定拒绝1937年10月27日达成的协定（BArch. R901, AA, No. 60970, p. 159）。声称Neurath与程天放大使已于10月15日进行过会晤（同上，p. 231）。

[21] Peck在1961年提交了第一份德语调解文件汇编。其中一些引用自ADAP and BArch, R9208, DBC, No. 2103, 2104, 2105（at that time ZStAP）的文件由Peck重印。中文资料请参阅《关于调解的过程和分类》。详情见Bloch 1939: 40-41, Iklé 1956: 62-67; Drechsler 1964: 41-48, Fabritzek 973: 124-128; Martin 1976: 410-411; Yan Qi/Zhang Tongxi 1991: 440-443; Xu Lan 1991: 168-173; Zhu anguo 1993: 578f.; Shi Yuan-hua 1994: 514-519; ders. 1996: 523f., Tao Wenzhao/Yang Kuisong/ Wang Jianlang 1995: 173-186.

[22] ADAP, Series D, Vol. 1, Doc. 498 DB Nanjing, Trautmann to AA, 16.10.1937. ADAP

[23] series D, vol. 1, doc. 508 DB Nanjing, Trautmann to AA, 30.10.1937.

[24] cf. Xu Lan 1991: 249f.

[25] BArch, R9208, DBC, No. 2103, pp. 189f. – DB Tokyo, Dirksen, to DB Nanjing, 21.10.1937. 在这次会议中，广田弘毅宣布日本及意大利将不出席布鲁塞尔会议。

[26] ADAP, Series D, Vol. 1 Doc. 506 – DB Tokyo, Dirksen, to AA and DB Nanjing, 28.10.1937. 10月30日，日本外务省也公开宣布将不会"原则上拒绝中国的和平建议"（Wu Xiangxiang Vol. 1, 1973: 425）。

[27] BArch, R9208, DBC, vol. 2103, pp. 184f – DB Nanjing, Trautmann, to AA, 9.10.1937.

[28] ADAP, series B, vol. 1, doc. 508 – DB Nanjing, Trautmann to AA, 30.10.1937.

[29] ADAP, series B, vol. 1, doc. 510.

[30] BArch, R9208, DBC, Bd 2103, p.176f. – DB Tokyo, Dirksen, to DB Nanjing, 3.11.1937.

[31] 见 BArch, R9208, DBC, pp. 155f. DB Nanjing, Trautmann, to AA, 3.11.1937.

[32] 见 ADAP. Series D, vol. 1, doc. 516 Trautmann to AA, 5.11.1937.

[33] 见 Huang Meizhen/Zhang Yun 1987; 17, Wang Guanxing 1994: 161.

[34] 1937年11月30日，汪精卫在军方成员面前发表讲话，赞成"中国与德国和意大利建立密切联系并反对发展与苏联的关系"。同一天，汪告诉国防委员"中国并没有足够的战争物资"，并且"希望源源不断地提供训练有素的人才是完全没有道理的"。(BArch, R9208, DBC, No. 2103, p. 106 - Report DNB Hankou, 4.12.1937）。

[35] Cf. Shen Bao 6.12.1937; Xinwen Bao 6.12.1937.

[36] Cf. Cai Dejin/Yang Lixian 1987: 104.

[37] 因此接下来与孔祥熙的会议将于9月11日举行；与政治委员会秘书长张群将军的会议将于11月18日、11月26日及11月28日举行；与孔祥熙的会议将于11月29日举行；与外交部部长王崇辉和外交部常务次长徐谟的会议将于12月13日举行；与蒋介石会议将于12月21日举行；与徐谟的会议将于12月27日举行；与孔祥熙的会议将于1938年1月2日举行；与陕西省省长的会议将于1月4日举行；与山西阎锡山的会见1月13日举行（Cf. Cai Dejin/Yang Lixian 1987, Shi Yuanhua 1994: 516）。11月为了确认与日本签订和平协议的必要性，特劳特曼与陈立夫（国民党领导人）会晤多次（BArch, R9208, DBC, No. 2321, Bl. 98-107-DB Hankou, Trautmann to AA. 28.11.1937）。

[38] 让德国军事顾问参与调停工作的想法来自德克森。

[39] BArch, R9208, DBC vol. 2103, p. 152 – DB Nanjing, Trautmann to AA, 9.11.1937. Also in Peck 1961: 104.

[40] BArch, R9208, DBC, vol. 2103, pp. 142f. - DB Nanjing, Trautmann an AA, 18.11.1937.

Also in Peck 1961: 106f. 1937 年 12 月法肯豪森得出结论，中国应该会持久抵抗日本入侵。见 Martin 1981: 448.

[41] Cf. Peck 1961: 106e.

[42] BArch, R9208, DBC, Bd 2103, 104 DB Nanjing, Trautmann to AA, 6.12.1937 Also in Peck 1961: 119.

[43] 见 Wickert 1997: 90.

[44] 该声明的措辞见 ADAP, series D, vol. 1, doc. 532. Also in: Peck 1961: 122-124.

[45] BArch, R9208, DBC, No. 2103, pp. 87ff. Neurath to DB Hankou, Berlin 6.12.1937. Also in: Peck 1961: 120f.

[46] eda.

[47] 1938 年 11 月 25 日，日本外相弘田表示，《反共产国际条约》自签署以来一直是日本外交政策的"最重要的指导方针"。蒋介石也属于要反对的对象，因为他"以亲共抗日的政策，使四亿同胞陷入极度痛苦之中"。日本已经"迈出了实现建立东亚新秩序伟大理想的第一步"。（cf. BArch, R901, AA, No. 60405, p. 16）.

[48] Ebenda, p. 191 - DB Tokyo, Dirksen, to DB Hankou (identical to AA), Tokyo 16.12.1937. Also in: Peck 1961: 135.

[49] BArch, R9208, DBC. No. 2104, page 129ff. Also in: Peck 1961: 138-141.

[50] edo, sheet 166 - DB Hankou, Trautmann, to AA, Hankou 26.12.1937, and edo, sheet 153 - DB Hankou, Trautmann, to AA, Hankou 27.12.1937. Also in: Peck 1961: 145f.

[51] BArch, R9208, DBC. No. 2104, pages 55-56 - DB Hankou, Trautmann, an AA, 13.1.1938. Also in: Peck 1961: 170f.

[52] BArch, R9208, DBC, vol. 2104, p. 26 - DB Tokyo, Dirksen, to AA, Tokyo, 15.1.1938. Also in: Peck 1961: 174.

[53] 见 Wu Xiangxiang vol.1., 1973: 91, Shi Yuanhua 1994: 518.

[54] compare summer 1962: 104.

[55] ADAP, Series D, vol. 1, no. 19 Record of the Obersten Hoßbach on the meeting in the Reich Chancellery of 5.11.1937, dated 10.11.1937. 与会者包括德国战争部长冯·布隆伯格、陆军总司令冯·弗里奇、海军总司令雷德尔、德国空军司令戈林和德国外交部长冯·诺伊拉思。

[56] ADAP, series D, vol. 1, doc. 93 - Note for the Führer, 2.1.1938. For the origin of this "note" see Kordt 1950: 175.

[57] 见 Martin1984: 6.

[58] ADAP, series D, vol. 1, doc. 526 - AA, Mackensen, to DB Rome, Hassell, 27.11.1937.

[59] ADAP, Series D, vol. 1,doc. 549 - Recording of Neurath, 10.1.1938: Political Report.

[60] ADAP. series D, vol. 1, doc. 564 DB Tokyo, Dirksen, to AA, 16.1.1938: Political Report.

[61] ADAP, Series D. Bd 1. doc. 566, p. 677f, and doc. 567.

[62] Cf. FOSD/Microcopy. German War Documents. GFM 2-5 Serial 7072, AA, pol. VIII, Handakte Clodius, Vol. 2, Aufn. E526438-E526441 Aufzeichnung Voss, AA, über die voraussichtlich voraussichtlich Rückwirkungen der Anerkennung Manzhouguos auf die deutsch-chinesischen Beziehungen, 20.2.1938.

[63] 1938年5月12日签订《德意志帝国与满洲国友好条约》，并承认了该条约在国际法下的约束力。此条约由德国国务秘书冯·魏茨萨克和德国驻伪"满洲国"贸易专员加藤·希约希签署，规定立即建立外交和领事关系（RGB1 1938, Part II of 30.7.1938）。Such a trade agreement was signed on 13.9.1938 in Xinjing. See also Weinberg 1957: 149-164.

[64] 见 Ratenhof 1987: 500 and 502.

[65] cf. turner 1964: 50-54, bare 1981: 269.

[66] cf. chapter 5.

[67] 1938年4月，在中国任职的德国军方顾问名单见 ADAP, Series D, Vol. 1, Doc. 577. 根据这份名单，1938年4月，顾问的人数总计33人（24名官员和9名公务员），1935年10月军官和各种公务员曾达到34名的最高水平。

[68] BArch, R9208, DBC, No. 2247, B1.77 - Ribbentrop to DB Hankou, Berlin, 22.4.1938.

[69] ADAP, Series D, Vol. 1, Doc. 578 Record of the State Secretary von Weizsäcker, Berlin, 27.4.1938.

[70] 见 Wickert 1997: 49.

[71] Cf. ADAP. Series D, vol. 1, doc. 578, 583-585.

[72] 德国领导层也不同意这5人留下。顾问马丁、斯坦因、斯滕内斯、斯特尔兹纳和沃格特，连同第6位顾问伊姆霍夫，于1938年7月抵达中国，违背了帝国政府的意愿。他们留在中国未沦陷的地区。

[73] 顾问减少详情见 Drechsler 1964: 48-50; Fabritzek 1973: 131; Liang 1978: 132; Martin 1981a: 15, Bloß l981: 267-269, van Briessen 1982: 32; Shi Yuanhua 1994: 543.

[74] ADAP, series D, vol. 1, doc. 600.

[75] ADAP, series D, vol. 1, doc. 601 Weizsäcker to DGK Hong Kong, Berlin 29.6.1938. 表明特劳特曼等人返回德国途中经过香港。

日本入侵中国的历史背景

鲁特·哈罗

日本侵略中国的历史始于19世纪。

在1894年的中日甲午战争中，中国战败，被迫于1895年与日本签订《马关条约》，向日本割让台湾、澎湖列岛和辽东半岛。接下来几年里，日本人在中国的势力范围进一步扩张到苏州和杭州（1897年），汉口、沙市、天津和福州（1898年），厦门（1899年），重庆（1901年）。1905年，日本占领南满铁路。1917年，中国加入第一次世界大战，希望在战后收回外国租界。但根据凡尔赛条约，原德国在山东的租界移交给了日本。

中国人对这种不公正之举感到失望和愤怒。1919年5月4日，北京爆发成千上万中国人参加的"五四运动"，他们呼吁采取抗日行动。

1931年9月18日，日本人炸毁一段满洲铁路轨道，诬称中国军队所为，以此作为占领东北三省和进攻整个中国的借口，史称"九一八事变"。一年后，日本建立了伪"满洲国"，扶持被废黜的清朝末代皇帝溥仪为这个傀儡国家的统治者。第二年，在上海发生5个佛教徒日本浪人被中国人杀害的事件，随即，日军轰炸了上海。

1937年7月7日，日军上演了"卢沟桥事变"。日本陆军司令部以一名日本士兵在军事演习中失踪为借口，下令搜查位于卢沟桥附近的宛平城。

在中国人拒绝搜查后，日军飞机于7月8日上午轰炸了宛平城。这是日本全面侵略中国的开始。7月28日日本攻占北平，7月29日攻占天津。淞沪会战于 8 月爆发，日军与蒋介石精锐部队进行了激战。1937 年 11 月 12 日，上海沦陷。当时蒋介石的军队由德国军事顾问训练。日军运用迂回战术在上海击溃了中国防御部队。

11 月底，大约 5 万名日本士兵开始向南京方向移动。第一支部队在长江以南沿上海至南京铁路向西推进。随这支部队行动的日本空军摧毁了大部分桥梁。第二支部队穿越上海和南京中间的太湖向西进军。第三支部队转移到南京西北方向实施包围。

日军攻陷南京

1937 年 11 月，蒋介石及其军官们讨论了如何保卫南京和派谁保卫南京的问题。11 月底蒋介石决定，由他最亲密的顾问唐生智长官接手南京防务。同时，蒋介石指示政府官员撤出南京，迁往长沙、武汉和重庆。参加南京保卫战的中国士兵在街上挖战壕，铺设下电话线，在主要十字路口拉起带刺铁丝网，加固城墙，在城墙垛上安装机枪，在城门垒上沙袋。12 月初，军方决定在城墙周围烧出约 1.5 公里宽的作战区。他们迫使当地居民迁往城墙内。实施这个措施是出于战略考虑，目的是摧毁所有日军可利用的设施。能够支付得起路费的市民都离开了南京。

1937 年 12 月 8 日，蒋介石夫妇及其参谋从南京逃到武汉。12 月 8 日至 12 日，日军与唐生智的第一场战斗打响。由于中国军队没有日军调动的航拍照片，从一开始就处于被动。又由于离开这座城市的政府官员带走了几乎所有的通信设备，南京守军各部队之间无法联系。与日本空军相比，中国空军弱小得多，训练也不如日军。此外，中国士兵来自各个省份，讲不同的方言，他们之间的交流很困难。大部分士兵是年轻人，他们从自己的村庄被招募而来，没有使用武器的经验。上海退下来的士兵虽然经验丰富，但身体状况和精神状况都很差。而且，中国军官彼此不信任，几乎没法给士兵一种凝聚力。

所以，南京很快就在 1937 年 12 月 13 日落入日本人手中。

早在 1937 年 12 月 9 日，日本飞机就在南京附近散发呼吁人民投降的传单。传单中他们表示，日本将善待那些对日本没有敌意的中国平民和军人。此外，日本人要求中国军队在 24 小时内投降，否则南京将经历所有的战争恐怖。中国指挥官唐生智禁止士兵在日军威胁下撤退，并禁止士兵们横渡长江。当时，为数不多的决定留在南京帮助中国人的美国人和欧洲人组织起来。他们于 1937 年 11 月 22 日成立了南京安全区国际委员会，其主席是德国商人约翰·拉贝。他们在南京划出一片地区，宣布为安全区。南京陷落前他们向唐生智将军提议与日军缔结为期 3 天的停战协定。在这 3 天里，日军可以和平进军南京，中国军队将撤出南京。唐将军表示同意并报告蒋介石，但蒋介石拒绝了这一提议。

1937 年 12 月 10 日，日军等着见一个举着投降白旗的中国政府代表团。当中国拒绝投降后，日本军官下令炮火猛烈攻击南京。1937 年 12 月 11 日，蒋介石命令唐生智将军从南京撤出部队。当时，唐将军的军队仍在战斗中，并且存在与日军沟通的困难，不可能有组织地撤退。同一天，他再次接到蒋介石要求从南京城撤军的电报，重新组织军队以备日后再战。唐生智表示同意。

1937 年 12 月 12 日，唐生智与他最高级别的军官见面，命令他们准备撤出南京。因为日军已从长江上包围南京，所以从长江往西撤退的路线被排除。于是，唐生智请德国人爱德华·施佩林（Edward Sperling）帮助他与日军谈判停战。然而，谈判失败，日军不答应停火。所以，唐不得不命令军队立即撤退。这是一次混乱不堪的撤退。军官们给士兵的进攻命令与撤退命令相互矛盾。有的军官命令士兵撤退，有的军官甚至不通知部下就只顾自己逃命。继续战斗中的中国士兵看到有些同伴撤退，以为他们是聚众逃亡，就开枪击毙他们。许多士兵脱下军装，混入平民百姓之中。从北港码头过长江是此时逃出南京的唯一通道，但道路已被大量逃亡者完全堵住，码头内船只也太少，人们惊慌失措地挣扎——无数人被践踏在地。

1937年12月12日晚，唐智生离开南京。他看到身后是一片火海。日军已从三处攻入南京城。1937年12月13日，南京最后完全落入日本人手中。

日军向南京进军

日军以平行队形向南京快速挺进。12月8日，日军上海远征军的一个分部和第10军从东面和南面向南京发起进攻，一举攻破了中国防线。[1]

1937年12月9日，日军已包围南京，日本飞机散发中文和日文传单，要

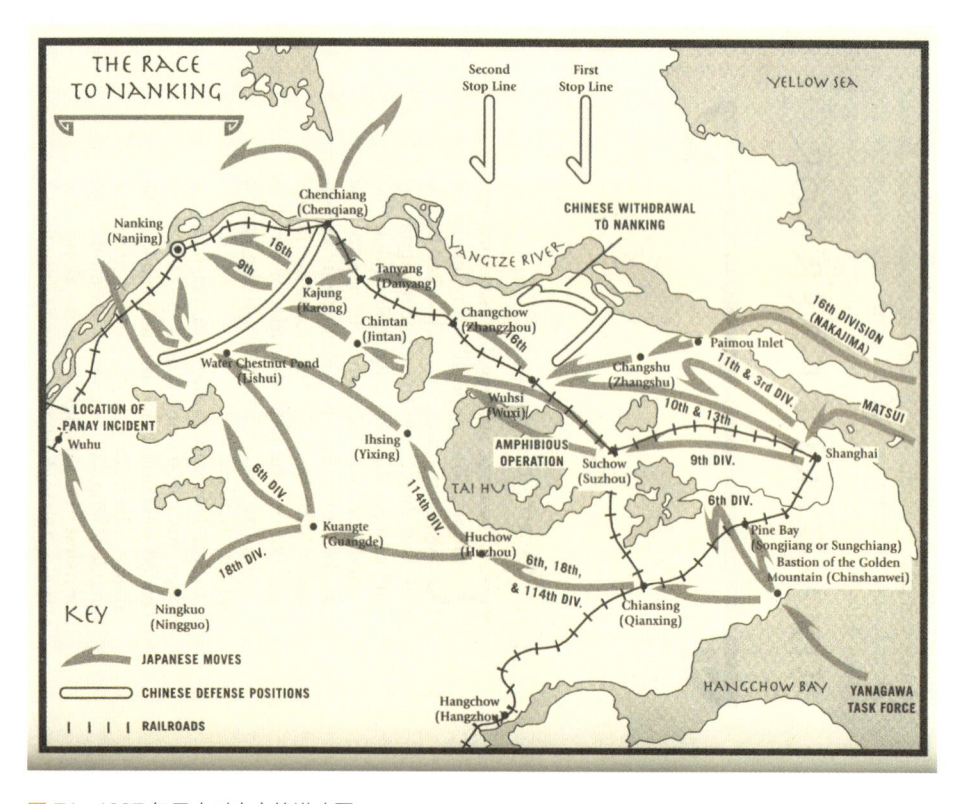

图71　1937年日本对南京的进攻图

求防守南京的中国军队唐生智将军在24小时内向日军总司令投降。[2] 传单上写着："日军对无辜平民和投降的中国军人将友好和慷慨地对待；但对所有抵抗者将给予坚决打击。如果在最后期限前没有得到答复，日军别无选择，只能开始进攻南京。[3]"

在南京郊区的日军

唐生智将军拒绝了日军要他的部队撤退的最后通牒，并禁止部队离开南京。[4]

与此同时，南京安全区国际委员会在南京成立。该委员会与唐生智联系，向他提出停火3天的计划建议。停战期间，中国军队将不进行战斗撤出南京城，而日本军队将保持原地不动。唐生智将军同意了安全区国际委员会的建议，并得到了蒋介石大元帅的同意。蒋介石两天前已逃到汉口他的临时军事总部。

1937年12月9日，德国商人、国际委员会主席拉贝登上美国炮艇"帕奈"号，发了两封电报，一封是通过美国驻汉口大使发给蒋介石的，一封是发给日本驻上海军事当局的。第二天，唐生智接到蒋介石的通知，蒋介石曾经下令他保卫南京到最后一个人，[5] 现在蒋介石否定了这个提议。[6]

1937年12月10日中午12时，日本总参谋部高级军官武藤章（Akira Muto）上校等在中山城城门外东城墙上等候一位中国特使，他会打一面代表无条件投降的白旗。中国特使最终没有出现。于是，日本军司令命令部队进攻南京，当日13点，对南京的大规模进攻开始。[7]

参考书目：

[1] Frank Dorn, *The Sino-Japanese War, 1937-41: From Marco Polo Bridge to Pearl Harbor* (New York: Macmillan Publishing, 1974), 91.

[2] Kasahara, Nanjing Jiken [The Nanjing Massacre], 121.

[3] Chushi wo Iku [Conquering the Central China], ed. Public Relation Department of the China Expeditionary Army (1939), 79.

[4] Kasahara, Nanjing Jiken [The Nanjing Massacre], 121-122.

[5] Frank Dorn, *The Sino-Japanese War, 1937-41: From Marco Polo Bridge to Pearl Harbor* (New York: Macmillan Publishing, 1974), 90.

[6] John Rabe, *The Good Man of Nanjing: the Diaries of John Rabe, ed. Erwin Wickert, trans. John E. Woods* (New York: Alfred A. Knope, 1998), 59.

[7] Hata, Nanjing Jiken [The Nanjing Incident], 84-86.

南京大屠杀

1937年12月13日，日军攻进南京。他们占领了政府大楼、仓库和银行。留在南京的中国军队放下武器，希望能获得一条生路。

日军残暴对待民众。在短短6周时间里，在城内外12个不同地点，日军"围剿"杀害了19万人（见图72、图73）。

图 72 日本人的南京大屠杀（1937—1938）
由南京大屠杀遇难同胞纪念馆提供

图73 南京大屠杀位置图
由南京大屠杀遇难同胞纪念馆提供

其中包括已放下武器的士兵。日本士兵尤其要搜寻年轻人，因为怀疑他们是中国军人。许多人在长江岸边被枪杀或被刺刀刺死。成千上万的中国年轻士兵和平民被挤在一起用车押往城郊，用机枪扫射、刺刀刺杀或斩首而死，有的被淋上汽油活活烧死。此外，还有15万人成了被恣意残杀的受害者。超过2万名妇女被强奸。这些妇女通常在被数十名日军男子强奸后杀害。有的妇女肚子被剖开，有的乳房被切掉。小孩、孕妇和老人也未能幸免。

目击者称，对妇女儿童的施暴行为大量出现。几乎每一秒钟都有中国女人被性侵。群体性强奸事件经常发生，一些妇女还被关押起来强迫卖淫。其中，记录在案的金陵女子文理学院事件（以下"金陵女子学院"或"金陵学院"同）尤为触目惊心。当时逃到那里的妇女儿童大约有2万名。

日本人在那里关押了 100 多名妇女，连续几天对她们实施强奸后将她们释放。其中一些人之后不久便死去。南京三分之一的房屋被放火烧毁。

据远东国际军事法庭的资料，1937 年底至 1938 年初，在南京被日军杀害的中国人约有 26 万人。其他消息来源估计，受害者总数超过 35 万人。

一份在东京出版的英文报纸《日本广告商》报道（见图 74）："两名日本军官，向井敏明少尉和野田毅少尉，进行了一场杀人赛，比谁在攻陷南京之前，最先在近战中用军刀杀死 100 名中国人。最后的结果是，向井敏明杀死 89 人，野田毅杀死 78 人。向井敏明的刀轻微损坏，他解释这是在将一名中国人砍成两半时损坏的。"

张纯如《南京浩劫》写道："日本第十六师团的向井敏明少尉和野田毅少尉举行了'百人斩'这种残忍的杀人竞赛，以测试新刀是否锋利。"

图 74 ← 日军的杀人比赛 → 两名日本军官向井敏明少尉和野田毅少尉
http://www.p2pconsortium.com/index.php?autocom=blog&blogid=53&showentry=484

| 拉贝与中国

图75 南京大屠杀　↑ 用刺刀刺死　↓ 屠杀中国平民

资料来源：

[1] 鲁特·哈罗（2002）http://de.wikipdia.org/wiki/Mass-aker_von_Nanking

南京的悲惨岁月

摘自克里斯蒂安—克勒格尔（Christian Kröger）（南京安全区国际委员会成员）的原件副本[1]

1938年1月13日，南京

到今天，南京城落入日本人手中已整整一个月了。在这样的时刻，有必要对过去的日子，对过去所发生的一切作一番回顾。对于我们亲身经历者而言，过去的日子和在这些日子里所发生的一切是绝无仅有的，也是非常重要的。

1937年11月21日（星期日）

人数最多的一批德国侨民登上"库特沃"号船离开我们，同时随船带走的还有我们的贵重物品。

1937年12月8日（星期三）

最后一批外侨登上了怡和洋行的三桅帆船，也离开了南京。但是船上的人绝对没有料到，此番行程凶多吉少，在前面等待着他们的是日本人的飞机轰炸。相比之下，我们这些留下来的人反倒没有那么大的危险。这一天，日本人已经推进到了麒麟门，实际上已是兵临城下。沉闷的炮声第一次从远处隆隆地越过南京城上空。

1937年12月9日（星期四）

日本人的轰炸机对南京进行了猛烈的俯冲轰炸，不过轰炸的目标只是城外的阵地以及南京的城门和部署在城南街道上的军队。南边的城门一大早就关闭了。事后我们才听说，日本人差一点就拿下中华门进入城区。在最后一刻竟然还能把最后一扇城门关上纯属偶然。南京城已经被大火包围，滚滚浓烟像带子一样沿地平线蔓延。空气中硝烟弥漫，大量灰烬纷纷落下。[2]

1937年12月10日（星期五）

日本人继续推进，已经直逼城门脚下。机枪子弹不断地在中山东路上嗖嗖划过。街道和南城门在日本轰炸机的狂轰滥炸下遭到了严重的破坏。唐生智将军[3]肯定已经意识到阵地无法守住，在他的提议下，国际委员会在当天开始斡旋停火。斡旋内容包含：停火3天，中国军队将利用这段时间不受阻碍地撤出城市并和平地交出城市。尽管日本人很有可能会拒绝这些条件，我们仍然于次日通过美国炮艇给汉口发了一份电报。

1937年12月11日（星期六）

12月11日，南京城区和中国军队的阵地第一次遭到了炮击。留下来的22名欧洲人在11月中旬成立了"南京安全区国际委员会"。这个安全区虽然从没宣布"成立"，即从来没将它看作是一个没有任何军事人员，只有难民的区域，但它仍然起到了极大的保护作用。日本人虽然没承认这个安全区，但注意到了它的存在。因此安全区只遭到为数不多的炮击，打仗的时候死亡的人也少。到12月12日，当时滞留在城内的居民几乎全部逃进了安全区，总数约有20万人到25万人。当时我们已经做足了准备，如设有大型难民收容所安置难民，运进的大米储备可维持两个月，提供数额可观的经费等，在这里无须赘述。总之，这座城市的管理权实际上已落在我们的手里。如果没有这几个欧洲人和美国人留在这里，[4] 日本人占领南京后的所作所为肯定会更加穷凶极恶。

1937 年 12 月 12 日（星期日）

这一天开始非常安宁，几乎可以说是太平的。日军炮兵部队不再炮击城市，战场上空只有为数不多的飞机隆隆飞过。中国的防空部队也只是在飞机从空中掠过时才开火射击。下午，战局发生变化，日军在西面已经逼到了水西门下。但是详细情况不得而知。只知道 12 日的白天和夜晚非常不平静，天空一片火红，到处浓烟滚滚，远处大炮、迫击炮的隆隆声和机枪的突突声不绝于耳。中国军队开始陆续撤退。撤退首先从城南开始，最后撤退的是城西守军。围绕南京外围展开的保卫战由于布阵失当，所以一开始就已经决定了这次撤退必定是一出史无前例的大悲剧。时至今日，每当想到这些，尤其是每当想到最高指挥官唐生智的可悲处境，我都极其感慨。他曾与许多人一起声称要和南京城墙共存亡，但到了关键时刻却首先渡江逃跑。根据中国军官的报告，局势早就已十分悲观。前线阵地各自为阵，和两翼阵地根本没有联系，各部队之间缺乏统一的最高作战指挥。火炮阵地战前就准备完毕，但是预定的火炮却没有进入阵地。因此，刚在上海被打败、战斗力还没有得到足够补充的步兵必须承担全部压力。一名军官见局势发生变化，便从城南赶来，希望能得到指令，却发现总指挥部已经全部撤空。撤退随即在没有发出命令的情况下像潮水般地开始了。接近下午 5 时，撤退刚开始的时候，只有少数部队后撤，还能排队行军，秩序井然。随后，其他部队开始撤退，行动变得慌乱，人员之间相互推挤抢道，秩序混乱。到了半夜时分，撤退演变成了逃亡。通往下关的挹江门早在几天前就已经关闭了一半，到了星期六则被全部关闭，门前还被沙袋街垒完全堵死。此外在铁道部前面不远的街道上也构筑了街垒，封住了半边街道。汹涌的撤退人流在狭窄的街道上拥挤着，而且道路越往下越狭窄，人流终于被堵塞了，中国军队的灾难也随之降临。这场撤退究竟夺去了中国最优秀部队中多少人的生命，永远也无法统计。长江在默默地流淌，耐心地收容着一切，向大海流去。军队根本没有做好摆渡过江的准备，留在下关码头的只有几艘拖轮、小艇、帆船和小舢板，成千上万的人过江就靠这些，而且还是在夜间。许多人自己扎筏子，但仍不够用。有多少人因此在第二天早晨死于追来的日本飞行员手中；他们12月12日就已经对江面进行过猛烈的轰炸。这天夜晚的情景令人难以忘却。优秀的部队还能列队行进，有些部队甚至还带着伤员和全部的军械。但是更多的部队则是乱作一团，你推我挤地往前拥，好多人丢弃了武器，只带着干粮，主要是大米。街上到处都是被抛弃的物资：大米、军用装备、自行车、弹药箱、步枪、机枪、手榴弹、印有德文标签的炮弹箱、军装、帐篷、装载汽油的卡车、被赶到路边或躺下歇息或静静吃草的骡马等等，一切所能想象到的东西应有尽有，当然还有伤员。在夜晚的月光下，这一切的一切就如同骷髅之舞中跳出的一队队死神。交通部燃烧起来了，离我们不远的顾祝同家的房子也燃烧起来了，这些可怕的场面预示着战争，预示着毁灭。最悲惨的要数伤兵，没有人帮助他们。他们从被弃板车和卡车上爬下来，对日本人的恐惧驱使他们拖曳着身躯艰难地沿街前行。次日早晨清点街道上的尸体时发现，有许多人是被踩死、碾死或筋疲力尽而死。

接近凌晨，撤退人流开始逐渐减少。通往下关的城门关闭并用街垒堵死。已经没有希望了，此时还在城里的人就被关在城里了。这个时候城里还聚集着很多人，而恰恰都是些最优秀的军人，他们坚持要与日本人战斗到最后一刻。我自己亲身经历了这些可歌可泣的场面。德国顾问指导下的部队，人员优秀，装备精良，敢于作战，他们成小股部队疲惫不堪地向西部山区撤去，或者往其他方向寻找出路。后来听说，有些零散部队3次突破日军封锁线，付出了很大牺牲才进入广德—芜湖一线。有些士兵则放下武器，穿上早就在背包里预备好或买来的平民服装。我们让人把委员会办公室门前以及附近街道上的武器都搜集起来，有235支步枪、约80把毛瑟手枪和左轮手枪、2挺重机枪、6挺轻机枪和许多其他武器。我们还搜集到大量手榴弹，后来扔进了一个池塘。

1937年12月13日（星期一）

早晨，还有少数部队撤了下来，他们大部分集中在铁道部的街垒路障前，由于交通部大火的蔓延，那里的街垒也燃烧起来。撤下来的一部分部队还准备在这里和日本人继续战斗。但是第二天，日本人一开始便采用坦克打前阵，所以他们很快就败下阵来。在这一天我用其他卡车从已经无人看管的仓库运来一批大米，但有些仓库已经被打开，大批老百姓拥了进去弄粮食。我们希望这样能改善区内难民的粮食供应情况，但是许多人的米后来都被日本人抢走了。

中午时分，全城一片死寂。中国人都躲在家里，他们在等着日军出现，但日军并没来。显然，中国军队成功地完成了撤退，但是付出的代价非常沉重。我们与日本人首次接触既平静又特别。日本巡逻队在上海路美国大使馆附近拦住一辆俄国人的车，接着允许车继续开走，没有任何阻碍。同时被拦住的还有一辆公共汽车，乘客必须下车检查是否有武器后才允许继续开走。委员会很快与日本人取得了联系，但是日本人拒绝承认安全区，理由是安全区里到处有中国军人，尽管他们已经放下了武器。在这天，日本人在侧翼和前锋的良好掩护下，横向展开，向前推进，一直推进到了新街口广场。显然，他们还不相信中国人。

我首次接触日军是深夜12时30分，地点是外交部，这时此地已变成了一所日本人承认的医院。一名日本军官对医院进行了简短的视察，表现出非常配合的态度，给人的印象似乎是日本先遣战斗部队具有良好的纪律，只可惜这种印象很快就一扫而空。

为了切断后撤的中国军队的退路，日本飞机早在12月12日就对浦口进行了猛烈的轰炸。遗憾的是，几乎所有英国船只也遭到了猛烈的攻击，这其中包括帮助德国人逃走的怡和洋行那艘三桅帆船。这天，日本人的摩托艇也出现在江面上，但行动非常谨慎。

12月13日，日本军队继续进行追击。日本人派出一支部队渡过扬子江到达浦口，从而阻断了剩余中国军队的最后退路。幸运的是这支部队没能按照预定的计划于12月12日迅速推进到浦口。

12月13日，长江上的日本军舰也开始开炮射击，到了深夜仍然能听到隆隆的炮击声和爆炸声。炮击的目标显然是城外的公路和铁路。军舰的炮击也迟了一天，所以中国军队虽然付出了无法统计的沉重代价，但仍然完成了撤退。如果情况不是这样，中国军队根本不可能撤出南京城。

12月13日下午，我接管了已经改成医院的外交部。那里的状况糟糕得无法用语言来形容，简直可以说是中国军队的耻辱，伤员们都被扔在那里，两三天得不到护理，没人去照料这些最可怜的人，所有的医护人员都逃走了。令人钦佩的是，中国红十字会向这些伤员送去了关怀，派去了男女护理人员。但是医生太少。这里要做的首先是清理武器，那里到处都是武器，数目众多，而且完整成套。日本人是很喜欢找借口的，他们很有可能会以有武器为由把伤员全都处死。这天下午人们终于清除了不堪入目的污秽，当然，首先要清理的是尸体。[5] 伤员们吃到了第一顿饭。但是医疗救治的状况仍然非常糟糕，我希望日军完成占领后情况会有好转。这天夜里，几支巡逻队来到这里进行检查。星期二上午日本人占领了全城。我先是带着一名高级军官开车到各处转了一圈，他好像是得到命令要准确地根据时间来确定视察进程。我告诉他，一直到国际俱乐部已经没有整支的中国军队了。他准予我们从中央大学（后来也变成了一所医院）运两卡车包扎用品、夹板和药品等物资。在中央大学的人也给予很大的配合，没有制造任何困难。

但是到了这一天的下午，日本人的态度出现了巨大转变。我说服了4名医生到医院去，但是那里却禁止我入内。在这段时间里，城市已经完全掌握在日本人手中，日本人占领了所有公共建筑。所有地方都禁止我们入内，就连我们建立的大型难民收容所也不例外。日本人答应我们，等到最高司令官松井抵达后情况会改变。在这里有必要先说一下，即使到今天，医院方面的情况仍然没有丝毫好转。日本人对我们说，我们可以安葬死者，伤员由军方负责照料。截至今天，我们所能弄进去的只有大米。根据接收医院时清查情况看，里面的死亡率相当高，只有轻伤员才有希望活下去，当然还得要有一个前提，就是他们没有紧接着就被日本人枪毙掉。根据报纸上的报道，医护人员的护理是不错的，对伤员也还是有照料的，尽管这种照料是很不周全的。有关这方面情况也得到了护理人员的证实。尽管如此，到今天仍不准我们进入医院察看。

1937年12月14日（星期二）

局势急剧恶化。日本的战斗部队因为进军过快，出现补给不足，城市便听任他们处置。他们的所作所为，尤其是对最贫穷最无辜的人的所作所为，完全超出了常人所能想象的地步。他们抢走难民（穷人中最穷的人）的大米，凡是能拿走的粮食储备他们悉数掠走，他们还抢睡觉用的棉被、衣物以及手表、手镯。一句话，凡是他们觉得值得带走的东西，就全部抢走。谁要是稍有抵触，就会立即遭到刺刀捅。不少人就是在不明不白之中被野蛮地残酷杀害。成千上万的人就是这样被杀害的。这些已经堕落成野兽的日本兵不断地闯进难民区和挤满难民的房子，甚至连先行抢劫的士兵不屑一顾的东西也不放过。今天在南京城，几乎已找不到没被日本兵砸开、野蛮搜查和抢劫的房子。上锁的门和橱柜被强行砸开，里面的东西被翻得乱七八糟，东西被抢走，或砸毁。日本人从开始到现在都不尊重外国国旗，对德国国旗也一样。

在日本军官和士兵的威胁下，我们必须举着德国国旗拼命地摇，才能保护我们的财产和所开展的工作不受损失。

每个人从自己家出来时，时刻要提防家里会被盗、被抢。[6] 我的车停放在车库里，前轮已经拆下来。可就在我和日军后勤部队几个高级军官商讨电厂和水厂恢复生产事宜时，这辆车竟然也被从车库里偷走。佣人们在刺刀的威胁下被迫打开大门把所有东西都交了出去。在我们房子前面，有3具已暴尸街头达3周之久的尸体。在这种情况下，我怎能指望佣人们能够拿出英雄主义气概来呢？这样做只会招来日本人的残酷报复。日本人特别注意的目标显然是运输工具。他们四处搜寻偷抢汽车和自行车，如果弄不到运输工具，他们就命令佣人或收容所的难民为他们搬运偷抢来的物品。经常可以看到一个士兵在后面用枪逼着4名苦力搬运偷抢来的物品。搬运工具有童车、手推车、驴子、骡子等等，总之，凡是可以找到的东西都用上了。这种有组织的偷抢持续了两个多星期。即使到今天，也不能说哪所房子肯定不会受到某些旨在"征收军用物资"的日本军队的骚扰。贵重物品拿完了，就拖家具、地毯、门和门窗框。有些部队甚至还带上了专门偷盗保险箱的大盗。其实有些保险箱只需用步枪子弹或手榴弹就可以打开。54处德国人的房子中，有14处受到轻微损坏，4处完全烧毁，15处遭严重抢劫，里面的东西几乎全被破坏，其余的也均遭偷抢。共有13辆德国人的汽车被盗走。当然，遭受灾难最深重的还是几个难民收容所。因为每一支首次到安全区大肆抢劫的日本部队都认为，靠威胁和暴行就可以从难民身上讹诈到更多的东西，难民由此而被逼上了绝路。

中国军队撤退时砸开并抢劫了一些粮店，也发生了几处火灾。但绝大部分城区在日军进城时完好无损。日本人则对房屋进行了大规模焚烧。

可能使他们遗憾的是只能在各个城区一所一所地烧，不能一下子将整个南京城烧个精光。不过即便这样，已经够触目惊心了。他们挨个儿撬店砸铺，抢劫里面的东西。如果几个人少了，就会有小分队在军官的指挥下开着卡车抢走所有值钱的东西，完后再将房屋付诸一炬。整个城南夫子庙地区，主要商业街太平路、中山东路、国府路、珠江路就是这样被掠夺一空后纵火焚尽，现在轮到中山路了。这种有组织的纵火焚城行为始于12月20日，从那以后一直到今天，没有一天晚上夜空不被火光映照得通红。如果有房子遗漏或跳了过去，那还要细心地给它补上一把火。截至今天，全城估计有30%至40%的房屋已成灰烬。

日本人在12月14日占领全城后，立即开始在整座城市，尤其是在难民收容所进行了严厉的搜查。他们以此为幌子，实施着各种暴行。为丁点小事就滥杀无辜，无故杀人。这类事件每天不知要发生多少起。对收容所的搜查完全是随意进行的。平民百姓中根本无人开枪，但是在几天中估计有5000人未经临时军事法庭审判就被枪毙，这个估计数只会少不会多。大部分人在江边被处决，这样连埋葬尸体的辛劳都可免去。即使在今天，在强迫每个居民进行登记的时候，这种把人筛选出来予以处死的无辜杀戮行为仍然在继续进行，只不过人数比以前有所减少。如果说，日军占领南京后对已放下武器或已经受伤的士兵、政府行政人员、电厂和水厂工人以及和平的城乡居民进行毫无意义的大屠杀的暴行触目惊心，那么在这之后，日军继续在南京大肆屠杀成千上万的中国人就更是令人发指、罪不可赦。在12月14日到12月26日期间，交通部不远的街道旁躺着约30具苦力和士兵的尸体，他们是被捆绑起来枪杀的。离山西路不远的一个池塘里泡着约50具尸体。在一座寺庙里我看见了约20具尸体。在江苏路尽头，至今仍有约20具尸体暴尸街头。以上所说的一切还不包括那些在山里被枪毙后草草掩埋的那些人。今天，日本人还想让我们相信，许多被抓走的人都被关押在八卦洲岛上或者被运到了其他什么地方，其实显然根本不存在战俘。

16日开车去下关，经过海军部时，汽车简直就是碾着尸体开过去的。这里也有一批人被捆绑着双手遭到了枪杀。城市的清理工作一直持续到了12月29日。在这之前，人们不得不天天从这些尸体旁边经过。我甚至连做梦都会梦见这些尸体。[7] 前面已经提到过，我们的房子前面就有3具尸体和1匹死马。日本人严格禁止殓尸。那匹死马一直到了1月9日我才找人埋掉。日本军队的另一个惨无人道的行径是虐待和强奸成千上万的姑娘和妇女。毫无疑问，这种暴行在各个军队都会发生，远东地区的军队尤其如此。但是虐待、致人残废以及肆无忌惮地、甚至连幼小的孩子都不放过地施暴，则实在令人发指！驱使日本军队犯下这种种罪行的是日本古老的武士道精神。

12月28日，我第一次开车去栖霞山，一路所见，让我感到震惊。当时是严格禁止我们出城的，但是我急需粮食、肉和蔬菜，[8] 因此我还是开车去了那里。我一路畅通没有遇到困难。我原先以为，日军的报复行为只发生在南京，因为它是抗日力量运动的首都和中心。但是，现在我才发现，日军在这些地方的所作所为比城里有过之而无不及。中国军队在撤退的时候，已经烧掉了农民的房子和村庄，桌椅和农具等物品则被扔进村子的池塘里，使之以后捞起可以再用。日本军队则在更大范围继续纵火。他们不问青红皂白地枪杀庄稼地里的男女老幼，为此打出的口号是："搜捕可恶的中国士兵。"许多耕牛、骡马被打死在农田里或马路旁，任凭狗和乌鸦啃噬。农民们白天带着财物逃进山里，家里只留下老头老太，然而就连这些人的性命也受到威胁。一个小时的车程中，我连一个人都没有看见，就连较大一些的村庄也是空无一人。房子被烧光了，人被打死，活着的人一见到汽车立即就逃得无影无踪。千佛山脚下建有1座难民营，逃到里面的人有1万多，全是附近农民。然而日本士兵在这里也没有丝毫收敛。他们任意拖出年轻小伙子枪毙，任意强奸少女。喝醉酒的士兵见到谁不顺眼就用刺刀捅死、捅伤他，以此取乐，而这一地区恰恰又没有任何医治救护条件。寺庙里的佛像或被抢走或被破坏。他们就连和尚也不放过，也要加以虐待。水泥厂因为有两个外国人，一个是德国人京特（Günther）博士，一个是丹麦人，所以日军的恐怖行径有所收敛。约有4000名难民带着所能带走的家产逃到那里安身。

根据中方报道，日本人从上海到南京，再到芜湖，一路上以完全相同的方式对农村地区进行了大肆破坏和蹂躏。农民没有了农具，没有种植水稻不可缺少的耕牛，没有每日农田劳作必不可少的安全感。这一切都没有了，要农民下田耕种是很难想象的。尤其是安全感，到目前都没有保障。如果情况没有根本好转的话，那么很有可能会爆发饥荒。这种情形很容易让人联想起17世纪欧洲的30年战争，当时的情况不仅在当今的20世纪发生了，而且发生在两个亚洲民族之间，简直让人无法想象。

1938年1月1日（星期六）

1月1日，南京临时自治机构公开宣告成立。在音乐伴奏下，经过一番夸夸其谈的致辞，昔日的五色旗在饱经世事、历经沧桑的古老的南京鼓楼上徐徐升起。这个自治委员会的成立几经周折，但至今仍是一个不能自主行动的摆设，中国人对它几乎没有什么信任感，日本人答应提供的各方面支持也没有兑现。仅有几个有知识的中国人为与各方合作而在那里坚持。红万（卍）字会表示愿意合作。但由于日本军事当局的出尔反尔和无端猜疑，合作的效果几乎为零。

就在五色旗升起的同时，俄国大使馆着火烧毁。据日本人解释，这只是一个偶发事件，是一次事故。因为城门关闭，从12月9日起南京城的自来水供应就停了。电厂的生产一直坚持到了12月12日的深夜。尽管发电厂的两台机组没有任何损坏，但是日本人还是花了很大的工夫才在1月2日使电厂临时恢复发电。水厂恢复供水是在1月3日。

水电的正常供应到1月7日才真正恢复。由于局势普遍不安宁，再加上有43名电厂工人因为是国营工厂职工而遭枪杀，所以工人们都不敢报名，员工招募十分困难。

地下水源受到了严重的污染，好在水的供应对日本军队也是至关重要的，所以他们全力以赴，尽快恢复自来水正常供应。电话线路网受到彻底破坏，短期内是不可能修复的。

城市的粮食供应形势十分严峻，预计形势不仅不会好转，而且还会恶化。居民靠自己的储粮度日。人们没有收入，在相当长时间内，也不可能复苏经济、恢复生产。在南京被占领前，我们成功地把大约8000袋大米和1000袋面粉运进安全区。我们把这批储备分成了很多份，一部分提供给粥厂，免费分发给大约5万名难民，一部分则出售给居民。在城内城外，此时还有大约10万袋大米和4万袋面粉，但全被日本人没收。我们进行反复交涉，日方也一再答应归还我们，但是新的粮食储备至今没有运进安全区。看来日本人在静等饥荒出现，迫使居民变得更加顺从，达到解散安全区的首要目的。我们至今未找到好的解决办法。新鲜蔬菜仍在运进城里。但这是在菜农抛弃的地上盗收来的。收获完这些蔬菜后，就再没办法得到蔬菜了。因为根本没有人在农村普遍不安全的形势下去种菜。从上海运菜完全要凭日本人的怜悯。虽然粮食已批准从上海运了进来，但至今他们没有批准运进蔬菜。

南京居民至今不敢回到其他城区，一方面是因为绝大部分房子已被烧毁，另一方面是因为日本人仍在肆意妄为。所以，绝大部分的居民仍然滞留在安全区。在日本人的花言巧语蛊惑下，有许多难民回到了原来的住所，但好多人付出了生命的代价，另一部分人则遭到了日本士兵的野蛮蹂躏。整个安全区共有较大规模的难民收容所26个（安全区内为25个，可能克勒格尔将双塘难民收容所也计算在内——译者注），安置的人数从几百人到5.5万人不等。在最危险的时候，我们最大的一个收容所收容了约7万难民。今天，仍有5万人没有粮食，一无所有，仅靠粥厂救济过日子。怎么才能让这些人重新恢复正常生活呢？

南京城被占领前后经历了紧张激烈的战斗，这个阶段刚过，却又经历了连续多天的可怕暴行，陷入了一片黑暗的悲惨世界之中。南京要逃出这个悲惨世界，唯一途径是日本军方恢复理智，保障居民起码的生活条件，并首先保障他们的人身安全和行动自由。即便这样，原本由普通工人、小商贩、职员和农民组成的南京居民人口结构也会发生变化，因为大部分人的生存基础已被剥夺。南京在今后的几个月内仍将是一座难民充斥的城市，在人口结构完成调整之前，居民的生存很大程度上必须继续依靠救济和救援。当然，这种调整还有一个前提，就是现存的物资没有被消耗殆尽。

在南京经受苦难命运的日子里，我和目睹这一切的所有人也许都感到，中国军事指挥者的素质很差，中国军官完全缺乏斗志。同时，我们也极为失望地看到，日本军队是依靠当局最严格的权威维系起来的，一旦这种权威不复存在或被蓄意取消，这只亚洲野兽的残酷性就会赤裸裸地暴露无遗。在这种兽行面前，我和所有目睹了这一切的人们都感到，人类的任何一点[9]正当权利都荡然无存。似乎具有讽刺意味的是，日本这只野蛮战争机器标榜自己为反共先锋，高叫要振兴和解放中国，而它在中国的所作所为，却是十足的邪恶与低劣行径。[12]

后记（1986年1月4日）

由于日本与希特勒政府之间的友好同盟关系，当时的德国媒体几乎没有提到过"南京大屠杀"的境况，因为这会影响同盟合作。我的上述日记也只在几个小圈子和亲戚中流传。

西门子公司的约翰·拉贝是我朋友，他当时任（南京安全区）国际委员会主席。他在柏林发表多次演讲后遭当局逮捕并被关押了一段时间。我回德国后没有像他那样发表演讲，尽管这样做对人们了解日军在南京的暴行真相影响很大。

我无法详细描述国际委员会成员所做的一切，实际上每个人都在最紧急的情况下尽了最大的努力。我特别赞许美国医生的出色和自我牺牲的精神，他们经常工作到深夜，在无比艰难的条件下，挽救了许多生命，其中不乏普通农民。遗憾的是，我不记得他们的名字，也没保留他们的照片。那些照片在汉堡战事中遗失了。

1938年1月末，我得以坐火车离开南京。不久，我去了香港。在那里，我结了婚，并有了第一个儿子。1939年1月底，我非常遗憾地永远离开了中国，对此我至今仍感到遗憾。

我不介意在媒体上发表我的日记。

注释：

[1] 该资料有一份最初版本的原稿。这是一份落款日期为1938年1月13日的打印稿，是克里斯蒂安·克勒格尔打印在南京卡罗威茨公司的航空信纸上的。克里斯蒂安·克勒格尔将这份打印稿复制了几份发给包括他在汉堡的父母在内的一些人。Jens Kröger制作了打印稿复印件。在彼得·克勒格尔处可能会找到原稿。在原稿上还有手写的补充资料，而当时没机会发行（见张纯如《南京浩劫：被遗忘的第二次世界大战大屠杀》，纽约，1997，194—195页。张纯如，1968年3月2出生于美国新泽西普林斯顿，2004年11月9日自杀）。

在《拉贝日记》被发现后不久，我得知还有其他德国人拥有关于南京大屠杀的日记记载，如克里斯蒂安·克勒格尔的《南京的命运》。他的儿子彼得·克勒格尔在父亲90岁去世后，在父亲的书桌上发现了日记的复印件。他写道："很幸运，如果你早1个月写信给我的话，我只能告诉你，我父亲有几篇关于这个主题的报刊文章。时至今日，我都没弄明白，为什么父亲从没对我讲过关于南京大屠杀或日记的事。"我怀疑这与拉贝将那份关于南京大屠杀的报告交给希特勒政府之后遭受的迫害与厄运有关。事实上，日记的最后有潦草的手写体，毫无疑问是克里斯蒂安·克勒格尔的。他写道："由于与希特勒政府当前的观点对立，因此我必须非常小心。"（见张纯如《南京浩劫》，Zurich-Munich出版社，1999，204页。）在埃尔温·维克特的《约翰·拉贝——南京的德国好人》（德意志出版社，1997）中记载，埃尔温·维克特1998年4月3日写信与彼得和Jens Kröger联系，他怀疑他们两人有张纯如提到的那些日记。克里斯蒂安·克勒格尔除保留了那篇关于南京大屠杀的报道外，并没有保留日记。

1986年，克里斯蒂安·克勒格尔复制了那份手写原稿，寄给了中国大使馆，并做了增补。他在内容风格和拼写方面做了一些修改。我和 Jens Kröger 对比了两个版本，并加了注释。我在文中偶尔加入了一些日期和月份，并对拼写做了少许修改。克里斯蒂安·克勒格尔在1986年随复印件寄给中国大使的信中称，他是南京难民区国际委员会成员。因为1938年的政治形势不允许，这份记录从未发表过，当时只有少数人知道。他写道：亲爱的大使，我个人认为，这个在1938年被世界新闻界称为"南京大屠杀"的事件不应该被遗忘，真相应该留给您。希望以您认为合适的方式加以利用。

克里斯蒂安·克勒格尔（1903.5.2—1993.1.3），工程师，1936年前一直在汉堡Carlowitz公司工作。该公司是德国从事对华进出口贸易最大的公司之一。1928年后，他主要在华北的太原工作。1936年他欧洲度假回来后，要求去了上海。在那里他还是感到不适应，不久来到当时中国首都和中央政府所在地南京，在那里一直待到1938年1月23日。为什么当时克里斯蒂安留在南京而没与别人一起撤离，也许是受西门子公司代表约翰·拉贝这个长辈挚友榜样的感召，也许是因为没想到形势会如此发展。不论怎样，他似乎没想到日军会进攻南京。在1937年5月1日一篇关于南京形势的报告中，他写道："中国政府对日外交政策尽管有不妥协之处，但有时过于灵活。日本几乎不敢再进行一次武装进攻，因为除了人口稠密的地区，它什么也得不到，只会永远地毁掉日本比中国更依赖的发展中的友好关系，因为中国是日本出口产品的最大买家。"

[2] 1986年被克里斯蒂安·克勒格尔删除。

[3] 此人生平参见张纯如著作，1997年，184页参考文献。

[4] 克里斯蒂安·克勒格尔1986年增订。

[5] 由克里斯蒂安·克勒格尔修改，1986年出版的《带进地窖》。

[6] 克里斯蒂安在1937年5月1日的信中写道："就我个人而言，我已经过得很好了。南京虽然不是上海那样的大都市，但也挺好。我和一位德国军事顾问住在一座欧式风格的房子里，还有一个漂亮的花园。"

[7] 另请参阅1997年张纯如的著作，138页。

[8] 克里斯蒂安·克勒格尔1986年增订。

[9] 1986年被克里斯蒂安·克勒格尔删减。

[10] 1986年被克里斯蒂安·克勒格尔删减。

德国驻南京大使馆一等秘书保罗·沙尔芬贝格的日记

节选自德国驻南京大使馆一等秘书保罗·沙尔芬贝格的目击报告,出版于2007年12月和2008年4月。由东亚之友协会筛选,经东亚之友协会许可转载。为了读者更好地理解原文,出版方增加了日期。

《令人关注的南京岁月——保罗·沙尔芬贝格报告之一》

1937年12月27日,上海

1937年11月22日

11月22日,陶德曼大使,公使衔参赞劳滕施拉格,领事秘书斯宾格勒(Spengler)、霍斯(Hoth)和布雷桑(Bresan)以及速记员布伦德尔(Bründel)和齐默尔曼(Zimmermann)同所有德国人一道,搭乘为应对紧急情况租来的英国蒸汽船"库特沃号"(Kutwo)前往汉口。罗森(Rosen)博士、沙尔芬贝格(Scharffenberg)、许尔特尔(Hürter)和孙雷特(Lettre Sun)留在了南京。

1937年12月2日

12月2日,大使和劳滕施拉格博士又乘坐海关的快艇返回南京,夜间再次离开。

1937年12月8日

12月8日,英国、美国和德国的外交代表一致决定离开南京。随后,罗森博士、沙尔芬贝格、许特尔赶往停泊在南京长江上游的太古洋行的三桅船。船上已经载了约20个英国人,其中有几名妇女和一名儿童。尽管殖民地的英国人热情好客,但拥挤的住宿条件仍然让人感受到不安全因素,因为在三桅船的底层房间里,有500名拖家带口的中国人搭着帐篷,他们靠着100个火炉取暖。

1937年12月11日

2月11日，一艘从汉口驶来的英国船停泊在三桅船旁边，我们德国人在那艘船上安顿下来，每个人都有自己的船舱，条件很好，可以洗澡和自由活动。吃过一顿印度大餐之后，我们刚刚躺下休息，日军就开始袭击了，此时已逼近南京的日军突然从紫金山上用两门大炮向长江上所有英国船只开火！所有船长立即开足马力向上游进发，这可真是一场热闹的比赛。拜船速所赐，我们似乎逃过了这一劫，所幸只有一些碎片掉落船上。我们的船一路猛开直至夜幕降临。所有船只共遭到120发炮弹的袭击，我们乘坐的"黄浦号"中了24发。

下锚停泊后，全副武装如同16世纪步兵的船长来到我们身边，与我们聊起刚才的险境，大约谈了1小时。这时，接到英国海军命令，要我们返航去接那艘三桅船。我们的船紧接着又朝南京方向顺流而下。那艘三桅船花了好长时间才获救。事实上那艘三桅船是被英国炮艇"蜜蜂号"和"金龟子号"夹着航行的，因为它的船身已无法固定。那两艘战舰的锚链又因此搅在了一起，直到晚上才解开。午夜时分，我们终于回到了新的锚地。本以为这下安全了，但是……

1937年12月12日

12月12日是一个暖洋洋的周日，我们正在吃午餐，突然，日本轰炸机出现了，对所有船只又是一通狂轰滥炸，"黄浦号"和挂在它上面的三桅船旁边落下了9枚炸弹，爆炸声震耳欲聋，令人胆战心惊。我们全部卧倒，猫到走廊寻找掩护，躲避弹片。弹片，尤其是爆炸冲击波的伤害性极大，即使我躲在餐厅里的掩盖物下面，边上的暖气片还是砸到了我身上。而在吸烟室里，仿佛有一股巨大的力量把所有门窗桌椅击倒在地，就像保龄球击倒全部球瓶挂一般。有些桌椅之前还是用螺丝钉固定在地面上的，现在都变成了破烂一摊。第1轮袭击之后，我们马上被用一艘汽艇转移到英国炮艇"蜜蜂号"上。转移过程中遭到了第2轮轰炸。但两艘英国炮艇上的炮兵投入了反击。他们还在日军接下来的第3轮和第4轮袭击中进行了还击。日军飞机在我们还击后就很快溜走了。在"蜜蜂号"上遭遇最后两轮攻击时，我们每次都必须穿过钢铁甲板下的圆形舱口。罗森和我都只能勉强钻过，因为船上的一切都是为敏捷、精干的水手们设计的。在第4轮攻击之后，所有妇女都上了"金龟子号"炮艇，而我们则留在"蜜蜂号"上。如果英国炮艇没有开火反击，我们的日子恐怕就没那么好过。午夜时分，一声警报再次响起。

与此同时，我们不断往东京、伦敦和上海发电报。从第二天起，我们才感到了一丝平和与安全。不幸的是，在我们遭袭的同时，上游较远处美国人的泊船位也遭到了轰炸和炮击，结果惨不忍睹："帕奈"号炮艇被炸沉，两艘运油船被烧毁。在芜湖，也就是上游更远的地方，英国海军舰只也遭到炮击。"帕奈"号的一艘汽艇漂了过来，还漂来一些救生圈，上面的人都被救上了"蜜蜂号"，脱离了危险。

1937年12月13日

12月13日，我们仍然待在"蜜蜂号"上。12月14日，我们又登上了"黄浦号"。但12月15日我们又必须回到"蜜蜂号"上，因为"黄浦号"要带着所有从南京逃出来的英国人前往上海。他们之前待在那艘三桅船上，船上还有另外一些来自芜湖等内地的难民。许尔特尔和我在"蜜蜂号"只停留了很短的时间，然后便上了运油船"天光号"。在"蜜蜂号"上，我睡在储藏着葡萄酒的厨房里。而在"天光号"上，我有一间不错的船舱。此刻，我们正在美丽的阳光下，沿着江岸进行一次长距离散步。

1937年12月15日

我们于12月15日登上"天光号"之后,那位特别和善、仁慈的船长告诉我们:"如果各位夜里醒来碰巧在极乐世界,也会看到那个漏了个窟窿的5号油箱爆炸。"真是对当时状况的绝妙描述!但从这以后,情况在好转。英国人总能证明自己优秀、镇定、自信、纪律严明、冷静从容且乐于助人的气质。

我们这几天真是经历了九死一生。我是唯一带了8天换洗衣服的人,我将这些衣服放在一个黄色皮箱里,不过,现在这些衣服要穿4个星期了。在险象环生的航行中,我们乘坐的许尔特尔先生的"云雀号"汽艇完成任务很出色,一直载着我们往返于其他船只和陆地之间。

1937年12月18日

12月18日,我们在"蜜蜂号"炮舰上安顿下来,霍尔特(Holt)将军同样热情地接待了我们,并把我们带到南京。但我们没有得到进城的许可,于是我们又乘坐英国蒸汽船"穗沃号"前往上海。我们的船只能白天在两艘日本驱逐舰的监视下航行。12月21日晚我们抵达上海。罗森住在旅馆里,我到霍恩曼(H. Hornemam)先生家借宿,许尔特尔和史塔克(H. Stark)住在一起。

平安夜,我们在史塔克家吃烤鹅庆祝。我们将在这里等待,看何时能返回南京。我们今天决定,还是要等待日本人的批准,允许我们于一月初返回南京。

我必须在报告中补充一些内容:即,我们乘坐的"黄浦号"遭到了轰炸机俯冲投下的总共9枚炸弹,有1枚没有爆炸。所有的船只加在一起,一共被日军扔下的19枚炸弹击中。

《1938年1月13日的南京——保罗·沙尔芬贝格报告之二》

南京目前不通电报,不通邮件,不通电话,没有公共汽车、出租车和人力车。自来水管出了故障，大使馆的楼房虽已通上了电，但是楼上的房间不准透出灯光。英国大使馆目前还没通电。因为中国军队将城外地区全部烧毁，而日军又将城内绝大部分房屋烧毁，道路交通全部瘫痪。留下的约20万居民被隔离在安全区内。这里以前就是一个居民区，难民们艰难度日，有的尚有片瓦，有的则住在院落甚至芦席棚里，有的棚子里竟然住有600多人。安全区周围设有岗哨，平民百姓不得离开。

安全区外的街道一片荒凉，到处是断壁残垣，满目疮痍。城市的一切陷入停滞：没有旅馆，没有影剧院，没有药房，没有商铺，没有菜市场，总之，什么都没有。食品短缺到了十分危险的程度，安全区内已经开始杀马、杀狗充饥。昨天，许尔特尔又一次越卡过岗来到这里，他从栖霞山江南水泥厂的京特博士那里给我们弄来了一头猪和几只母鸡。要想通过买卖的方式，那是什么也得不到的（我们送了一部分肉给英国大使馆，算是对搭乘他们炮艇的感谢）。

目前还不可能考虑任何货物运输问题，也就是说不可能为已经离开此地的德国人运送财产和需要转移的物资。如果这些人的房子里没有人留下来，需要运输的物品就无法打包。即便东西已经打包，也运不走，因为日本人不准苦力和工匠们离开安全区。

被烧毁的大型建筑物有：交通部、新建的电影院和旁边的大商场等。

被烧毁的德国人房屋有起士林-巴德餐厅、亨佩尔酒店、埃克特的房子、冯·施梅林的房子等。罗德膳宿公寓被洗劫一空。房屋遭到严重抢劫的德国人有：沙尔芬贝格（Scharffenberg）（损失约5000美元）、施特雷齐乌斯（Streccius）、布卢默（Blume）、冯·博迪恩（Von Boddien）、博尔夏特（Borchardt）、尤斯特（Just）、岑切克（Senzeck）、林德曼（Lindemann）、孔斯特-阿尔贝斯贸易公司（Kunst & Albers）……这份清单还没列完，因为有越来越多的德国人在遭抢劫。

几乎其他所有德国人的房屋都遭到轻度抢劫，被劫走的财物中多半还包括中国佣人的物品。在沙尔芬贝格家旁,一名中国警察被打死;在冯·博迪恩家旁,一名苦力被杀。在被征用的汽车中,已找到14辆车的下落;更多汽车的零部件被拆走。其他所有国家的房屋同样遭到了劫掠,抢劫者根本不理会悬挂的外国国旗。他们基本上都是从后院围墙翻进去的。例如,离我住宅不远处的法国大使馆后院的竹篱笆上就有3个洞。法国大使馆遭劫程度不严重。大使和许尔特尔被征用的汽车已还了回来,许尔特尔的车损伤不大。罗森博士的车和使馆的旧公务车也被征用,不过日本人已提供了新车作为赔偿。日本人成立了一支由13名宪兵组成的使馆卫队,从今天起,我们的车里将始终有一名卫兵陪同,我们就像被圈在铁丝网内的囚犯。我们得到禁止出城的明确通知。这样一来,就回不了上海了。

拉贝领导的包括美国人在内的南京安全区国际委员会取得了难以置信的成就。例如,他们把外交部改成一所医院。可以毫不夸张地说,他们拯救了数万人的生命。

水的问题也很严重。水管里没水,池塘里全扔有尸体,水质被污染,无法洗涤衣物。

现在实际行使市政管理职能的是拉贝等人的国际委员会。新成立的市政管理当局本应接过这项工作,但是由于日本人的态度而迟迟不能到位。新当局的一名成员,知名的拍卖商吉米至少还有勇气对日本人说:"如果你们不同意我的意见,现在枪毙我得了。"

对日本人攻进南京时的种种行径最好保持沉默。眼前的景象很容易让人联想到成吉思汗的做法:消灭一切!日军参谋部的一位中佐对我说,在由上海向南京的进军途中,后勤给养没有一天能跟得上部队的前进速度。这就不难理解,日本士兵为什么像传说中的狂暴武士一般,穷凶极恶地扑向一切东西。他们看到空房子就放火烧毁。……我敢肯定地说,就像1918年人们给黑人下保证一样,日本士兵也得到许诺:只要你们能坚持到底,每人都可以在南京得到一个漂亮的姑娘。于是悲惨的厄运便降临到滞留城中的妇女们头上。很难与亲眼看见、亲身经历这一切的先生们谈论此事,时至今日一提起那些令人发指的兽行仍让他们不寒而栗。

现在将引发这些兽行的原因归结为部队失控是很容易的。但我实际上并不这么看,因为亚洲人打仗的方式与欧洲人不同。特别是在某些因素刺激的情况下,即便部队没有失控,事情也不可能好到哪里去。

南京泡沫已经破灭,它不可能再成为新的首都。

刚回到这里时,听别人的介绍,我简直不敢想象,像太平路这样的街道竟然会被全部毁掉,后来我不得不亲自去确认。街上房子的确全被烧毁,这种纵火现在还在城里不时发生。这个季节从远处可以看到中山陵园林区没遭到大火摧毁,陵园道路两旁的梧桐树也很少被砍伐。城外农村的居民或被杀死或已逃亡,因而城内外占领区已经熟透的庄稼全烂在田里,蔬菜、土豆、萝卜等也都烂在地里。全城一片饥荒。

《1938年1月28日的南京——保罗·沙尔芬贝格报告之三》

我们从日本人那里领到的口粮完全不够吃。如果只靠他们,我们就会饿死。昨天,水泥厂的丹麦人伯恩哈德·辛德贝格(Bernhard Sindberg)又给我们送来一只小猪、一些鸡蛋和两只鸭子。虽然他在路上被扣押了,但他靠贿赂卫兵一箱啤酒而脱险,并在1名中国军官和3名中国男子的掩护下逃过一劫。我们把他带来的东西分给了其他德国人、孩子们和警察。

我们根本没有洋葱,蔬菜也很少。因此,所有害怕因吃大米过多而患坏血病的外国人都渴望吃到苹果。日本人的食堂倒有苹果卖,但是只收日元。我们设法兑换日元,一共搞到了100日元。

日本人杀掉了所有牲畜,包括水牛。就算现在有农民回来,也无法耕种稻田,出现饥荒是必然的。

中国人越来越敢离开安全区了,但只敢白天出去。现在的境况是,年迈的妇女和儿童开始在日本人眼皮底下抢东西。我们觉得日本人允许这样做是有意的,是为了日后推卸责任。大量的木材被偷走,街道上树的防护支架和竹篱笆转眼工夫消失得无影无踪。日本人抢劫后的房屋内留下的东西也被人拿走。因此,在安全区形成了可笑的"小偷市场"。这对所有失去了报酬的佣人们来说是一大诱惑。对那些撤走后没留钱给佣人的德国人来说,他们的财产受到巨大威胁。佣人们认为自己为了生存滥用东家的财产情有可原。

飞机一直在我们头顶上盘旋。1938年1月25日,中国人轰炸了机场。1月26日夜晚,日本人对空射击,四周一片漆黑。

《1938年2月3日的南京——保罗·沙尔芬贝格报告之四》

现在出现了一个新的困难,除中国中央银行、中国银行、交通银行发行的货币外,其他银行的货币一律不得流通。日元很紧俏。我今天帮助安全委员会的美国人从上海运来一批日元。

2月1日,日高信六郎参赞和本间少将邀请所有外国官员做客,除了我们还有英国领事杰佛瑞(Jeffery)和档案员威廉姆斯(Williams),以及美国大使馆的阿利森(Alison)和V.K. 珀西(V. K. Percey)。还有许多日军参谋和军官。本间是一个高个子,很强壮,看起来像那位著名牧师克奈普(Priest [Kneipp]),[1] 一点都不像日本人。他曾担任日本驻伦敦使馆武官,曾经陪同雍仁亲王出席英王乔治六世的加冕仪式。我和武藤章大佐聊了许久,他曾在德累斯顿待过两年,据说马上会成为日本军部的掌门人。我们分成3张桌子,每桌大约10人,在我们身后有很多艺妓上清酒。从一开始大家就喝得很多,本乡少佐说清酒"像水一样",还想把领事秘书阿尔弗雷德亨特喝到桌子底下去。大家还唱歌,除了日本歌曲之外,还有《保卫莱茵河》。后来他们又跳又喝。

---

1 审校注:塞巴斯蒂安·克奈普(1821—1897),发明了著名的克奈普自然疗法治疗运动损伤。

11点左右，所有的日本人都喝得酩酊大醉，有些肆无忌惮。我们在11：30离开，可以说是其乐融融。

不幸的是，南京日本占领军再次发生人员调整，老班子被年轻班子替换。许多抢劫、强奸和与之相关的杀戮行为随之发生。穷人们急需帮助，因为安全区要在2月4日清场，当然是以武力的方式。每当传教士或约翰·拉贝等人进入营地时，年轻的妇女和女童们都会跪下来磕头，乞求能留下来。国际委员会成员在努力做工作，希望能先让老年人留下，但结局如何不得而知。

就卫生而言，这片居住区已经失去了太多，空气中弥漫着恶臭，屋外周遭到处都是垃圾，无处下脚通行。屋里看起来更糟糕。

我们已经习惯了宪兵的陪伴，时常还觉得很有必要且有些帮助。1938年1月29日，我们从日本人那里得到了另一批从上海运来的口粮，我们将其公平地分给包括小孩在内的所有人，用掉182美元。

《1938年2月10日的南京——保罗·沙尔芬贝格报告之五》

日本人最近频繁请我们赴宴。2月3日，所有外交官又被日高信六郎参赞邀请，这次活动没有军人，只有福井（K. Fukui）总领事和一名随员在场。与上次本间少将的宴会不同，我们在美食和美酒的招待下，度过了一个非常安静祥和的夜晚。

2月5日，所有外交官作为守备司令天谷（Amaya）少将的客人再次被邀请品茶。我们愉快地谈了很长时间。突然，气氛变得安静庄严起来。所有人都落座，收起香烟。然后天谷戴上眼镜，掏出讲稿，做了一番致辞。那位年轻、友好、乐于助人的随员福田一字一句地向我们翻译他的意思。大意是，这位将军，刚才还看上去相当随和的胖先生，打算赶走外国人。他提出了这样一个观点，即，如果没有这些外国人，南京会更好。中国人躲在外国人的燕尾服后面，依仗着外国人的干预，就敢于反抗日本人。他之前驻扎在扬州，一直担任扬州日军的指挥官,那里一切都很顺利,社交生活几乎没有中断。他演讲中令人印象最深刻的一句就是:"请不要干涉我处理中国人!"

从某种意义上讲,我认为天谷少将是"对"的。安全委员会在日方看来一直是个烫手山芋。2月4日以来,大量的中国人也已离开了营地,在这座城市的其他地方落脚。拉贝担任委员会主席,功绩卓著。但他受美国人的影响,为美国的利益和美国传教士的事跑前跑后,而美国传教士基本上只是为了传教。拉贝本可以在2月4日,也就是安全区清场的那一天卸任,在其成就的巅峰之时离开南京,辉煌地告别。拉贝自己也意识到了这一点,也试图从日本人那里获得出国许可。但是,面对不幸再次变得越来越频繁的日军血腥暴虐行为,他仍然在积极工作。在我看来,这里的事情与我们德国人已没什么关系了,尤其当我们清楚地看到,有些中国人正与他们所依附的日本人直接建立起亲善关系。

松井石根将军不久前来到这里维持秩序。当着天谷将军的面,松井向市政府官员阐明了自己的观点。但人们明显能感觉到天谷的能耐,街上废弃的车辆都不见了,翻倒在地的卡车、公共汽车和各种各样横七竖八的汽车,其中一些已被拆卸掉一半,被浇上汽油烧掉,剩下的则被清除走。许多部队在城里忙活起来,垂下来的电报线、电话线和电灯线被拆除,重新铺上了新的,这些姑且都算进步吧。红十字会已经获批安葬胡乱堆放在街头的尸体。几天前,该会从池塘捞出了120多具尸体,他们的双手仍被钢丝绑在一起。拉贝亲眼看见了这一切。注意,我自己也见过日本士兵好几次用厨具从这些水塘里取水。祝他们好胃口吧。

1938年2月8日

2月8日16时,所有的外国人共聚一堂,在日本大使馆这个我们已经很熟悉的地方,聆听一场军事音乐会。在那座巨大的餐厅里坐着42人组成的乐队,他们是特地从东京赶来的。第 4 首乐曲结束后是茶歇时间，人们可以品尝走廊里丰富的小吃。长餐桌上摆满了蛋糕、糖果、烘焙食品和水果。艺妓又来端茶、递烟。她们为客人点烟时的可爱姿势，被众多摄影记者拍了下来。这些照片日后可以通过电影和报纸，向处于惊恐状况的世界各国展示日本人与外国人之间的友谊。这是事情的另一面，也正是日本人露出马脚的一面。

不幸的是，在汉口的顾问团并没有了解到南京的真实情况。福格特·卢什威上校 1 月 17 日要求把他儿子送往汉口。任何中国人和外国人都不准进出此时的南京城。顺便提一下，中国人要离开安全区须持日军开出的证明。证明上面会写着：此人没有任何对日本的敌对行为。如果外国人申请进出南京，就要与整个官僚机构和外交机构沟通联系，然后再静候批复！对转运物资而言，难度就更大。在此我重复强调：这里没有箱子，没有工匠，没有钉子……什么都没有！

顺便说一下，尽管度日艰难，农历新年一到，人们还是在白天黑夜燃放烟花。

《1938 年 2 月 17 日的南京——保罗·沙尔芬贝格报告之六》

驱车穿过这座城市时，还能看到一些人气，当然大部分只是些老人。委员会称城里已有 10 万人了，也就是说有这么多人已经离开了安全区营地。不幸的是，脚气病开始在安全区难民中传染。委员会急忙从上海调来一批黄豆。我对流行性传染病历来很悲观。这次脚气病流行的原因，先是由于供水问题，后是因为垃圾问题，最后是因为尸横遍野。

我们不时地从莲花湖看到由上海驶来的火车，据说每天有 3 列火车到达，它们开得飞快，夜间从不开灯。由于天上飞机的缘故，这里的灯火管制非常严格。南京的夜晚一片漆黑。

《1938年3月4日的南京——保罗·沙尔芬贝格报告之七》

2月23日拉贝先生离开了南京。此前，中外人士举办了多场令人印象深刻且热烈隆重的送别会，以表达对拉贝为安全区所作贡献的感谢。与会人士发表了许多精彩感人的演讲，他本人也不得不做了好几次讲话。特别是2月21日晚在美国传教士和所有外国人举办的庆祝活动上，他用适当的措辞称赞了驻南京日本总领事福井，意在支持国际救济委员会（委员会现在的名字）的工作。

2月27日又有人离开，一位是久经考验的奥地利人鲁珀特·哈茨，另一位是巴尔特·佐迪希。在南京的德国人只剩下酒店老板理查德·亨佩尔和爱德华·施佩林警长。安全区的一半区域现已被清空。傍晚时分已能在城里看到很多中国人了。但城里只有很少的零星人力车，没有马车，有时也有用驴代替拉车的。

城里的交通警察力量得到了加强，人们能看到日本巡逻队在两名中国警察陪同下穿过安全区。两名中国警察举着白旗，上面写着"清空安全区"。清空行动没有使用暴力。

美国医生布雷迪（Brady）博士到了南京。国际救济委员会给他的任务是，对所有36个难民营进行疾病检查，并为所有人接种疫苗。他已经给几千人注射了疫苗。施佩林警长受命与他一起工作，确保所有营地都被打扫干净。施佩林现在组织了一场"垃圾清理"行动。人们很难想象这里有多脏，垃圾在居民区房子之间的空地上堆积得有数米之高，市郊情况更糟。

守备部队指挥官天谷少将的手段很强硬。人们再也听不到任何暴乱的消息，一切变得井然有序。之前中国人为阻拦日本坦克而砍伐的树木都被清理到了一边，中山陵旁的街道再次畅通无阻。但在整个南京城，也就是被48公里长的城墙包围的城区内，仍看不到农民。所有的农作物都烂在了地里。

许多战争物资也被集结起来并准备运走。所有的东西都被堆放在下关沿车站到被烧毁的桥楼旅馆一线。我们是无论如何也去不了那里的。那里停放着成千上万的各种各样的汽车、蒸汽压路机等等，等待被运往日本。还有一些需要报废。不过，被征用的消防火车还是被返还给了中国人。

救济委员会维持着在大学、外交部、鼓楼医院的运营。除了中央医院以外，日本人还在中国银行位于司法部的分行开设了另一家医院。总之，这里的条件有了一定改善。当然，水管不能正常供水依然是一大问题。

亨佩尔和施佩林两位先生正在考虑何时重启福昌饭店的问题。他们希望得到日本军官的首肯，并希望自治委员会的中国人和日本人能在那里举办宴席。日本人仍在给外国人进出南京城制造麻烦。随员福田又去了一次上海，这次是开车，路上花了8个小时。他回来以后说，道路已修好。我们就像困在一个洞里的老鼠，而日本人则像极了守在洞口的猫。

《1938年3月21日的南京——保罗·沙尔芬贝格报告之八》

从上海来的邮件联络渠道仍然很差，几乎只能靠英国的炮艇寄送。我收到最后一封信是3月11日，收到倒数第二封信是2月22日。

邮政局长X. N. 瑞奇于3月初到任，他显得很乐观，认为能在3月5日前在南京开设5间邮政所。此外，瑞奇先生本人也对日本人的邮件审查表态强硬，不会放弃自己在邮政上的权利。就目前而言，我看不到让自己放弃任何此前惯例的可能性，也就是偶尔派人送信。

新任日本驻南京总领事花轮义敬于3月6日抵达，原日本总领事福井于3月10日经上海前往孟买。3月18日，日本总领馆的外交官们应德国大使馆公使衔秘书乔治·罗森博士的邀请共进午餐，其中有花轮总领事，田中领事和随员福田。给人的印象是，他们彼此和谐相处，这件事本身就很有意义。

我们这里现在只有一个更大的问题苗头，来自自来水厂所依赖的发电厂。发电厂3月初完全倒闭崩溃，近期经过艰苦的抢修已经恢复发电。但是晚上时不时地就会停电,人们手边必须常备煤油灯。当然,更糟糕的是经常停电便影响供水。有一阵子供水完全停了,现在只有细细的水流。停水最主要的原因就是许多被烧毁和被废弃的房屋中的水管破裂,水不断地从中流走。许多消防栓也破了。不管怎么说,1月份以来,南京城的面貌有了很大改观。中国人做生意主要在安全区的街道上,那里到处都有小摊。

值得一提的还有,日本人已经用火车将另外6000人(到目前为止总共有8000人)遣返到上海方向的村庄等地。然而,安全区仍然像一个蜂巢。人们完全无法想象,原来挤满难民的好房子将被毁掉。

江南水泥厂的辛德贝格受命返回上海,只有卡尔·京特博士(埃迪特·京特的丈夫,东亚之友协会会员)还留在那里。辛德贝格说,这片地区已经活跃着一些匪帮,他们全副武装,甚至还有机枪(京特博士昨天来了,他也证实了这一点)。这些人都是逃跑的士兵和受伤的人,他们之前一直躲在山里。这对寥寥可数的农民们实在是一个很坏的前景。

南京大屠杀幸存者口述 [1]

鲁特·哈罗

李秀英(音)口述:

我出生于1919年2月24日,13岁时,母亲去世。从那之后,我就在家照顾弟弟。我1937年结婚,丈夫在上海当打字员。1937年8月13日上海事变之后,我打算渡过长江回南京。当时南京的长江上没有桥,只有乘小船渡江。有些人用划艇来渡江。当时我已经怀孕6个月。因为我肚子很大,行动不便,他们不愿意带我一起过江,怕我给他们带来麻烦。

当时在南京有一些外国人,他们共同建立起了一个范围很大的安全区。谁也没料到，日本人在入侵这座城市后，会把机枪架在安全区的十字路口。他们不在乎是谁，看到谁都开枪。起初人们不知道，他们从井里打水准备做饭。日本人发现他们后，就朝他们开枪。民众都惊慌失措。当日本人看到有人从远处走来，他们也开枪。如果他们看到附近有人，就会用刀刺他。在安全区，日本人一看到女人，就像疯子一样把她拖走。

女人们在安全区住的地方是现在的体育馆。那时是一所专门为南京的外国人开设的学校。我们住在这所学校的地下室，那里设有一个营地。营地里以前有桌椅。我们来后就把桌椅搬走，住了进去。

12月13日，日本人进入了南京城，12月18日，他们来到了我们住的地方。18日下午，他们抓走了几个青年男人。在我们的上一层，住着一些老人，他们搭起了帐篷，每天煮饭。我们只能在白天吃东西，晚上做饭也只有在日本人看不见时才行。我们一天只能吃两顿饭。一听到日本人来了，我们就赶紧让孩子和老人往前站，让女人躲在后面。19日天刚亮，那些老人把食物送了下来。我们关上门后，拿椅子和桌子堵住门，然后开始吃饭。就在饭刚吃完的时候，我们听到了日本人的脚步声，人人都变得非常紧张。

日本人一到，马上就抓走了几个女人。当我一看到日本人时，就知道事情不妙。我无法逃跑，因为当时我怀孕，没有力气。于是我就把头往墙上撞，直到晕死过去。日本人把一些年轻妇女抓走了。他们走后，一位老人帮助我，让我躺到了床上，接着我睡了。床很低，墙上没有挂钟，我也没有手表。房间里空荡荡的，没有灯光，一片漆黑。由于是冬天，白天很短，天黑得早。我们地下室里只有一扇小窗户，光线非常微弱。那天晚上，日本人又来了。一些老年人见日本人来了就赶过来，叫我不要再睡在那里，应该躲起来。在那一刻，我把头往墙上撞去，将头砸出了一个大伤口。因为我不愿站起来。我知道如果我出去就会死。反正我都准备好了去死。这时来了两个日本兵，他们各拽着一个年轻女人走了。这段时间里，我一直躺在床上，其他难民告诉日本兵我病了。

日本人信以为真就走了。但还剩下一个日本兵。在他看向别处时，我幼稚地拔出了他的刺刀，接着背着墙站了起来。日本兵一发现我拔出了他的刺刀，往下事情就糟了。

他没想到一个女人会这么勇敢，吓了一跳。接着他紧抓我的双手。但是因为他比我矮，我就抓住他的衣领，然后咬他的胳膊。他痛得尖叫起来。另外两个日本人听到他的叫声后，放开那两个女人跑了过来。他们想刺伤我的腿。我紧抓那个魔鬼的衣领不放。他们的刀刺在我腿上，没见到流血。他们就用刀刺我的脸。我立刻血流满面。我现在已经81岁了，你看看我的脸吧。刀痕是从外面缝上的，而不是天生的。我把血吐在他们脸上。然后他们又在我肚子上捅了几刀。我的孩子还在肚子里。我一直在流血，很快就不省人事地晕了过去。看到我几乎停止了呼吸，他们以为我已经死了。同时，天又黑了下来，什么也看不见，他们就走了。日本人离开后，我父亲从家里回来。那时我们家住在离五台山不远的地方，父亲回家是去吃饭和换衣服。他回来后立刻听说了这个不幸的消息。别人告诉我父亲，他女儿和日本人干了一仗，他也看到了满脸是血的我。父亲摸了摸我，发现我已没有了呼吸。此时的我也不能发出任何声音，他于是认为我死了。然后，两位老人开始准备我的后事。他们用门板把我抬到外面。因为是冬天，天气很冷，地面也很冷。我终于开始吐血了。两位老人一看我吐血，就意识到我并没有死，还有气。于是他们就把我带到鼓楼医院。在这段时间里，鼓楼医院是由一位美国人经营的。我被送到医院后，一位外国医生来给我做检查并缝合我的脸。由于我失血过多，孩子生下后就死了。

当时，有一个叫约翰·马吉的传教士。他一看到受伤者，就会带他们去医院。那天，当他来我们难民营时，别人告诉他，那个屋里有一个女人被日本人捅了37刀，虽然她失去了孩子，但还活着。于是他前来查看我的伤情。几天后他给我拍了照。当时很多伤者来医院，人满为患。这就是医院想让我出院的原因。但我已经没有家了,我不知怎么办。我告诉马吉我的房子被日本人烧毁了,我该怎么办?我应该去哪里?他说几天后他会回来接我。过了几天,他回来了,带我去了一个地方,那里学生和其他市民住在一起。那时候日本人晚上翻墙进来。他们来了就想把漂亮的女人抓走。马吉和另一个外国人住在一个大房间里维持秩序。他们每天都睡在沙发上,随时准备起床。然而,日本人进入的频率越来越高。马吉和另一个外国人想尽了办法,并建造了一扇新的铁门。马吉对守门员说:"你一看到日本人来,就把铁门大声关上。"关门会有很大的声音,根据声音我们就知道日本人来了。他就是如此保护了我们的。如果当时没有这些外国人出面保护,真不知还有多少中国人会被杀害呢!

日本人也到了金陵大学,并开车进入该校。明妮·魏特琳(Minnie Vautrin)女士,我们称她为"华小姐",试图阻止日本人。然而,日本人也打了她们,像疯子一样把年轻女子抓走。所有的家庭都把前门锁得紧紧的。不管外面是谁,大家都不敢开门。日本人来时,看到所有好的东西都要带走。如果他们看到了女人,就会像疯子一样把她们抓走。那年冬天很寒冷,中国人都戴着帽子。戴帽子的人头上都有个帽子的印记。日本人就认为他们是士兵,就把他们抓走。日本人用钢丝绳把这些人绑在一起,每排20个人。然后,日本人把他们赶进江中。当时是冬天,江水不深。日本人把人们推进了水里后,好些人并没有淹死。于是,日本人架起机枪向他们开火,然后再向他们投手榴弹把他们全部杀死。有很多人死在江中。过江不需要船,因为尸体太多了,人们可以爬在尸体上过江。现在你可以想象有多少人死了。

我记得1965年国家派我去日本讲述这些南京大屠杀中的故事时,一些年长的日本人对我说:"我们以前从未听到过这样的故事。"日本人否认这个事。我认为日本人不如德国人。德国人认识到自己的错误并想予以纠正,而日本人则至今还不承认自己的错误。他们不仅不承认,还认为我在胡编乱造。你们看到我脸上的伤疤了吧。你真以为我所讲的这些是为了给你们制造麻烦吗？一些日本历史学家问我："你想起诉日本政府吗？"我说："我想起诉，但我没有钱。"他们说："我们会帮你起诉的，好吗？"我说："好"。最后，他们声称我说的这一切都是我编造的。在日本还有人说整个南京大屠杀都是捏造的。但是，我是个真实的人，我还活着的事实就是证据。这就是历史，他们无法玷污它。我还活着，我的伤痕依然可见就是证明，还有当时的照片，所以我们有足够的证据。你们否定不了我。我现在81岁了。为什么我还活着？因为我认为这不公平。日本人仍然不愿意承认，但历史是不能否认的。当时长江两岸有许多国民党士兵，[2] 他们想过江，但没能及时渡过。日本人在那里架设了机枪并杀死了他们。死亡人数不计其数，但日本人后来说死亡人数很少。然而，当时南京国际法庭在1946年就已经掌握了这方面的证据和数字。[3]

吴正禧（音）口述：

我1923年出生在一个商人家庭。8岁上学。1937年，我14岁时完成学业。我住在宁海街6号，也就是现在南京师范大学[4]所在的地方，当时处于安全区内。突然，学校关闭，谁也不能走。日本飞机轰炸了这座城市。我们的老师也很害怕，因为日本飞机到处扔炸弹。一个被炸中的人只剩下炸碎的身体部位。在这种情况下我们无法继续上学。

只是认为使馆区肯定更安全，这就是我们去那里的原因。我们甚至在魔鬼[5]入侵这座城市之前就搬进了难民区。这个难民区就是后来的安全区。当时我们并不知道会有安全区，我们只知道大学里有一个美国女人，明妮·魏特琳女士，我们叫她"华小姐"。她和我们的老师一起保护了我们。

日本人于1937年12月13日攻入这座城市。那天我们刚吃完晚饭回家。作为一个商人家庭，我们家的收入来源是做食品生意。那天中午12点，日本人就到了。当我们看到他们时，就知道大事不妙。

来的3个日本士兵有两个端着步枪,一个拿着刀。我们一家人正坐在一起吃饭。他们把我们推到一边,男人,女人,孩子或老人都一样。日本人对我们说了些什么,但我们听不懂。然后他们用水在桌子上画了3个字"Zhi Na Jun"。当时我们不懂,后来才知道这些字的意思是"中国军队"。日本人用枪指着我们,把我们逼到一边。他们认为我的家人是士兵,所以把他们带走了。日本人每天都要抓很多人。每天都能听到枪声。他们将人杀害。那个时候死了很多人。我们不敢去周围更大范围寻找,因为日本人在那里布有岗哨。所以我们就在附近看看能不能找到我们的亲人。我们去了鼓楼,那里有一个很大的池塘,池塘里有很多尸体,我不知道有多少人,但有的是五六具尸体捆在一起。我们把他们翻转过来查看,但没有找到我们的亲人。

有一天,日本人来到我们家。当时我祖母已70多岁。日本人紧紧抓住她,问是不是有中国女孩与我们住在一起。我祖母吓得说不出话来。他们用刺刀刺伤了我祖母的手臂,将她扔到地上就走了。他们离开后,我扶着祖母进门。我刚进门就听到里房还有另一个人的声音。日本人一走,我安慰祖母后就回到里面房间。我立即觉得事情不对劲。我听到了一个人在呻吟,那是我祖父的声音,而且到处是血。等到父亲回来时,祖父已经去世。他是被日本人用刺刀扎死的。实际上我的祖父本不应该死的。日军入侵南京后,放火烧了我们的房子,我的祖父失明了。如果当时他不是瞎了,日本人肯定会先死,因为他会"功夫"。

第二年,即1938年,我们回到了自己公司。因为我们公司的房屋被完全烧毁,我们就用普通木头建起了一座简易房,恢复起了食品生意。我们那时有一个邻居,他家有一名叫张的女孩。有一天,一名日本士兵看见了她,就抓住她想把她带走。当这个日本人移开视线片刻时,我把她藏在我们房间的门后面并把门锁上。正当我关门时,两只手突然从后面抓住我——那是日本人的手。那个日本兵把我的头往地上撞,我马上晕倒过去。当我恢复意识时,已躺在自家的床上。

在南京，有 30 万人丧生。这一点并不只我们这样说，而且国际法院的报告也记录在案。但是还有一些人员死亡未包含在这个统计数字之内。例如，被害者尸体扔进江中踪迹被掩盖，一些被杀的妇女儿童未计算在内。许多中国妇女被日本兵强奸后，她们的亲戚因为害怕丢脸不愿谈论这件事。我对日军的印象最深的是他们非常残忍。我一个朋友被日本人强奸，他们将一根棍子插入了她的腹部而将她杀死。[6]

白开明（音）口述：

我出生于 1918 年 12 月 24 日。日军入侵南京时，我是一个黄包车夫，住在南京市珠江大街附近，当时该地还不是安全区的一部分。

1937 年日本人占领南京时，拉贝和一些英国人、美国人、法国人和德国人建立了安全区。日本人每天轰炸城市的许多地方。那时我 20 岁。12 月 7 日、8 日、9 日，日军对南京进行了猛烈的轰炸。我和我 9 岁的弟弟以及 62 岁的姑妈住在一起。12 月 10 日，我们搬进位于鼓楼的难民区，也就是现在的南京大学所在地。

13 日上午，日军攻进南京城内。日军占领南京后，在难民区建立了一个中国保护协会，以维持秩序。所以他们告诉我们要戴一个有红色圆圈的臂章，就像日本国旗上的一样。我们还应该在门口悬挂日本国旗，以示欢迎。他们说："如果你这样做了，日本人就不会杀你。"

12 月 13 日，日军攻入南京，他们逢人就杀。到了 14 日，他们对所有房屋进行搜查。他们要值钱的东西，要钱。他们一看到年轻人就抓，我也被他们带走。他们说我们是中国士兵。日本人的计划是这样的：12 月 13 日，在攻入南京后，他们杀死了所有他们看到的人；14 日和 15 日，他们把人们聚集在一起并囚禁起来；16 日，他们开始大屠杀。16 日下午 14 点，日本人又开始把人们赶到一起。他们把我们都锁起来，送到下关。他们把我们绑起来后，强迫我们往前走。自从 13 号起,我们没吃过或喝过任何东西,我们根本就走不动。

那时我们一共有 200 人到 300 人。日本人把我们排成四至五排。他们拿着带刺刀的步枪,两边都是日本骑兵,看守着我们。大约 3 点钟,我们到达下关后,日本人就开始架设机枪,准备屠杀。然后,我听到了他们机枪射击的声音。只见人们在我面前一个接一个地倒下死去。因为我在两个人之间,我被死的人拖倒在地,我也昏过去了,不知道自己是死是活。由于是冬天,天很早就黑了。大约 5 点钟的时候,日本人开始搜寻幸存者。他们用刺刀刺死了最后几个幸存者。我的手被刺刀刺伤,但我不敢有一点动弹。如果我一动,他们也会杀死我。我还活着是因为我从死人堆里逃了出来,如果不是那样,我也不会活到现在。当我再次醒来时,已是晚上 9 点或 10 点了。因为我没有手表,我只能猜测。我估计了月亮升起后的时间。当我清醒过来后,我不知道自己是人还是鬼。我注意到自己身体上面重重地压有 5 具尸体。我的身体还有点热,所以我知道我还没死。但是躺在我上面的尸体很重,我几乎不能移动。我别无选择,只能慢慢地爬出来。我的脸和全身都是血。我看了看是否还有其他幸存者,发现确实有。大约有六七名幸存者,他们都呆呆地坐着。我的手与别人绑在一起,不知道如何从绳索中解脱出来。当我们终于从绳索中解脱后,马上就各自四散逃亡求生。我走进一所房子,房主已经逃走。我在这所房子里找到衣服换下。既然我别无选择,我最好还是进城去。如果我去别的地方,日本人会看到我,我还是会被杀。进城后我不敢在大街行走,害怕日本人发现。

我来到一位老人的家。因为我好几天没进食了,我对他说:"大爷,我好久没吃东西了,请给我点吃的吧。"老人给我拿来一些吃的东西。吃过以后,他对我说:"孩子,已经 8 点钟了,日本人又要出来了,你现在不能走,跟我待在一起吧。我拿些草来盖在你身上,你就藏在我这里。"老人说,一到白天,日本人就到处抓人。"如果他们端着刺刀来找人,你就待在下面,不要动。他们走后,你再出来。"我躲在稻草里,因为太累了,很快就睡着了。天快黑时我才醒来。我辞别老大爷就出门了。我直奔北平西街回了鼓楼的家。

我到家后,姑妈问我:"你去哪儿了?"我告诉她我躲在地狱里。日本人把我们拖到下关,想用机枪把我们全部干掉。我之所以能活下来,是因为我从一堆死人中爬了出来,然后回到了家。我姑妈听到我说的话就哭了。因为我的父亲已于1933年去世,是姑妈一直照顾着我和弟弟。当我回来的时候,我不能随意离开家。由于我不再骑黄包车,没有工作,没有收入,也没有东西吃,所以我们3个人每天都去金陵大学,现在是南京大学,那里有一个难民区。我们问那里的人有没有分发给难民的饭吃。于是,我们每天都去那里吃难民饭。就这样我们幸存下来,并度过了大约一周的时间,直到12月24日或25日。我们家又来了3个日本人。那时我们和另外20多人住在一起。日本人一看到我们家有什么好东西就抢走。他们逼我把他们偷来的东西带到他们的住处。实际上,他们是把偷抢来的东西和我一起带走。后来,他们试图用枪射击我。他们认为我是当兵的,因为我是黄包车车夫,每天都戴着帽子,所以头上留下了帽子的印记,看起来与当兵的一样。我告诉他们我不是士兵,我是黄包车夫。他们说:"如果你不是当兵的,就在这张纸条上签上名吧。"然后我被放回家。所以,我是数次差点被日本人杀了……

12月29日下午,日本人从金陵大学抓了一批人,把他们装上两辆卡车,带到鼓楼附近的一个小池塘旁。接着,日本人们用机枪向人们扫射。他们把尸体扔进池塘,水被染成了红色。拉贝在他的书中讲述了这个故事。但他在日记中写道,这件事发生在上海街,他不知道那里的地名叫西郊。

后来没有人掩埋这些尸体。到1938年3月,尸体仍留在池塘之中,并已经开始腐烂发臭。后来,掘墓人将这些尸体埋在"二通山",那里已经埋了很多尸体。

他们把尸体排成8排。在他们埋葬后,他们在那里竖起"万子会"的纪念牌。这个万子会是一个宗教慈善机构。

后来，人们证实了我的话。因为后来他们在那里挖掘时，挖出了一层人骨。那些人骨正是南京大屠杀时期的。日本人就是以这种十分残忍的方式杀人的。

长江附近有一座寺庙。今天第二座南京长江大桥就坐落在那里。日本人把人们锁在庙里然后放火焚烧。

采访突显了日本暴行对亲历民众的影响，并说明了大屠杀留下的心理创伤。人们通常认为，那场大屠杀是一场冷酷的历史事件。

一些在大屠杀中受伤的幸存者已无法工作和谋生。今天有很多人生活条件还很差。[7] 与之相反，折磨他们的日本人却得到了日本政府的抚恤金。[8]

注释：

[1] 以下记述均摘自作者1999年9月8日发表的对大屠杀受害者的访谈。
[2] 国民党指中国国民党。
[3] 此篇内容采访自李秀英女士。
[4] 南京师范大学是一所培养教师的大学。
[5] "魔鬼"系当时中国人对日本人的通称。
[6] 此篇内容采访自吴正禧先生。
[7] 张纯如：《南京浩劫》，1999，S. 193。
[8] 同上，第191页。

避难于约翰·拉贝宅院中的平民

约翰·拉贝在他南京的独栋住宅花园里建了一个防空洞，后来又增建了两座，总共占地近500平方米。最后一座用砖砌成，以金属板作为顶子。

一面3米×6米的纳粹党旗水平铺开，意在以此象征物告诉日本飞行员，这所房子是德国财产——希望这样能够使它幸免于难（见图76b）。

图 76a 约翰·拉贝戴着钢盔坐在办公桌前

图 76b 约翰·拉贝住所花园中3米×6米的卐字旗救了数百人的性命，旗下成了一处特殊的避弹所

| 拉贝与中国

难民们认为这个位于纳粹旗帜下的区域特别安全。

尽管时局严峻,但约翰·拉贝并没有失去他的幽默感,这些都反映在以下照片中:西门子办公室开放时间的照片;他戴着钢盔坐在办公桌前的照片(照片上还附有"当我给西门子上海总部打电话时需要它"的评注)(见图76a,77)。

约翰·拉贝日记摘录

1937 年 12 月 12 日

火光映红了南面的整个天空。院内难民一直挤到了防空洞的边缘。有人在用力地拍打着两扇院门,妇女和儿童央求我放他们进来。一些大胆的男人从德国学校后面翻过院墙,想进入我的院内寻求保护。这种苦苦哀求我实在不忍听下去,于是我将两扇大门全打开,把想进来的人全放了进来。防空洞里已经没有地方,我便将人们安置在房子之间的空地以及房屋的旮旯里。

大部分人带来了自己的被褥,露天席地而卧。一些机灵鬼把他们的床安置在水平悬挂的德国国旗下面,德国国旗是为防日本轰炸而备的,这个地方被他们看作是"防弹地带"。

1937 年 12 月 22 日

在我这儿居住的难民仍然在不断增加,仅仅在我小小的私人办公室,现在就睡有 6 个人。办公室和院子里的地上密密麻麻全是睡觉的人,所有的人都被熊熊火光映照得血红。我数了一下,有 7 起火灾。

图 77　约翰.拉贝戴着钢盔在办公

1937 年 12 月 23 日

在雨中，我的难民们相互倚靠着挤在院子里，无言地注视着美丽得可怕的熊熊烈焰。如果大火蔓延到我们这里，这些最可怜的人们就没有出路了，我是他们最后的希望。

张（国珍）将 4 盏小煤油灯和烧剩下来的蜡烛（我们目前的照明工具）用松树枝装饰起来，并打开了圣诞节装饰用的红色小星星的包装，还在蜡烛上扎上了红丝带。明天是 12 月 24 日，圣诞节前夕，也是格蕾特尔的生日。

1937 年 12 月 24 日

我以下面这番祈祷来结束我今天的日记：仁慈的上帝，请您保佑所有的人免遭灾难，也请您保佑所有像我们这样已经身陷灾难中的人（我丝毫不后悔留了下来，因为我的存在拯救了许多人的性命。尽管如此，我仍然感到极端的难受）。

1937 年 12 月 25 日

我昨天下午写日记的时候，张（国珍）和一些中国朋友在静静地装点着那棵圣诞树，张以前经常在这方面帮忙。

克勒格尔（Kröger）和施佩林（Sperling）去平仓巷（Ping Tsiang Hsian）美国人的家，他们邀请我们去参加由丹麦人辛德贝格捐赠的圣诞晚会。我不能放着我的 602 名难民不管，所以不能前去参加。这一数字不包括 14 名雇员和公司的仆人及其亲属。因此总数可能在 650 人左右（见图 78）。

1937 年 12 月 26 日

下午 5 点我得到了一份再好不过的圣诞礼物，它出乎预料，那就是 600 多个人的性命。新成立的日本人的委员会来到了这里，开始对我登记的难民进

| 拉贝与中国

约翰·拉贝
住所
的难民数

Refugees
in
the residence
of
MR. JOHN H. D. RABE

男　　302人
女　　300人
总计　602人
（包括126名10岁以下的儿童）

Male.................302
Female...............300
Total 602

(Including 126 children under
10 years of age.)

图78 ↑ 约翰·拉贝和韩湘琳在南京的家门口
↓ 约翰·拉贝住所（也被称为"西门子保护区"，总面积大约2000平方米，包括约翰·拉贝的家，德国学校和几座其他的小建筑）的难民人数

行调查。每名男子都被逐一叫到，登记按严格的顺序进行，妇女儿童站左边，男人站右边。现场非常拥挤，但是进展顺利，没有人被拉出去。而在我旁边的金陵中学，今天得交出 20 多名男子，因为他们被怀疑曾经是中国士兵，这些人都必须被枪决。我这里的中国人都很高兴，我也从心眼里感谢我的主，一切进展得非常顺利。现在有 4 名日本兵在院子里开具身份证，估计他们今天完成不了这项工作。其实这也没什么可说的，既然日本军官已经做出决定，那就没什么好改的了。

1937 年 12 月 27 日

我想扮演一次圣诞老人，这就是说我想给我的院子里的孩子们（共有 126 人）每人送 2 角钱。但是结果我的感觉很不好，人们差点把我给撕烂了。看见抱着小孩的父亲们在拥挤的人群中有生命危险，我不得不停止发放活动，大约只有 80～90 个孩子领到了礼物，剩下的孩子我必须抽空找出来给他们补上。今天我对总部进行了清扫，那儿收容了太多的苦力，但他们在那儿什么也不愿意干。20 分钟后，房间被清理干净，现在看上去又像个样了。

1938 年 1 月 5 日

在上面对各个难民收容所的评价中，西门子收容所的成绩不是很好。韩先生给我们难民的大米多了一点。他心肠太好了！有建议把一些难民迁移到别的收容所，因为我这儿太狭小，500 平方米的院子住了 602 个人，不过没有得到赞同。人们觉得只有在我这儿才安全，都不愿意离开，这就没有办法了。

卫生问题令我最为担忧。在这方面我毫无办法，我只是希望不要暴发传染病，到今天中午为止自来水一直没有断供，我们是多么的高兴，此后却没有了。我们这儿电灯始终不亮，但邻近一直有房屋在燃烧。

1938年1月20日

暴风雪！难民们的状况实在令人同情，即使一个铁石心肠的人也会为之动容。我这个院子里的难民收容所已变成了一个很大的泥潭，每个帐篷和草棚的四周都挖了水沟，以便排除雪水。现在，当我再看见低矮的草棚屋顶下生起明火时，常常睁一只眼，闭一只眼。外面飘着大雪，火要烧起来也不会持久。要想暖和一下，也就只好冒险了。每当看到我这院子里难民收容所的凄惨状况时，我就会情不自禁地想起德温格（Dwinger）的著作《铁丝网后的军队》（*Army behind Barbed Wire*）和《白红之间》（*Between Red and White*）。

最近，我们从附近一栋刚建了一半的新房那儿偷来几千块砖头，在帐篷和草棚之间铺了条狭小的步行道，以免陷足于泥泞中。我们还在茅厕坑周围筑起砖墙，使这块宿营地变得"雅观"一点。这些改善带来的好处当然并不多，整个院子依然是个无法想象的沼泽地，每个人都在咳嗽和吐痰也就不足为虑了。我最大的担心还是怕发生传染病。

1938年1月30日

我家的难民收容所再次成了一片沼泽。大雪下了两天之后便开始融化。家中的600名难民已经获悉，他们在2月4日必须迁出难民收容所，为此他们非常悲伤。他们中的大多数离我的住处不远，一旦情况危急，还可以迅速回来。韩和我为其中最穷的约100人举行了一次私人聚会。我们凑了100元钱，分给了他们每人1元，他们高兴得不得了。

他们太不幸了。明天就是中国的新年，是这些可怜的中国人最盛大的节日。委员会同意给我这个规模相对来说较小的难民收容所一笔5元钱的特别补助，用来买些做年夜饭的调味品。600人才5元钱，多了我们也拿不出，就是这点儿馈赠已经让他们感激不尽了。此外每个人除每天配给的为数甚少的两茶杯口粮外，还（偷偷地）得到了满满一茶杯的米。

第三章 南京·南京

1938 年 1 月 31 日

中国的新年。佣人和雇员都隆重地向我拜年。难民们在院子里排着整齐的队伍向我三鞠躬。

他们献给我一块长 3 米、宽 2 米的红绸布，上面写着汉字。我猜想，这是封感谢信。我把这块布交给了佣人张。使我吃惊的是，他竟恭恭敬敬地把它悬挂在客厅里。不少中国客人虔诚地站在它前面，其中有个人把它翻成了英语：You are the Living Buddha for hundred thousand people.（你是数十万人的活菩萨。）

起初我没有专心地听，但这样的赞誉我可承受不起。我仔细地看了看这位说话的人，他是前中国政府的一位级别较高的官员，算不上我特别的朋友，但

图 79　2008 年南京，躲在约翰·拉贝家和花园中幸存下来的难民们，在约翰·拉贝家花园里的拉贝雕像前合影（图片由南京大学拉贝纪念馆提供）

| 拉贝与中国

> 31. Januar :
>
> Chinesischer Neujahrstag : Feierliche Gratulations-
> cour der Diener und Angestellten. Die Flüchtlinge stehen
> in Reih und Glied im Garten und verbeugen sich 3 Mal vor
> mir. —— . Es sind viele junge Mädchen darunter --
> alle danken mir für den ihnen gewährten Schutz --für ihre
> Rettung , die leider leider ja noch immer keine vollende-
> te Tatsache ist. Man überreicht mir ein 3 bei 2 Meter gros-
> ses rotes seidenes Tuch mit der folgenden Aufschrift :

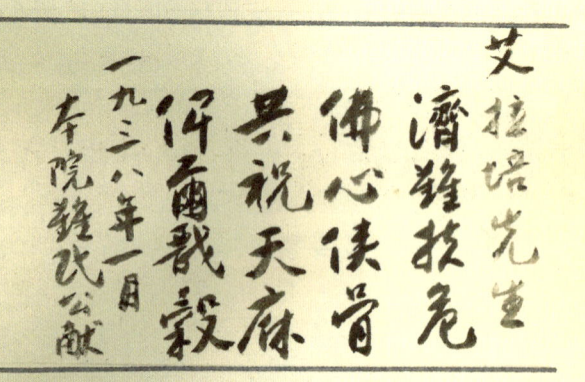

艾拉培先生
济锋拔危
佛心侠骨
具祝天麻
仔雨戢
毅
一九三八年一月
本院难民公敬

> " To Mr. John H. D. Rabe :
> " With a heart of Buddha and chivalrous spirit ,
> "   He saved thousands of the poor in their distress ,
> " May good fortune and happiness from Heaven
> "   Be given to him ,
> " May he be blessed by God !
> "   The Refugees in his compound.
> "   Nanking, 31st. January 1938. "
>
> Wenn die Zeiten nicht so ernst wären, möchte ich la-
> chen über diese rührende Dedikation . Was doch alles aus
> mir geworden ist ? Noch ist mein Bürgermeister-Posten nicht
>
> 159.

图80　1938 年 1 月 31 日中国春节中国难民送给拉贝的感谢信（约翰·拉贝日记手稿）

图 81 在约翰·拉贝家里和宅院中幸存下来的难民

← 约翰.拉贝故居入口前（2001年）
↓ 幸存者（2008年）（均由南京大学拉贝纪念馆提供）

李俊和夫人丁正兰
Li Jun and his wife Ding Zhenglan

| 拉贝与中国

采访穆喜福和夫人李世珍　Mu Xifu and his wife Li Shizhen

穆永才　Mu Yongcai

图 82　在约翰.拉贝家里和宅院中幸存下来的难民　（均由南京大学拉贝纪念馆提供）

第三章 南京·南京

```
JOHN H. D. RABE
  Representative
       of
SIEMENS CHINA CO.
Telegr. Addr.: Motor Nanking
Telephone    22814
Code:        Bentley's
```

艾拉培　西門子電機廠代表　南京鼓河浴小桃園　電話 二二八一四號

Nanking, den 6. Januar 1938.
Siao Tao Yuen,
Gan Ho Yien.

Herrn

Geheimrat Carl Friedrich von Siemens,

Siemensstadt.

Sechshundert Insassen des SIEMENS-FLUECHTLINGS-
LAGERS NANKING (untergebracht im Haus , Hof und Garten der
Siemens-Vertretung in Nanking) senden Herrn von Siemens ergeben-
ste Grüsse und herzlichen Dank .

Nanking, den 6. Januar 1938.
im Auftrage der Flüchtlinge :

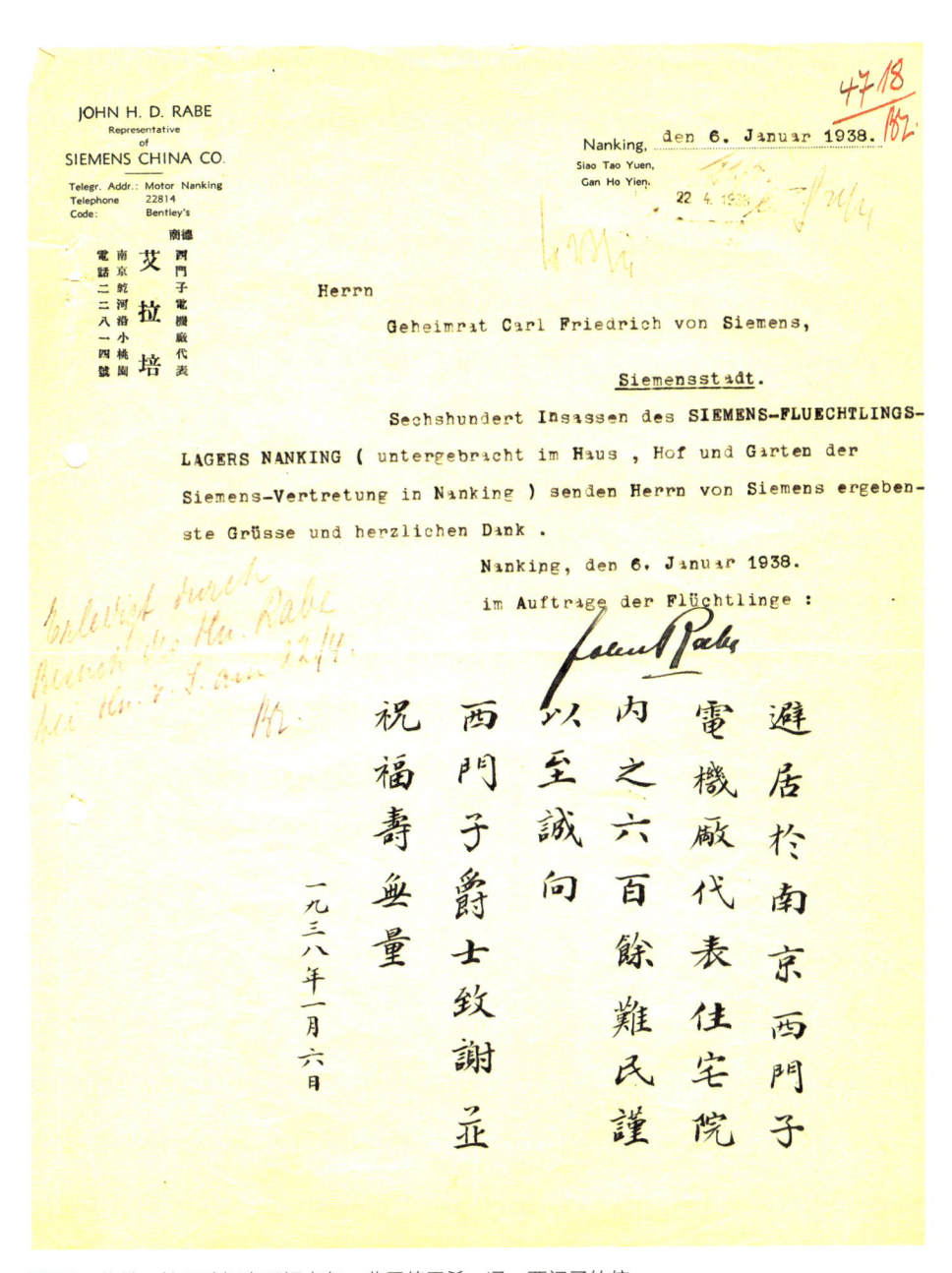

John Rabe

避居於南京西門子電機廠代表住宅院內之六百餘難民謹以至誠向西門子爵士致謝並祝福壽無量

一九三八年一月六日

图 83　约翰·拉贝致枢密顾问卡尔·弗里德里希·冯·西门子的信

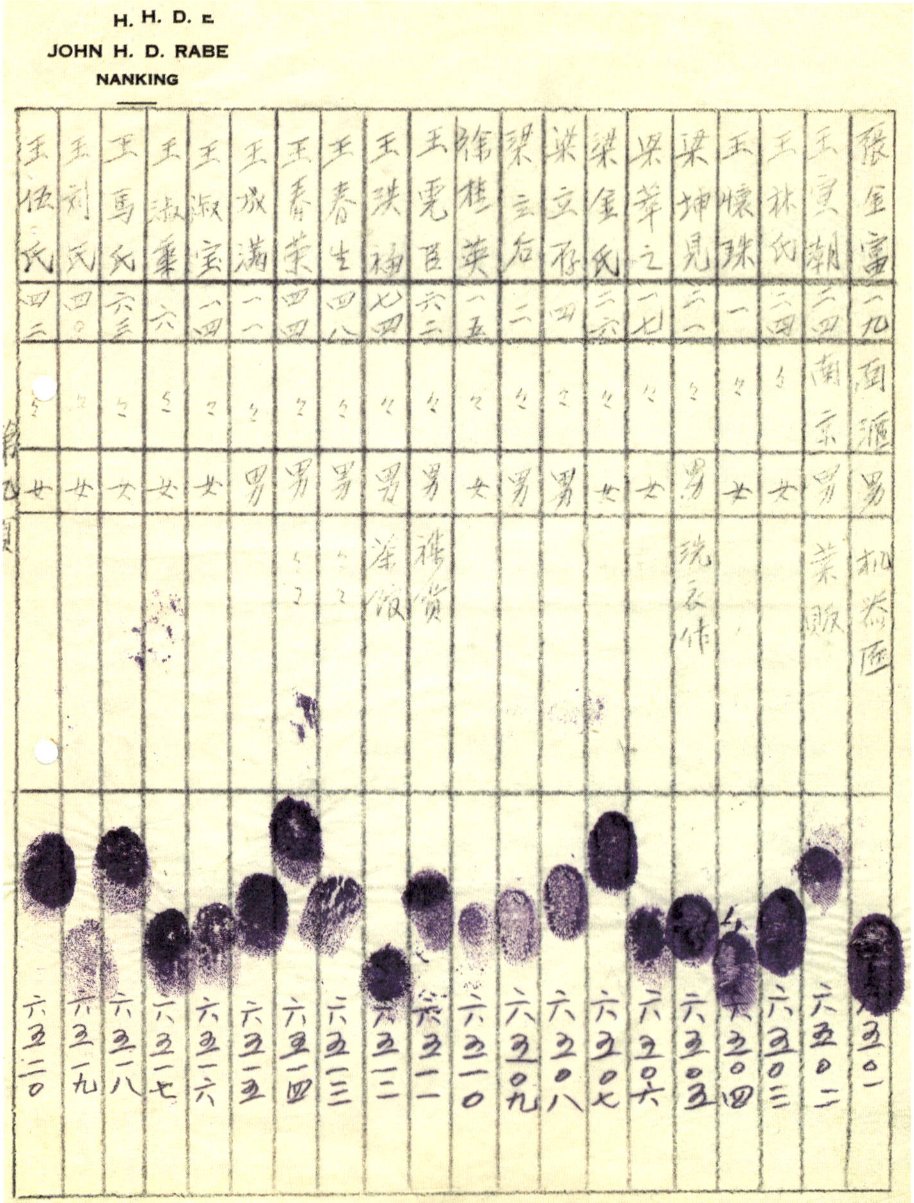
H. H. D. E
JOHN H. D. RABE
NANKING

张金富	一九	句涵	男	机器匠	六五〇一
王贵潮	二四	南京	男	菜贩	六五〇二
王林氏	二四	〃	女		六五〇三
王怀珠	一	〃	女		六五〇四
梁坤见	二一	〃	男	洗衣作	六五〇五
梁萃之	一七	〃	女		六五〇六
梁金氏	二六	〃	女		六五〇七
梁立存	四	〃	男		六五〇八
梁云右	二	〃	男		六五〇九
徐桂英	一五	〃	女		六五一〇
王尧臣	六二	〃	男	裱货	六五一一
王洪福	七四	〃	男	茶馆	六五一二
王春生	四八	〃	男	〃〃	六五一三
王春荣	四四	〃	男	〃〃	六五一四
王成满	一一	〃	男		六五一五
王淑宝	一四	〃	女		六五一六
王淑华	六	〃	女		六五一七
王马氏	六三	〃	女		六五一八
王刘氏	四〇	〃	女		六五一九
王伍氏	四二	〃	女		六五二〇

图 84　幸存难民的名录及指印

他是一位古文专家和学者。我请他把中文再翻译一遍，但不要加任何恭维的修饰。他说：我所念的，字字准确。我当然还可以翻译得更完整一些，大概是这样：

> 愿上天赐福于你，
> 愿幸福常伴你，
> 愿神祇保佑你。
> 你难民收容所的难民们

南京安全区国际委员会

南京安全区

安全区在南京市西部，覆盖区域约4平方千米，大使馆、德国学校和约翰·拉贝的家都在其中。

国际委员会是由丹麦、德国、英国、美国等国在南京的人组成的委员会。在此向中国政府和日本政府提议，在南京或南京附近发生敌对行动时，为平民难民建立安全区。

德国商人约翰·拉贝当选为南京安全区国际委员会主席。后来，他还被迫"接管"了市长和警察局长的职责。

国际委员会由15名外国人组成，主要任务是：与日本就承认安全区问题进行谈判、保护平民免遭强奸和杀害、食品采购、解决运输问题等全区问题。

第一个安全区在上海

a）由耶稣会神父雅坎诺（Jacquinot）发起（见图85）；

b）由法国军方担保。

图 85 耶稣会神父雅坎诺（Jacquinot）在上海建立了一个中立的难民区（1937.10.31）(http://www.japan-guide.com/a/shanghai/image_d.html?88)

第二个安全区在南京

a）没有外国军队的担保；

b）中国军队人员穿着便衣逃入难民区；

c）最初在难民区进行军事活动；

d）受警察保护。

成立安全区是谁的主意？

托马斯·拉贝：

为平民设立安全区的想法主要来自上海的耶稣会牧师雅坎诺。1937年日本人袭击上海时，雅坎诺在法国军队的支持下，为平民设立了安全区。

1937年，一群来自丹麦、德国、英国和美国的传教士、教师、医生和商人在南京提出了这一想法。我祖父约翰·拉贝也是该团体中一员——尽管遭到日本人的袭击，他仍然像其他人一样留在南京。而且，在他朋友的要求和敦促下，他接任了该安全区主席职务（见图86，87）。

第三章　南京·南京

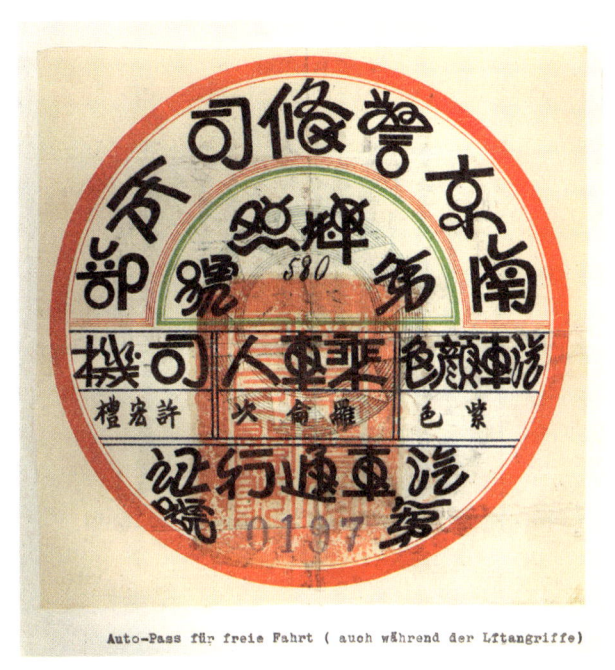

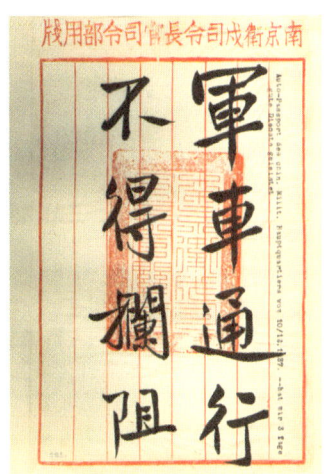

图 86 ↑ 难民区汽车通行证

图 87 ← 南京警备司令部汽车通行证

敌机飞临南京

摘自《拉贝日记》

1937年11月22日,"国际委员会"成立。

在两次警报的间隔期,我和罗森博士(Dr. Rosen)在德国大使馆里交谈。结果,罗森博士还是留在了这里。我的游说毫无作用。

下午5时,国际委员会开会讨论成立一个南京平民中立区(见图88、89),大家选举我做"主席"。我推辞不掉,为了做件好事,我让步了。但愿我能够胜任这个也许会变得十分重要的职务。德国大使在上船前不久通过我的介绍认识了史迈思博士(Dr. Smythe,委员会秘书)。

大使同意委员会草拟的有关建立安全区的建议,该建议将通过美国大使

185

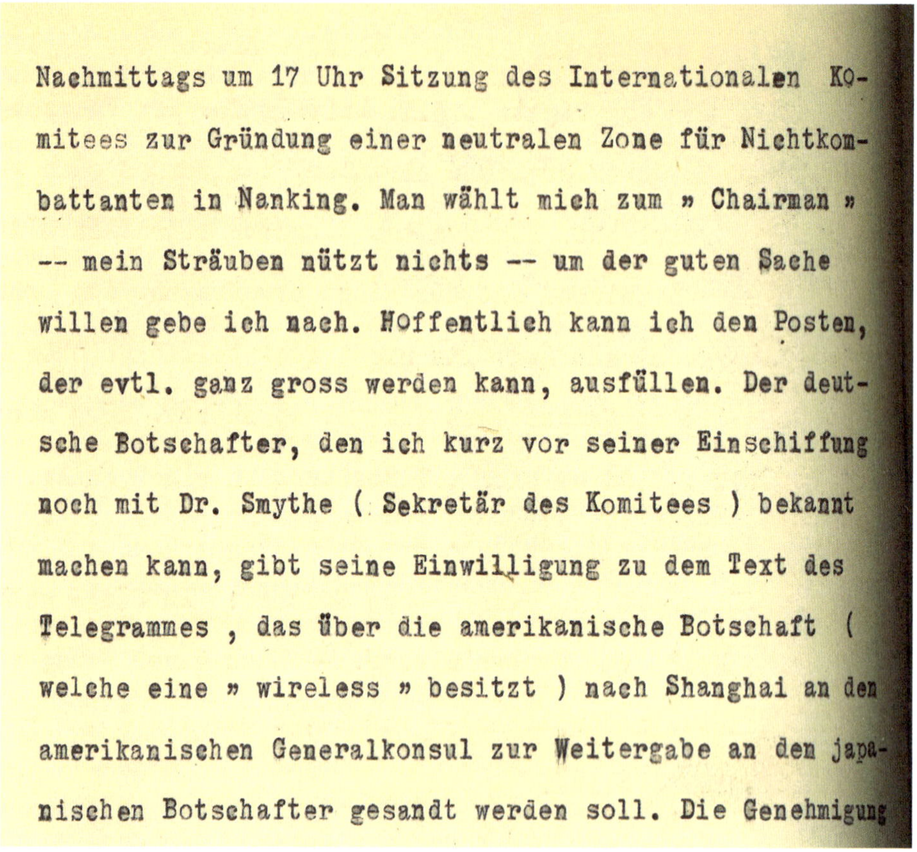

> Nachmittags um 17 Uhr Sitzung des Internationalen Komitees zur Gründung einer neutralen Zone für Nichtkombattanten in Nanking. Man wählt mich zum "Chairman" -- mein Sträuben nützt nichts -- um der guten Sache willen gebe ich nach. Hoffentlich kann ich den Posten, der evtl. ganz gross werden kann, ausfüllen. Der deutsche Botschafter, den ich kurz vor seiner Einschiffung noch mit Dr. Smythe (Sekretär des Komitees) bekannt machen kann, gibt seine Einwilligung zu dem Text des Telegrammes , das über die amerikanische Botschaft (welche eine "wireless" besitzt) nach Shanghai an den amerikanischen Generalkonsul zur Weitergabe an den japanischen Botschafter gesandt werden soll. Die Genehmigung

图 88 国际委员会的创立活动（约翰·拉贝日记手稿）

馆（有一个电台）发电给上海美国总领事再转交给日本大使。我们已经获得了英国大使和美国大使的同意。我们在委员会会议上决定：在上海日本大使收到电报以前，不准公开发表电报内容。我们十分希望我们向日本人发出的呼吁不是枉费唇舌。因为这里没有法国人、意大利人，所以委员会里没有法国代表及意大利代表。从英文翻译过来的电文如下（摘录）：

考虑到可能在南京或南京附近爆发敌对行动这一情况，由丹麦、德国、英国和美国公民组成的国际委员会特此建议中国政府和日本政府为逃难的平民建立一个安全区。

国际委员会有责任取得中国政府的特别保证：撤除拟建的安全区内所有军事设施和包括军事交通指挥机构在内的军事机构；安全区内不准驻扎武装人员，携带手枪的平民警察除外。

禁止所有士兵与军事团体进入安全区，无论这些军事团体具有什么性质，无论其军官军衔为何种级别。国际委员会将努力使上述保证得到尊重和令人满意的执行。

国际委员会特别希望日本政府从人道主义出发，保证安全区的民用性质得到尊重。委员会认为，为平民采取这种人道主义的预防措施，将会给双方负有责任的政府带来荣誉。委员会恳请日本政府迅速回复，以便能够尽快结束与中国政府进行的必要谈判，为保护难民做必要的准备。

约翰·拉贝日记节选：

12月2日法国神父雅坎诺（Jacquinot）（上海市南难民区）给我们转来了日本当局的电报。电文如下：

1937年12月1日致南京大使馆（美国）：

您11月30日致南京安全区委员会电收悉，现答复如下：日本政府已获悉你们建立安全区的申请，却不得不遗憾地对此予以否决。若中国军队对平民及（或）其财产处理失当，日本政府方面对此不能承担任何责任。但是，只要与日方必要的军事措施不相冲突，日本政府将努力尊重此区域。

签名：雅坎诺

| 拉贝与中国

图89 南京安全区国际委员会　↑ 国际委员会部分成员介绍
↓ 国际委员会和国际红十字会在南京的成员：1937年12月13日，从左至右：Zial 先生（俄罗斯），哈茨（奥地利），约翰·拉贝（德国，安全区委员会主席），牧师约翰·马吉（John Magee，美国教会传教士），波德希伏洛夫（Cola Podshivaloff，白俄罗斯）（耶鲁大学图书馆特别收藏）

第三章 南京·南京

图90 ← 德国大使馆关于保护南京德国财产的公告　→ 上海路：安全区内主要道路

下面的信息是南京安全区国际委员会发给牧师雅坎诺的：

　　衷心感谢您的帮助。日本政府承诺，只要与日方必要的军事措施不相冲突，它将对安全区区域持慎重态度，对此，委员会表示认可和感谢。中国当局完全同意严格执行我们原来的建议。因此，委员会将继续开展安全区的组织和管理工作，并通知您，难民已经开始迁入安全区。委员会将择机在进行适当的检查之后，正式通知中国政府和日本政府安全区业已开放。委员会恳请您以最友善的方式再次与日本当局取得联系，促使对方注意：如果对方直接给委员会一个带有保证性的通知，将会大大减少陷于困境中之居民的忧虑。我们诚恳地希望不久便能收到日本政府相应的通知。

主席　约翰·拉贝

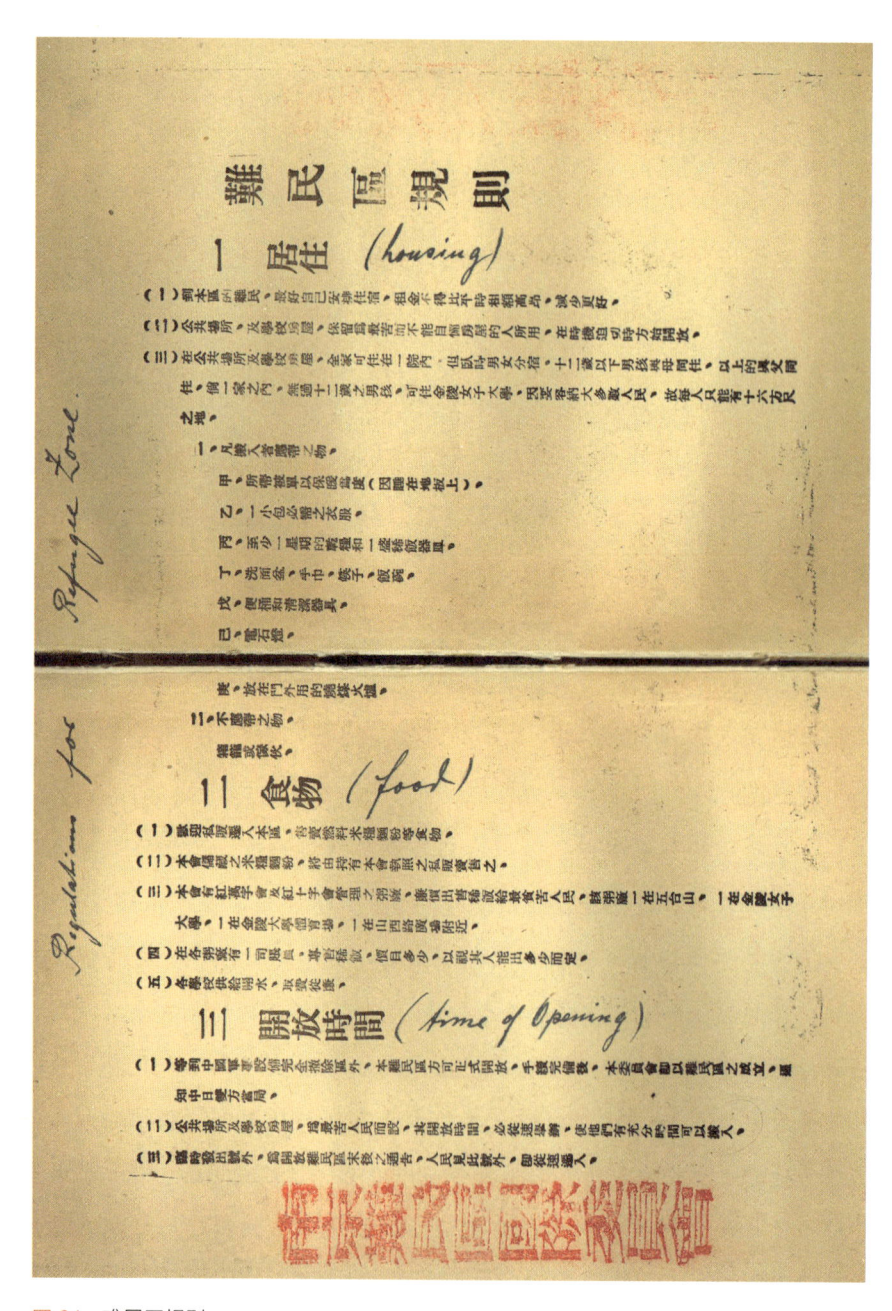

图91　难民区规则

第三章 南京·南京

南京安全区国际委员会与国际红十字会委员会密切合作（见图96、图97）。

南京安全区的中文版原图如图93所示；德文版原图如图92所示。

在保护区的各个区域建立了25个难民营。

一条指令对保护区的顺利运行和难民的照顾进行了规定（见图91）。

德国大使馆写了一封关于德国财产保护的信（见图90）。

在4平方公里的地方有25个难民营，其中5万人被庇护在20栋建筑

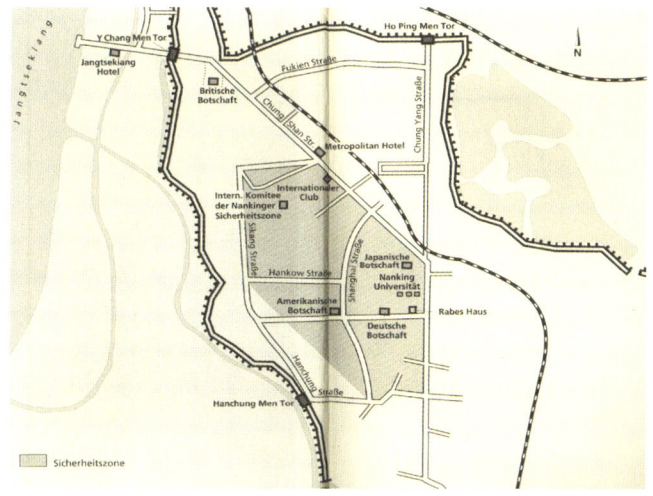

图92
↑ 国际委员会的安全区（摘自埃尔温·维克特的著作）

↓ 南京市宁海路5号的安全区总部

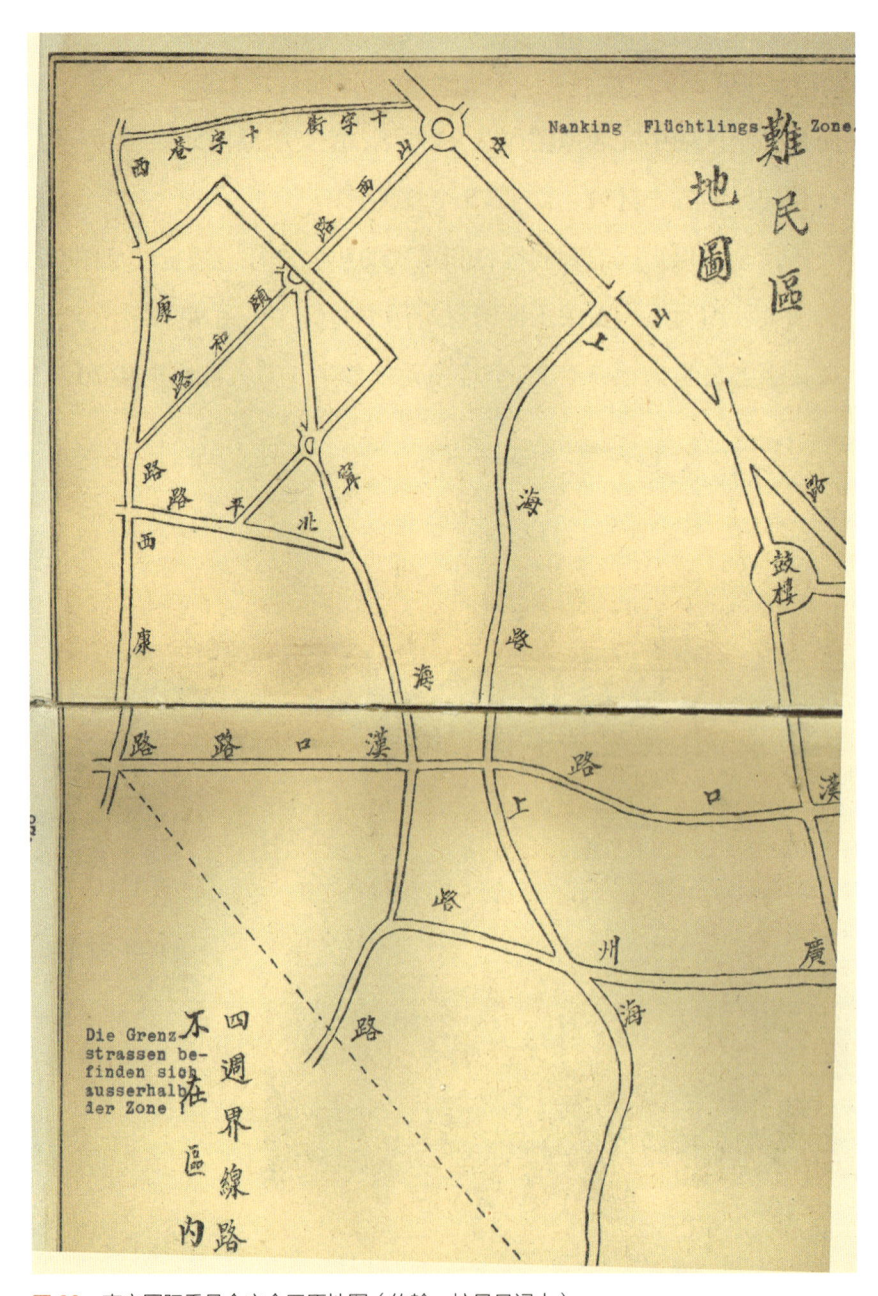

图 93 南京国际委员会安全区原地图（约翰·拉贝日记中）

物中（见图94）。总计约25万人曾在这里待过。

图95为进入安全区总部的难民们，其四周是围墙。图右侧的红十字旗显而易见。

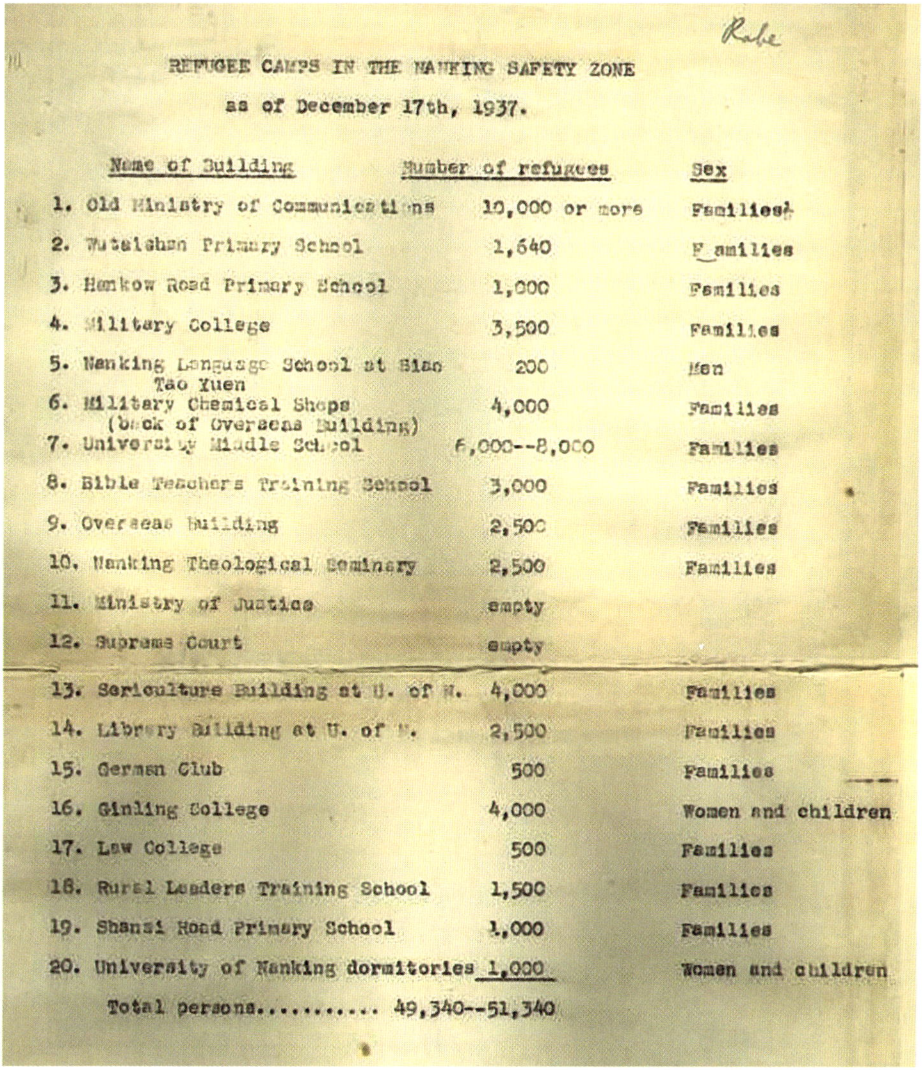

```
REFUGEE CAMPS IN THE NANKING SAFETY ZONE
         as of December 17th, 1937.

Name of Building                  Number of refugees      Sex
1. Old Ministry of Communications   10,000 or more        Families
2. Wutaishan Primary School         1,640                 Families
3. Hankow Road Primary School       1,000                 Families
4. Military College                 3,500                 Families
5. Nanking Language School at Siao  200                   Men
     Tao Yuen
6. Military Chemical Shops          4,000                 Families
     (back of Overseas Building)
7. University Middle School         6,000--8,000          Families
8. Bible Teachers Training School   3,000                 Families
9. Overseas Building                2,500                 Families
10. Nanking Theological Seminary    2,500                 Families
11. Ministry of Justice             empty
12. Supreme Court                   empty
13. Sericulture Building at U. of N. 4,000                Families
14. Library Building at U. of N.    2,500                 Families
15. German Club                     500                   Families
16. Ginling College                 4,000                 Women and children
17. Law College                     500                   Families
18. Rural Leaders Training School   1,500                 Families
19. Shansi Road Primary School      1,000                 Families
20. University of Nanking dormitories 1,000               Women and children
    Total persons.......... 49,340--51,340
```

图94　南京安全区难民场所、避难的地点及家庭数量和总人数

| 拉贝与中国

图 95　在南京安全区的难民们
　　↑1938 年 2 月,难民们围坐在安全区总部宅院中(由耶鲁大学图书馆提供)　↓安全区的难民

LIST OF INTERNATIONAL COMMITTEE FOR NANKING SAFETY ZONE (Original Members)
安全區國際委員會成員（最初成員及後補成員）

1. Mr. John H. D. Rabe, Chairman	拉貝 主席	German	德國人	Siemens Co. 西門子洋行
2. Dr. Lewis S. C. Smythe, Secretary	史邁斯 秘書長	American	美國人	University of Nanking 金陵大學教授
3. Mr. P. H. Munro-Faure	苍羅·福爾	British	英國人	Asiatic Petroleum Co. 亞細亞石油公司
4. Rev. John G. Magee	馬吉牧師	American	美國人	American Church Mission 美國聖公會
5. Mr. P. R. Shields	希爾茲	British	英國人	International Export Co. 和記洋行
6. Mr. J. M. Hansen	漢森	Danish	丹麥人	Texas Oil Co. 德士古石油公司
7. Mr. G. Schultze-Pantin	舒爾茲·潘廷	German	德國人	Shingming Trading Co. 興明公司
8. Mr. Iver Mackay	麥凱	British	英國人	Butterfield & Swire 太古公司
9. Mr. J. V. Pickering	皮克林	American	美國人	Standard-Vacuum Oil Co. 美孚石油公司
10. Mr. Eduard Sperling	史波林	German	德國人	Shanghai Insurance 上海保險公司
11. Dr. M. S. Bates	貝茨	American	美國人	University of Nanking 金陵大學教授
12. Rev. W. P. Mills	米爾斯牧師	American	美國人	Northern Presbyterian Mission 美國長老會
13. Mr. J. Lean	利恩	British	英國人	Asiatic Petroleum Co. 亞細亞石油公司
14. Dr. C. S. Trimmer	特里默醫生	American	美國人	Nanking University Hospital 金陵大學醫院
15. Mr. Charles Riggs	里格斯	American	美國人	University of Nanking 金陵大學教授
Mr. George Fitch, Admi. Director*	費奇 副總幹事	American	美國人	Y.M.C.A. 基督教青年會中國區負責人
Mr. Xu Chuan-yin*	許傳音	Chinese	中國人	Y.M.C.A. 南京紅十字會副會長

* Not from the original members

图96　南京安全区国际委员会部分成员名单

LIST OF INTERNATIONAL RED CROSS COMMITTEE OF NANKING
國際紅十字會南京委員會成員

1. Rev. John G. Magee, Chairman	馬吉　主席
2. Mr. Li Chuin-nan, Vice-Chairman	李春南　副主席
3. Mr. W. Lowe, Vice-Chairman	洛威　副主席
4. Rev. Ernest H. Forster, Secretary	福斯特牧師　秘書長
5. Mr. Christian Kroeger, Treasurer	克羅戈　司庫
6. Mrs. Paul de Witt Twinem	特威蘭女士
7. Miss Minnie Vautrin	魏特琳女士
8. Dr. Robert O. Wilson	威爾遜醫生
9. Mr. P. H. Munro-Faure	芒羅·福爾
10. Dr. C. S. Trimmer	特里默醫生
11. Rev. James McCallum	麥卡倫　牧師
12. Dr. M. S. Bates	貝茨
13. Mr. John H. D. Rabe	拉貝
14. Dr. Lewis S. C. Smythe	史邁斯
15. Rev. W. P. Mills	米爾斯牧師
16. Mr. Cola Podshivoloff	波德希伏洛夫
17. Pastor Shen Yu-shu	沈瑜舒牧師

图97　国际红十字会南京委员会成员名单

图 98　国际委员会在南京成员 1937—1938　↑ 约翰·拉贝（左），贝茨博士（右）
↓ 乔治·费奇（左），恩莱斯特·福斯特（右）

| 拉贝与中国

Lewis Smythe, an American professor in Nanjing University.

Mr.Eduard Sperling, a German representative of the Shanghai Insurance Company.

Rev.John G.Magee, an American Anglican pastor of the Deshen Church in Nanjing.

Christian Kroeger, the representative of Germany Carlowitz Co.

图 99　国际委员会在南京成员 1937—1938　↑ 刘易斯·史迈思(左)，爱德华·施佩林(右)
↓ 约翰·马吉（左），克里斯蒂安·克勒格尔（右）

```
Name :                      Nationalität:       Adresse :

 1) John H. D. Rabe,         deutsch.            Siemens China Co.
    Vorsitzender.
 2) Dr. Lewis S.C.Smythe,    amerikanisch.       University of Nanking
    Sekretär.
 3) P. H. Munro-Faure ,      britisch.           A. P. C.
 4) Rev. John Magee,         amerikanisch        American Church
                                                     Mission.
 5) P. R. Shields,           britisch.           International
                                                  Export Co.
 6) J. M. Hansen ,           dänisch.            Texaco.
 7) G. Schultze-Pantin ,     deutsch.            Shingming Trading Co
 8) Iver Mackay,             british.            Butterfield & Swire.
 9) J. V. Pickering,         amerikanisch.       Standard Oil Co
10) Eduard Sperling,         deutsch.            Shanghai Insurance .
11) Dr. M. S. Bates,         amerikanisch.       Univ. of Nanking.
12) Rev. W. P. Mills,        amerikanisch.       Presbyterian Mission
13) J. Lean ,                britisch.           A. P. C.
14) Dr. C. S. Trimmer,       amerikanisch.       University Hospital.
15) Charles H. Riggs,        amerikanisch.       Univ. of Nanking.
```

Die unter No 3, 5, 6, 7, 8, 9 und 13 genannten Herren verliessen Nanking vor der Belagerung.

Christian Kröger,   deutsch.   Carlowitz & Co

war bei Aufstellung der Liste noch nicht offiziell als Mitglied des Komitees eingetragen. Die Eintragung wurde aber nachgeholt. Kröger blieb während der Belagerung in Nanking. Auch

Georg Fitch   amerikanisch   Y. M. C. A.

图 100　南京安全区国际委员会成员名单

Miss Minnie Vautrin, an American teacher, head of the Dean's Office at Jinling Women's College.

Wilson Plumer Mills, a pastor of the Northern Presbyterian Mission.

Rev.James McCallum, an American pastor at Jinling Theological Seminary.

Dr. Robert O. Wilson, an American surgeon at the Gulou Hospital.

图101 国际委员会在南京成员 1937—1938 ↑明妮·魏特琳女士（左），威尔逊·米尔斯（右） ↓麦卡伦（左），罗伯特·威尔逊医生（右）（由江苏古籍出版社提供）

约翰·拉贝为何被任命为国际委员会主席兼安全区负责人

鲁特·哈罗

从中国人的视角解释

尽管约翰·拉贝不是安全区的发起人,但他当选为国际委员会主席兼安全区负责人。王晓华(音)认为这个选择是因为当时德国和日本为盟友,选择任命拉贝可以使谈判更加容易。[1]

吴源和蔡玉华指出,拉贝是德国国家社会主义工人党的成员。[2] 因此,国际委员会的一些成员认为拉贝是该委员会中的"高级人物"。他们认为他有能力说服希特勒信任他们的事业,并支持中国人。黄慧英和朱成山还证实,拉贝和国际委员会的其他两名德国成员是使日本士兵感到无能为力的人:

> 那些强奸妇女的日本士兵,一见到他们的德国盟友,就惊恐地大喊:"德国人!德国人!"然后就逃跑了。日本士兵还多次爬过位于小桃园广珠街10号的拉贝房屋的庭院墙壁,并进入了里面。拉贝用纳粹标志来攻击这些日本强盗,并保护了他收容的数百名妇女和老人。[3]

蔡玉华提到的德日同盟与历史事实不符。尽管当时日本与德国之间已经有了良好的关系与合作,但两国在1937—1938年并不是正式的盟友。直到1940年9月,德国、日本和意大利之间的"三国同盟条约"才得以缔结。[4]

拉贝因是德国国家社会主义工人党成员而当选为国际委员会和安全区主席,这的确是事实。这种党员身份不仅帮助拉贝与日本当局进行谈判,而且在不断与日军对抗中给拉贝带来了优势。当时的南京基督教青年会地方书记对此进行了如此描述:

> 如果他们有人顶撞,拉贝将纳粹臂章举在鼻子前,指向他的党徽,问他是否知道这是什么。这样做总是有效的![5]

日本士兵殴打美国人，甚至用刺刀攻击他们。但他们面对拉贝或其他德国人却退缩了。他们尊重德国的万字符。南京大屠杀的最大悖论是：纳粹党的象征万字符，是第二次世界大战期间德国和欧洲数百万人死亡的象征，但它在中国却拯救了许多中国人。

拉贝给日本和德国政府写信，发抗议书

自从日本人攻占了南京，日本士兵开始每天出入安全区，为此拉贝和其他国际委员会成员写信、发公文给日本大使馆和军队当局表示抗议。

在信中，他们希望日本军队当局了解到军队的胡作非为，并予以惩戒，同时结束军队的暴行。此外，拉贝和委员会其他成员努力与日本政府协商向难民出售食物、燃料和药物等事宜。一些中国调查者和学者将这部分内容作为拉贝委员会和其他成员重要的贡献之一引入在他们的文章中。在王晓华的《拉贝对南京人民的贡献》一文中，可以找到相关引证。其中，包括拉贝和他的同事向日军总司令提交的"1号公文"，公文中他们提出了以下要求：

1. 安全区所有入口均需设有一名警卫。

2. 日方需确保安全区拥有自行训练警察的权利；民间警察只能佩戴一把手枪。

3. 日方需确保委员会能够在区域中设立粥铺，并保证从该区域外的仓库中独立运送食物。

4. 委员会可以持续接收难民，直到所有难民能够返回他们各自的家乡；日方需提供协助，确保委员会可以恢复水、电、电话等的供应。委员会被赋予必要时修改上述条款的机会。[6]

这个公文同时要求日军允许放下武器的中方士兵可以返回他们的家乡，对受伤的士兵给予人道主义的待遇和救治他们的生命。在1937年12月17日的一份信件中，拉贝希望日本大使馆能阻止日军的暴行；在信中，拉贝向大使馆指出并谴责日军谋杀、强奸和抢劫等行为。拉贝说，南京市民、其他外国人包括他自己都对关于日军士兵暴行的很多报道感到震惊。拉贝敦促日军当局对下属的暴行进行纪律处分，并尽快解决难民问题。拉贝要求日方进行紧密合作，从而使南京人民尽快恢复正常的生活。[7]

据张纯如的记录，为了得到德国方面的支持，1937年11月25日拉贝曾致电希特勒，希望希特勒支持中国人，并要求日方给予安全区的人足够的尊重。[8]

张纯如引用了拉贝在同一时间致总领事赫尔曼·克里拜尔的另一份电报，电报中拉贝希望他转告希特勒以避免可怕的流血事件的发生，电文结尾是"希特勒万岁"。[9]所有信件都证明，拉贝希望希特勒支持他和中国人。

无论是拉贝还是国际委员会的其他成员与日方和德方当局的通信，都对结束日军在恐怖的南京中的屠杀以及给予难民以基本的生活保障起到了不可磨灭的作用。在此，还需要强调拉贝对于日本当局客气的态度。如张纯如记载，拉贝对于日方极力克制了内心的愤怒并保持了一贯的礼貌，作为一个德国人和德国国家社会主义工人党成员，拉贝意识到应为德、日两国的关系作出贡献。他甚至在向日本大使馆致信前，请求他的美国同事在向日方引荐他这件事情上"给予一点帮助"。[10]在详细研究过所有关于拉贝的材料后，许希古（音）在他撰写的《南京安全区文件》一书中表示，拉贝在信函中一直保持着谦和的口吻是显而易见的。为了不激怒日本当局，同时也为了保护安全区内难民的生命，拉贝不得不以谦卑的态度与日本当局保持良好的关系，他致电日方的信件中结尾都是"约翰 H. D. 拉贝主席谨上"。[11]

那些向希特勒寄出的饱含拉贝绝望和呼喊的求助信，尽管从未得到过回复，但对于希特勒的幻想在信中却愈发清晰。尽管与预期不符，但拉贝等人寄给日本当局的信件仍有相当的作用。在当时，中国政府离开了南京，除了拉贝和他的同事，没有其他人去维护这些难民的权利，这些信件在与日本当局谈判难民安全时起到了十分重要的作用。可以试想一下，若是没有拉贝和他同事们的努力,当时南京的那些难民们又将经历怎样的痛苦和折磨。

拉贝争取到的物质帮助

王晓华在同一篇文章的另一章节记述了拉贝为南京市民作出的功绩。拉贝与日本驻南京副总领事就食品、取暖、燃料和药品的采购进行了谈判,并要求他给予安全区的纸浆厂100吨煤。由于拉贝的国际委员会在1938年1月出现粮食短缺问题,他们决定与日本军方供给部门协商向难民提供煤炭和大米。经过一再请求,日本当局最终同意给予5000袋大米和10000袋面粉;但当国际委员会的代表团后来与他们交涉购买所承诺的货物时,日本分司令官给他们制造麻烦,在最后又背信弃义。1938年1月10日,日本陆军当局再次同意出售1250袋大米,可在后来,委员会只能每3天获得1000袋粮食,这就意味着30万的难民平均每天的口粮还不到100克。在这种令人难以忍受的情况下,拉贝于同年1月14日致函日本军事厅,要求他们尽快增加粮食供给的配额。

1938年1月17日,拉贝再次要求日方尽快向"南京自治委员会"出售米、面和煤炭,并获准从上海输入3000袋大米和9000袋小麦;此外,有600吨食物也在上海待运。[12]

在日本方面,同意对于粮食和燃料的有限解禁后,拉贝和他的委员会又面临着资金筹集的困难。但是,日本陆军政府坚持要求该委员会交出现有现金和物资。拉贝随后致信日本大使馆参赞,礼貌而坚定地拒绝了这一要求。

张纯如还介绍了拉贝为安全区中的难民采购食物的种种努力。[13]根据张的说法,南京市市长于12月初向委员会准备了大米和面粉。但是,这些营地都在南京市以外,委员会没有卡车来运送食物。拉贝别无选择,他和其他外国人用自己的私家车将其运到安全区。

20名没有任何此类问题经验的外国人,在极端情况下试图挽救近30万中国人的生命。乍一看，这似乎是一项不可能完成的、虚幻的任务。从各种描述中可以看出，他们每天面临各种各样的巨大困难，还承受着多么难以承受的压力。尽管经历了种种逆境和艰辛，拉贝和他的同志们还是成功地挽救了许多生命。

拉贝的个人贡献

拉贝每天都要面对日本士兵的暴行。只要一听到这些消息，他便赶到暴行的现场去保护受侵害的人。大多数文章都提到了拉贝对防止更大的灾难和拯救中国人所作的个人贡献。

张纯如描述了拉贝如何极尽所能地让求救的中国妇女和儿童进入自己的家。人们翻过他的花园墙，涌进到花园和德国学校里。在花园里挖了一些防空洞，作为躲避日本人的地方。[14]拉贝在自己家里总共收容了600多名难民。许志耕引述了一个名叫袁存荣的中国人的证词，他谈到了南京沦陷后第6天与约翰·拉贝的相遇。那天拉贝告诉他，他有工作要做，该市还有两个中国军队的大型弹药库，并要求他去炸毁这些武器库。如果他不这样做，弹药将落入日本人的手中，日本人将用它杀死许多中国人。袁先生表示同意，但不知道如何处理炸弹。拉贝给了他亚硫酸盐粉末，并告诉他将其撒在军火库的地板上，然后用火点燃。袁先生去了那个地方，放火烧了军火库。[15]就这样，拉贝阻止了大批弹药落入日本人的手中，间接挽救了许多中国人的生命。

王晓华在他的文章《拉贝对南京人民的贡献》[16]中也举出了一些实例，以表彰他个人致力于拯救中国人的事迹。他引述了以下事件，该事件发生于1938年1月1日，约翰·拉贝在日记中对此进行了描述：

> 一位母亲跑到我面前跪下，不停地抽泣，求我帮助她。当我走进屋子时，我看到一位完全赤裸的日本士兵压在一个嘶哑地哭泣着的年轻女子的身上。我立即喝止了这个邪恶无耻的日本士兵。[17]

紧接着，王晓华在其文章中描述了1937年12月14日在安全区发生的事件。那是在南京被日本狂暴的军队掠夺的时候，拉贝出现在糖果商店前，并帮助经理赶走了前来掠夺其金钱的日本人。

举过这些例子之后，王晓华强调说，拉贝的高尚举止，无视自己安全的作为以及面对日军残酷行径帮助和营救难民的行为绝非易事。

中国作家的这些报道说明了拉贝的个人贡献。他巧妙地利用各种可能性来帮助难民。他在自己的房屋和花园中接纳了数百人，并尽可能多地保护了他们。同时，他每天都被其他难民呼救，请求帮助他们摆脱困境。这解释了为什么拉贝当时被中国人称为"活菩萨"或"大救星"。

参考书目：

[1] 王晓华：《拉贝对南京人民的贡献》。刊登于由安徽大学编辑出版的《侵华日军南京大屠杀史国际学术研讨会论文集》，1998年，第298页。

[2] 吴源和蔡玉华：《拉贝和"拉贝日记"》，《书里书外》1997年第45期，第85页。

[3] 黄慧英和朱成山：《约翰·贝拉其人其事》纪念在南京大屠杀期间的受害者。于1997年在南京出版，第19页。

[4] 1979年版《贝塔斯曼字典》第523页。

[5] 1999年出版的张纯如《南京浩劫》第130页，引自1974出版的乔治·费奇日记的副本。

[6] 王：1998年，第298页。

[7] 同上：第299页。

[8] 同上。

[9] 同上：第127页。

[10] 同上：第127页。

[11] 许希古：《南京安全区文件》，1939年，上海，第3、18、23号。

[12] 《南京安全区文件》，1939年，上海，第18和23号。

[13] 同上：1999年，第120页。

[14] 同上：第123号。

[15] 徐志耕：《南京大屠杀》，南京出版，1994年，第48页。

[16] 王:1998年,第297—308页。
[17] 同上:第300页,引自《拉贝日记》1997年第481页。

摘自拉贝日记《敌机飞临南京》

1937年11月28日

今天,我让人在宁海路5号我的新办公室(注:国际委员会办公室)钉上了有我名字的牌子,悬挂了德国国旗。

1937年11月29日

施佩林(Sperling)打来电话说,警察厅厅长王固磐下台了,任命了一个新人接替他的位置。史迈思博士就此报告说,这个新人或许会留在这里,就是说,不会带着他的警察部队逃跑。这回终于有了一个好消息。下午4时召开了委员会会议。无论以什么方式,我们必须有所进展,即使日本人不承认中立区。

1937年12月11日

史迈思(Smyth)博士告诉我们,警察现在名义上隶属于我们。

托马斯·拉贝感悟:

1937年12月1日,南京市市长马俊超将职权移交给国际委员会。

1937年12月13日,日军入侵南京前不久,国际委员会还接管了警察局的领导权。

因此,约翰·拉贝实际上是南京市代理市长和警察局局长。

国际安全区保护委员会与国际红十字会南京委员会密切合作,以维护安

全和食品供应，解决运输问题。（见图102）

约翰·拉贝与希特勒通过电报联系的愿望是什么？

1937年12月1日

罗森（Rosen）博士从美国人那里得到消息说，国社党中国分部负责人拉

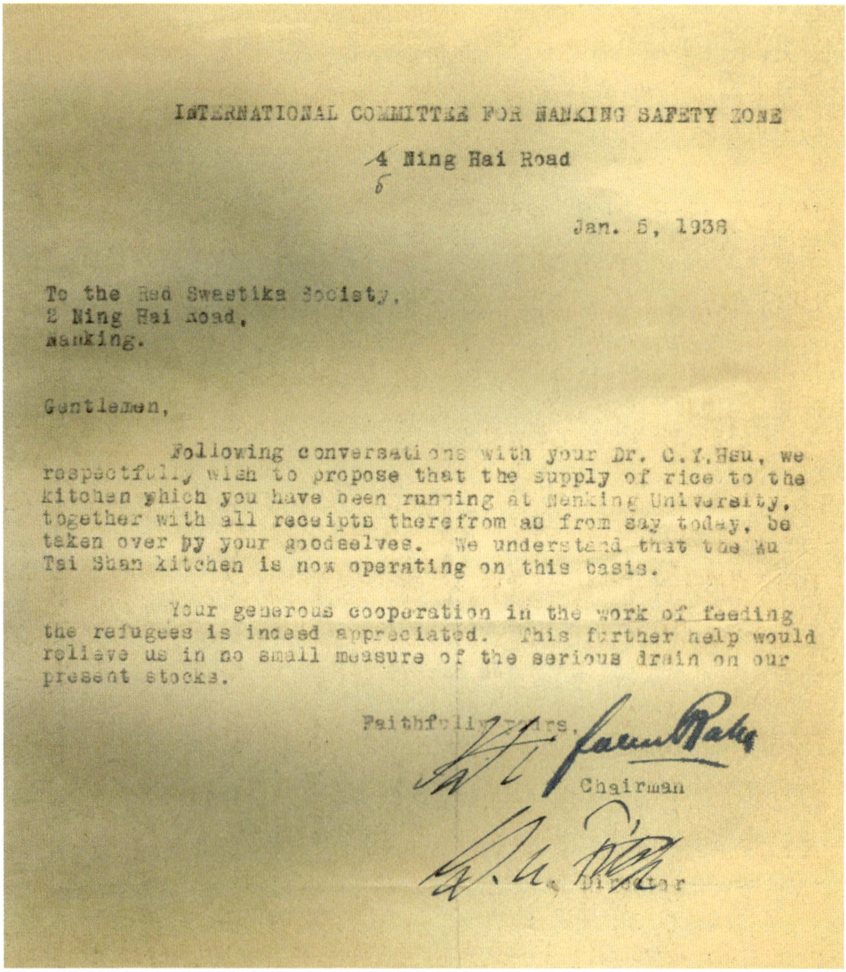

图102　国际委员会主席约翰·拉贝致南京国际红十字会的信，信的内容是有关食品供应的

曼把我给希特勒和克里伯尔的电报转交上去了。谢天谢地,现在我敢肯定,我们有救了。元首不会丢下我不管的!(见图103)

托马斯·拉贝感悟:

我祖父以前的朋友埃尔温·维克特评论道:通过给希特勒的电报,他希望希特勒能与日本盟友合作,制止对南京平民的暴力行为。他说:"约翰·拉贝肯定相信希特勒是'像你我一样的人'而不会抛弃苦难的中国人。"

没有证据表明希特勒曾看过电报。也可能是日本特勤局看过电报,这或许可以解释为什么日本人非常重视我祖父给希特勒的电报。

与唐生智将军就南京投降问题进行谈判

1937年12月10日

我们想再面见唐将军一次,力争说服他放弃对内城的保卫。令我们感到十分意外的是,唐将军竟然表示同意,但条件是我们必须征得蒋介石的同意。

这就是为什么约翰·拉贝和一名美国人、一名中国人一起登上美国"帕奈"号炮舰的原因。他们发了两封电报,一封是通过美国驻汉口大使发给蒋介石将军的,另一封是经上海发给日本军事当局的。美国大使把电报转交给蒋介石。约翰·拉贝在电报中写道:

> 国际委员会希望得到日本军事当局关于放弃对南京内城进行攻击的保证,且委员会已经在那里设立了安全区。国际委员会如果得到这一保证,将出于人道主义的考虑向中国当局建议在南京城内不采取任何军事行动。委员会建议南京附近的所有武装力量停火3天,在这3天内,日军在现有阵地按兵不动,中国军队则从城内撤出。

电报签名:约翰·拉贝主席

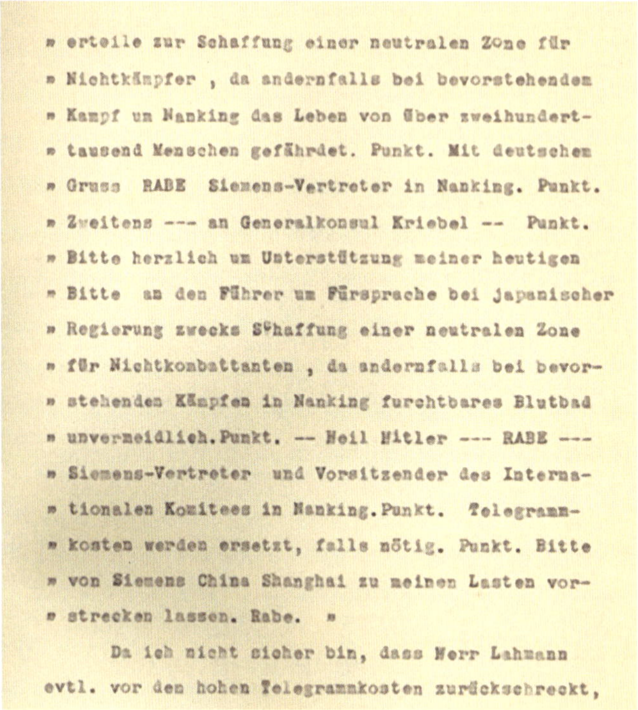

| 拉贝与中国

> erteile zur Schaffung einer neutralen Zone für
> Nichtkämpfer , da andernfalls bei bevorstehendem
> Kampf um Nanking das Leben von über zweihunderttausend Menschen gefährdet. Punkt. Mit deutschem
> Gruss RABE Siemens-Vertreter in Nanking. Punkt.
> Zweitens ---- an Generalkonsul Kriebel -- Punkt.
> Bitte herzlich um Unterstützung meiner heutigen
> Bitte an den Führer um Fürsprache bei japanischer
> Regierung zwecks Schaffung einer neutralen Zone
> für Nichtkombattanten , da andernfalls bei bevorstehenden Kämpfen in Nanking furchtbares Blutbad
> unvermeidlich. Punkt. -- Heil Hitler ---- RABE ----
> Siemens-Vertreter und Vorsitzender des Internationalen Komitees in Nanking. Punkt. Telegrammkosten werden ersetzt, falls nötig. Punkt. Bitte
> von Siemens China Shanghai zu meinen Lasten vorstrecken lassen. Rabe. «

Da ich nicht sicher bin, dass Herr Lahmann evtl. vor den hohen Telegrammkosten zurückschreckt,

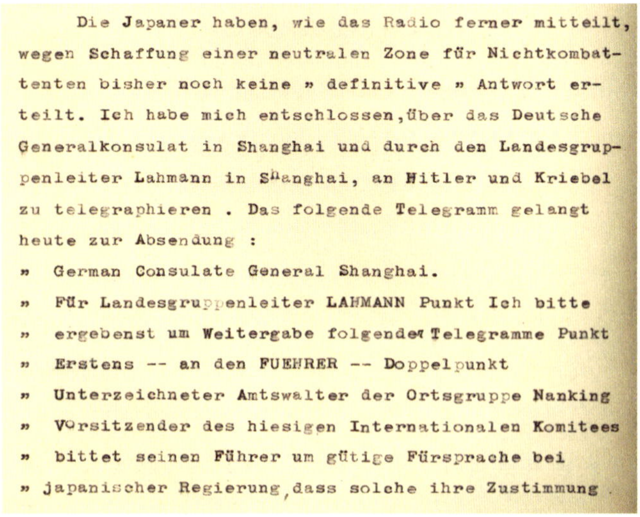

Die Japaner haben, wie das Radio ferner mitteilt, wegen Schaffung einer neutralen Zone für Nichtkombattenten bisher noch keine » definitive » Antwort erteilt. Ich habe mich entschlossen, über das Deutsche Generalkonsulat in Shanghai und durch den Landesgruppenleiter Lahmann in Shanghai, an Hitler und Kriebel zu telegraphieren . Das folgende Telegramm gelangt heute zur Absendung :
» German Consulate General Shanghai.
» Für Landesgruppenleiter LAHMANN Punkt Ich bitte
» ergebenst um Weitergabe folgender Telegramme Punkt
» Erstens -- an den FUEHRER -- Doppelpunkt
» Unterzeichneter Amtswalter der Ortsgruppe Nanking
» Vorsitzender des hiesigen Internationalen Komitees
» bittet seinen Führer um gütige Fürsprache bei
» Japanischer Regierung, dass solche ihre Zustimmung

图 103 1937 年 12 月 1 日约翰·拉贝致希特勒的电报

我们从"帕奈"号上岸,穿过燃烧的下关郊区,回城的路程平安无事。晚上7时,在新闻发布会结束前,我们刚好赶回家。我们听说在此期间日本人已经推进到城门前,或说是离城已经没多远了。我们可以听到南城门和光华门上的炮火的轰鸣声和机枪扫射声。这实际上是违反协议的,但我希望日本人听到这件事时不会否认。我把金(King)博士介绍给了库卢医院的特里默(Trimmer)医生,他是我们医疗部门的负责人。据金说,他还可支配80名中国医生,我们对他们的存在一无所知;但如果他们真的在那里,并来到我们这里,我们会非常高兴的,且越多越好。在过去的两天里,南京城有1000人受伤。

托马斯·拉贝感悟：

南京大屠杀是可以避免的吗？

德国大使陶德曼博士"以信使的身份"传递了日本关于中国投降的谈判提议。蒋介石在1937年12月初南京沦陷前不久，曾为此指定他从汉口到南京工作。

同时，作为国际委员会主席的约翰·拉贝与在南京负责中国军队的唐将军协商后，主张蒋介石实行为期3天的停火，在此期间中国军队应撤出南京。尽管罗森在与拉贝的交谈中承认蒋介石可能愿意接受请求，但蒋介石还是拒绝了。

"根据约翰·拉贝的日记，12月7日，上海电台报道说，陶德曼提出的和平建议被蒋介石拒绝。然而，拉贝从罗森那里私下得知这些建议已被接受。"（见维克特著，周娅等译《拉贝日记》第90页，新世界出版社）。

"上海方面的电台报道，陶德曼博士在结束了对南京的短暂访问后乘海关巡逻艇已经抵达了汉口。据说他提出的和平建议被蒋介石拒绝了。关于南京城的守卫，电台报道说，市区内不会发生战斗，因为日本人不打算摧毁各个国务部门富丽堂皇的建筑，这些消息和这里目前的实际情况形成了鲜明的对照。前面我已经提到，根据罗森博士私下告知，陶德曼博士提出的和平建议已被蒋介石接受。此时，城内正在为保卫战做最后的准备。这里的每一个士兵都声称要战斗到最后一个人。"（见维克特著，周娅等译《拉贝日记》第90页，新世界出版社）。

第三节　国际舰船

英国炮舰"库特沃"号

约翰·拉贝日记摘录

1937年9月25日

根据今天德文《远东新闻报》的简讯,德国大使陶德曼博士为保障仍留在南京的德国人的安全,已采取了若干措施。我们都非常激动,想知道他要怎么做。昨天在大使馆举行的座谈会上,他透露了一项很不错的计划。他向怡和洋行包租了一艘英国轮船"库特沃"(Kutwo)号,这艘轮船将载着凡是能离开的德国人溯江而上,也就是说离开危险区。

1937年10月9日和10日

下雨天,大家的情绪都很好。为了调剂一下,星期日下午(10月10日)我又登上"库特沃"号轮船去喝咖啡。只有少数几个人在那里。大使馆的罗森博士现在也成了这艘船上的常客,这个人的言谈举止给我的印象很深。他坦率地承认说,他对轰炸很害怕,有过教训。他如此坦率,不是每个人都做得到的。我也不喜欢轰炸。但现在就撤到安全的地方去,不,我真的不能这么做。

1937年11月15日

我拜访了德国大使陶德曼和夫人,一起喝了茶,在那儿遇见了从太原来的施佩曼将军。"库特沃"号可能会先把妇女和其他一些贵重物品运到汉口,再回到这里接大使馆工作人员和其他德国人。有人说,我们的大使馆必须在中国政府倒台前撤离,否则,就只能留在敌占区了。

1937年11月18日

昨天,我感觉就像自己在北平的妈妈一样,她现在应该在把格蕾特尔和威廉(拉贝的女儿和女婿)房子里的东西打包装箱。我一个房间一个房间地走来走去,挑选自己要装入箱子、送上"库特沃"号的东西。这时,我才发觉自己多么舍不得这些旧物件。

凡是放在地上的东西必须拿到楼下去。接着我们开始装箱,一直忙到半夜。今天上午10时,第一批6件行李已打点好,可以用2辆马车运到码头,每辆车费用5元。办公室杂工佟(柏青)负责运输。11时,汽艇将从中山码头驶向"库特沃"号。

1937年11月19日

雨还在不停地下,行李打包也一直在进行。我想结算好我的往来账目,但因忙于打包,忙得无法开始这项工作。韩先生收进一笔不小的款项。我把本行的绝大部分钱和我个人的2000美元汇到了汉口。所有员工都领到了11月份的工资,这样,他们就能在最后一批商店结业前买些食物杂货。我还能储备1吨煤和4罐煤油,眼下不可能得到更多的东西了。

佣人们睁着惊恐的大眼睛走来走去,因为大家以为我也要搭乘"库特沃"号离去。我明确地告诉他们,不管发生什么事情,我都会留在南京。这时候,他们又都高兴起来。

1937年11月21日

下午1时30分,我开车去了中山码头,想搭乘定于2时出发的汽艇到"库特沃"号上查看我的行李。下午4时,汽艇终于来了。登上"库特沃"号后,我只有10分钟时间在行李舱走上一圈,我找到了今天早上运到的最后一批木箱,感到很满意。有些旅客们安静地坐着打扑克、喝啤酒。向他们作简短告别后,我搭乘已经等得不耐烦、大声鸣笛的汽艇回到下关。这个通往外界的最后一座活动桥梁随之折断。

1937年11月22日

早上5时,骑兵上尉洛伦茨打电话把我从床上叫了起来。他刚从前线回来,也想搭乘"库特沃"号。但"库特沃"昨天晚上就开走了。7时,胡尔德曼先生(《远东新闻报》的编辑)和沃尔夫·申克按响了门铃。他俩好不容易从上海赶来,要与大使面谈。两个人要坐许尔特尔的汽车去芜湖,希望在那儿还能赶上"库特沃"号。8时,我把张(国珍)的太太送进了鼓楼医院。这个可怜的女人病得很严重。

美国炮舰"帕奈"号

约翰·拉贝日记摘录

1937年12月10日

这个时候,我们拿定主意,走一着大棋,我自己对这着棋也没有多大把握。我们想再次面见唐生智将军,力争说服他放弃对内城的保卫。令我们感到十分意外的是,唐将军竟然表示同意,但条件是我们必须征得蒋介石的同意。我和两名美国人以及一名中国人登上美国炮舰"帕奈"(Panay)号。我们发了两封电报，一份通过美国驻汉口大使发给了蒋介石，另一份通过上海发给了日本军事当局。在给美国大使的电报（大使将该电报转交给了蒋介石）中写道，国际委员会希望得到日本军事当局的保证，不对城墙内的南京城发动进攻，国际委员会已在内城设立了一个安全区。倘若得到日方保证，国际委员会将出于人道主义考量，请求中国当局不在城内采取军事行动。为了达到这个目的，委员会建议南京附近的所有武装力量停火3天，在这3天内，日军在现有阵地按兵不动，中国军队则从城内撤出。这份电报的签发人处写着：约翰·拉贝，主席。

1937年12月11日

稍后，从"帕奈"号上岸回城的路上，穿过下关那火光冲天的郊区，简直不可思议。晚上7时，我们刚好在新闻发布会结束前赶回家。

下午6时。参加下午6时新闻发布会的除了记者外，就只有我们委员会的成员了。其他外国人要么上了怡和洋行的三桅帆船，要么搭乘美国炮舰"帕奈"号去了上游。

1937年12月12日

12月12日，美国炮舰"帕奈"号在南京上游约25英里处遭到日本轰炸机的攻击并被击沉。这一事件引发华盛顿和东京之间一场激烈的外交争执（见图104）。

图 104　美国炮舰"帕奈"号
↑ "帕奈"号（http://www.cityofart.net/bship/uss_panay.jpg）
↓ 1937 年 12 月 12 日，遭到日本轰炸机的攻击，美国炮舰"帕奈"号沉没（http://www.steelnavy.com/images/Panay/Panay%201927%20large.jpg）

英国炮舰"蜜蜂"号

约翰·拉贝日记摘录

图 105 展示了英国炮舰"蜜蜂"(Bee)号。

1937 年 12 月 2 日

12 月 2 日,大使和劳滕施拉格博士(Dr. Lautenschlager)乘坐海关快艇再次返回南京并连夜离开。

1937 年 12 月 8 日

12 月 8 日,英国、美国和德国的外交代表一致决定关闭使馆,离开南京。随后,罗森博士、沙尔芬贝格、许尔特尔赶往停泊在南京长江上游的太古洋行的三桅船,船上已有约 20 个英国人、几位妇女和 1 名儿童。船上住宿条

图 105 英国炮舰"蜜蜂"号
http://www.battleships-cruisers.co.uk/images/hmsbeempl3113.jpg

件拥挤,尽管殖民的英国人热情好客,但还是有些不安全因素,因为在三桅船的下仓,有500名拖家带口的中国人,他们搭起帐篷,靠100个中式火炉取暖。

1937年12月11日

12月11日,一艘从汉口驶来的英国船停泊在三桅船旁边,我们德国人在那艘船上安顿下来,每个人都有了自己的船舱,条件很好,可以洗澡,自由活动。

德国驻南京公使馆秘书罗森致约翰·拉贝的信

南京城外,1937年12月19日
英国炮舰"蜜蜂"号上

亲爱的拉贝先生:

我们自昨天起就一直待在与南京近在咫尺的地方,但不能进城。

请告诉我,你们所有人目前的状况,是否有德国人房屋遭到损坏。我可以从船上给大使先生发电报。我们这边也经历了种种坎坷,详情面叙。我争取通过日本人将这封信送交给您(但愿您的回复也能走这条途径)。

向您致以问候!您忠诚的罗森

1937年12月21日

罗森博士来了一封信,他在英国炮舰"蜜蜂"号上,这艘炮舰离南京很近,目前还不允许它登陆。我猜想他们不希望这里再有更多目击者。罗森博士、沙尔芬贝格和许尔特尔是如何登上"蜜蜂"号炮舰的，我不得而知。我向福田先生询问此事，他担心怡和洋行的三桅帆船也同样遭到了轰炸而被击沉。

外交官们归来

1938年2月5日至10日之间，各国外交官依国家不同搭乘不同船只返回南京。

南京的英雄

第四章

见证历史

JOHN RABE

与拉贝一起的有南京安全区国际委员会成员、南京国际红十字会的成员和德国外交官员。

国际委员会的关键人物是美国传教士牧师约翰·马吉（他拍摄并制作了这部有关南京大屠杀的电影）和美国传教士明妮·魏特琳（她在金陵女子学校保护了1万至2万名难民）。

国际委员会的成员是通过约翰·拉贝的日记条目得知的。图106展示了国际委员会和约翰·拉贝的印章。

国际委员会的所有成员均签署了新年贺词（见图107，108）。

在介绍成员时，《约翰·拉贝日记》条目有重复。这样做是为了充分展示每个人在1937—1938年，在南京开展的各种有利于平民的人道主义行动的作用和重要性。

| 拉贝与中国

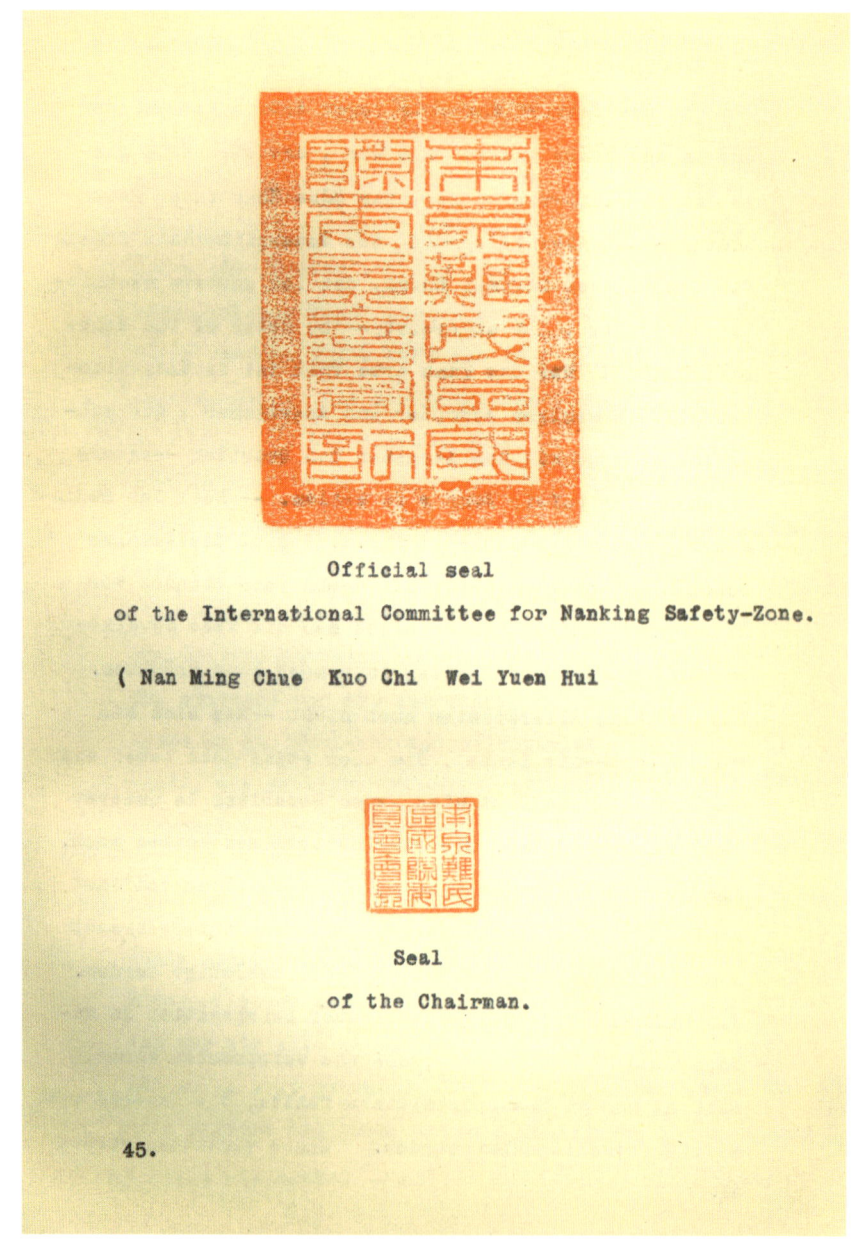

Official seal
of the International Committee for Nanking Safety-Zone.
(Nan Ming Chue Kuo Chi Wei Yuen Hui

Seal
of the Chairman.

45.

图 106　南京安全区国际委员会印章　↑ 国际委员会印章　↓ 约翰·拉贝的主席之印

第四章 见证历史

图 107 国际委员会 1938 年 1 月 1 日的贺年片

图 108 国际委员会 1938 年 1 月 1 日的贺年片上委员们的签名

| 拉贝与中国

第一节　迈纳·瑟尔·贝茨

迈纳·瑟尔·贝茨博士
（1897—1978）

迈纳·瑟尔·贝茨（Miner Searle Bates），1897年5月28日生于美国俄亥俄州纽瓦克市。他的父亲是一位牧师，后来成为希拉姆学院的校长。贝茨于1916年在希拉姆学院获得学士学位，并获得罗兹奖学金到牛津大学学习。

第一次世界大战开始时，随着美国的加入，贝茨加入了青年会，并在美索不达米亚服役，直到战争结束。

随后，他回到牛津大学完成论文，获得学士学位。

1920年夏，基督教联合传道会派他到金陵大学做传教士。

1923年，他与南京金陵学院的加拿大籍教师莉丽娅·罗宾斯（Lilliath Robbins）结婚。1934年，贝茨获得洛克菲勒基金会的奖学金，到哈佛大学学习日语和俄语。1935年，他继续在耶鲁大学获得中国史博士学位。

南京大屠杀期间，贝茨博士独自一人在南京，他的妻子和两个孩子住在日本。他成了南京安全区国际委员会成员。他同时又是紧急委员会主席和国际红十字会南京小组成员。

为了加强他在对日谈判中的地位，金陵大学（南京大学的前身之一，以下同）的理事们于1938年1月13日任命他为金陵大学副校长。南京沦陷后仅两天，贝茨就向日本大使馆递交了第一份对日军暴行的抗议信。贝茨促使记者田伯烈撰写了《外国人目睹之日军暴行》一书（纽约，1938年6月）。

除了 7 次到日本和西班牙参加会议的短暂旅行外，贝茨从 1937 年到 1941 年一直留在南京。他与日本当局进行了无畏的斗争，尤其是打击贩毒。

他代表南京国际救济委员会写了两本小册子，一本是《南京地区的作物调查》，另一本是《南京人口》。

1941 年 5 月，他离开南京回到美国，并多次就南京的非人道事件发表演讲。战后，他被传唤为东京战争罪审判的证人，随后又被传唤为中国对战犯审判的证人。

资料来源：

[1] http://rabe.nju.edu.cn/sec/5international/aqq/07.htm
[2] *American Missionary Eyewitnesses to the Nanjing Massacre, 1937-1938*; Yale Divitiny School Library Occasional Publication No. 9, 1997, Yale Divinity School Liberary, New Haven, Connecticut.

约翰·拉贝日记摘录

1937 年 12 月 5 日

我与贝茨博士和施佩林一起，拜访了城防司令唐将军，想得到所有军人和军事机构立即从该地区消失的承诺。唐将军告诉我们这是不可能的，而早在两周之前军队就应撤离该地区了，这让我们很吃惊。真是太糟糕了！这样，日本人不允许中国士兵留在该区域的这一条件就没有得到满足。因此，我们暂时甚至不能考虑设立一个"安全区"，充其量是一个"难民区"。

1937 年 12 月 25 日

贝茨博士致日本大使馆田中先生的信，于金陵大学。

尊敬的田中先生：

近几天我尽量不打扰您。但是困难每天都在增加，且今天的困难比以往任何时候都更大。又有一些不遵守纪律的日本士兵和军官在城市游荡，进行掠夺，强奸或绑架妇女。以下是一些新发生的事件：

1. 此刻日本士兵已经进入了大学校园，正拖拽着我们用于向中国难民供应大米的卡车。

2. 仅在我们的丝厂舍内，每天平均就发生十多起强奸或绑架妇女的案件。

3. 无论白天和晚上，日本士兵都会进入我们的公寓，骚扰和强奸妇女，偷走他们喜欢的一切东西。发生这些事件的地方也有美国人。

4. 他们从墙上撕下宪兵发布和张贴的公告。

5. 今天早上，我们一名美国随行人员遭到贵国一名军官的殴打，他们突然怒气冲冲地刺穿了他，并撕开了日本大使馆发给他作为身份证明戴在手臂上的绑带。

6. 在一些其他建筑中，你们的士兵一天进入几次，寻找妇女或可抢劫的贵重物品，丝毫没有在意他们的公告。

7. 尽管这种混乱只是由你们的士兵造成的，但我们没有从你们的警卫那里得到任何保护；在这附近也没有看到你们的宪兵。

非常感谢您对我们的持续关注。（贝茨）

日军在安全区的暴行：

1937年12月16日晚上，7名日本士兵进入美国学校大楼，因为他们得不到手表和女孩，就砸碎窗户，抢劫难民，用刺刀刺伤一些大学员工，甚至还在大楼里强奸一些妇女。（贝茨）

1938年2月1日
摘自一份给日本人的报告：

今天早上6:30，在贝茨博士回家之前，一些妇女聚集在学校门前向博士解释她们为什么不回家。其中一位妇女担心如果营地关闭，她所有的被褥都会弄丢。昨天，她带着两个女儿回到了她所住的新华门公寓。晚上，日本士兵入侵强奸她的女儿。女儿由于反抗被日本人用刺刀杀害了。这些妇女说，回家没有任何意义，如果我们回家只能被杀害，我们宁愿留在这里，宁愿等到2月4日被那些想驱逐我们的日本人在这里杀死。（贝茨）

1938年2月13日
下午在平仓巷的宗教仪式上，贝茨博士进行了一场关于亚伯拉罕·林肯的精彩演讲。林肯的一些话在某些方面直接与当今世界时局相符。

维克特的评论

拉贝是一个虔诚的人，定期做弥撒。他自称曾参加过纳粹。尽管如此，贝茨博士在做弥撒时诵读的亚伯拉罕·林肯1863年斋日祈祷词，仍然给他留下了难以磨灭的印象。因为如拉贝所写，其中的许多内容与他所处的时代不谋而合。他请贝茨给他复印了一份，并将其附在给其妻子的日记中。在这个祈祷词中，林肯说：我们深知，上帝之法在护佑着美利坚合众国及其所有子民。然而，今天这场内战正吞噬着美利坚赖以存续的这片土地。如果我们以冷漠对待这场令人发指的灾难，甚至以行动使这场灾难雪上加霜的话，不但我们每一个人将会受到严厉的谴责和惩罚，甚至美利坚合众国及其全体国民都将不复存在……为避免不幸，我们必须以虔诚之心勇敢地承认我们目前的罪过，以求得上帝的怜悯和宽恕。

1938年2月17日

明妮·魏特琳女士的告别茶很好喝。另外,贝茨博士和费奇先生,阿利森先生和罗森博士也受到邀请。那里有许多美味,但告别却是可怕的。

1938年2月23日 早8点

在我离开前不久,贝茨博士给我带来了一份新闻摘要。我要做的就是考虑如何公布细节。无论如何,我要防止委员会因此而陷入困境。

第二节　乔治·费奇

乔治·费奇（George Ashmore Fitch，中文名费吴生），1883年出生于中国苏州，是长老会传教士乔治·费奇（George F.）和玛丽·麦卡伦·费奇（Mary McLellan Fitch）的儿子。

1906年，费奇在伍斯特（Wooster）学院获得文学学士学位后加入了位于纽约的神学研讨联合会。1909年，他被任命为牧师前往中国，在上海美国基督教青年会工作。南京大屠杀期间，费奇领导了南京基督教青年会。他是安全区国际委员会的副秘书长。

乔治·费奇（1883—1979）基督教青年会秘书长，南京安全区国际委员会总干事

日本人占领南京后，费奇关于南京大屠杀的日记，是由第一个离开南京的人偷偷带到上海的。这是从南京疏散后首个关于南京大屠杀事件的报道，自此便广为流传。

费奇将马吉（Magee）拍摄的电影胶片带到了上海并冲洗了出来，为美国和英国的基督教教会制作了4份副本。

1938年3月初，他离开南京返回美国。在许多地方放映了马吉拍摄的日本人在南京暴行的纪录影片。

在美国，他向许多组织放映了这部电影，让美国人了解了南京发生的大屠杀事件。但是在那段时间，美国向日本出售废金属是一项非常重要的商贸活动，废金属被日本人用于制造武器去侵略中国。不幸的是，费奇的健康状况不佳，他把这部电影胶片交给了亚瑟·比克尔（Arthur Bierkle），他在南加州向众多团体放映了这部电影（http://arts.cuhk.edu.hk/Nanjing-Massacre/NMMage.html）。

后来，费奇回到中国，继续为基督教青年会、国际联盟救济组织和重建机构工作。后在韩国和中国台湾为基督教青年会工作，直到1961年退休。战争结束后，他被传唤到东京作为战争罪行审判的证人。

他在《读者文摘》（Readers Digest）发表了一篇文章，出版了一部名为《我在中国八十年》（My Eighty Years in China）的书。

资料来源：
[1] http://rabe.nju.edu.cn/sec/5international/aqq/07.html
[2] 乔治·费奇：《我在中国八十年》，台北：美亚出版社，1967。
[3] American Missionary Eyewitnesses to the Nanjing Massacre, 1937-1938; Yale Divitiny School Library Occasional Publication No. 9, 1997, Yale Divinity School Liberary, New w w Haven, Conecticut.

约翰·拉贝日记摘录

1937年12月1日

我与费奇、克勒格尔、史迈思博士、基督教青年会的王先生、里格斯等一起，参观了宁海路5号我的新房子，明天我们要在这里正式开设委员会办事处。史迈思博士对漂亮的房子和豪华的家具暨耗资1.75万美元的避难所感到很兴奋，他决定从此以后只称呼我为约翰 H. D. 拉贝·洛克菲勒。

1938年1月23日　下午7时

辛德贝格又去了一趟市中心，买来6个鸡蛋和20只活鸭，其中装在袋子里的3只鸭子在头时就已经死了。我们在平仓巷设宴庆祝总干事费奇先生的55岁生日。我送给费奇的礼物是两只活鸭。但是它们很瘦,可怜的鸭子已经很久没有进过食了。

1938年1月28日

今天,田中先生出乎意料地准许了费奇先生去上海,并允许他6天后返回。费奇将于明早9时搭乘英国炮艇"蜜蜂"号去上海,一周后将乘坐美国炮艇"瓦胡"号返回。我觉得此事有点怪异,特别是日方没有给他任何书面的东西,比如通行证或是其他类似的证件。昨天晚上我在办理费奇先生出入城申请证件的时候,还遭到了福井的粗暴拒绝。今天他们对美国人可能更宽容一些,因为这几天,他们和美国人之间发生了几件不愉快的事情。昨天一名日本士兵竟然出手打了美国大使馆代办阿利森先生的脸,此事立即通报了华盛顿。今天从伦敦传来最新的无线电消息,日本人就此已向阿利森先生道了歉,但他们认为事情的起因是阿利森先生激怒了这名士兵,是他用日语对后者说了不得体的话。

1938年1月29日

英国领事普里多-布龙(Prideaux-Brune)先生和乔治·费奇先生带着我的日记于今天早上9时乘坐"蜜蜂"号起程了。没有人相信费奇先生在较短的时间内能返回来。日本人与欧洲人之间的紧张关系日益加剧。目前,我们正在认真考虑是否应该解散安全区委员会,成立新的救济委员会。也就是说,寻求与自治委员会——即新的自治政府进行合作。

1938年2月4日

昨天晚上,乔治·费奇先生在上海电台再次对日本友善地发声。如果他知道 1 月 28 日至 31 日期间发生的强奸等事件比 12 月最糟糕的日子还要多的话，他就会以不同的方式表达了。

第三节　恩内斯特·福斯特

恩内斯特·福斯特（Ernest H. Forster）1895 年出生于美国费城。

他曾在普林斯顿大学学习，直到 1917 年。然后，在圣保罗学校任副校长。两年后，福斯特作为一名传教士前往中国，在扬州的一所学校任教。

1936 年，他与波士顿著名律师艾尔温·U·唐恩森德（Irving U. Townsend）的女儿克莱丽萨·唐恩（Clarissa Townsend）结婚。

福斯特回到中国后，常驻在扬州。在日本人占领南京的前一个月，他们刚刚从扬州搬到南京，在圣保罗圣公会工作。

恩内斯特·福斯特　美国圣公会牧师（1895—？）

1937 年 11 月底，福斯特的妻子从南京撤离到汉口，于 1938 年 1 月中旬经香港抵达上海。

福斯特和另一位牧师约翰·马吉一起留在了南京。1937—1938 年在南京期间，他为安全区国际委员会工作。1938 年 7 月，他以南京国际救济委员会秘书的身份接替了史迈思（Symthe）先生，在此工作直到 1939 年 4 月离开南京。

资料来源：

[1] American Missionary Eyewitnesses to the Nanjing Massacre, 1937-1938; Yale Divitiny School Library Occasional Publication No. 9, 1997, Yale Divinity School Liberary, NewHaven, Connecticut.

《约翰·拉贝日记》摘录

1937年12月13日

我们和福斯特先生去看了坐落在太平路上的圣公会的英国教堂。我们看见两枚手榴弹被扔进教堂旁一所房子中。这所房子已被炸开,并被洗劫一空。福斯特惊讶地望着几个日本士兵正打算抢走他的自行车,当日本兵见到福斯特和我们后,便迅速溜走了。我们拦住了一个日本巡逻队,向他们指出这是美国人的财产,要求他们让抢劫者离开这里。他们只是笑笑,并不理睬我们。

1937年12月28日

福斯特写给乔治·费奇的一封信。

亲爱的乔治:

在鸣羊街17号附近的谢公祠旁边,躺着50具中国人的尸体,因被怀疑是中国士兵而被处决。尸体停留在那里几乎有两个星期了,并已开始腐烂,应该立即埋葬。我这里有几个人愿意承办安葬事项,但他们在没有获得日本当局的许可之前是不敢做这项工作的。真的有必要获得这种许可吗?既然如此,你能帮我吗?

预致谢意。

1938年2月5日

以下列举日军在安全区的暴行。

1938年1月25日大约下午4点钟时,一名姓罗的中国女孩(她和母亲及兄弟住在安全区收容所里)被一名日军士兵开枪击中头部身亡。这名女

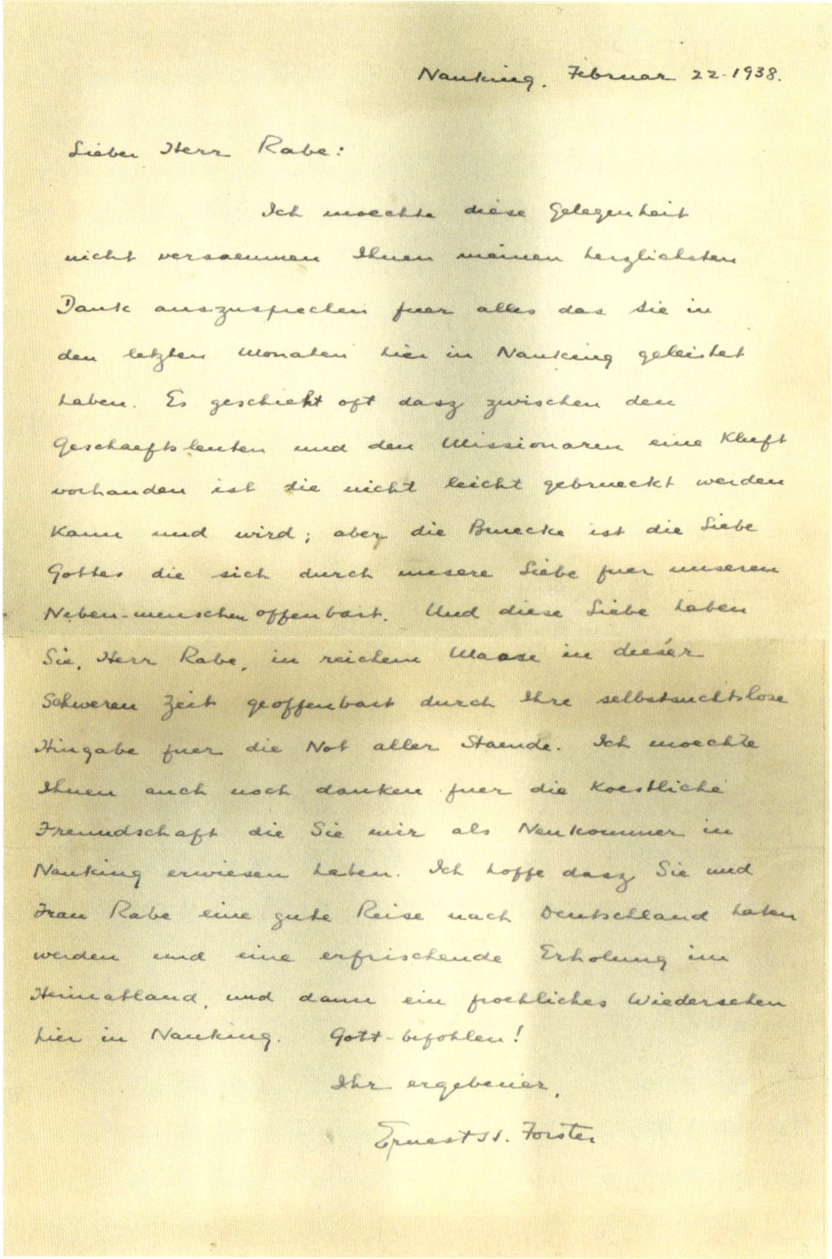

Nanking. Februar 22-1938.

Lieber Herr Rabe:

Ich moechte diese Gelegenheit nicht versaeumen Ihnen meinen herzlichsten Dank auszusprechen fuer alles das Sie in den letzten Monaten hier in Nanking geleistet haben. Es geschieht oft dasz zwischen den Geschaeftsleuten und den Missionaren eine Kluft vorhanden ist die nicht leicht gebrueckt werden kann und wird; aber die Bruecke ist die Liebe Gottes die sich durch unsere Liebe fuer unseren Neben-menschen offenbart. Und diese Liebe haben Sie, Herr Rabe, in reichem Maase in dieser schweren Zeit geoffenbart durch Ihre selbstsuchtslose Hingabe fuer die Not aller Staende. Ich moechte Ihnen auch noch danken fuer die koestliche Freundschaft die Sie mir als Neukommer in Nanking erwiesen haben. Ich hoffe dasz Sie und Frau Rabe eine gute Reise nach Deutschland haben werden und eine erfrischende Erholung im Heimatland, und dann ein froehliches Wiedersehen hier in Nanking. Gott-befohlen!

Ihr ergebener,

Ernest H. Forster

图 109　1938 年 2 月 22 日福斯特致约翰·拉贝的告别信

孩14岁。枪击事件发生在距离古林寺（难民区旁边一座寺庙）不远的农田里。女孩在兄弟的陪伴下正忙着农活时，来了一名日军士兵欲对其施暴。女孩惊恐之下起身逃走，于是被日本兵射杀。子弹从女孩的脑后射入，从额头穿出。（恩内斯特·福斯特）

午夜2时30分，一个孩子跑进我们的屋子，告诉我和福斯特先生，日本兵闯进了他们的家，并对妇女不断进行骚扰。我们跑向这所位于华侨大厦附近的房子，有人把我们带到卧室，看到门锁着，我们敲门，无人开门，于是我们破门而入，发现屋内有两个日本兵，一个坐在床上，另一个躺在床上，边上躺着一位姑娘。一个日本兵立刻跳起来，抓起皮带和手枪，穿过墙洞撒腿就跑。另一个喝得酩酊大醉，无法逃脱，我们不得不帮他穿上裤子。因为他的皮带丢了，他只得用两只手拎着裤子。我们抓起他从墙洞扔到外面的街上。

1938年2月17日

来自德国驻汉口大使馆的一段沙尔芬贝格（Scharffenberg）总务长的录音：

福斯特牧师在日本人那里登记了一架钢琴被盗。然后，他被带到一个仓库，在所有乐器中有17架这样的钢琴。我想知道他的钢琴是否在里面。但是没有！日本人想选一个来替代，被福斯特拒绝了。

1938年2月22日 南京

恩内斯特·福斯特写给约翰·拉贝的信（见图109）。

亲爱的拉贝先生：

我不想错过这个机会，对您过去几个月在南京所做的一切表示衷心的感谢。商业人士和传教士之间存在一个鸿沟，难以弥合。来自上帝的爱让我们走到一起，并通过我们对友邻的爱而显露出来。拉贝先生，在这艰难的时刻，您的无私奉献在很大程度上彰显了您的爱。我也要感谢您，是您带给我值得回味的友谊。我希望您和您夫人回国之旅一切顺利，在您的祖国能养精蓄锐，期待我们在南京重逢那一刻。

恩内斯特·福斯特

第四节　克里斯蒂安·雅各布·克勒格尔

克里斯蒂安·雅各布·克勒格尔（Christian Kröger），1903年2月5日生于当时属于普鲁士王国的易北河地区的阿尔托纳-奥滕森（Alton-Ottensen/Elbe），今属石勒苏益格-荷尔斯泰因州汉堡市的阿尔托纳区。

他是一名机械工程师。1923年以优异的成绩通过毕业考试。1928年，在诺德马克地区（Nordmark）工作。

克里斯蒂安·克勒格尔，德国卡罗威公司代表（1903.2.5—1993.3.21）

1928年7月之前，他在机械工程领域的多个职位上都工作过。后来，在朋友的介绍下，他向位于汉堡的礼和公司（Hamburg Company Carlowitz & Co.）（当时在中国被称为"礼和洋行"——译者注）递交了求职申请。

礼和公司是从事对华进出口业务的最大的贸易公司之一，在中国所有大城市都有分公司。它还是克虏伯公司在华的总代理。礼和公司正在为太原分公司招募一名工程师。经过短期培训后，他动身前往中国。1928年9月至1939年2月期间，他在礼和中国公司工作，最初任克虏伯公司总代表。

1935年12月之前，他一直在太原工作，之后辗转沈阳、天津、南京、上海和香港。在华期间，他向一家子弹壳工厂售出了20台检验机器，完成了一座造纸厂建造交易，卖出了 15 台克虏伯公司的蒸汽机车车头，以及一座焦化厂及副产品处理装置等。

1936 年，克勒格尔在欧洲休假 6 个月。随后他加入德国国家社会主义工人党。1936 年 3 月 16 日至 5 月 11 日期间入伍服役。回到中国后，他被派往上海，不久后又调至南京，在那里遇到了他未来的妻子艾丽卡·布瑟（Erika Kröger, née Busse）。

1938 年 3 月 8 日两人结婚，婚后育有两子。

在 1937 年 12 月日本人占领南京之前，作为礼和公司驻华代表，他和中国铁道部、交通部和国防部等政府部门谈成了多笔交易。

在日军攻打南京期间，他是仍然留在南京的 3 名德国人之一，同时他还是南京安全区国际委员会成员、委员会财务主管。

1938 年 1 月 23 日，经日本人同意，他获准离开南京，乘货运火车来到上海。后来他获得了二级德意志红十字奖章和南京国民政府颁发的"领绶采玉勋章"。

此后直到 1939 年 1 月离开中国返回德国前，他一直在香港工作。

战后，他在恩斯特·胡伯特（Ernst Hubert）的鱼油工厂工作。约翰·拉贝一家用于烹饪和烘焙的鱼油都是他从这里提供的（该信息由克里斯蒂安·克勒格尔的儿子彼得·克勒格尔提供，2009 年）。

1939 年 1 月 27 日，他乘坐"绍尔兰"（Sauerland）号轮船返回德国。

1939 年 4 月 17 日至 1941 年 8 月，他在位于马德堡的弗里德里希·克虏伯格鲁森工厂（Friedrich Krupp Grusonwerk in Madgeburg）工作，筹划日后他可能从事的对日本业务。

1939 年 9 月 1 日第二次世界大战（欧洲战事）爆发，他应征参军。

1941 至 1944 年期间，任克虏伯公司驻土耳其安卡拉代表处的负责人和合伙人，负责出售铁路设备，售卖建造弹药厂的整套设备等。

1944 年 9 月至 1945 年 12 月期间，他在位于埃森的克虏伯公司从事出口钢材以及潜水艇油箱构造物等工作。

1946年春至1950年5月，任工厂经理，负责位于哈伯格地区德累斯特（Drestedt, Krs.Harburg）的胡伯特（E. F. Hubert）医用鱼油工厂建设和管理工作。1950年6月后，他再次供职于克虏伯公司，负责莱茵豪森（Rheinhausen）的钢铁生产工作。

1952年起在开罗的技术办公室工作。1954年起又再次任职于克虏伯公司。1957年起任对近东和中东地区出口贸易的部门代表。1958年移居伊朗德黑兰。

1993年3月21日，克勒格尔在诺德海德的布赫霍尔茨（Buchholz/Nordheide）去世。

礼和洋行（Carlowitz & Co.）在中国

（http://www.freidok.uni-freiburg.de/volltexte/1122/pdf/diss.pdf）

1844年，年轻商人理查德·冯·卡洛维茨（Richard von Carlowitz）来到广州，成立了礼和公司。1846年，他向普鲁士和撒克逊领事馆申请，寻求他们对公司贸易活动在政治和社会上的支持。次年，他被任命为驻广州领事。[1]随着公司的扩张，礼和又在香港、上海、天津、武汉、青岛和济南设立了分公司。1906年，他的继任者们又在重庆开设了一家分公司，紧随其后成立了北京和沈阳分公司。就这样，礼和建立了由众多分公司组成的商业网络，可以有效利用中国市场购买欧洲商品，同时在中国各地为欧洲市场采购商品。礼和公司每年向中国输出的商品总额约5000万马克，与中国出口的贸易额大致相当。此外，礼和公司还从鸦片贸易、向北美和印度尼西亚运送苦力的业务中获利。对礼和公司而言，增加对华武器的出口，以及后来与中国铁路公司和其他工业企业的贸易是至关重要的。[2]礼和公司提供了完整的造币厂、砖厂、造纸厂、谷物加工厂、钢铁厂、弹药和步枪厂及其他设备。卡洛维茨在华30余年，他用大量信件描述和评述了礼和公司的业务以及自己对中国国情的观察。

第四章 见证历史

资料来源：
［1］ 马丁：《普鲁士东亚探险队在中国》，第 211 页。
［2］ 彼得·默克：《争夺中国自然资源的斗争——矛盾中的本土发展项目与礼和洋行的矿业》，见罗梅君、余凯思：《19 世纪德中关系：从跨文化角度看传教与经济》，明斯特大学出版社 2001 年版，第 131—181 页，此处见第 149 页。

图 110 　克里斯蒂安·克勒格尔在中国　↑ 1932 年
图 111 　克里斯蒂安·克勒格尔在中国　↙ 1934 年
图 112 　克里斯蒂安·克勒格尔在中国　↘ 1937 年在上海（7 月至 9 月）（由克勒格尔家族友情提供）

241

| 拉贝与中国

图 113　马格德堡的克罗格一家（1941—1942 年），由克勒格尔家族友情提供

约翰·拉贝日记摘录

1937 年 12 月 1 日

9 时 30 分，我与克勒格尔和施佩林一起开车去平仓巷，参加委员会召开的会议，对我们的工作进行了分工，还列出了人员名单。

马市长带着他的职员也来参加会议，答应给我们 3 万袋大米和 1 万袋面粉。不幸的是，我们至今也没有卡车把粮食运进难民区。大米和面粉我们可以卖掉，但必须由我们确定最高的价格。我们将建立施粥点（粥厂）。

1937 年 12 月 22 日

今天下午,克勒格尔和哈茨(Hatz)前去帮助一个被日本士兵用刺刀刺伤脖子的中国人,结果他们自己也遭到了攻击。哈茨用椅子进行了自卫,据说克勒格尔被日本人绑了起来,日本人之所以能成功制服他,估计可能是因为他被烧伤的左手还吊着绷带。我和费奇开车一路狂奔去解救他们,当看见他们的时候,他们已经在回家的路上了。但是我仍然又带着他们返回原处,以便在现场对这起事件进行调查。我们看见了那个日本兵,一个碰巧路过这里的日本将军正在扇他的耳光,日本大使馆的田中先生也在场。

| 拉贝与中国

第五节　约翰·马吉

约翰·马吉，美国圣公会驻南京德胜教堂牧师（1884.10.10—1953.9.9）

约翰·马吉（John G. Magee, 1884 年 10 月 10 日—1953 年 9 月 9 日），是美国圣公会教堂的牧师（见图 114—115c）。

他来自宾夕法尼亚州匹兹堡的一个富裕家庭。大学就读于耶鲁大学，之后在马萨诸塞州的神学院继续学习。

1912 年至 1940 年作为出使的传教士，在南京圣公会教堂担任牧师。

马吉在中国与另一位牧师结婚，婚后养育了 2 个儿子。在抗日战争期间，他当选为国际红十字会南京小组主席，并被选为南京安全区国际委员会委员兼监察长。

他拍摄了一部关于 1937 年 12 月南京大屠杀期间日本士兵对中国平民实施暴行的"录影带"。马吉的影片被费奇带到上海冲洗了 4 卷偷运出中国，并放映给美国政府人士观看，希望他们对日本政府实施制裁——这次尝试失败了（注：另见费奇传记，该传记记录了从美国到日本的废料交付）。

他在中国工作了 21 年后，于 1938 年夏天短暂回到美国。在美国期间，他针对南京大屠杀期间日军的暴行发表演讲。

1939 年 5 月他回到南京。战后他被传唤作为东京审判日本在南京所犯战争罪行的证人。回到美国后，他担任拉斐特广场的圣约翰圣公会教堂（华盛顿特区）的副主管牧师。作为主教教堂的执行牧师之一，他参加了 1945 年 4 月举行的美国总统富兰克林·罗斯福的葬礼。

在1953年去世前,他还曾担任耶鲁大学圣公会教堂的座堂牧师。

资料来源:

[1] 外部链接可用维基百科有关马吉牧师的纪录片 (http://en.wikipedia.org/wiki/John_Magee_(priest) and http://rabe.nju.ecu.cn/sec/5international/aqq/07.htm)
[2] 恐怖统治:安全区和美国传教士。
[3] 南京大屠杀纪录片——约翰·马吉,中国,1937—1938。

约翰·拉贝日记摘录

1937年12月10日

约翰·马吉牧师打算在这里成立一个红十字会的欧洲分会。虽然他有经费(黄上校给了他2.3万美元),但是却没有取得任何进展,因为没有得到红十字会总部的答复。没有总部的批准,他不敢继续推进此事。多么可惜呀!换了我,我才不会犹豫不决呢。如果能成好事,何必要等那么长时间呢?反正到最后总会同意的。

我们急切地等待着日本当局和蒋介石对我们电报的答复。城市的命运和20万人的性命危如累卵。

1937年12月13日

日本人在昨天晚上只攻占了几座城门,还没有向城内推进。

到达委员会总部后,我们只用了不到10分钟的时间就建立了国际红十字会,我成了该组织的理事。约翰·马吉担任红十字会主席。数周以来他一直筹划成立这个红十字会。

1938年1月13日

在鼓楼医院举行的国际红十字会会议上,约翰·马吉、麦卡伦、克勒格尔、罗森和陈牧师作出决定,今后凡送到医院来的病人以及由红十字会介绍来的病人是否应予以免费治疗,将统一由麦卡伦决定。前一段时间,约翰·马吉先生介绍来的免费病人太多,其中有一名妇女,入院时声称她身无分文,但是在换床时却在她的床上发现了300美元。张(国珍)的妻子经治疗已基本痊愈,可以出院。我们用汽车送她回家。张把他上月30美元的薪水全部给了医院,我支付了剩余差额。

1938年1月16日

日本大使馆的便宴气氛十分平和。我们总共13个人。除了日本大使馆的官员外,我们委员会有8位代表出席:魏特琳小姐、鲍尔小姐、贝茨博士、米尔斯、史迈思、特里默大夫、克勒格尔及我。在我们已经就座开始进餐后,约翰·马吉才来。他总是晚一个节拍。除此以外,他实在是一个好伙伴。

1938年1月20日

我们的红十字会主席约翰·马吉牧师带来了一位中国女护士的报告。她来自设在外交部专门治疗伤兵的红十字医院。该院禁止护士与我们陌生人接触。只有护士偶尔获准外出购物。

1938年1月22日

马吉又收集了几起恶劣暴行记录。日本士兵抢走了他们能见到的全部可屠宰的牲畜。近来,日本人让中国男孩去搜寻猪,几个动作不麻利或没搜寻到猪的男孩被日本人用刺刀活活刺死。一个被刺死的男孩内脏竟流在肚皮外面!

第四章 见证历史

总是一次又一次地听到目击者们报告这类令人作呕的惨象。大家一定认为，日本军队都是由释放的囚犯组成的。正常人肯定不会这么干！

我们今天看到几辆装满中国士兵的卡车从南面开过来朝下关驶去。我认为他们都是在南京和芜湖之间的战场上被俘的战俘，要押往扬子江岸边处决。

图114　约翰·马吉　http://arts.cuhk.edu.hk/Nanjing Massacre/Magee.gif

1938 年 1 月 24 日

约翰·马吉把一封信和一把日本步枪刺刀放在我办公桌上。信中说，一名日军士兵正在用这把刺刀威胁一名中国妇女的时候，被我们委员会的 3 名委员撞见了，他丢下刺刀跑了。史迈思兴奋地记录了整个事件，随即通报了美国大使馆，因为目击者是美国人。美国大使馆的阿利森（Allison）先生替我们为此提出了抗议，我们对此非常高兴。阿利森先生无法摆脱对日本人行为的震惊。罗森博士称他为——"奇境中的阿利森"（因 Allison［阿利森］与《艾丽丝漫游奇境记》一书中 Alice［艾丽丝］名字相似而作的隐喻——编者注）。

1938 年 1 月 29 日

约翰·马吉发现了两名小女孩，一名 4 岁，一名 8 岁，她们家所有亲人（共 11 口）全部惨遭杀害。她俩就在屋里守着母亲的尸体待了整整 14 天，直到被邻居救出。姐姐用家里仅剩的一点点米养活着自己和妹妹。

| 拉贝与中国

1938年2月10日

关于日军在南京所犯暴行的影片文件（见图115b）。

在日本人残暴统治南京期间，日本人的暴行仍在继续。居住在南京多达25年的美国圣公会教会使团成员约翰·马吉牧师拍摄的影片真实地见证了日本人犯下的暴行。我想要指出，马吉先生要求对他的名字严格保密，他努力在德国顾问之家照顾中国难民。由于他已故的妹妹嫁给了一位奥地利外交官，他比他的大多数牧师同仁都更了解德国的事情。他纯洁无私的个性使他对自己影片的商业利益不感兴趣，并且他已向大使馆提供了一份影片副本，费用由他本人支付给上海柯达公司代理。该副本将以安全的方式提交外交部。由图片构成的片段组成了情节过程，并用英语解说。就像影片技术本身出现的一样，

图 115a　约翰·马吉（前排中间）和安全区中患病难民合影，1938年夏天
（耶鲁神学院图书馆特别收藏）

第四章　见证历史

这是一部令人震惊的时代文献，我想将这部影片呈现给富勒和德国总理，并配上译后的解说。

我们要拭目以待，看日军的高级军官是否能够按照承诺停止其部队正在实施的行为。如果说天矢将军勾起了人们对日俄战争的记忆，当年日本官兵里也盛行着真正的纪律和自我克制精神。军队总是反映着军官的形象。

看起来，那些在政治谋杀的颂扬声中熏陶出来的（日本）年轻指挥官们似乎把日本艺妓的表演看得比古老的武士传统操守更重要，他们也不指望自己

图 115b　↑ 约翰·马吉的胶卷相机　↓ 约翰·马吉录影带：马吉的遗嘱

249

图 115c　约翰·马吉（中）和威尔逊·米尔斯（右）牧师（美国耶鲁神学院图书馆特别收藏）

的军队在南京有什么好的品行。如果日本真希望像自己所说的为东方世界带来光明那样的话，就必须首先给自己国家所有的黑暗角落送去光明，并将其彻底清扫干净。

驻中国汉口的使馆将参照这份报告证明获得这部影片的相关费用。

（罗森）

第六节　詹姆斯·亨利·麦卡伦

1893年11月19日出生于美国华盛顿的奥林匹亚。

1917年，他在俄勒冈大学完成了本科学业。1921年获得耶鲁大学神学院神学学士学位，同年获得芝加哥大学神学院神学硕士学位；假期里，他曾在联合神学院攻读博士课程。

1921年他与来自费城的伊娃·安德森结婚。婚后两人立即来到中国。

詹姆斯·麦卡伦，金陵神学院美籍牧师（1893.11.19—1984）

在接下来的30年里，麦卡伦在安徽和江西省的城镇、村庄里为基督教教堂的社区中心传教和工作。

1946年至1951年任传教使团秘书，并致力于南京重建。在中国传教生涯的最后阶段，他负责使团的财务和储备。

在南京大屠杀期间，麦卡伦的妻子和两个孩子住在江西牯岭，而他作为金陵大学的一名工作人员留在南京，并作为难民救济组织的管理者操劳着。

他在1937年12月19日至1938年1月15日期间写的日记和给家人的信件，在东京战争法庭上被用作审判日本战犯南京大屠杀的证据。

1995年他的日记在上海发现,被翻译成中文并出版。

参考资料:

[1] 《美国传教士南京大屠杀目击者,1937—1938》,耶鲁大学神学院图书馆重大活动出版物,1997年第9期,康涅狄格州纽黑文。

约翰·拉贝日记摘录

1938年1月18日

致上海全国基督教总会:

因粮食问题愈来愈严重,所有平民得不到正常的粮食供应。现在有5万难民每天从我们这里得到免费的定量大米。我们申请运进在本地购买的米和小麦,以及请求准许从上海船运600吨粮食来南京,均遭拒绝。请在上海努力交涉。如在上海能购到蚕豆,请尽快船运100吨来。请继续进行募捐。我们亟需救济款。

费奇
1938年1月18日

1938年1月27日

刚才听到一个很不幸的消息,负责管理鼓楼医院的麦卡伦先生被两名未经允许便闯入医院的日本士兵用刺刀刺伤了脖子。幸好此伤没有性命危险。但此事非常严重,已迅速电告了美、日两国政府。

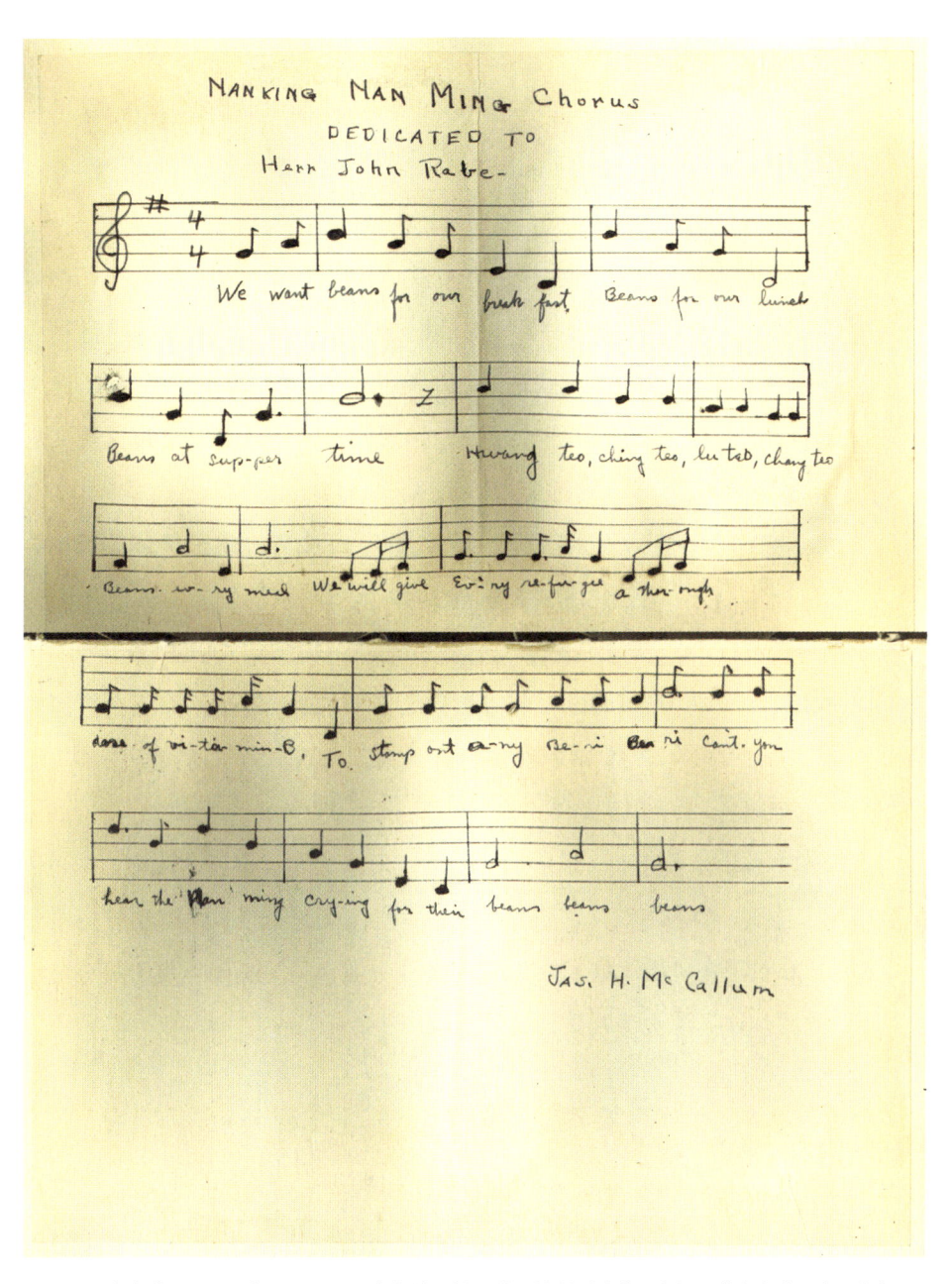

图 116　麦卡伦于 1938 年 2 月 21 日为约翰·拉贝谱写的送别歌曲，歌名是《南京难民合唱曲》

| 拉贝与中国

第七节　威尔逊·普卢默·米尔斯

威尔逊·普卢默·米尔斯（Wilson Plumer Mills），1883年12月1日出生于南卡罗来纳州的温斯伯罗。1903年获戴维森学院艺术学士学位，1910年获牛津大学艺术学士学位，1912年获哥伦比亚大学神学院文学学士学位。

米尔斯于1912年至1931年在中国基督教青年会工作，1933年至1949年在南京的长老会外国使团理事会工作。

威尔逊·普卢默·米尔斯，北方长老会牧师（1883—1959）

1937年11月22日米尔斯当选为南京安全区国际委员会副主席；1938年2月23日约翰·拉贝离开南京，米尔斯接任主席。他一直担任这个职务，直到1939年5月他和妻子回到美国。

在日本占领南京前不久，米尔斯曾为了实现停火做了重要的斡旋工作，计划实现双方停火，中国军队从南京撤军，日军直接接管南京。经唐生智将军允许，米尔斯和贝茨在美国军舰"帕奈"（Panay）号上会见了美国领事J.霍尔·帕克斯顿，向其传递了停火谈判条件信息。

资料来源：

[1] http://rabe.nju.edc.cn/sec/5international/aqq/07.htm.
[2]《美国传教士南京大屠杀目击者，1937—1938》，耶鲁大学神学院图书馆重大活动出版物，1997年第9期，康涅狄格州纽黑文。

约翰·拉贝日记摘录

1937 年 12 月 9 日

下午 2 时，我和贝茨博士、施佩林、米尔斯、龙先生以及参谋部的一位上校巡视了唐将军不满意的安全区界线（西南）。站在山顶上，呈现在我们面前的是被火光和烟雾笼罩的城郊，中国人为了将那里开辟成战场，把所有房子都烧毁了，整个城区被烟雾带包围着。我们发现，在安全区西南界内有一排高射炮阵地。就在我们巡视的时候，3 架日本轰炸机掠过我们的上空，向距我们约 10 米远的高射炮阵地进行了猛烈的射击。我们都卧倒在地上，我脸朝上躺着观察着高射炮的炮火。可惜的是炮弹总是打偏，或者应当这么说，幸好总是打偏了。我一直担心飞机会投下炸弹来，但是这次我们很走运。上校在安全区的界线问题上不肯让步，于是我威胁说要甩手不干，并将致电元首（希特勒），说由于唐将军的失信，难民区将无法建成。

1937 年 12 月 15 日

今天下午很不幸，我未能保护一些避难者，因为一队日本士兵非要带走已放下武器逃到我们安全区的原中国士兵。我以德国人的身份向他们担保，这些难民不会再参加战斗，应将他们释放。我刚回到委员会总部办公室，杂工就告诉我们一个坏消息，日本人又转回来将大约 1300 名难民捆绑起来。我、史迈思和米尔斯 3 人竭力试图将这批人解救下来，但全是白费口舌。大约 100 名荷枪实弹的日本士兵将这批人围起来，捆绑成一串，准备拉出去枪毙。

1937年12月20日

下午6时,米尔斯牧师向我引荐了大阪《朝日新闻》的记者森山先生。森山先生能说流利的德语和英语,他用记者的惯常方式向我提问。我丝毫不隐瞒自己的观点,并请求他利用自己的一切影响,尽快恢复日本军队的秩序。他承认这是当务之急,否则日本陆军的声誉将严重受损。

就在我写到这里时,在周围不远的地方又有大片的平房楼宇在燃烧,包括基督教青年会大楼在内。人们几乎不得不相信,纵火是日本军事当局明知的,甚至是其下令纵火的。

米尔斯又回家了,我也可以去休息了,但不能脱衣脱鞋,我必须随时准备应对任何突发事件。谢天谢地,一切都保持宁静与平和。我仔细聆听了很长一段时间,周围一片沉重的呼吸声和打鼾声,偶尔伴随着病人的咳嗽声。

1938年1月1日

昨天晚上9:30,我的7个忠实追随者,即美国人费奇、史迈思博士、威尔逊大夫、米尔斯、贝茨博士、麦卡伦和里格斯来向我祝贺"新年快乐"。我们喝光了所有的红葡萄酒,闲聊了一个小时。平时最为活跃的贝茨博士这时却疲倦地坐在扶手椅上睡着了,聚会也因此早早散了。我和我的中国客人也不介意放弃余下的平安的夜晚时光,11时我们大家都就寝了。

1938年1月8日

今天中国人中间又有传闻,说中国士兵将收复这座城市,甚至有人称在城里已经看到中国士兵了。其结果是,用来装饰我们安全区内茅舍和房屋的日本小旗不见了,几乎所有中国人所别着的日本臂章都不见了。米尔斯刚才告诉我,许多难民有袭击日本大使馆之类的念头。

1938年1月10日

自治委员会在安全区内我们总部附近设了一个大米销售摊位。这样我们可以从极度的困境中暂时摆脱出来。可敬的米尔斯牧师带我造访了美国大使馆,把我介绍给了阿利森先生。我们就一再发生的日本士兵犯罪行为,每天都向日本大使馆递交抗议,阿利森先生答应,只要涉及此类抗议,他会继续协助我们的工作。

1938年1月16日

日本大使馆的便宴气氛十分平和。我们总共13个人。除了日本大使馆的官员外,我们委员会有8位代表出席:魏特琳小姐、鲍尔小姐、贝茨博士、米尔斯、史迈思、特里默大夫、克勒格尔和我。在我们已经就座开始进餐后,约翰·马吉才来。他总是晚一个节拍。除此以外,他实在是一个好伙伴。

1938年2月7日

今天下午,我和米尔斯与惨遭枪杀的一位中国妇女的女儿及其姐妹们一起来到现场,这里靠近豪布斯少校先前住的公寓,亲眼看见后确信,许博士报告所说4人被害一事千真万确。我们看见了3具尸体（1具女尸,2具男尸）并排横卧在空地上,还有1具男尸在10米开外的位置。被枪杀的两名男子当时正在用一副临时拼凑的担架（也就是一块木板用绳子绑在两根竹竿上）抬着一位老年死者,被枪杀的妇女伴随在旁,老年男子的尸体横卧在中间。这件事又是发生在贫苦农民身上,他们仅有一小块耕地,其中一部分已经种上了庄稼,低矮的土房里空空荡荡,一无所有。据其女儿说,她母亲身上还应该有大约10美元钱,这可是她的全部家产。但现在衣服口袋里什么也没有。我和米尔斯感到十分震惊。死者的女儿已欲哭无泪,我向她手中塞了10美元钱,她频频叩头,这起码是补上了她的钱。我们临走时,死者的姐妹们正在用手向每具尸体身上撒土。

1938年2月18日

委员会会议

我任命米尔斯先生为副主席并执行主席的提议被接受了。我还要留任两个月。如果以后我不再回南京,米尔斯可被顺理成章地任命为主席。我们决定,将"安全区委员会"更名为"南京国际救济委员会"。索恩先生被指定为去美国旅行的费奇先生的继任人。史迈思先生继续担任财务主管职务,此外暂时还将兼任秘书,但不久将减轻他的负担。我将继续担任南京国际红十字会委员会委员。

第八节　刘易斯·史迈思

刘易斯·史迈思,金陵大学美国教授(1901.1.31—1978.6.1)

1901年,刘易斯·史迈思出生于美国华盛顿。他在芝加哥大学获得社会学博士学位,1934年被基督教联合会派往金陵大学任教。

1937年9月,史迈思夫人和她的两个孩子搬到了另一个地方(kuliang),以便孩子们能在那里上一所美国学校。史迈思本人则留在南京(见图117a)。在南京大屠杀期间,他是南京安全区国际委员会的秘书,并在1937年12月14日至1938年2月19日期间向日本大使馆写了69封抗议信(见图117c、117d),其中部分信件是与约翰·拉贝共同写的,他在信中抗议了日本军队的野蛮行径。

史迈思同时还是南京国际红十字会的成员。1938年春,在国际救济委员

第四章 见证历史

图 117a 南京安全区国际委员会成员。从左到右：①恩内斯特·福斯特，美国圣公会牧师；②威尔逊·米尔斯，北方长老会牧师；③约翰·拉贝，德国西门子公司驻南京代表；④刘易斯·史迈思，金陵大学的美国教授；⑤爱德华·施佩林，上海保险公司德籍代表；⑥乔治·费奇，美国基督教青年会总干事

图 117b ← 史迈思与他的妻子及两个女儿　→ 史迈思的书《南京战祸》
（耶鲁大学神学院图书馆特别收藏）

259

会的倡议下，他带领 20 名学生调查了南京地区的战争损失。这些调查成为他的著作《南京战祸：1937 年 12 月至 1938 年 3 月》的基础素材（见图 117b）。

1938 年 9 月，史迈思一家从南京搬到四川成都，在新建成的金陵大学校园，他继续担任教师。

参考资料：

[1]《美国传教士南京大屠杀目击者，1937—1938》，耶鲁大学神学院图书馆重大活动出版物，1997 年第 9 期，康涅狄格州纽黑文。

约翰·拉贝日记摘录

1937 年 11 月 19 日

他们成立了一个国际委员会（主要由鼓楼医院的美国医生和金陵大学的教授组成，他们都是传教士）。委员会试图建立一个难民区，即位于城内或城外的一个中立区。一旦城市遭到炮击，平民可以躲避到那里去。有人问我（我要留在这里的消息已传出）是否愿意参加这个委员会，我表示愿意。晚上在史迈思教授家吃饭的时候，我结识了很多美国籍的委员。

1937 年 11 月 22 日

下午 5 时，国际委员会开会讨论成立南京平民中立区。大家推举我担当该中立区的主席，我极力推辞。但有感于大家扶危济困的良好愿望，我最后让步了，但愿我能够胜任这个日益艰辛的职务。德国大使在上船前不久通过我的介绍认识了史迈思博士（委员会秘书）。大使同意委员会草拟的有关建立安全区的建议，该建议将通过美国大使馆（有一个电台）电发给上海美国总领事，再转交给日本大使。下关火车站总是挤满伤员。史迈思博士派学生志愿者去火车站照顾这些伤员，我得把自己的汽车借给他们用。韩先生带来一个好消息：他的一个中国朋友要送给我两辆卡车，上面装有100罐汽油和200袋面粉。这是一件生日礼物，我满心欢喜。用这些东西能办些事情，尤其是委员会亟需食品和汽车。但愿消息是真的！

1937年11月25日

史迈思博士来电说，一家东京报纸认为，南京中立区将使对这座城市的征服困难或延迟……

如果计划不能实现，我们该怎么办呢？需求确实很大。

1937年11月28日

对下一个问题，即"如果出现了最坏情况，谁来维持秩序，即谁将作为最后一位行政长官留在城里，动用警察的力量来制止不法民众的骚乱"，卫戍司令唐将军答道：在这种情况下，日本人有责任维持秩序。换言之，就是没有官员会留在这里，没有人会为千百万市民的公众利益牺牲自己！真是个坏消息！上帝啊，居然要靠法西斯来帮忙！这样看来，当日本进攻开始时，这座城市将面临无法想象的灾难。

施佩林接我去参加下午3时在史迈思博士家举行的委员会会议。会上正式任命费奇先生为委员会总干事，杭立武博士为中方总干事。大家认为，在得到日本当局消息以前，我们不可能采取进一步行动。

1937年11月29日

施佩林来电说，警察厅长王固磐辞职了，并任命了一个新人接替他的位置。史迈思博士认为，这个新人或许会留在这里，不会带着他的警察队伍逃跑掉。总算有个好消息了。下午4时召开了委员会会议。会议决定，即使日本人不承认中立区,我们也必须向前推进。

1937 年 11 月 30 日

史迈思博士来电说:我们在城里有 6 万袋大米,在下关有 3.4 万袋。这可能够用了。我们现在缺少的是用于临时住所(草棚)的垫子。天气寒冷,不管怎样,得安排人们住宿。

1937 年 12 月 1 日

费奇、克勒格尔、史迈思博士、基督教青年会的王先生、里格斯等一起参观了我在宁海路 5 号的新房子,明天我们要在这里正式开设委员会办事处。史迈思博士对房子的美观和设施的豪华(一个价值 1.75 万美元的庇护所)感到很兴奋,他决定从此以后称呼我为约翰 H. D. 拉贝·洛克菲勒。

1937 年 12 月 11 日

史迈思博士通知我们,警察现在在名义上归我们指挥。

1937 年 12 月 15 日

我和史迈思又一次开车去找福田,替这批人求情。福田答应尽自己最大的努力去办,但是希望渺茫。我想向他指出,如果这样处决人的话,我将很难为日本人招募到劳工。福田也深以为然,并推迟到明天见面。我的心情悲痛极了,把人像动物一样强行拖走,这是很残酷的。但是他们声称,在济南,中国人枪毙了 2000 名日本战俘。

1937 年 12 月 21 日

昨天史迈思博士的问题提得很好,即目前我们尚能控制局面的"假象"还能维持多久？如果难民营中的某个中国人打死了一个正在鞭打他妻子或女儿的日本兵，那么局面就会失控，日本人就会对安全区进行血腥的大屠杀。

1937年12月26日

在安全区内养活20万人的问题变得日益棘手，史迈思博士估计我们储存的大米仅能维持一周的供应。我却并不那么悲观。

1938年1月1日

昨天晚上9：30，我的7个忠诚追随者，即美国朋友费奇、史迈思博士、威尔逊大夫、米尔斯、贝茨博士、麦卡伦和里格斯来向我祝贺新年。

1938年1月18日

下午，史迈思博士和费奇带来消息说：我们既不能从城里的仓库运送粮食和其他食品，也不能从上海运进。日本人似乎是想把这些难民们饿死。必须挫败这个企图。

1938年1月24日

高玉（Takadama，日本姓氏）今天又来到了我们的总部，并且带了一名会说中文的级别较高的警官。高玉在一个大学难民营"找女孩子"的时候被贝茨博士当场抓住。他诡辩是要找几个女洗衣工和女厨子。这当然没人会信。因为众所周知，在远东，在中国，团体中洗衣和烧饭通常是男仆们做的事儿。高玉要求恢复他的名声。史迈思博士记录下了整个谈话，并表示要说出实情。这当然不合高玉的心意，他气急败坏地要求我们不要歪曲他的原意，随后沮丧地离开了这里。这件事让总部的全体人员着实幸灾乐祸了一番。

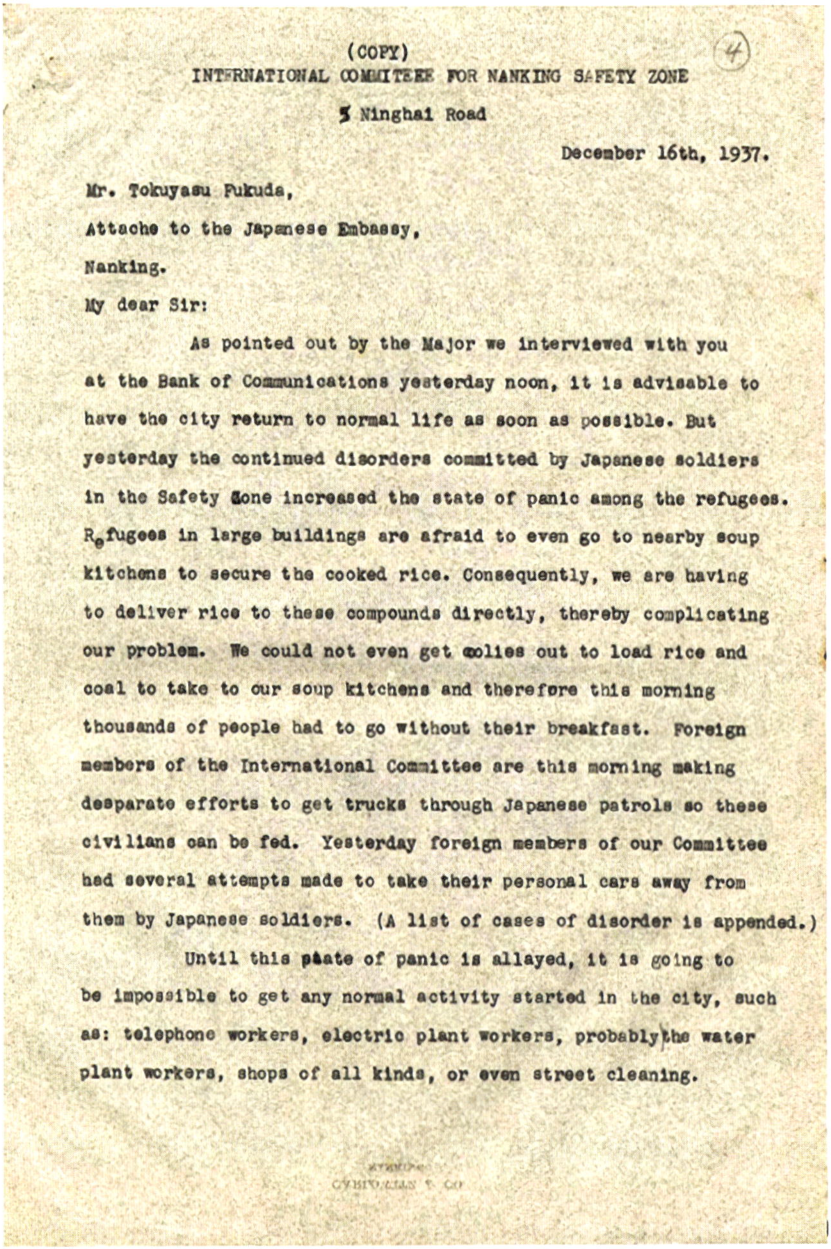

```
                        (COPY)
         INTERNATIONAL COMMITTEE FOR NANKING SAFETY ZONE
                      5 Ninghai Road
                                        December 16th, 1937.

Mr. Tokuyasu Fukuda,
Attache to the Japanese Embassy,
Nanking.

My dear Sir:
            As pointed out by the Major we interviewed with you
at the Bank of Communications yesterday noon, it is advisable to
have the city return to normal life as soon as possible. But
yesterday the continued disorders committed by Japanese soldiers
in the Safety Zone increased the state of panic among the refugees.
Refugees in large buildings are afraid to even go to nearby soup
kitchens to secure the cooked rice. Consequently, we are having
to deliver rice to these compounds directly, thereby complicating
our problem. We could not even get coolies out to load rice and
coal to take to our soup kitchens and therefore this morning
thousands of people had to go without their breakfast. Foreign
members of the International Committee are this morning making
desparate efforts to get trucks through Japanese patrols so these
civilians can be fed. Yesterday foreign members of our Committee
had several attempts made to take their personal cars away from
them by Japanese soldiers. (A list of cases of disorder is appended.)

            Until this state of panic is allayed, it is going to
be impossible to get any normal activity started in the city, such
as: telephone workers, electric plant workers, probably the water
plant workers, shops of all kinds, or even street cleaning.
```

图 117c　1937 年 12 月，南京安全区国际委员会委员史迈思致福田的信件（第一页）
（耶鲁大学神学院图书馆特别收藏）

```
                                                      96
Mr. Fukuda, Dec. 16th.     p. 2.

            In order to quickly improve this situation, the
International Committee respectfully suggests that the Imperial
Japanese Army take the following steps at once:

            1. Have all searching done by regularly organized
squads of soldiers under a responsible officer. (Most of the
trouble has come from wandering groups of 3 to 7 soldiers without
an officer.)

            2. At night, and if possible also in the daytime,
have the guards at the entrances of the Safety Zone (proposed by
the Major yesterday) prevent any stray Japanese soldiers from
entering the Safety Zone.

            3. Today, give us passes to paste on the windshields
of our private cars and trucks to prevent Japanese soldiers from
commandeering them. (Even under the stress of defence of the city
the Chinese Army Headquarters supplied us with such passes and
the cars that were taken before we got the passes were returned
to the Committee within 24 hours after our reporting the cases.
Furthermore, even in that difficult situation, the Chinese Army
assigned to us three trucks to use for hauling rice for feeding
civilians.  Certainly, the Imperial Japanese Army in full
control of the city, with no fighting going on, and with much
greater amount of equipment, cannot do less for the Chinese
civilians that have no come under their care and protection.)

            We refrained from protesting yesterday because we
thought when the High Command arrived order in the city would be
restored, but last night was even worse than the night before, so we
decided these matters should be called to the attention of
the Imperial Japanese Army, which we are sure does not approve
such actions by its soldiers.

                              Most respectfully yours,
        John H. D. Rabe, Chairman.     Lewis S. C. Smythe
```

图 117d　1937 年 12 月，南京安全区国际委员会委员史迈思致福田的信件（第二页）
（耶鲁大学神学院图书馆特别收藏）

委员会会议：

我关于米尔斯先生作为副主席或执行主席的提议被接受了。我还要留任约两个月。如果以后我回不了南京，米尔斯可能将顺理成章地成为主席。我们决定，将安全区委员会的名称更改为"南京国际救济委员会"。

第九节　爱德华·施佩林

爱德华·施佩林（Eduard Sperling）以德国商人身份代表"上海保险公司"，同时担任南京安全区国际委员会总稽查，并接手警察职责。他与约翰·拉贝、克里斯蒂安·克勒格尔是在日军入侵期间没有离开南京的3名德国人。

爱德华·施佩林，上海保险公司德籍代表（生卒年月不详）

约翰·拉贝日记摘录

1937年11月28日

施佩林接我去参加下午3时在史迈思博士家举行的委员会会议。会上正式任命费奇先生为委员会总干事，杭立武博士为中方总干事。大家认为，在得到日本当局消息以前，我们不可能采取进一步行动。

1937年11月29日

施佩林来电说，警察厅长王固磐辞职了，任命了一个新人接替他的位置。

史迈思博士认为,这个新人或许会留在这里,不会带着他的警察队伍逃跑。总算有个好消息了。下午4时召开了委员会会议。会议决定,即使日本人不承认中立区,我们也必须向前推进。

1937年12月1日

9时30分,我与克勒格尔和施佩林一起开车去平仓巷,委员会在那里开会。我们进行了分工,列出了相应的人员名单。马市长带着他的随员也来参加会议,并答应给我们3万袋大米和1万袋面粉。可惜我们目前还没有卡车把这些粮食运进难民区。我们可以限定最高价格,把这些大米和面粉卖出去。我们将建立施粥处(粥厂)。

当天晚些时候罗森博士请几个德国人集中一下,商量什么时候必须登船。结果是:克勒格尔、施佩林、年轻的希尔施贝格和哈茨(奥地利工程师)都决定留下来帮助我。坐船的有:已经登船的希尔施贝格太太和女儿;罗森博士、许尔特尔和沙尔芬贝格(3个人都是大使馆的工作人员);两个售货员(诺伊曼小姐和一个我不知道姓名的俄国妇女)以及起士林糕饼店的会计。

1937年12月5日

我和贝茨博士以及施佩林拜访了唐将军(南京卫戍司令),想让他保证立即将所有军事人员和军事指挥所撤出安全区。让我们感到惊讶的是,唐将军告知我们至少要过两周军队才能撤离出安全区。这简直是当头一棒!由于日本提出的"区内不得部署中国军队"的条件无法马上得到满足,我们不可能建立一个"安全区",最多只能算是个"难民区"。委员会就此进行了长时间的讨论,并拟出了新闻稿。目前,还不能让媒体知道全部真相,否则就等于"自毁长城"。

1937年12月9日

下午2时，我和贝茨博士、施佩林、米尔斯、龙先生以及参谋部的一位上校巡视了唐将军不满意的安全区界线（西南）。站在山顶上，呈现在我们面前的是被火光和烟雾笼罩的城郊，中国人为了将那里开辟成战场，把所有房子都烧毁了，整个城区被烟雾带包围着。我们发现，在安全区西南界内有一排高射炮阵地。就在我们巡视的时候，3架日本轰炸机掠过我们的上空，向距我们约10米远的高射炮阵地进行了猛烈的射击。我们都卧倒在地上，我脸朝上躺着观察着高射炮的炮火。可惜的是炮弹总是打偏，或者应当这么说，幸好总是打偏了。我一直担心飞机会投下炸弹来，但是这次我们很走运。上校在安全区的界线问题上不肯让步，于是我威胁说要甩手不干，并将致电元首（希特勒），说由于唐将军的失信，难民区将无法建成。

漆黑的夜晚，路灯都熄灭了。在夜幕中，可以看见伤员在街道上蹒跚。没人去帮助他们，因为已经没有医生、卫生员和护理人员了，只有鼓楼医院的几个正直的美国医生还在坚持着。安全区的街道上挤满了带着大包小裹的难民。原来的交通部（武器装备部）已经对难民开放，仅仅一会儿工夫，里面就挤满了人。我们只得关闭了两个房间，因为里面有枪和弹药。难民中也有逃兵，他们扔掉了自己的军服和武器。

1937年12月11日　上午9点

难民区遭受了第一次炮弹袭击，地点在福昌饭店附近，共有12人死亡，约12人受伤。负责管理该饭店的施佩林被玻璃碎片击中受了轻伤。饭店前的两辆轿车起火燃烧了。另有一枚炮弹落在安全区内（中学），炸死13人。日本人一再指责中国军队没有撤出安全区。

1937年12月12日

施佩林毛遂自荐充当和谈代表。整个中午，我们都在等待着到唐将军那儿取重要信件的龙先生和周先生。最终，晚上6时左右，龙先生回来了。他说，我们的努力已经没有用了：日本人已经攻到了城门缺口边上了，现在谈判停火太晚了。

1937年12月15日

史密斯先生（路透社：引自在汉口的一次演讲）对留在南京的德国人的工作给予了最高的赞扬：拉贝、克勒格尔和施佩林关心中国难民的安危，努力提供了可能的慈善服务。

1937年12月23日

昨天晚上，领事馆警察负责人高玉拜访了我，请我们列出一份所有外国人遭受损失的清单。而且，必须在今天中午之前给所有外国人正在居住以及曾经居住的房子列出一份清单。只有大使馆可以轻而易举做到，但是对我们的委员会来讲，却不那么容易。不过，我们还是办到了。我和克勒格尔、施佩林、哈茨一起商量，按区域分工，及时汇总了清单。根据这份清单，共有38所德国人的房子被抢劫，其中一所（黑姆佩尔的饭店）被烧毁。美国人的受损清单要长得多，共有158所美国人的房子被抢劫。

1937年12月25日

克勒格尔和施佩林跑来看这棵全南京城唯一的圣诞树（这棵圣诞树在拉贝的房子里——译者注）。克勒格尔还带来了一瓶白葡萄酒，这是他从沙尔芬贝格家的废墟中拣出来的，可惜的是已经漏掉了半瓶。我们默默地为心爱的家人祝福。

之后，克勒格尔和施佩林又去了平仓巷美国人的家，他们邀请我们去参加圣诞晚会。我不能放下602名难民不管，所以去不了。

1938年1月1日

施佩林和里格斯下午来向我祝贺新年，我送给他们每人一枝雪茄烟（很体面的礼物——雪茄烟今天在这里要5～7美元一支）。此外，施佩林还得到一把剃须刀，因为他自己的刚被偷走了。

1938年1月3日

昨天晚上7时，史迈思博士带来许博士给费奇先生的字条：

亲爱的费奇先生：

　　刘培坤因保护自己的妻子免遭一个日本士兵强奸，而在今天下午4时30分左右被该士兵枪杀了！

　　因为我们邻近的房屋都被日本士兵抢占了，我们的住处现在挤满了逃出来的妇女。我给施佩林先生写过信，请他立刻到我们这儿来保护我们。如果他走不开，您能否派另一名外国人留在宁海路5号保护我们？

　　致以亲切的问候

您的许传音博士

1938年1月22日

我们委员会的总稽查施佩林先生看到了我们写的所有报告。这唤醒了他至今一直深藏着的荣誉感，他按捺不住，也写成了一篇报告。施佩林挽救了许多人的生命（他理应得到荣誉），也是我们中间经历最多、最有经验的人。但他头脑有些简单，因此报告写得并不生动。我们大家都不是天生的作家，但是施佩林写的那些的确非常滑稽可笑。他把草稿拿给我看，我当然不忍心把那些精彩的描写改掉，就让他那样写下去："妇女用颤抖的乳房给孩子喂奶。""赤身裸体的日本兵趴在一个女孩子的身上！"

2月23日，上午8点
全体美国人都来和我告别。施佩林、韩湘琳和电厂的几个中国人送汪汉万机长和我到下关去。

施佩林写给德国大使馆罗森博士的报告：

致德国大使馆罗森博士：
在南京和南京周围发生战事期间，我，本文件的署名人，同其他先生们冒着生命危险留在这里，并在国际委员会成立时被任命为南京安全区总稽查（警察局长）。因此，我作为总稽查巡视时，有机会亲眼看到各种的好事和坏事。我的外勤任务并不轻松。我有650名训练有素的警察，还有一个组织得很好的平民警察队协助我。我们维持了良好的秩序。我观察到了日本文职官员对日本士兵毫无约束力，日本领事官员对着那些强盗般的士兵卑躬屈膝。

12月21日，根据日本总部菊池先生要求，我找到了60名电工去维修下关电厂。这些工人们不愿为日本人干活，因为他们有50名躲在下关进行避难的伙伴被日本士兵残忍地枪杀了。

在80多起案件中，我被中国平民找去，把闯进安全区房子里残暴地强奸女人和女孩子的日本士兵赶出去。我很好地履行了职责。元旦那天，几个日本士兵四处寻开心。一个漂亮女孩子的母亲来找我，跪在地上哭着恳求我帮忙。我和她乘车赶到汉口路附近的一所房子。当我走进这所房子时，看到了如下情形：一个赤身裸体的日本兵趴在一个年轻、漂亮的女孩子身上，她悲痛欲绝地哭喊着。我用各种语言对着这家伙大声训斥，祝他"新年快乐"，他仓皇地跑了出去，用手提着裤子。所有这些案件，包括抢劫在内，都有报告，保存在国际委员会的卷宗中，随时可以查阅。

致以德意志的问候
施佩林

1938年1月31日摘自家庭日记（原文如此——译者注）

我在沉默中一直担心的事情变成了现实：几个德国人因敌意而争吵。昨天在沙尔芬贝格的晚宴上，施佩林和哈茨发生了冲突。后者是奥地利人或匈牙利人，有时说话不太注意方式。

毕竟，当我们在酒精的影响下变得暴躁的时候，便不能忍受任何事情了，这里的日本人对待我们"是好还是坏"？这个荒谬的问题引发了一场争论。既然我认为我们绝没有受到善待，我也卷入了争吵，并选择反对仇恨的立场。但至少我们最终和平地分开了！

1938年3月4日的南京战况

摘自德国大使馆一等秘书沙尔芬贝格为德国驻汉口大使馆录制的录音：

2月23日，约翰·拉贝先生参加了几场令人印象深刻和值得纪念的中外人士聚会，并听到了许多对他为安全区所作贡献的精彩感人的致谢演说，随后他离开了。这段时间，他本人不得不几次发言以示答谢。特别是在2月21日晚上，在美国传教士和所有陌生人参加的庆祝活动上，日本总领事福井也在场，他坚定地表达了对国际救济委员会的支持。

2月27日，奥地利人鲁珀特·哈茨和巴尔特·扎乌迪格等人离开了。唯一留在南京的德国人是酒店老板里夏德·亨佩尔和安全区的"警察局长"施佩林。

安全区域现在有一半是安全的。夜幕降临时,你会在城里看到很多中国人,但只有几辆人力车,没有小马车,有时用驴当役畜。

美国医生布雷迪抵达后,国际救济委员会安排他检查所有36个难民营,并为所有人接种疫苗。他已经给几千人注射了疫苗,警察局长施佩林被委派与他一起工作,以确保所有的营地都被清理干净。施佩林现在组织了一项"垃圾收集"活动,因为人们很难想象这里受污染的程度:垃圾堆放在居民区房屋之间的空地上,有25厘米高。外面的情况更糟。

埃尔温·维克特的评论

今天,约翰·拉贝、克里斯蒂安·克勒格尔和施佩林用"希特勒万岁!"或者像施佩林那样用"新年快乐!"指着他们的纳粹臂章赶跑了日本士兵。拉贝本人似乎也不把这当回事。他不知道自己还能隐瞒多久。他的美国朋友们有时乐在其中。但其中的一位英国记者特里默在上海写道:"这3个德国人表现得非常出色,我几乎也要戴上纳粹的徽章来与他们保持友谊了。"

第十节 明妮·魏特琳

威廉敏娜(明妮)·魏特琳[Wilhelmina(Minnie)Vautrin],1886年9月27日出生于美国伊利诺伊州塞科市,1941年5月16日去世(见图118)。

在她的童年和上学期间,她被迫努力工作以准备自己的大学学习费用。17岁那年,她就读于伊利诺伊州

明妮·魏特琳,美国教师、金陵女子学院院长(1886.9.27—1941.5.16)

| 拉贝与中国

诺默尔市的伊利诺伊州立大学。毕业后便在伊利诺伊州勒罗伊市的高中任教。

1912年,魏特琳以传教士和教师的身份在南京创立了金陵女子学院,并从那时起开始管理该学校(见图118)。

1937年12月日军进攻南京时,她与安全区国际委员会一起保护平民。在金陵女子学院,一所仅容纳200至300人的场地安置并保护了多达10000名妇女。尽管挂有美国国旗,也常常会受到日本士兵的侵扰。

明妮·魏特琳在1937年的日记中概述了那段恐怖经历:

这个城市里正在发生着应该控诉的罪行。

图118 → 明妮·魏特琳(http://www.alpha-canada.org/Study Tour/report2005/PhotoReport/098_MinnieVautrin.jpg)
↓ 明妮·魏特琳(第一排中间)
约翰·马吉(第二排,左起第三位)
(耶鲁神学院图书馆特藏)

昨晚有30名女孩被从语言学校带走；今天我也听到了关于昨晚从家中被带走的女孩们令人心碎的故事，其中一个女孩才12岁。

他们从人们手中抢走了食物、床单和金钱……我想镇上的每所房子都被搜查和洗劫了。

一辆载有8到10个女孩的车经过我身边时，我听见她们在车里大声喊叫："救命！救命！"从山上或街上零星传来的枪声，我们可以想象出那些可能不是士兵的平民的悲惨遭遇。

1940年魏特琳休假了。由于无法摆脱脑海中那些恐怖的情景，她在离开南京一年后吸食毒气自杀了（见图120a，120b）。

她去逝后，中国政府授予她"领绶采玉勋章"。历史学家胡华玲在她撰写的《南京大屠杀中的美国女神》一书中，充分褒扬像她这样的美国人为中国百姓所做的英雄事迹。

参考书目：

[1] 胡华玲：《南京大屠杀中的美国女神——明妮·魏特琳的勇气》。伊利诺伊州南部大学出版社，2000年4月。ISBN0-80932303-6。
[2] 塞科尔百年纪念委员会：《明妮·魏特琳的故事》，《赛科尔百年纪念册，1857年—1957年》，1957年。

约翰·拉贝日记摘录

1937年12月18日

尊敬的福井先生：

非常遗憾，我们不得不再次打扰你。我们非常关心这些需要关照的20万平民的疾苦，为此我们请求日本军事当局立即进行切实有力的干预，

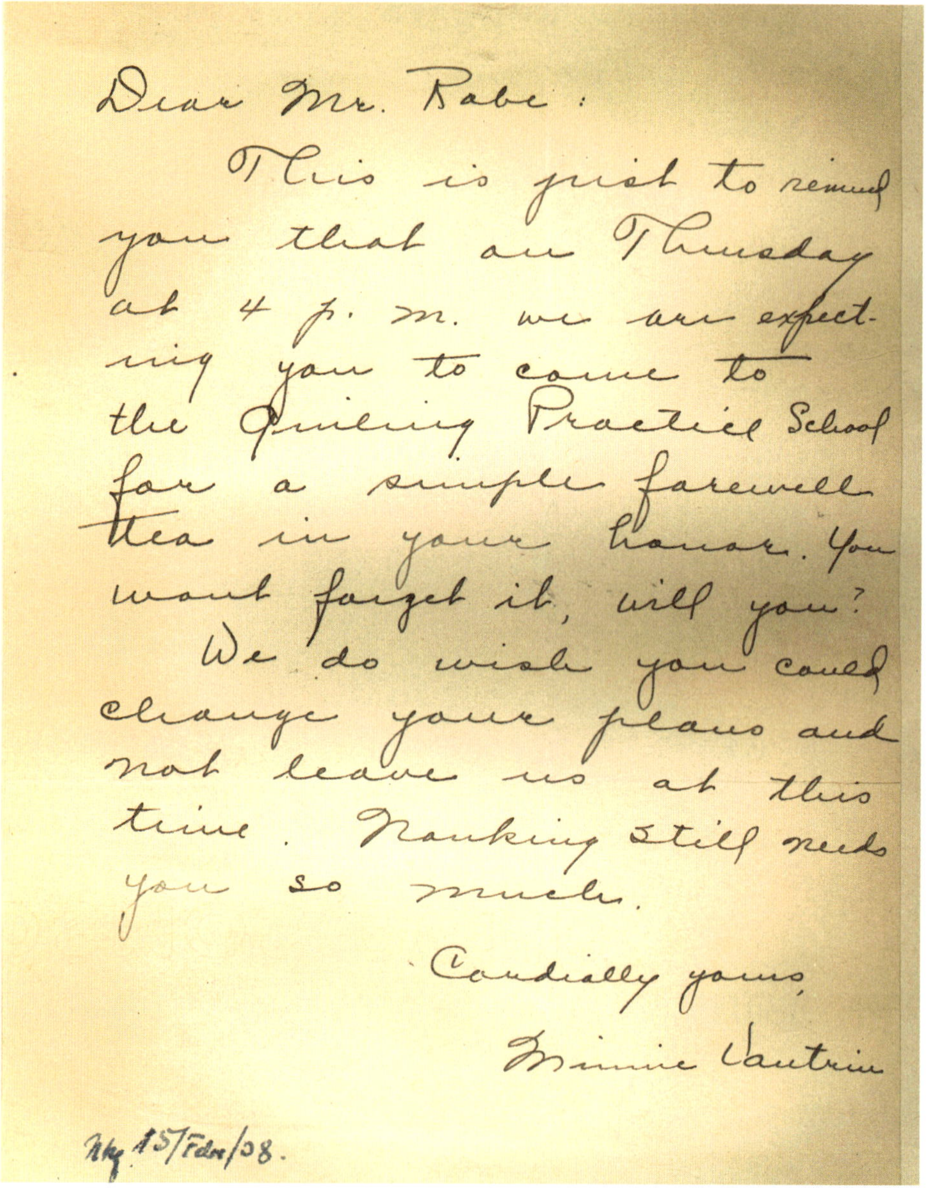

Dear Mr. Rabe:

This is just to remind you that on Thursday at 4 p.m. we are expecting you to come to the Giuling Practice School for a simple farewell tea in your honor. You wont forget it, will you?

We do wish you could change your plans and not leave us at this time. Nanking still needs you so much.

Cordially yours,
Minnie Vautrin

Nky 15/Feb/38.

图 119　明妮·魏特琳致约翰·拉贝参加告别茶会的邀请信（写于 1938 年 2 月 15 日）

图 120a ↑ 南京师范大学内的明妮·魏特琳的青铜半身塑像
        ↓ 1937 年,明妮·魏特琳金陵女子学院的学生

制止四处游荡的日军士兵在安全区的暴行。

各方源源不断送来有关日军暴行的报告，由于太多，目前我们无法将这些暴行事件一一记录在案。

晚上8时，当费奇、史迈思博士和米尔斯教士等3位先生来到金陵女子学院，准备在大门边的一间屋子里支床过夜时（为了保护这里的3000名妇女和儿童，自12月14日以来，我们中的一些人一直是这样过夜的。由于恐慌，人们纷纷逃往这里，这里的人数昨天增至4000人），他们遭到了日军搜家小分队的粗暴扣留，被拘禁了1个多小时。小分队的军官命令金陵女子学院的两位女负责人明妮·魏特琳小姐和陈女士以及她们的女友特维内姆夫人走出大门，在寒冷中，日军士兵不断对她们推推搡搡。日本军官坚称校内有中国士兵，一定要把他们搜查出来枪决。最终他还是放我们回去，但不允许米尔斯教士留下，所以后来发生了什么我们就不知道了。

1937年12月26日

我并不真正了解明妮·魏特琳小姐，作为一名老师，她显然承担了领导金陵女子学院的任务。起初，她受托千方百计地拒绝在学院的礼堂里收容男性难民。后来，她被说服在礼堂的一层收容男性，而在另一层安顿女性。

1938年2月15日

让我很感动的是，我的所有美国朋友一一地邀请我，与我郑重告别，虽然他们自己也没有多少吃的东西。现在轮到明妮·魏特琳小姐来邀请我参加告别茶会（见图119）。魏特琳小姐在12月最黑暗的那段日子里，带领400名妇女和女孩穿过这座城市，把她们安置到安全的金陵学院。由此，我对她怀有特殊的敬意。

第四章 见证历史

图 120b　明妮·魏特琳
↑ 1938 年 7 月，国民政府授予明妮·魏特琳的"领绶采玉勋章"（摄影：胡嘉伦）
↓ 位于美国密歇根州谢菲尔德的明妮·魏特琳的墓地（摄影：胡嘉伦）

| 拉贝与中国

图 121a　明妮·魏特琳的侄孙女辛迪·魏特琳和她的女儿展示明妮·魏特琳的证件

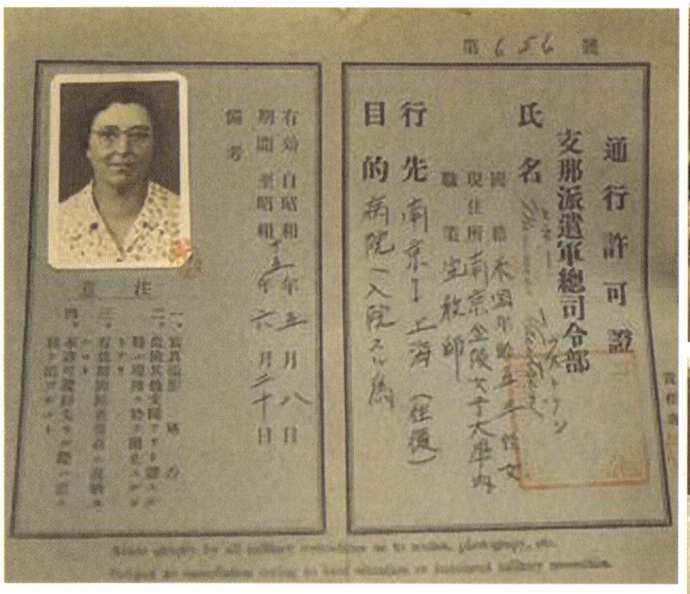

图 121b　↑明妮·魏特琳的有关文件（http://english.peopledeny.com.cn/200507/21/eng 20050721_197541: html）
↗红十字臂章　↘信件　日本侵略军发的通行证

1938 年 2 月 17 日

明妮·魏特琳小姐组织的告别茶会让我十分愉快。除了贝茨博士和费奇外，还邀请了李奇先生、阿利森先生和罗森博士。虽然有许多好吃的东西，但道别的气氛让人难过！

明妮·魏特琳的侄孙女辛迪·魏特琳

2005 年 7 月 20 日，在南京大屠杀遇难同胞纪念馆，明妮·魏特琳的侄孙女辛迪·魏特琳（见图 121a，左）和女儿展示明妮·魏特琳的护照。辛迪·魏特琳珍藏着 100 多份与南京大屠杀有关的历史文献，包括红十字臂章、信件和日本护照（见图 121b）。

第十一节　罗伯特·威尔逊

罗伯特·威尔逊（Dr. Robert O.Wilson），1906 年 10 月 5 日生于南京，卫理公会传教士威廉·威尔逊和玛丽·罗利的儿子。

他毕业于普林斯顿大学，并获得哈佛大学医学院的博士学位。

1935 年起在金陵大学鼓楼医院工作。在南京大屠杀之前，大多数中国医生已经离开了南京，但威尔逊留下来了。后来又有两名医生和两名护士从无锡圣安德烈医院赶来。在此之前，他在同事和几名护士（其中一名是来自美国的 67 岁的伊娃·海因茨）的帮助下，设法治疗了许多伤员（见图 122）。

罗伯特·威尔逊，鼓楼医院的美国外科医生（1906.10.5—1967.11.16）

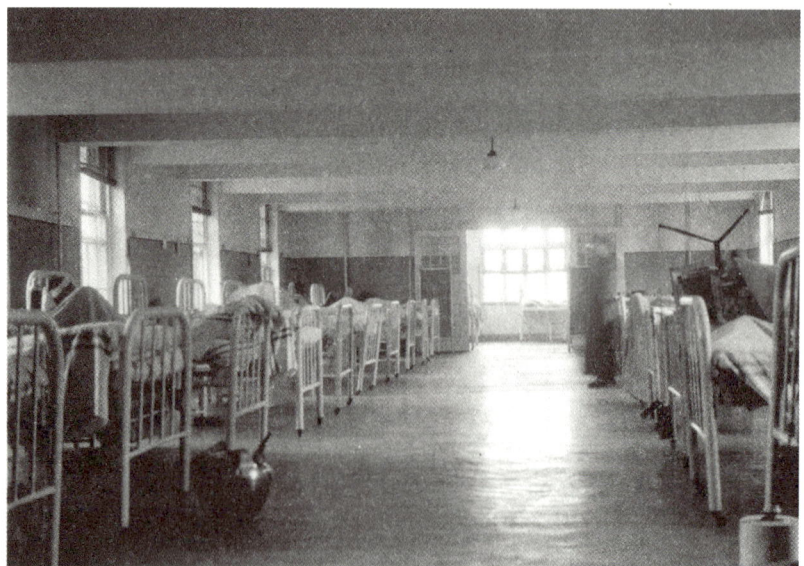

图122 ← 威尔逊医生、鼓楼医院的工作人员和病人（耶鲁神学院图书馆特藏）
→ 威尔逊医生曾经工作过的鼓楼医院的病房（耶鲁大学图书馆特藏）

资料来源：

[1] American Missionary Eyewitnesses to the Nanjing Massacre, 1937—1938; Yale Divitiny School Library Occasional Publication No. 9, 1997, Yale Divinity School Liberary, New Haven, Connecticut, https://dn.wikipdci.orf/wiki/Roadrt 0. Xilson.

约翰·拉贝日记摘录

1937 年 12 月 1 日

当天晚些时候罗森博士请几个德国人集中一下，商量什么时候必须登船。结果是：克勒格尔、施佩林、年轻的希尔施贝格和哈茨（奥地利工程师）都决定留下来帮助我。坐船的有：已经登船的希尔施贝格太太和女儿；罗森博士、许尔特尔和沙尔芬贝格（3 个人都是大使馆的工作人员）；两个售货员（诺伊曼小姐和一个我不知道姓名的俄国妇女）以及起士林糕饼店的会计。

1937 年 12 月 2 日

12 月 2 日，大使和劳滕施拉格博士再次乘海上执勤快艇返回南京，并于夜间再次离开。

1937 年 12 月 8 日

12 月 8 日，英国、美国和德国的外交代表决定关闭南京大使馆后离开。罗森博士、沙尔芬贝格博士和许尔特尔去了巴特菲尔德-斯怀尔公司的船。该船停泊在南京的扬子江上游，那里已经有 20 个英国人以及几个女人和一个孩子。船上住的地方很狭窄，尽管英国人热情好客，但情况仍然不乐观。在船上的下等仓里有大约 500 名带着孩子的中国人。

1937 年 12 月 11 日

12 月 11 日，一艘来自汉口的英国轮船到达，停泊在那艘大船旁边。我们德国人被安顿在那艘英国船上，每个人都有自己独立的房间，条件很好，可以洗澡和自由出入。

1938 年 1 月 6 日

外交官们返回

谢天谢地！美国大使馆的 3 名官员——阿利森先生、埃斯皮先生和麦法迪恩先生，乘坐“瓦胡”号美国轮船从上海出发，于今日抵达。本来 12 月 31 日他们已经准备好在南京下船，但由于船舶不被允许靠岸，只能继续开往芜湖。今天，他们终于从芜湖抵达这里。阿利森先生以前曾在东京从事过外交工作，会讲日语。

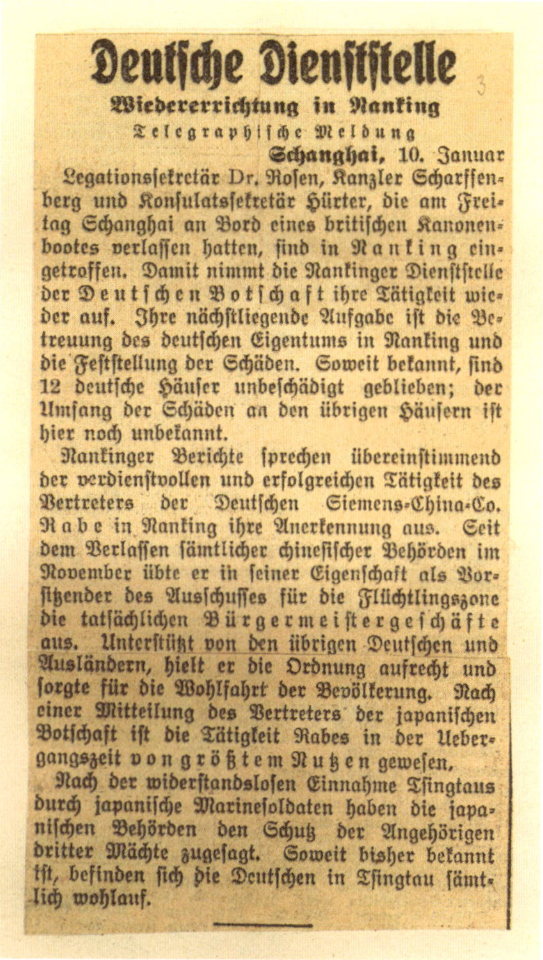

Deutsche Dienststelle

Wiedererrichtung in Nanking

Telegraphische Meldung

Schanghai, 10. Januar

Legationssekretär Dr. Rosen, Kanzler Scharffenberg und Konsulatssekretär Hürter, die am Freitag Schanghai an Bord eines britischen Kanonenbootes verlassen hatten, sind in Nanking eingetroffen. Damit nimmt die Nankinger Dienststelle der Deutschen Botschaft ihre Tätigkeit wieder auf. Ihre nächstliegende Aufgabe ist die Betreuung des deutschen Eigentums in Nanking und die Feststellung der Schäden. Soweit bekannt, sind 12 deutsche Häuser unbeschädigt geblieben; der Umfang der Schäden an den übrigen Häusern ist hier noch unbekannt.

Nankinger Berichte sprechen übereinstimmend der verdienstvollen und erfolgreichen Tätigkeit des Vertreters der Deutschen Siemens-China-Co. Rabe in Nanking ihre Anerkennung aus. Seit dem Verlassen sämtlicher chinesischer Behörden im November übte er in seiner Eigenschaft als Vorsitzender des Ausschusses für die Flüchtlingszone die tatsächlichen Bürgermeistergeschäfte aus. Unterstützt von den übrigen Deutschen und Ausländern, hielt er die Ordnung aufrecht und sorgte für die Wohlfahrt der Bevölkerung. Nach einer Mitteilung des Vertreters der japanischen Botschaft ist die Tätigkeit Rabes in der Uebergangszeit von größtem Nutzen gewesen.

Nach der widerstandslosen Einnahme Tsingtaus durch japanische Marinesoldaten haben die japanischen Behörden den Schutz der Angehörigen dritter Mächte zugesagt. Soweit bisher bekannt ist, befinden sich die Deutschen in Tsingtau sämtlich wohlauf.

图 123 报纸上一篇关于德国驻南京大使馆的文章

罗森博士、沙尔芬贝格博士和领事馆秘书许尔特尔乘坐一艘从上海驶往南京的英国炮艇，现已抵达。德国大使馆恢复了活动。

1938年1月10日
报纸文章，见图123。

第十二节　奥斯卡·陶德曼

奥斯卡·陶德曼（Oskar Trautmann），1877年5月7日—1950年12月10日，德国外交官，1931年冬任驻华公使，1935年再任德国驻华公使。

奥斯卡·陶德曼，德国驻华大使
（1877.5.7—1950.12.10）

外交生涯

奥斯卡·陶德曼所学专业是法律，毕业后在德国外交部工作。1907年至1914年担任德国驻圣彼得堡副领事。1921年任德国驻日本神户总领事。1922年任德国驻日本大使馆参赞。1926年到1931年任外交部东方局局长，从事外交使节管理工作。1931年起，陶德曼在北平先后任德国驻华特使、大使，并担任德中文化经济协会理事。1935年在南京任驻华大使，任职两年后，日本侵华战争全面爆发。当时德国对东亚的外交政策处在不断调整变化之中。正如1937年1月27日，陶德曼在南京对中国政府官员说：

"德国的东亚政策不可能没有区别,而是根据形势变化而变化,但保持着某种平衡,在有的问题上照顾中国的利益,在另外一些方面满足日本的关切,否则必将会引起另一方的强烈不满。"(Sommdr, T., 1962, p.56)

随着战争加剧,他试图采用调解的方式进行调停。在谈判中,他扮演了中间人的角色,主张尽可能地以非暴力方式接管城市。然而,他的一切努力都失败了。1937年12月13日,发生了南京大屠杀。

1938年,陶德曼从南京被召回,离开了中国。1942年退休。

1933年10月15日,德国大使奥斯卡·陶德曼在德国学校的开学典礼上。(见图124a,124b)

资料来源:

[1] 从1905年到1937年,关于外交政策问题的大量文件和信件,包括与苏联的关系、东亚政策、中国的经济和政治形势、陶德曼的演讲和随笔还有私人信件,以及保存的报纸剪报,在联邦档案馆均可查阅。陶德曼也对俄语做了翻译。

[2] Die städtische Schuldeputation in Preußen und die Ministerialinstruktion vom 26. Juni 1811. Tübingen: 1905(《普鲁士学校的城市代表及部级指导——1811年6月26日》图宾根:1905)。

[3] Die Frage der Zerstörung neutraler Prisen und ihre Erörterung auf der Haager undder Londoner Konferenz Tübingens: 1910(《摧毁中立的一小撮问题及该问题在哈格尔会议和伦敦会议上的探讨》,图宾根:1910)。

[4] Brief Oskar Trautmann an Hans Jonas, 30. April 1930。

[5] 奥斯卡·陶德曼致汉斯·约纳斯的信,1930年4月30日。

[6] Die Sängerbrücke. Gedanken zur russischen Außenpolitikvon 1870–1914. Stuttgart: Union, 1940(《歌唱家的桥梁——关于1870—1914年俄国外交政策的思考》,斯图加特:联合出版社,1940)。

[7] Der Mensch in der Zeit: Ein Breviarium. Stuttgart: Union, 1947(《时代中的人:节录》,斯图加特:联合出版社,1947)。

[8] Die Wiederkehr Gottes: Ein literarischer Versuch über das Verhältnis des modernen Menschen zur Religion. Stuttgart: Koehler, 1949(《上帝的降临:从文学的视角试论现代人与宗教的关系》,斯图加特:科勒出版社,1949)。

[9] Sommer, Theo: Deutschland und Japan zwischen denMächten 1935–1940. Vom Antikomint-

ernpakt zum Dreimächtepakt, Tübingen 1962（特奥·佐默：《列强之间的德国与日本：1935—1940——从反共产国际条约到三国条约》，图宾根：1962）。

[10] Fox, John P.: Germany and the Far Eastern Crisis, 1931—1938. A Study in Diplomacy and Ideology. Oxford 1982（约翰·福克斯：《德国与远东危机：1931—1938——关于外交与意识形态的研究》，牛津：1982）。

[11] Ruland, Bernd: Deutsche Botschaft Peking. Bayreuth, 1973（贝恩德·罗兰特：《德国驻北京使馆》，贝罗伊特：1973）。

约翰·拉贝日记摘录

1937 年 9 月 25 日

根据今天德文《远东新闻报》的简讯，德国大使陶德曼博士为保障留在南京的德国人安全，已做好了各种准备。我们听到后都很兴奋，急于想知道他要怎么做。

昨天在大使馆召开的座谈会上，他透露了一项很不错的计划。他向怡和洋行包租了一艘英国轮船"库特沃"号，这艘轮船将载着凡是能离开的德国人溯江而上，也就是说离开危险区。

1937 年 10 月 6 日

下午 6 点—7 点，陶德曼大使和我喝茶。我们一起坐了一个小时，讨论了当前的局势。我们都有些悲观。中国华北已经沦陷了，对此，我们无能为力。不过，中国人似乎把上海视为主要战场，因为南京要以上海作屏障。可是，能坚持多久呢？

1937 年 11 月 15 日

在交通部，我确信政府正在准备撤离南京。交通部的走廊上、办公室里堆满了皮箱和木箱。他们打算迁到长沙去。我去了铁道部,那儿的一个杂工偷偷告诉我说,铁道部明天也要装箱打包。

我去拜访德国大使和夫人,与陶德曼大使一起喝了茶。在那儿遇见了从太原来的施佩曼(Speemann)将军。"库特沃"号可能会先把妇女和其他一些贵重物品送到汉口,再回到这里接大使馆剩下的人员。他们说,中国政府一逃走,大使馆就得撤离,否则就得留在敌占区了。

1937年11月19日

德国大使馆暂时留下3位先生:许尔特尔、罗森博士和沙尔芬贝格。我不明白为什么把罗森博士留在这里。据我所知,他并没有主动提出留下。所以我请陶德曼夫人在大使面前说情(大使正好外出不在),请他撤销这个决定。陶德曼夫人答应尽力试一试。一个不能把全部心思扑在工作上的人,我们要他留在这儿有何用。罗森博士当然对我的介入一无所知,也无需让他知道。礼和公司的梅尔基奥尔试图说服我改变留在这里的决定,我谢绝了。

1937年11月27日

联邦外交部人事部门负责人给陶德曼大使的电报命令。

(以下内容疑来自他人——译者注。)

"悲惨的命运。"约翰·拉贝写道。1937年11月27日,乔治·罗森医生向拉贝敞开心扉时,是否已经得知,3天前,由人事部主管签字的外交部电报已经送到了汉口的大使馆?电文如下:

电 报

请大使亲启

请委婉地告知罗森,回国休假是不可能的。由于他不具有雅利安血统,很快将被停职。

                审查员

  南京遭受袭击时,陶德曼在汉口。12月初,他和其他外交官一起返回南京。1937年12月3日,在蒋介石的要求下,他不得不在很短的时间内从汉口返回南京谈话。

  德国在日本侵华战争中扮演了传话筒的角色。由于蒋介石生病了,陶德曼将日本新的且更加无理的要求告知了蒋夫人和她的姐夫——行政院代院长孔祥熙。这让人十分惊愕,蒋夫人说,难怪德国政府不愿就这些要求发表评论。

1937年11月28日

  从罗森博士那儿我还听说,大使在汉口曾经打听是谁给元首发了电报。现在陶德曼博士已经收到了罗森博士的信,信中述说了详情以及我给希特勒和克里伯尔的电报内容。今天下午,收音机里只字未提关于中立区的事。

1937年12月2日

  德国大使陶德曼博士和使馆参赞劳滕施拉格博士从汉口回来了,这使人们感到很意外。罗森博士解释说,这件事与委员会的工作毫无关系。不过罗森博士私下还告诉我:大使不完全同意我给元首和克里伯尔发的电报,他认为没有必要发这两份电报。明天我要登门拜访陶德曼博士,因为今天没有时间。我估计,他的归来与德国的和平斡旋有关。

1937年12月3日

  罗森博士来看望我,并向我转达陶德曼博士的问候。陶德曼博士昨天晚上已经搭乘他来时乘坐的海关巡逻艇又回到汉口去了。罗森犹豫了片刻后

| 拉贝与中国

图 124a　1933 年于南京，奥斯卡·陶德曼在德国学校的开学典礼上

图 124b　1933 年于南京，奥斯卡·陶德曼在德国学校的开学典礼上

还是承认了,大使确实带着和平斡旋的建议去了蒋介石那里。当然,关于和平建议的细节我是不可能从罗森先生这儿了解到的,因此我也不用费神了。只要真的采取了这类步骤,对我来讲就足够了。但愿这些建议能带来好的结果!

攻城前夕,留在此地的大部分美国人今天登上了一艘美国军舰,剩下的人做好了随时乘船的准备,只有我们委员会的成员拒绝登船。罗森博士告诉我一个机密消息,蒋介石接受了由陶德曼大使提出的和平建议。罗森博士希望和平能在日本人占领南京之前来到。

1937 年 12 月 8 日

大约两年前,在北戴河的一次茶会上,陶德曼博士用这么一句话来和我打招呼:"看,南京市市长来啦。"我当时听了他的玩笑还有些不高兴(那时我是南京地区纳粹党小组副组长)。可是现在,这句玩笑几乎要变成真的了。当然,一般情况下,一个欧洲人是不可能成为一个中国城市的市长的。但是,现在出现了这样一种情况:前一段时间一直和我们合作的马市长昨天离开了南京。于是,委员会不得不开始在难民区处理那些理应由市政府负责的市政管理工作。这样我真有点像一名"执行市长"了。

1937 年 12 月 10 日

我们大家都深感沮丧,从汉口美国大使约翰逊那里传来消息,他已经把我们的电报转交给了蒋介石,他本人同意并支持我们的建议。同时他又发了一份秘密电报告诉我们,在汉口的中国外交部已经正式口头通知他,他们认为唐将军同意停火 3 天并从南京撤出部队的看法是错误的。此外,蒋介石已经宣布,他不会接受这类的建议。我们再一次确认了一下,没有弄错。龙和林在我们发电报时也在场,他们确认一切属实。据他们看来,蒋介石肯定会同意这件事的。

我们反复给蒋介石发电报,同时给在汉口的德国大使陶德曼发电报,请求他对我们的建议予以支持。

1937年12月17日

日本总领事冈崎胜雄昨天要求难民尽快离开安全区,返回自己的住处,有店铺的就重新开业。其实日本士兵已经为店铺的店主们打开了门,城里几乎没有一家商店未被日本人砸开并抢劫。德国大使陶德曼博士位于萨家湾的房子奇迹般地幸免。

1937年12月28日

我和史迈思博士在日本大使馆同福井先生和一个日本少佐会谈了两个小时。日本少佐通知我们,他收到德国大使陶德曼博士关于保障我们安全的请求,他要求所有德国人(我们总共5人)搬到一所房子里,以便他能保护这所房子。我要是不同意这个建议,就要我写一封信给他,声明放弃保护。我坦率地发表了意见,声明除了日本军队向这个城里的中国人许诺的保护以外,我不要求为我个人的安全提供特别保护。如果我在经历了过去两星期这里发生的一切之后,现在置中国人于不顾,那我当时就可以同陶德曼博士和其他德国人一起登上"库特沃"号了。

少佐向我解释说,我受委托保护您的生命,如果可以证明财物是日本士兵抢去的或破坏的,由日本政府负责偿还或赔偿。我回答他的是,我于1937年12月14日同我们委员会的一些美国成员在城里转了一圈,发现全部德国财物(在南京沦陷前)完好无损;随着日军的进城才开始了抢掠、纵火、强奸、谋杀和屠杀。我们大家都愿意对此起誓,美国财物的情况也一样。

1938年1月5日

陶德曼大使发给联邦外交部的一份报告。

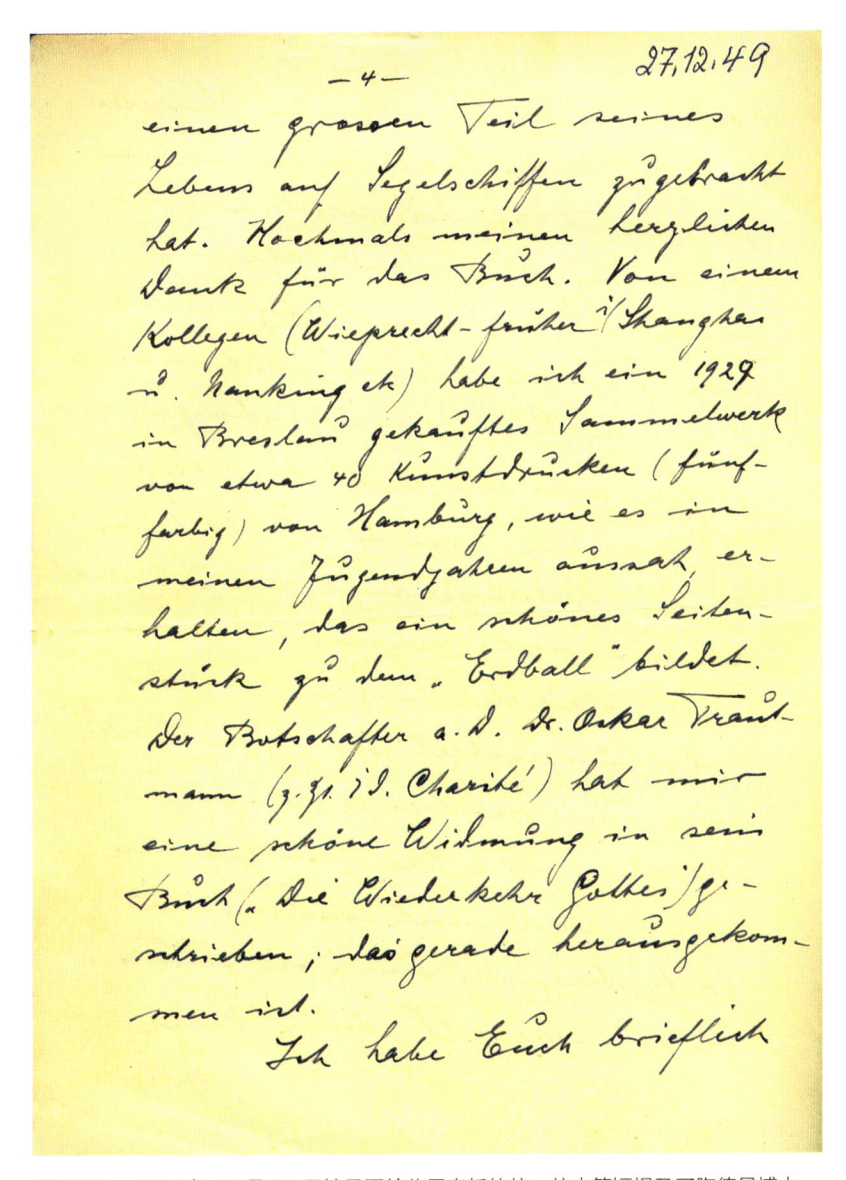

图 124c 1949年12月27日拉贝写给儿子奥托的信。信中简短提及了陶德曼博士

1938年1月6日　汉口

内容：占领南京，日本军队抢劫

各界人士对西门子代表拉贝先生领导的国际委员会为南京难民区所做的工作大加赞扬。孔祥熙院长请求大使先生向拉贝先生转达他衷心的感谢。我想保留为拉贝先生申请授勋的权力。

陶德曼

1938年2月2日

陶德曼博士从汉口传来消息，中国的行政院院长孔祥熙让他向我转达其对我们在此所做工作的感谢。我正式向委员会做了传达。

1938年2月22日

晚上8时，和罗森博士单独用晚餐。罗森对自己的命运有些心事，向我倾吐了一番。晚上10时收音机里传来新闻：德国承认了伪"满洲国"。据收音机里说，正逗留在汉口的我国大使陶德曼博士在中国政府面前陷入了尴尬的境地。我们担心他可能会辞职，尽管报道丝毫没有提及。从这里我很难看清国内的局势。可是，是对是错？它毕竟是我的祖国！

第十三节　保罗·沙尔芬贝格

保罗·赫尔曼·约翰内斯·沙尔芬贝格（Paul Hermann Johannes Scharffenberg），1873年12月2日出生于波兹南附近的科比尼克（Koayinik，今属波兰）。他的学生时代是在波美拉尼亚的新什切青（Neustettin）度过的，之后又来到纳尔特河畔的兰德斯贝格（Landsberg an der Warthe）。1888年，他进入士官学校。从1900年7月16日起，他在第二东亚步兵团服役，驻扎在北京。1901年至1903年9月19日，他隶属于东亚占领军旅。1903年9月19日，他在任陆军中尉近13年后退役，并于当年进入当时的德国驻天津领事馆工作。在德国驻天津领事馆担任了一段时间领事秘书后，他于1913年被任命为天津领事馆的行政主管。

保罗·沙尔芬贝格，德国驻华大使馆行政主管（1873—1938）

1916年6月2日，他与来自汉诺威市于尔岑的希尔德·维德（Hilde Weddde）女士结婚。这位后来的沙尔芬贝格夫人早在1912年初就以家庭教师的身份来到了中国。他们有两个孩子：儿子1920年出生在策勒，女儿1924年出生在天津。女儿雷娜特·沙尔芬贝格（见图125）在中国长大。日本侵华战争爆发后，她被送到德国的一所寄宿学校。后来，在她父母分别死于食物中毒和心脏病时，她只有14岁。雷娜特·沙尔芬贝格随后被他人收养。

随着中国加入第一次世界大战，1917年4月沙尔芬贝格被逐出中国，与其他外交官一起返回柏林。1917年7月1日至1921年2月9日，他在瑞士伯尔尼公使馆工作。接着他又在柏林的外交部工作了不长时间，直到1921年11月。随后他被任命为德国驻天津总领事馆的行政主管，并于1922年1月11日履新就职。1934年9月1日，他调到德国驻北平公使馆，公使馆于1935年升格为德国驻北平大使馆。1935年底，德国驻北平大使馆从北平迁往南京。

乔治·罗森博士的儿子保罗·罗森回忆起他父亲曾讲过下面这样一件事情：1938年6月，日本人曾邀人参加一场西餐盛宴，罗森博士和保罗·沙尔芬贝格等人也在受邀之列。美食中有烤牛肉。由于罗森博士不能吃带血的肉，他就只吃了一块边缘部分的肉。沙尔芬贝格吃了带血的烤牛肉，不久就因食物中

| 拉贝与中国

图 125
← 雷娜特·沙尔芬贝格，保罗·沙尔芬贝格的女儿
↓ 保罗·沙尔芬贝格（左前）在咖啡店

毒病倒了。医学检查也没有确切的结论，但不能完全排除蓄意投毒的可能。但罗森博士没事儿。沙尔芬贝格于 1938 年 6 月 19 日去世。不过，据说为日本人做厨师的两名中国兄弟在南京承认，他们曾试图毒死日本人。

保罗·沙尔芬贝格的日记

1991 年，人们在德国联邦档案馆波茨坦分馆发现了一份德国前外交官乔治·罗森博士的报告,其中包含时任德国驻南京大使馆一等秘书行政主管保罗·沙尔芬贝格日记中的一篇文章,题为"1938年1月13日南京的情况"。沙尔芬贝格日记的某些部分与其他同时期德国驻中国大使馆的文件一起保存在柏林的联邦档案馆内(见图126)。

沙尔芬贝格的各种报告都是关于1937年11月22日至1938年3月21日在南京发生的事件。

中国作家戴袁之(戴袁之是《中国青年报》驻江苏的一名记者)在一篇网络评论(http://www.chinatoday.com.cn/chinaheute/g2003/g2003n4/4g1.htm)中用德语对相应的日记进行了评论,这里不做详细讨论。

以下节选自约翰·拉贝日记,以及保罗·沙尔芬贝格在担任德国大使馆行政主管时的往来信件。

约翰·拉贝日记摘录

1938年1月10日

我从许尔特尔那里听说,在"库特沃"号甲板上,两位德国人(P先生和V.S.先生)发生了争端。因此,P向V.S.提出决斗挑战,他们俩相隔30步,以手枪对决挑战。二人乘船的目的地是香港,由于香港不允许决斗,所以决斗将在德国进行。在此期间,两人已经分乘不同的船回家了。对此进行任何评论都是多余的!我们冒着巨大的生命危险试图拯救这里的生命,而我们的同胞却拿他们自己的生命开玩笑。

1938年1月31日

下午4:30:在平仓巷做礼拜。晚上6点:在罗森博士那里和史迈思一

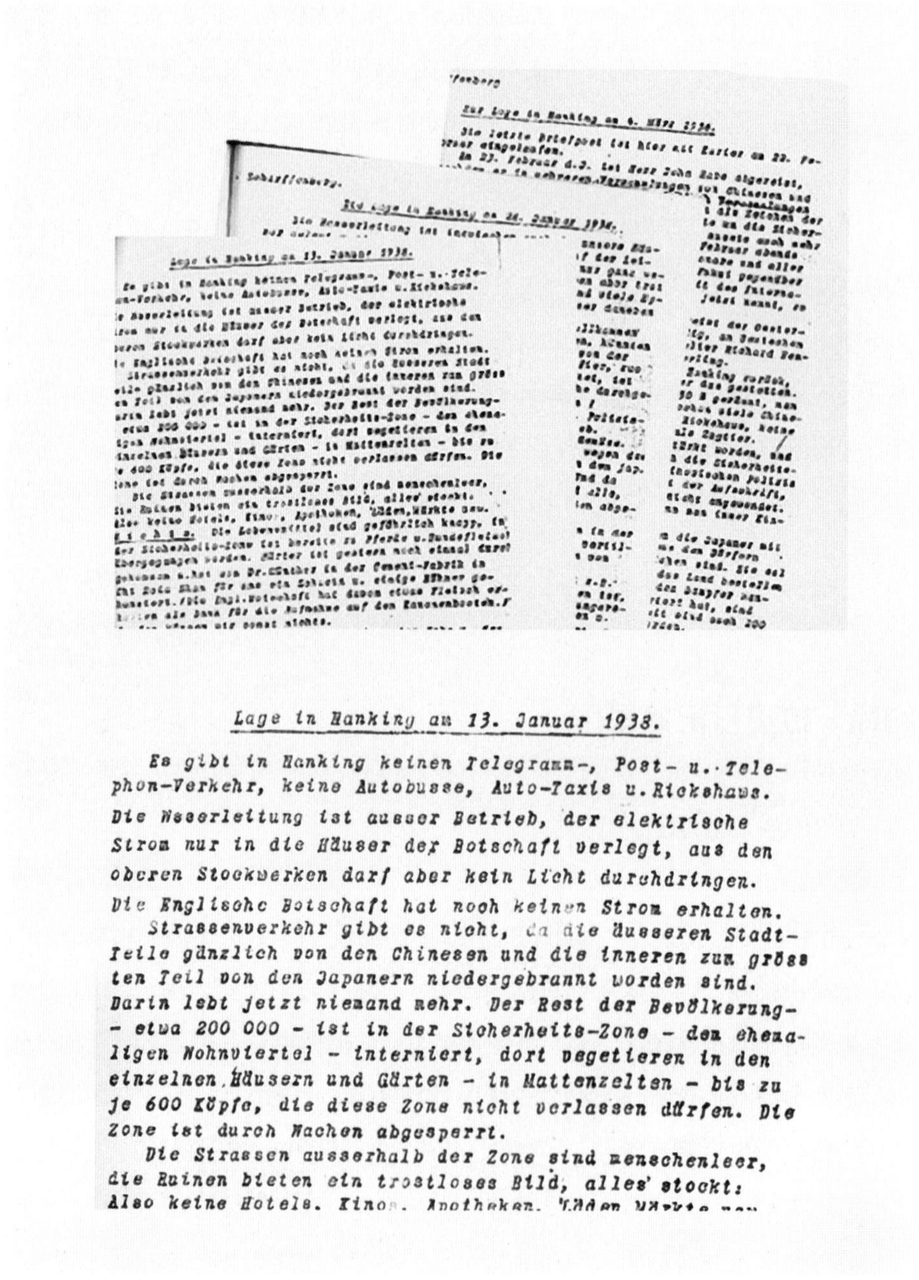

| 拉贝与中国

Lage in Nanking am 13. Januar 1938.

Es gibt in Nanking keinen Telegramm-, Post- u. Telephon-Verkehr, keine Autobusse, Auto-Taxis u. Rickshaws. Die Wasserleitung ist ausser Betrieb, der elektrische Strom nur in die Häuser der Botschaft verlegt, aus den oberen Stockwerken darf aber kein Licht durchdringen. Die Englische Botschaft hat noch keinen Strom erhalten.

Strassenverkehr gibt es nicht, da die äusseren Stadtteile gänzlich von den Chinesen und die inneren zum grössten Teil von den Japanern niedergebrannt worden sind. Darin lebt jetzt niemand mehr. Der Rest der Bevölkerung - etwa 200 000 - ist in der Sicherheits-Zone - dem ehemaligen Wohnviertel - interniert, dort vegetieren in den einzelnen Häusern und Gärten - in Mattenzelten - bis zu je 600 Köpfe, die diese Zone nicht verlassen dürfen. Die Zone ist durch Wachen abgesperrt.

Die Strassen ausserhalb der Zone sind menschenleer, die Ruinen bieten ein trostloses Bild, alles' stockt: Also keine Hotels, Kinos, Apotheken, Läden Märkte usw.

图 126　沙尔芬贝格日记

起喝茶。

晚上 8 点：与许尔特尔、施佩林和哈茨在沙尔芬贝格那里共进晚餐。今天是希特勒夺取政权 5 周年的日子，我们给地方党支部领导劳滕施拉格博士发了一份电报。

我一直默默担心的事情终于发生了：少数德国人的敌对和躁动。昨天在和沙尔芬贝格、许尔特尔等人吃晚餐时，哈茨和施佩林吵了起来。哈茨是奥地利人，或称匈牙利人，有时他会口无遮拦。几杯酒下肚，情绪上来了，近来的一切确实也让我们无法容忍了——关于一个可笑的问题的争吵就这样发生了，即日本人对我们到底是相对好还是不好？我认为，我们绝对没有受到善待，我也因此卷入了这场争吵，并且和哈茨的观点相反；不过，至少我们最后散场的时候还是一团和气！

罗森和沙尔芬贝格及许尔特尔之间也有分歧。主要原因是，罗森博士在开车出游或替我出差时，总想远离日本哨兵。然而沙尔芬贝格及许尔特尔持另一种意见，在这点上，我不得不说我站在他们一边。在现在的形势下，顺从日军的命令是更明智的做法。但是罗森博士绝对不这么认为。不过，能帮到忙的地方，罗森博士、沙尔芬贝格和许尔特尔都会尽其所能。我希望我们之间的分歧能得到化解，因为本来在这里的德国人就不多，我们几个之间再发生争吵对我们是最糟糕的事情！

保罗·沙尔芬贝格的记录

1938 年 2 月 2 日

今天中午，我和罗森博士以及日本在上海大使馆的日高信六郎参赞在罗森家共进午餐。过去 3 天，我们记录了日军 88 起暴行，这超过了去年 12 月份我们经历的最糟糕的时期的数量。当我把这份报告递交到日高手中的时候，他对这些"日本流氓"的行为表示遗憾，并提到这类事情在部队换防时常有发生，他把这当做一种道歉。据说，前一批糟糕的部队已在1月28日调走，他们在离开南京之前又干了许多坏事。

1938年2月10日

安全委员会一直是日本人的眼中钉。从2月4日开始，大批中国人也离开了营地，在城市中找到了避难所。在我看来，拉贝先生作为主席，他的功绩是非常伟大的。他本来可以在2月4日撤离安全区的那一天辞职，在工作最辉煌的时候离开南京，光荣卸任。

拉贝为自己考虑到了这一点，也试图得到日本人的许可离开南京去上海，但他对于最近又频繁发生的日本抢劫者制造的血腥暴行的受害者依旧采取积极援助措施。这并不会使我们德国人担心自己的死活，特别是自从人们清楚地明白中国人只能依赖日本人时，就迅速与他们亲善。在一片骚乱中，总是只能听到一方的声音。

除了拉贝，当地所有的德国人都意识到了，亚洲的战争方式与我们的有很大的不同！由于没人愿意做俘虏，战争的残酷就不可避免。烧杀抢掠是显而易见的，就像在"三十年战争"中的一样。女性遭遇的更为糟糕的境况或许还要追溯到"通州事件"，当时日本妇女和儿童在那里遭到的暴行，这将会被成百上千倍地报复出去。

尽管这里的一切可能还是很糟糕，但一旦难民们被迫离开了安全区，人们还是可以期待情况将得到改善。松井石根将军不久前来到这里负责维持秩序。

但人们明显能感觉到天谷的手笔带来的效果，街上废弃的车辆都不见了，翻倒在地的卡车、公共汽车和各种各样横七竖八的汽车，其中一些已被拆卸掉一半，被浇上汽油烧掉，剩下的则被清除走。许多部队在城里忙活起来，拆除垂下来的电报线、电话线和电灯线,并重新架上了新的。

这姑且算是改善吧。红十字会已经获得许可,对街头胡乱堆放的尸体进行安葬。比如几天前,他们从施罗德博士家附近仅有的一个池塘里捞出了120多具尸体,他们的双手仍被铁丝绑在一起。拉贝亲眼见证了这一切。我自己也见过好几次日本士兵用厨具从这些水塘里取水,祝他们好胃口吧——等天气变得温热,这将成为一场令人担忧的噩梦。

2月5日16点钟,所有的外国人共聚一堂,在日本大使馆这个我们已经很熟悉的地方,聆听一场军事音乐会。在那座巨大的餐厅里坐着42人组成的乐队,他们是特地从东京赶到这里的。他们演奏得很好,超出了我们这群人中最吹毛求疵的人的预期。指挥卡普兰·S.欧恩拉(Caplain S. Ohouunla)以前在巴黎学习音乐,他指挥得很好,加演的几个曲目让我们很高兴,其中一些还是他自己创作的。

外国人在客厅里坐成一排。大家落座后,"大使馆待客厅"里的艺妓们专门给他们上茶。令人赏心悦目的是,日本人安排了4个最漂亮的姑娘为我们服务。然后表演就开始了,安排的节目轮番上演。

第4首乐曲结束后是一段休息时间,人们可以品尝走廊里丰富的小吃。长餐桌上满是蛋糕、糖果、烘焙食品和水果,就像俄国沙皇的盛宴般丰富。所有这些都是在标榜和炫耀。众多艺妓再一次端来茶、递上烟,尤其是她们为在座的日本和外国客人点烟时姿态非常迷人可爱。这些姿态被众多摄影记者捕捉到,他们日后便通过影像和报纸,向目瞪口呆的世界展示在南京的日本人和外国人之间衷心地和睦融洽。事情其实是反面的。也正是日本人露出马脚的一面!

在众多传教士中,我还见到了麦卡勒姆先生,他是菲舍尔参赞的房东。

(保罗·沙尔芬贝格)

| 拉贝与中国

第十四节　乔治·罗森博士

乔治·罗森博士，德国驻华大使馆秘书（1895.9.14—1961.7.21）

乔治·罗森（Georg Rosen），1895年出生在西姆兰——曾经的德黑兰郊区，现在的市区。他的父亲弗里德里希·罗森博士是当时德国驻德黑兰公使馆的口译员，他的母亲妮娜·罗森，出嫁前姓罗赫。弗里德里希·罗森学贯东西方文化，掌握阿拉伯语和波斯语等多门语言。后来，他担任德国外交部东方司的负责人。1906年至1921年间，他先在丹吉尔（摩洛哥）任公使，后来又调任至布加勒斯特、里斯本，最后去了海牙。1921年5月至10月，担任德国外交部长（无党派）。

乔治·罗森在通过第一次国家法律考试并获得博士学位后，于1921年进入外交部。经过一段时间的培训后，他在哥本哈根担任领事秘书（1924—1925），随后又在纽约担任副领事（1925—1927）。1927年至1931年，他回到德国外交部工作。1931年，他被任命为德国驻雷维尔（爱沙尼亚）公使馆一秘。

随着纳粹分子掌权，乔治·罗森成了一个不受欢迎的人。一方面是因为他的父亲曾供职于魏玛共和国政府；另一方面，就像希特勒的追随者所称，他和"犹太人通婚"。

在父亲这一支的家谱中，乔治·罗森的祖先是1510年前后出生的瓦伦丁·巴尔霍恩。瓦伦丁·巴尔霍恩曾是一名僧侣，但他后来离开修道院，加入了马丁·路德的新教运动。根据家族流传的说法，他的妻子同样是一位离开修道院的修女。他后来的职业是亚麻织布工。1540年后，巴尔霍恩夫妇在哈尔伯施塔特有了一个儿子，他的名字也叫瓦伦丁（瓦伦丁·巴尔霍恩二世）。据说，小巴尔霍恩只从事了亚麻编织工这个职业。根据家谱记载，巴尔霍恩家族后来3代的子嗣中，一个是新教教会的唱诗班领唱，另外两个是新教牧师。巴尔霍恩家族再下一代的儿子（弗里德里希·恩斯特·威廉，1774—1859）是语言学家和律师，曾在哥廷根大学任教。1817年起效力于利珀侯国，并成为侯国司法大臣。不知什么原因（经保莉妮伯爵夫人允许），他将自己的名字从"巴尔霍恩"改为"巴尔霍恩-罗森"，并宣布他的后代只姓"罗森"。

弗里德里希·巴尔霍恩-罗森的一个儿子是乔治·罗森博士（1820—1891），是约翰·拉贝日记中记载的那个乔治·罗森博士的祖父。19世纪的这位乔治·罗森博士曾从事语言学、历史和宗教领域的研究工作，经亚历山大·冯·洪堡推荐，他于1843年参加了远赴高加索的探险。随后几年（1844—1853），他在普鲁士驻君士坦丁堡公使馆任译员，此后任普鲁士驻耶路撒冷领事，最后成为北德意志联邦驻耶路撒冷总领事（1867—1875）。再往后，任德意志帝国驻贝尔格莱德（当时是塞尔维亚王国的首都）总领事。

1895年出生的乔治·罗森博士，外祖父名叫让·安东宁·罗赫（1810—1899），生于卢瓦尔河畔索利尼亚克村庄一个罗马天主教家庭，该村靠近多姆山省（奥弗涅大区）。他年轻时就去了伦敦，在那里担任法语老师，事业很成功，经济上也如是。

拉贝好朋友乔治·罗森的祖母赛雷娜·罗森（1830—1902）和外祖母艾米丽·罗赫（1827—1889），是音乐家莫斯切雷斯（1794—1870）和妻子夏洛特（娘家姓为埃姆登）的一对女儿。伊格纳兹·莫斯切雷斯生于布拉格的一个犹太家庭。埃姆登家族经商，信奉犹太教，住在汉堡；海因里希·海涅和这个家族有亲属关系（埃姆登一家称海涅为"海涅表兄"）。伊格纳兹和夏洛

| 拉贝与中国

图 127a 乔治·罗森博士　↖士官　↑1938—1939 年在柏林　↗60 岁时

特·莫斯切雷斯夫妇于 1832 年在洗礼仪式下，步入新教的结婚教堂。他们的孩子出生后立即接受了洗礼。

根据纳粹的理论，犹太人自成一个人种。犹太人不能因为被接纳为基督教，就摆脱他们（所谓的）种族属性。拉贝好朋友乔治·罗森的祖母和外祖母都是犹太人。他本人有一半犹太血统，纳粹称之为"第一级混血"。

伊格纳兹·莫斯切雷斯是他那个时代最受欢迎的钢琴家之一，也是成功的指挥家和作曲家，当时他的作品经常被人们演奏，时至今日仍然偶尔能听得到。他曾经和费利克斯·门德尔松·巴托尔迪共同创作了一部音乐作品，这也成就了二人的友谊。1824 年，他为当时 15 岁的费利克斯·门德尔松在其父母家上过钢琴课，就在那时，他看出自己学生的非凡才华。1846 年，莫斯切雷斯在门德尔松的安排下，从居住了 20 年的伦敦，举家搬到莱比锡，并在 1843 年成立的莱比锡音乐学院从事教学工作。1847 年 11 月 4 日门德尔松去世时，莫斯切雷斯就陪在他身边。第二天，伊格纳兹·莫斯切雷斯 17 岁的儿子费利克斯·莫斯切雷斯画了一小幅非常逼真的粉笔画，描绘的正是门德尔松工作室最后的样子；门德尔松是小莫斯切雷斯的教父。两德统一之后不久，门德尔松在莱比锡生前居住过的房子被重新修缮一番，客厅按照当年的陈列进行复原。人们在选择墙纸、布置书房时倾注了极大心血。这时，费利克斯·莫斯切雷斯的粉笔画有了用武之地。这幅小画的照片就挂在工作室入口的右侧。费利克斯·莫斯切雷斯后来为父亲和母亲创作了一幅肖像，现在就挂在前身为莱比锡音乐学院的莱比锡音乐和戏剧学院的主楼里。

伊格纳兹·莫斯切雷斯还比同时代人更早地意识到贝多芬在音乐领域那无与伦比的伟大之处。1814年，莫斯切雷斯在维也纳结识了这位他顶礼膜拜的音乐大师。贝多芬也对当时还很年轻的莫斯切雷斯颇有好感，委托他为其不同作品（包括歌剧《费德里奥》）制作钢琴改编谱。两人结成忘年交。莫斯切雷斯在贝多芬去世前不久还为他办了一件大事。1827年2月，在莫斯切雷斯的推动下，伦敦爱乐协会（后称"皇家爱乐协会"）为贝多芬提供了一笔他所急需的资金。有许多书信往来涉及一笔已付和计划支付的款项，就此，乔治·罗森博士于1938年在给外交部负责人的文件中能够如数家珍地写道："贝多芬的最后一封信是写给他（伊格纳兹·莫斯切雷斯）的，最后时刻留在贝多芬临终病榻上的信也是写给他的。后人了解到的贝多芬生命里最后几个小时所发生的一切，都来自一封写给我那位当时居住在伦敦的曾祖父的信。"

早在1933年，乔治·罗森就已经感受到了自己令时人不悦的出身（他的父亲是魏玛共和国时期的部长；根据"种族理论"，两位祖母还是犹太人）造成的后果：他从爱沙尼亚被调到德国驻北京的公使馆。他需要（可能也是为自己着想）从德国新的当权者眼前消失；那时中国离德国很远，这意味着他此后的事业前景黯淡。就在他被派往中国之前，他正站在高级外交官的入口处。第三帝国时期，他从没得到过晋升。

1935年至1936年期间，乔治·罗森暂时担任天津总领事馆的负责人，后来又担任驻奉天（沈阳）领事馆负责人。他在战后的一份表格简历中，将那期间的工作描述为"有机会撰写第一份关于日军阴谋的警告性报告"。

1937年夏天抗日战争全面爆发后，中华民国政府从南京迁往汉口。德国驻华大使陶德曼博士、公使衔参赞劳滕施拉格博士和使馆的其他工作人员一同迁走。罗森博士奉命负责管理德国大使馆南京留守处。"德国大使馆南京办事处"的其他人员还有许尔特尔先生和总务长（大使馆内部行政事务负责人）保罗·沙尔芬贝格，他们在约翰·拉贝的日记中被多次提到过。值得注意的是，南京遭受日本轰炸以及后来被占领时，该办事处这些工作人员并不在南京。1937年12月9日至1938年1月9日这段时间，他们被安置在距南京尚有一段距离、在长江上游弋的船只上。约翰·拉贝则留在南京，明知会有性命之忧，也要帮助他人。当然，使馆的这3位先生当时也并非毫无危险，因为他们临时逗留的英国炮艇"蟋蟀号"，也是日军飞机和大炮的攻击目标。

大约在1938年年中，乔治·罗森不得不奉外交部之命带着家人回国休假。在柏林期间，他想要维持住他此前职业生涯的存在感，或者另谋出路。前文提到的关于他外曾祖父莫斯切雷斯和贝多芬关系的文件（我们这个时代的人几乎很难理解），是他在外交部保存的人事档案的一部分。门德尔松·巴托尔迪是纳粹新当权者眼中的犹太人，是异类。对此他最好闭口不谈。但是罗森相信，并且也想让别人相信，贝多芬是纯粹德意志人，也意味着罗森自身品质的完美体现。乔治·罗森想要表明，莫斯切雷斯为被称为"德意志"文化的产生作出过重要贡献。但他的文件和言辞并没有起多大作用。

1917年，乔治·罗森从他当时居住的马德里搬到德国，并在这里报名服兵役。这段经历让他获益匪浅。他作为一名炮兵曾经驻扎在比利时前线。1938年，他并没有被解除公务员身份，而只是暂时退职（即"等待安置"）。这意味着他还能继续领取工资。外交部里那些和他关系还不错的同僚们有可能助了他一臂之力。1944年夏天，他最终被免除公职，但仍然能够收到工资。

1938年秋，乔治·罗森迁往伦敦居住（按照《公务员法》规定，经外交部许可）。第二次世界大战爆发伊始，他被拘留（和许多其他非英国人一样）。1940年，他得以进入美国（使用伊朗的移民配额，当时配额尚未用完）。不久，他在美国找到一份语言教师的工作（西班牙语、葡萄牙语和法语），后来他又供职于纽约州汉密尔顿市的科尔盖特大学。1949年夏天，他返回德国，被调到德意志联邦共和国外交部工作，在伦敦担任大使馆参赞，直到1953年。后来，他又回到外交部工作了一段时间。从1956年到1960年退休，他一直担任驻蒙得维的亚（乌拉圭）大使。1961年7月，他离开了人世。

埃尔温·维克特这样描述乔治·罗森："乔治·罗森是富有德意志民族情感、具有法治思想的人。他表达思想坦坦荡荡，常常发脾气，控制不住自己，从不妥协。他敢于直面在南京的日本人，与更有外交手腕的约翰·拉贝相比，罗森有时对日本人态度很强硬。他遭受了因希特勒的种族隔离法而带来的严重歧视，常常向拉贝倾诉自己的苦闷。"

尽管这样的描述并不能完全概括乔治·罗森，但它仍有留存的价值。埃尔温·维克特没有提及罗森的音乐才华（他是一位出色的小提琴家）和对音乐的浓厚兴趣，音乐给他送去了欢乐和友谊，并赋予了他对受苦受难者和弱小者的同情心。上天赋予他的这份特质，很大程度上注定了他在中国的义举。

附录：

第二次世界大战结束后不久，乔治·罗森从美国给居住在德国代特莫尔特市的母亲写了多封信，信中经常提到约翰·拉贝。返回德国后，他偶尔提及1937至1938年的南京大屠杀事件（因此也会谈到约翰·拉贝）。但南京的经历已不再是主要话题，被其他事情掩盖了。当乔治·罗森谈到在南京发生的暴行时，他用了较为笼统的措辞，省去了令人压抑的细节。对他而言，他更愿意讲述那段时间令人开心的事情，如施佩林先生上班用的多节手杖。

以下这件事情，是乔治·罗森讲给儿子保罗·罗森的，或许从历史研究的角度有些价值，1938年6月，日本人准备了一场盛大晚宴，全是欧洲大餐，邀请乔治·罗森和保罗·沙尔芬贝格等人参加。众多菜品中有烤牛肉。一位服务生想给罗森的盘子中盛上第一片切好的烤肉。罗森觉得盘子里的这片肉血色（红色）过重，他让服务生给了他一份烤得熟一些的牛肉。原本盛给他的那片烤牛肉就给了坐在他旁边的沙尔芬贝格。此后不久（大约就是在第二天），沙尔芬贝格就因食物中毒病倒，没过多久就去世了。日本人蓄意杀人的嫌疑始终没有消除。当时就餐的罗森和其他人都没有生病，罗森断定，那次食物投毒针对的目标是他自己。

——由乔治·罗森博士的儿子保罗·罗森撰写

保罗·罗森向托马斯·拉贝讲述自己的父亲乔治·罗森（由托马斯·拉贝记录）

医学调查无果而终。但是，蓄意投毒的嫌疑自始至终未能被彻底消除。不管怎样，乔治·罗森博士并没有病倒。托马斯·拉贝从其他信息渠道得知，当时一名中国厨师曾经试图毒杀日本人。

约翰·拉贝日记摘录

1937年10月9日和10日

下雨天，大家的情绪都很好。为了调剂一下心情，星期日下午我又到"库特沃"号轮船上去喝咖啡。只有少数几个人在那里。大使馆的罗森博士现在也成了船上的常客，这个人的言谈举止给我的印象很深。他坦率地承认，他很害怕轰炸，有过教训。他如此坦率，不是每个人都做得到的。我也不喜欢轰炸。但现在就撤到安全的地方去，不，我还下不了决心这样做。

1937 年 11 月 19 日

德国大使馆的三位先生暂时留下：许尔特尔、罗森博士和沙尔芬贝格。我不明白为什么把罗森博士留在这里。据我所知，他并没有主动提出留下。所以我请陶德曼夫人在大使面前说情（大使正好外出不在），请大使撤销这个命令。陶德曼夫人答应尽力试一试。一个不能把全部心思扑在工作上的人，我们要他留在这儿有何用。罗森博士对我的干预一无所知，当然也无需知道。礼和公司的梅尔基奥尔试图说服我改变留在这里的决定，他提醒我注意自己所冒的巨大风险，我谢绝了。

1937 年 11 月 22 日

罗森博士打来电话，要我们几个留下来的德国人 10 时到人去楼空的大使馆去商量将来的对策。在这段时间里，我把所有能找到的人全都召集起来舀防空洞里的水。应该原谅鞋匠，忘记他原先的一切所作所为。他、他妻子和他的 3 个孩子，还有他六七个亲戚，舀水时都很卖力。我们终于把地洞里的水排干了，却遗憾地发现防空洞的一部分——西墙倒塌了。在两次警报的间隔中间，我和罗森博士在德国大使馆见了面。罗森博士还是留在了这里，我的游说毫无作用。

1937 年 11 月 24 日

路透社提前发出了有关国际委员会计划的消息。罗森博士昨天中午就从广播里听到，东京已经根据路透社电报的消息提出了抗议。东京方面追问，已经撤离南京的美国大使馆与这些计划究竟有什么关系。

| 拉贝与中国

图 127b ↖60 岁时的乔治·罗森博士（由鲍尔·罗森提供）　↗乔治·罗森的儿子鲍尔·罗森

1937 年 11 月 25 日

城市可能遭到炮击，罗森很担心，不知我们大家能否在这之前及时乘怡和洋行船运公司的三桅帆船离开。希尔施贝格一家也想在万不得已时坐这条船逃离。毫无疑问，这一切都考虑得非常合乎情理。可是，如果始终只想着逃跑或者总听别人谈论此事，颇让人感到沮丧。我周围的中国人那么镇定、沉着。对他们来说，最重要的是主人不逃跑，其他一切问题都会逐步得到解决。我越来越觉得，我无论如何必须在这里坚持到底。只是我承认，一个比我自己的住宅更安全一点的地方，我还是想要的。

1937 年 11 月 27 日

罗森博士尽心竭力照顾我，令人感动。留在这里的德国人当中，我是最让他操心的"孩子"。他有理由担心我要留在这里，而不和他以及其余的德国人、英国人乘怡和洋行的三桅帆船离开。他塞给我一张英国领事普里多-布龙签发的证明。凭着它，我可以登上怡和洋行的三桅帆船，此船不久将被拖往长江上游。就连前部长张群的房子，他也想方设法给我弄到了，以防万一，不管我用得着用不着。总之，凡是他用某种方式能做到的，他都做了！我们昨天下午谈了心里话，就是说，他给我讲了他的遭遇。他祖父（经与罗森档案资料核对，此处应为罗森的外曾祖父——译者注。）和贝多芬是朋友，他给我看了贝多芬写给他祖父的一封信。他的家族近100年来一直从事外交工作。他父亲当过部长，可是他也许永远只能当大使馆秘书——他祖母是犹太人，这毁了他的前程。悲剧的命运！

联邦外交部人事司司长电告陶德曼大使。

（以下内容疑来自他人——译者注。）

"悲剧的命运。"约翰·拉贝写道。1937年11月27日，当乔治·罗森博士向拉贝敞开心扉时，他是否知道，3天前，一份由人事部门负责人签署的外交部电报被送到了在汉口的大使馆？

电报（密电）

请大使亲启

　　请委婉地告知罗森，回国休假是不可能的。由于他不具有雅利安血统，很快将被停职。

审查员

1937年11月27日晚

罗森博士、普里多·布龙（英国领事）和艾奇逊（美国大使馆秘书）今天下午要去蒋介石那里，他们要了解城市防卫方面的真实情况。这是一个极好的主意！

1937年11月28日

罗森告诉了我昨天和蒋介石的会谈结果：

对于"国军是否将把防御局限在城市外围，还是也将在城市内继续开展防御战斗"这一问题，得到的回答是："我们进行了两手准备。"

对于下一个问题，"如果最糟糕的情况发生，谁将负责维持治安，也就是说谁会作为行政长官留到最后，和警察部队一起防止暴乱事件发生？"

唐元帅或唐将军答复道："那时就只能由日本人负责维持治安了。"

换言之，不会有一位行政长官留在这里。他们当中没有一个人愿为成千上万居民的福祉做出自己的牺牲。多么美妙的观点！上帝啊，不知希特勒是否愿意伸出援手！当真正的狂轰滥炸开始时，城中会发生的惨剧将令人难以想象。

从罗森博士那里我还得知，据说在汉口的陶德曼大使还询问，是哪个德国人给元首发的电报。在这期间，陶德曼大使已经收到了罗森的信……今天中午，电台里没有一句提到中立区。

1937 年 11 月 29 日

施佩林打来电话说，警察厅厅长王固磐下台了，任命了一位新人接替他的位置。史迈思博士就此报告说，这个新人或许会留下来，就是说，不会带着他的警察部队逃跑。这回终于有了一个好消息。下午 4 时召开了委员会会议。我们必须有所进展，无论以什么方式，即使日本人不承认中立区。

罗森博士打来电话说，根据东京方面的一则声明，日本人还在考虑是否接受我们关于建立中立区的建议。

我觉得，德国方面也许从我们的利益出发，已经进行了干预，而类似唐将军这样的讲话（即南京必须被守住）必定对我们有害而无利。然而也不能因为唐先生的观点而指责他，他本是一位将军，以这种身份讲起话来，自然有点儿火药味。但就目前的情况来看，这种做法的确不妥，更何况根本不可能对这座城市进行有效防御。我们这里正好位于长江的夹角地区。

1937年12月1日

罗森博士从美国人那里得到消息说，纳粹党中国分部负责人拉曼把我给希特勒和克里拜尔的电报转交上去了。谢天谢地，现在我敢肯定，我们有救了。元首决不会丢下我不管！

当天晚些时候罗森博士请几个德国人集中一下，商量什么时候必须登船。结果是：克勒格尔、施佩林、年轻的希尔施贝格和哈茨（奥地利工程师）都决定留下来帮助我。坐船的有：已经登船的希尔施贝格太太和女儿；罗森博士、许尔特尔和沙尔芬贝格（3个人都是大使馆的工作人员）；两个售货员（诺伊曼小姐和一个我不知道姓名的俄国妇女）以及起士林糕饼店的会计。

1937年12月2日

通过美国大使馆收到以下电报答复：

我们很难找到运输工具去装运给我们的大米和面粉。其中一部分存放在离安全区很远的地方，无人看管。听说军事机关已从中取走了大量的米。据说给我们的3万袋大米只剩下了1.5万袋。

罗森博士从大使馆警察那里得知，警察已得到命令，将与军队一起撤离这座城市。但马市长对此予以否认。晚上8时，参加杭立武博士的告别晚宴。杭博士今天晚上将携带1.4万箱皇家珍宝前往汉口。由于运输条件跟不上，他不得不留下另外1000箱珍宝。我们为他的离去深感惋惜。他极其能干，曾给予我们很大帮助。

德国大使陶德曼博士和公使衔参赞劳滕施拉格博士从汉口返回南京，这真是天大的意外。在回答公开质询时，罗森博士解释说，这件事与委员会的工作毫无关系。不过罗森博士私下告诉我，大使并不完全同意我给元首和克里拜尔发的电报，认为没有必要发这两份电报！明天我要登门拜访陶德曼博士，因为今天没有时间。我估计，他的归来与德国的和平斡旋有关。

1937年12月3日

罗森博士来看望我,并向我转达陶德曼大使的问候。陶德曼大使昨天晚上已经搭乘他来时乘坐的海关巡逻艇返回汉口。罗森犹豫了片刻后承认,大使确实带着和平斡旋的建议去见了蒋介石。当然,关于和平建议的细节我是不可能从罗森先生这儿了解到的,因此我也不在这方面费神了。只要真的采取了这类步骤,对我来讲就足够了,但愿这些建议能带来好的结果!罗森博士又给我看了一份给大使本人的电报,内容如下:

南京德国大使馆1937年12月2日发自汉口——1937年12月3日南京收 东京1937年11月30日电:日本人想尽量不让南京市、国民政府、生命、财产、外国人以及爱好和平的中国百姓受到伤害。日本希望,中国政府能在诸列强的影响下使首都免遭战争摧残。出于军事上的原因,不同意设立南京特别保护区及南京要塞区域。有关这点日本人将发布正式声明。罗森博士断定,其他国家的大使馆没有收到类似内容的电报。这样,委员会就可以自己决定如何利用这个消息,同时又不泄露发电人是谁。罗森博士建议我们和蒋介石的夫人取得联系。

尽管负责守卫南京城的唐生智将军向我们保证,将从难民区中撤出全部军事人员和军事指挥所,但我们仍然发现,上述区域内有3处地方新挖了战壕和高射炮阵地。我告诉唐将军的特使,如果不立即停止修筑工事,不履行把军事人员清理出安全区的许诺,我便辞职并解散国际委员会。他们对我们提出的所有要求立下了书面保证,但同时又指出,执行起来还需要一定的时间。

1937年12月5日

罗森博士对中国军人极为不满,在他看来,中国军人潜入区内,是因为他们感到在那些挂着德国国旗的空房子里比区外要安全些。我不敢断定这事是否属实。不过有件事倒是事实,唐将军今天就是在难民区内的一所房子里接待我们的。

留在此地的大部分美国人今天登上了一艘美国军舰,剩下的人已做好随时登舰的准备,只有我们委员会的成员拒绝登舰。罗森博士告诉我一个绝密消息,蒋介石接受了陶德曼大使递交的和平建议。罗森博士希望,和平能赶在日本人占领南京之前来到。

1937年12月7日

上海方面的电台报道,陶德曼大使在结束了对南京的短暂访问后,乘海关巡逻艇已经返回汉口。据说他提出的和平建议被蒋介石拒绝了。前面我已经提到,根据罗森博士的绝密信息,陶德曼大使提出的和平建议已被蒋介石接受了。而此时,城内正在为保卫战做最后的准备。这里的每一个士兵都声称要血战到底。

1938年1月9日

我去看了罗森博士和许尔特尔的住所及德国大使馆,发现一切正常,只是没有电力照明和自来水。罗森博士、许尔特尔和沙尔芬贝格乘坐英国"蟋蟀号"炮艇抵达,随船到达的还有3名英国大使馆官员,即普里多-布龙领事、洛维特·弗雷泽上校和空军武官沃尔泽中校,但沃尔泽没被准许上岸,因为日本人借口没有得到他要到来的消息。

许尔特尔宣读了罗森给柏林外交部的一份报告。罗森博士认为,我们22个留在南京的外国人,表现得就像罗马首批信奉基督教的教徒那样勇敢,这些教徒在斗兽场都被狮子吃掉了。但这里的狮子根本不喜欢我们,它们爱吃中国人的肉。在被问及他对日本人的看法时,罗森引用了一则土耳其谚语回答我们(他曾在君士坦丁堡公使馆工作过):"只要你骑着雄山羊还没过桥,你就得叫它'伯伯'!"

下午2时,克勒格尔、哈茨和我前往德国大使馆。3时,那3位德国外交官在日本大使馆的田中先生和福田先生陪同下到达那里,我们用一瓶不知克勒格尔从哪儿"征用"来的香槟酒欢迎他们。罗森博士的汽车被盗,日本人借给了他一辆豪华的别克牌汽车,又借给德国大使馆一辆福特牌公车。罗森发誓绝不会把这两辆汽车还回去。

1938年1月10日

罗森博士给我带来了几封信:妻子从上海以及格蕾特和奥托从慕尼黑写来的信。我还得到了一本好书——《蒂尔曼儿子的历史》、两根干香肠、两包松脆的面包、胰岛素和两磅黄油。所有这些东西放在我的身边如此美妙,我觉得自己就像一个得到奖赏的士兵。

罗森博士亲赴委员会总部拜访我们。像我一样,日本人也请求他在他的报告中要言辞谨慎一些。据说他是这样回答的:我会在报告中写明,你们切断了我们的供水和供电。

1938年1月11日

我造访了英国大使馆,在那儿我遇到普里多-布龙先生、洛维特·弗雷泽上校、罗森博士、阿利森先生和许尔特尔先生。在征求意见时,这3个大使馆的全体先生都表示,愿意接收我们关于日本士兵罪行的每日报告,并向日本大使馆或向他们自己的政府递交这些报告。这对于我们委员会来说简直是如释重负。如果这些大使馆从现在开始就不断地提出抗议,秩序应很快就会恢复。

今天,日本人中断了我们的大米供应。今天中午,我们为自治委员会进行的大米运输工作停止了。

1938年1月12日

我造访了德国、美国和英国大使馆,同罗森博士、阿利森先生和普里多-布龙先生讨论了昨天我们的总部被搜查一事。他们同我观点一致:在没有事先通知有关大使馆或没有大使馆至少1位成员的陪同下,日本宪兵决不能闯入欧洲人的房屋。

1938年1月12日
摘自德国驻南京大使馆办事处(罗森)呈德国外交部的报告

1月9日抵达南京时,我们受到了日本大使馆几名官员、一名军舰指挥官和守备司令部一名骑兵少佐本乡的迎接。通过翻译,这个日本少佐在欢迎辞中使用了令人不高兴且不得体的"顺从"一词,这是精挑细选的结果,用来表明我们与占领军的关系。当然,英国领事在简短的回应中并未纠缠这个不得体的用词,而是向日本人保证我们会与其合作。随后,我们乘车前往大使馆,留在这里的同胞们在拉贝先生率领下,已经在那儿等着我们了。我上车时,本乡少佐用德语跟我道别,他还问了我一个问题——为什么我们和英国人同时来呢?我用一句简短的"为什么不呢?"回应了他这个新的不得体的问题。

本月13日,我和克勒格尔先生在中山陵区域的中山门外驾车出行时,两次遇到了我认识的日本大使馆官员,其中还包括本乡少佐和其他几位军官。他们拦住我,指责我失信。因为我承诺服从日本军队!他们告诉过我,我决不能开车出城。

我在答复中向这些先生们指出,作为德国的官员,我不可能向除自己政府以外的任何势力承诺服从,而且我也从未这么表示过。尽管多次抗议,但我还没有拿到我的证件。我认为我完全有理由驾驶挂着德意志帝国旗帜的公车出行，况且我也已经多次这样做了，并没有任何意外。鉴于《反共产国际协定》使德日友谊成为此地的主流气氛，本乡少佐对我的"不听话"表示惊讶！说话间，本乡少佐将他们的摄影器材，其中还包括一部摄影机，都纷纷对准了我。福田随员掏出钢笔和稿纸，起草了一份认罪书，让我在上面签字。

我把他起草的内容都划掉了，并在下面简短地写明，我仍然愿意与日本当局像此前一样合作，但绝不会做其他事，特别是屈从于他们。我为自己的形象权辩护，认为自己还没有为这份犯人记录册做好准备。我特别反感对《反共产国际协定》的滥用。如果这里有人有权把问题上升到德日友好的高度，那只能是德国方面，德国的官员在中立舰船上还遭到了日军的轰炸，尤其是日军点亮了南京城，一再羞辱德国国旗。此事之后，松井石根将军的外事顾问冈崎总领事两次拜访我。我向他讲述了本乡少佐此前不得体的言行；对我遭受的这些事件以及其他抗议（如3天前在意大利大使馆地界一辆汽车被盗），他表示遗憾。我对冈崎先生说，我很高兴有机会就驻南京大使馆官员的地位问题，向他阐述原则立场。我在这里的待遇比日本外交官在柏林受到的待遇要糟糕得多，对此我十分不满。

据我所知，到目前为止，这种单方面先起草服从声明、再强迫签署认罪书的做法，日本只在华北地区的军事行动中采用过。但是，这绝不适用于与日本建立正常甚至友好关系的大国外交代表身上。

尽管涉及此类棘手议题，但与冈崎先生的讨论还是在平静、务实的气氛中进行。就未来的合作，我们达成许多更密切的共识。我终于得以期待，在这些不愉快的事件之后，日军不再把我的任务和我们个人在此地的存在，视为一种不受欢迎的干扰和对此处主要状况的窥视。

对于限制我们的行动自由以及之前不准外国人出南京城的禁令，日本人并未给出一个实质性解释。除了试图掩盖暴行外，还可能与本乡少佐的个性有关。南京已成为日军的大后方。这一点，从日本人把对他们似乎不可或缺的艺伎们带到这里这件事上就能看出来。

这里的百姓很高兴能够向德国人倾诉，抱怨家人流离失所。根据我在满洲与日本军队打交道的经验，过分的迁就只会被解读为软弱。所以我敬请联邦外交部重视我的努力。

乔治·罗森博士向日本人发出声明的坚定举动，在德国大使馆内部引发了讨论，这在保罗·沙尔芬贝格的私人信件中有所展现。

1938年1月12日
摘自沙尔芬贝格总务长给汉口公使衔参赞劳滕施拉格的私人信件

……当我们到达日本大使馆出席晚些时候的晚宴时，本乡少佐——某位陆军元帅的公子、一位精明且安静的骑兵军官，问他（罗森），为什么我们和英国人一起到达。罗森认为这个问题很不得体，但没有给出与英国人一起到达的理由。我想本乡对我们德国人有特别的想法。

本乡并非不得体，而是罗森先生每次与日本人会面——大多以尖刻的方式，总会旧事重提：轰炸南京、炮击"黄浦"号、12月12日的俯冲轰炸机等，一遍又一遍。

如果罗森听取了工程师克勒格尔的建议，在日本官员和本乡少佐于明孝陵发出第一次警告后就返回市里，在中山陵的第二次冲突本可以避免。他断然拒绝了克勒格尔的建议，像一个顽皮的孩子，非要去高尔夫俱乐部不可。可惜克勒格尔做了让步，尽管他清楚地知道，在晚宴期间，本乡是如何礼貌且明确地告诉我们，未经特别许可，我们不得离开这座城市。

于是，激烈的冲突终于发生了。在听到第一次警告时，罗森立刻暴跳如雷，举止仿佛一个狂躁症患者，日本陆军、海军和空军的暴行一再萦绕在他心间，他想要自由活动——尤其是能不在日本宪兵监视下开车、游览莲花湖以及出城。克勒格尔大为震惊。

（联邦档案馆 R9208/4439，BI-74-79）

1938 年 1 月 13 日
摘自德国大使馆驻南京办事处（罗森）呈德国外交部的报告

今天罗森博士和克勒格尔去了城墙外，拜访位于阵亡士兵孤儿院附近的冯·施梅林家和位于孙中山纪念公园旁边的埃克特家。在回来的路上，两位先生乘坐的罗森博士驾驶的使馆公车被日本军官拦下，福田就在一旁。罗森博士与日本人交谈时情绪激动，日本人想知道他为什么去了城墙外，即为什么他不服从日本军方的命令。（"你为什么不遵守日本军队的规定？"）

罗森博士回答说，他从未答应过服从日本军方的命令。他要求能够以外交官身份开展工作，特别是因为他正在检查德国在南京的财产被日本人摧毁的状况。日本人向罗森博士索要并拿到了一份关于上述说法的书面陈述。罗森博士回去后，将此事致电上海方面。我迫切地想知道会有怎样的结果。

1938 年 1 月 15 日
罗森的报告。

本月 9 日，在英国"蟋蟀号"炮艇上平安无事地游弋了 2 天之后，我们回到办公室,南京办事处重启了已暂停一个月的办公状态。

据我的德国和美国线人报告,随着外国代表将要返回南京的消息不胫而走,如火如荼的清理工作已经开始,目的就是为了清除横七竖八倒伏在街头的尸体,有些尸体"像鲱鱼排"。这是针对平民、妇女和儿童丧失理智的大屠杀。

在长达数个星期之久的恐怖统治之下,日本人大肆抢掠,把这个城市的商业区,也就是太平街周围的地段,以及所谓波茨坦广场(即新街口广场——译者注)以南的整片地区变成了一片废墟,只有几栋外观受损不太严重的建筑凸立其间。日本军队的纵火暴行与强抢、强奸妇女和女孩的行径一样,都一直持续到今天,也就是日本攻占南京一个多月后。在这方面,日军在南京为自己立起了一根耻辱柱。

虽然拉贝的委员会基本上挽救了安全区,使其免遭灭顶之灾,但仅仅在所谓的安全区内,德国、美国和他们的中国同事们还是无可辩驳地证实了数百起禽兽般的强奸案。委员会收集的给日本当局的信件中包含大量绝对令人触目惊心的材料。只要时间允许,我会提交与此报告有关的副本。但现在我要说的是,外国人,尤其是拉贝先生和克勒格尔先生——二位都是纳粹党的政治官员,还有施佩林先生,将从事亵渎行径的日本士兵抓个正着,他们冒着生命危险,勇敢地将日本人从受害者身边赶走。

中国家庭中那些试图反抗这些恶魔的成员,多半非死即伤。甚至在德国大使馆的办公楼中,一名姓赵的办公室勤杂工也受到步枪威胁,要他交出躲在那里的妇女。赵之前生活在大连,会讲一些日语,能向日本人解释,他说,这里是德国大使馆,这里没有妇女。尽管赵告诉他们这里是德国大使馆,但之后他还是受到了威胁。

美国教会医院一直在收治妇女,上一个病例还是昨天。她们大部分都遭到日军强奸，随后又被刺刀刺伤并遭受其他伤害，健康受到严重损害。一名妇女的脖子甚至被切断了一半，就连威尔逊医生也对这个不幸的女人还活着感到十分惊讶。一名孕妇身上多处被刺刀刺伤，致使胎儿在母腹中夭折。许多被日军玷污的女孩也被送进了医院，她们都还是孩子。其中一名女童居然被连续强奸 20 次。

在本月 12 日，我的英国同事普里多-布龙领事、武官洛维特·弗雷泽上校和空军武官沃尔泽中校在拜访英美烟草公司帕森斯先生的家时，看到一名中国妇女的尸体被一支高尔夫球杆从下体插入，贯穿全身。更有甚者，日本人会按住受害者的丈夫和她们的父亲，逼迫他们眼睁睁看着亵渎他们家庭贞洁的行径。大部分时候，日军军官参与作恶也得到了证实，例如马吉牧师的证明。当时，马吉牧师试图在一幢德国军事顾问留下的空宅中保护一群中国基督徒。

日军高层对个体罪犯或参与犯罪的集体是否或以何种方式采取行动尚不清楚，因为日本人对此闭口不提，也不希望别人发现。他们肆无忌惮地放火烧掉了自己罪行的蛛丝马迹，这或许比任何掩盖的尝试都更有效。

考虑到对每一个不再抵抗的中国士兵，以及那些被日本人一口咬定是中国下级军官的男人格杀勿论（在成千上万的情况下）涉及日本军队的荣誉，这里发生的一切是注定的！在军纪和秩序彻底崩溃的情况下，德国国旗没有得到尊重也就不值得大惊小怪了。如此一来，不少德国人家庭的房屋被故意烧毁，有些被掠夺一空，几乎所有德国人家庭的房屋都遭到或多或少小规模抢劫。即使在元首和兴登堡元帅的画像前，这些掠夺成性的士兵也毫不收敛，这与日本人对他们天皇照片的崇拜形成十分鲜明的对比。从一开始，我就坚定地让日本人知道，我们要求他们对所有这些损失做出彻底赔偿，这些损失是日军在占领南京甚至很长一段时间之后，在毫无军事必要的情况下故意造成的。日本人选择"慰问金"这个词，我只能认为这只是一个在他们听起来更舒适一些的概念，而不是对少量赔偿的表达。

1938 年 1 月 16 日

我们回国不久前，福田告诉我们，"罗森博士事件"令日本大使馆感到非常难过。他乐见我能充当调解人，促使罗森博士做出某种和解姿态。或许只需要到访日本大使馆，说几句友善的话——完全不用提道歉。我会谨慎地指点罗森博士，尽管我担心我在这方面的努力将完全是一种徒劳。

1938 年 1 月 17 日

我从与罗森博士聊天中得知，日本总领事冈崎已经试图解决最近的争端。如果柏林或东京不再提出其他处理意见，这场冲突就可以告一段落了。这很合我意，因为我们无论如何都必须与这里的日本人和平相处。

昨天下午，我和罗森博士在城里开车走了很长一段路，回家后非常沮丧。很难描述日本人给这座城市带来的灾难。我认为，这座城市在可预见的将来绝不可能恢复元气。太平路，以前是南京的主要商业街，是南京人的骄傲，它的夜景可以和上海的南京路相媲美，现在已被彻底摧毁，所有东西被付之一炬，完全不见了踪影。那里再也没有完整的建筑，左右两边全都是废墟。

1938 年 1 月 18 日

摘自德国驻南京大使馆办事处（罗森）呈德国外交部的报告

四面八方都可以看到烟柱冲天，纵火取乐还在继续。9 时，我们总部召开各个难民收容所负责人会议。我们已经做好日本人阻挠甚至禁止召开这次会议的准备。我在墙外布置了一个岗哨,万一我们的房子像上次那样被日本宪兵包围起来,他就会立即通知德国大使馆。我很高兴的是,罗森博士、克勒格尔和施佩林都出席了。大家都有些紧张,不知日本人是否会来干涉。但是,会议平静而正常地召开了。

1938年1月20日
罗森的报告。

12月18日至21日,我们就在离南京不远的英国炮舰上暂住时,日本海军上将近藤告知英国海军上将霍尔特,南京下游的长江大岛上仍有3万名中国士兵需要"清剿"。日本人所说的"清剿"或"扫荡",旨在剿杀手无寸铁的对手,与人道主义战争的最高原则背道而驰。除了用机枪扫射进行大规模射杀外,还选择其他更为独特的杀人方式,如在人身上浇上油后点燃。

由于中国士兵大批解除了武装,没有了任何防御能力——逃到了安全区,这是少量警察根本无法阻止的。所以,日本人对这里进行了更大规模的搜捕,每一名被怀疑是士兵的平民都被拖走了。通常,日军会凭借以下特征判断是否是军人:圆形头盔压在头上的印记、步枪压在肩膀上留下的痕迹或者背囊留在后背的印记,等等。

外国目击者证明,日本人通过许诺不对中国士兵采取任何行动,甚至还给他们提供工作的方式将他们大量诱骗出安全区后杀害。正当法律程序或类似原则在南京被完全抛在脑后,战争法和人类文明规范下的所有惯例受到了如此暴行的嘲弄,而这一切本不应发生。12月13日,人们第一次在南京看到了日军巡逻队。他们显然是从南边由光华门首先攻入这座城市。正如报道过的那样,恐怖统治从此开始并持续了数周之久。但我想补充一下关于日本行径的例子:在市政发电站登记了的54名工人中,有43名被日本人杀害,理由竟然是该电站是国有企业!

奇怪的是,在日本人一路烧杀抢掠攻入的地方,民间自发地产生了具有对日亲善性质的自治政府实体。元旦当天,由红卍字会会长陶锡三任主席的自治政府委员会在南京成立。这个协会是一个类似于红十字会的福利机构。关于这个"政府"的其他组成人员,人们所知甚少,只知道还包括该协会一位徐(音译)姓博士和一位叫王长田(音译)的"顾问"。这位王先生被人称作"吉米",肯定是南京新体系中最活跃的一员。该政府的五色旗——也是中华民国的第一面国旗会零星地出现在南京的建筑物上,在大量日本国旗之中,几乎看不见。

"吉米"首批施政措施就包括设立妓院。为此,他在夫子庙周围当年秦楼楚馆的残余女住户中招募了必要的"劳动力"。据说他还从自己的库存中拿出妓院所需的家具,免费提供给了它们,但现在他要求配有日本女人的类似机构支付家具费用。无论如何,"吉米"做出了他所能做的巨大贡献。因为到目前为止,这些日本兵痞们仍以禽兽的方式对待南京的良家妇女,满足他们的生理需求。而"吉米"的做法以一种不太有害的方式满足了日本士兵的需求。

从迄今与日本同事的谈话中我可以断定,南京的这个新政府并没有受到重视。它在与日本人打交道时已经遇到困难,特别是在保障百姓食物供给这一问题上,该问题正变得愈发严峻。

在这里,日本人自己对中国未来的政治格局似乎也不十分清楚。日本人心里应该很明白,如果没有强有力的安全保障和一定的权利保留,即使是一些有地位的亲日派中国人,特别在参考伪"满洲国"同僚的经验之后,也不愿协助日本人进行统治。又或者说,日本军方从中国北方开始,通过建立走私贸易、设立众多朝鲜妓院以及从日本天津租界向外扩展毒品销售对中国肢解取得成功，凭着这些，他们真的相信，他们能不加遮掩地继续仰仗这些帝国主义政策工具成功地瓦解中国？

鉴于难以与汉口保持邮政通信，本报告将直接提交联邦外交部。在汉口的大使先生、德国驻上海总领事馆和德国驻东京大使馆将以安全的方式收到本报告的副本。

爱德华·施佩林写给德国大使馆的信：

致德国大使馆
罗森博士亲启

在南京周边及市内的军事事件发生期间，本文件签字者和其他先生们留在此地，风险自负。在国际委员会成立之时，文件签字者已被任命为南京安全区的监察长（警察局长）。由于身兼此职，我在巡查过程中有机会亲眼看见各种善行恶事。我的外勤任务并不轻松，但我有650名训练有素的警察，还有一支组织有序的平民警队协助我。我们维持了良好的秩序。我注意到日本文官的权力是多么小。日本领事馆官员在和那些军人强盗道别时，身体笔直，深深鞠躬。

12月21日，应日军司令部菊池先生的要求，我协调并安排60名电工去完成下关照明中心的修理工作。但这些工人不愿为日本人工作，因为他们在下关国际出口公司的50名同事曾在那里避难，被日本士兵残忍地射杀。在80多起案件中，我被中国平民请来赶走日本士兵，这些日本人闯入安全区的民宅，以极其残忍的方式强奸妇女和少女。做这些事对我来说是"小菜一碟"。元旦那天，一些日本士兵外出寻欢作乐。一位漂亮少女的母亲上门找我，跪下来哭着求我帮帮她。我开车和她去了汉口路附近的一栋房子。当我进去时，我看到一个日本士兵赤裸裸地趴在一个哭得死去活来的漂亮女孩身上。我用各种语言对这家伙大吼大叫，祝他"新年快乐"。这家伙拔腿就跑，手里还拎着裤子。有关这些事件的所有信息，包括关于抢劫案的信息，都已写成报告保存在国际委员会的档案中，供随时查阅。

此致

敬礼

德意志的问候！

爱德华·施佩林

1938 年 1 月 23 日

18 时，拜访罗森博士。他今天到几个城门转了一大圈，带回消息说，高尔夫俱乐部已被完全烧毁。

1938 年 1 月 24 日

约翰·马吉把一封信和一把日本步枪刺刀放在我面前的办公桌上。信中说，一名日军士兵用这把刺刀威胁一名中国妇女，当我们委员会的 3 名成员撞见他时，他撒下刺刀跑了。史迈思兴奋地记下了整个事件，随即通报了美国大使馆。因为目击者是美国人。美国大使馆的阿利森先生代我们提出了抗议。对此我们非常高兴。阿利森先生震惊于日本人的行径无法自抑，罗森博士给他起了个绰号——"奇境中的阿利森"（Allison）（和《爱丽丝漫游奇境记》一书中艾丽丝（Alice）名字相似而制造出一点幽默——编者注）。

1938 年 1 月 27 日

今天上午，我和罗森博士开车穿过城东，所有的房子被抢劫一空。其中约三分之一被烧毁。

1938年1月28日

罗森先生又做了件不讨喜的事。他昨天陪我驱车去城东,却不愿带上配给他的日本卫兵。我平心静气的规劝丝毫不起作用。

1938年1月30日

我们在写给罗森博士的信中表达了我们委员会的忧虑之情,并且请求他和日本人进行协商。我对我们将取得很大进展不抱太大希望;因为罗森博士在日本人的眼里不是一个可爱的人,而是一个可恨的人,但我们无论如何还是要做出努力,让日本人放弃将中国难民于2月4日强制赶出安全区的打算。在这种情况下,我只能选择罗森博士,作为委员会的德国籍主席,我最好通过德国大使馆或它的代表行事。

1938年1月31日

下午4:30:在平仓巷做礼拜。

晚上6点:在罗森博士那里和史迈思一起喝茶。

晚上8点:与许尔特尔、施佩林和哈茨在沙尔芬贝格那里共进晚餐。今天是希特勒掌权5周年的日子,我们给南京地方党支部负责人劳滕施拉格博士发了一份电报。

1938年2月2日

今天中午,我和罗森博士以及日本大使馆驻上海参赞日高在罗森的官邸进行了午餐会谈。在过去的3天中,共有88起日军士兵的暴行登记在案,甚至超过了去年12月份我们经历的最糟糕的时期。当我把这份报告递交给日高时,他对这些"日本流氓"的行为表示遗憾,但借口说,这种情况偶尔会在部队换防时发生。据说,前一批野蛮的部队已于1月28日调走,他们在离开南京之前又干了不少坏事。

1938年2月3日

如果罗森博士先生的秘密报告能被认真对待的话，我收藏的勋章将又要增添一枚，也就是说，我已被提名为"德意志红十字奖章"的获得者。而克勒格尔和施佩林也同我一样历经了种种风险，可现在好事却全落在了我一个人头上。

摘自德国大使馆驻南京办事处（罗森）呈德国外交部的报告

本月5日，在日本大使馆内里举行了一次茶会，新任命的日本守备司令天谷少将邀请当地外国使团的成员赴会。

等了很久，我们被邀请落座，这位将军照着一份手稿念了很长一段讲话，随员福田支支吾吾地把它翻译成英语。

这位将军首先表示，日本军队以纪律严明闻名于世。无论是在日俄战争中，还是在满洲的战役中，都从未发生过违反纪律的行为。如果当前在中国发生了这样的事情，换做其他国家的军队，情况肯定更糟，那只能是从中国人身上找原因。蒋介石不仅号召军队，而且号召全国人民进行抵抗，这引发了日军士兵的极度怨恨，因为他们在行军过程中没有发现任何可食用和有用的东西，就把自己的情绪发泄在了中国老百姓身上。南京的战事进展太快，后勤补给不可能轻松跟上。

与此形成某种对比的是他之后说的一句话，即后勤部队人员空余时间太多，因此开始出现明显的纪律松懈现象。

天谷将军特别批评中国人将日本军官作为首要攻击目标，军官们为使自己不那么醒目，不得不穿上普通士兵的军服。中国间谍还会用火光标记日军大本营的位置，引导大炮和飞机向日军指挥部开火。就南京而言，一些外国人，特别是"某个国家"的国民，扮演了法官的角色。如果没有外国人的干涉，南京城内的日中两国人民的关系一定会和谐发展。正是这些外国人煽动中国人反抗日本人。如果外国人的利益受到了影响，他愿意接受任何批评，但他想与中国人单独来往。

讲话结束时，天谷将军询问我们有什么话要说。作为任期最长的外国代表，出于对这种奇怪的"致辞"方式的反感，我已宣布不认可讲话。而我的美国同事阿利森先生则希望得到一份讲话稿——和将军刚才讲话一字不差的稿子。话音未落，有人立马宣称这篇讲话完全是即兴创作的。可就在刚才，为了获得更好的光线，那篇稿子偶尔被将军向外翻出一半。他戴着眼镜向我们宣读，随员福田则照着另一份日文稿子断断续续地为我们翻译。在接下来的茶会中，我问日本总领事福井，我什么时候可以去距市区约20公里的江南水泥厂探望京特博士。福井回应称，根据本乡少佐的报告，该地区有3000名中国士兵，去那里探望人过于危险。我忍不住问道，这3000名士兵是死是活。

当然，这又是一个蹩脚的借口。因为就在当天，同京特博士一起住在外面的丹麦人辛德贝格同往常一样，安然无恙地进了南京城。他们拒绝我前去探望，除了阻止我们了解日本军队在城外犯下的罪行外，可能是因为日本小野田水泥厂的代表已对刚刚完工但尚未移交给中国公司的江南水泥厂产生了兴趣。那位德国工程师和丹麦人所代表的，是丹麦建筑公司和德国机械供应商的利益。

我的美国同事阿利森会说日语，他问天谷将军，美国"瓦胡"号炮艇的军官们到底能否上岸访问他们的大使馆。迄今为止，他们和英国人都被拒绝了。天谷将军对本乡少佐和福田随员说，他认为没有理由不同意，为什么不让呢？话音未落，他就被本乡和福田拉到一边小声嘀咕了一番,最后说"军方"不允许上岸访问大使馆。这个例子说明,日本的高级军官是多么依赖年轻军官,各类大事小事都一概毫无章法。

这里的日常生活在不知不觉之中变得极其困难。就连购买厨房用炭这等小事,也在官僚主义的狭隘目光中——在我国,这种现象早就成为滑稽小报上的笑柄了——被夸大成一种国家行为。为此,我必须准确地说明煤场和运货卡车、行驶距离和所需煤量等信息。美国大使馆的卡车终于贴上一张硕大的通行证出发了。由于指定的城门被日本士兵封锁,司机想走邻近的城门,但没有新签发的通行证,这是绝无可能的。另外,福井总领事要求,既然那是美国大使馆的卡车,它应该先开回美国大使馆,而不是直接把煤拉给我。

回到天谷少将的讲话,首先可以得出这样的结论:中国人的抵抗可能使日本人相当不安。经历多年苦难和持续屈辱,一个民族终于能够奋起抵抗外国入侵者,爱国情绪同样高涨的日本人本应该对此有所理解。但在极度错觉中,日本人从未认清这一点。大约两年前,伪"满洲国"外交部的日籍副部长大桥先生——当下战事的罪魁祸首之一告诉我,用两个日本师团就可以围困住中国的中央军。

天谷将军承认了军官们甚至参谋部的极度不安全感,这清楚地表明,日本的先生们原先所认为的出征中国之行绝非只是散散步那么简单。

天谷将军试图把南京人对日本人缺乏热情的现象归咎于外国人,这完全不合时宜,尤其是考虑到,留在南京的外国人把一位德国人,一位德国国家社会主义工人党的党务官员——约翰·拉贝先生,推举为他们的领导人。

或许天谷将军所谓的"某个国家"的人指的是美国人,他们与留在这里的德国人结为一体,密切合作。众人拾柴火焰高。如果没有这些德国人和美国人勇敢地干预,日本人的血债会大幅增加,他们应该有各种

> » Herrn Legationssekretär Dr. Rosen,
> » Deutsches generalkonsulat,
> » Shanghai.
> »
> » Lieber Herr Rosen !
> »   ich höre soeben auf der Japanischen Botschaft,
> » dass Sie am 10/1 hier eintreffen werden. Sie werden mit
> » Sehnsucht erwartet. Dürfte ich Sie bitten, mir ein Paar
> » Pfund Butter mitzubringen, die hier inzwischen nicht
> » mehr zu bekommen ist, sowie etwas Insulin ? Meine Frau,
> » der ich dieserhalb schrieb, wird Ihnen beides zuschicken,
> » wenn Sie die Güte haben wollen, bei ihr anzufragen . -
> » Adresse : Frau Dora Rabe, c/o Siemens China Co, No 233.
> » Nanking Road. Vielen Dank im voraus für Ihre Mühe. Diesen
> » sen Brief nimmt Herr Tanaka , Sekretär der Japanischen
> » Botschaft , liebenswürdiger Weise mit nach dort, da er
> » heute nach Shanghai fährt.
> »   Mit freundlichen Grüssen ,
> »   Ihr sehr ergebener ,
> »   gez.: John Rabe   »

> » John H.D.Rabe.
> »   Nanking.   Nanking , den 21. Dezember 1937.
> »
> » Herrn Legationssekretär Dr. G. Rosen,
> » an Bord H.M.S. Bee ,
> » N a n k i n g .
> »
> » Lieber Herr Dr. Rosen ,
> »
> »   Ihre freundlichen Zeilen vom 19. 12. habe ich heute
> » erhalten. Vielen herzlichen Dank. Es freut mich Ihnen
> » mitteilen zu können, dass alle auf beiliegender Liste
> » aufgeführten 22 Amerikaner und Europäer wohlauf sind.
> » Wir würden uns freuen, wenn Sie hier mit uns Weihnachten
> » feiern würden. Bis dahin haben wir vielleicht auch Licht,
> » Wasser und Telephon. Zwei deutsche Häuser sind positiv
> » nicht beschädigt, das des Herrn Botschafters und das meinige.
> » nige. Das Auto des Herrn Dr. Trautmann leistet dem Militär
> » tär gute Dienste. Ihr Auto desgleichen, sowie noch einige
> » ge weitere deutsche Autos.
> »   Die Herren der Japanischen Botschaft sind sehr zuvorkommend.
> » vorkommend. Herr Tanaka hat liebenswürdigerweise versprochen,
> » chen, Ihnen diese Antwort zu übersenden.
> »   Mit herzlichen Grüssen Ihnen, Herrn Scharffenberg
> » und Herrn Hürter,
> »   Heil Hitler !
> »   Ihr
> »   John Rabe.

图 127c ↑ 约翰·拉贝从英国军舰"蜜蜂"号上写给罗森博士的信
↓ 约翰·拉贝写给德国驻上海总领事馆罗森博士的信

理由向这些外国人表示感谢。

就在几天前,拉贝先生和他的同事们向日本大使馆的日高参赞提出一个方案,该方案有助于解决所有与南京百姓有关的问题。但是日本人认为,他们自己就能把所有事情做得更好。但是,考虑到1月28日至2月3日期间,日本人犯下了170多起暴行——大多数是强奸妇女、掠抢手无寸铁的穷人的每一分钱财,人们就会对未来忧心忡忡。在我写下这些内容的时候,拉贝先生向我报告称,昨天,一对老夫妇和另外两名平民,在没有任何正当理由的情况下被日本士兵枪杀。

当然,日本人的愤怒也是可以理解的,因为他们在中国的行为本来可以在公众不知情的情况下实施。但诸多细节已被一一详细曝光,揭穿了日本所谓给混乱的中国带来光明和秩序以及中国百姓为此乐不可支地欢迎日本人的论调。与外国人的担心正相反,中国人在每天多番空袭和巷战的压力下展现出模范的纪律性,除个别情况外,他们都对外国国旗尊敬有加。而日本人在南京早已变成一个死寂的舞台之时,却大肆奸淫妇女、烧杀掠抢,包括攻击并抢夺德国人和其他外国人的财产。

据电台报道,日本人似乎寄希望于德国外交政策领导层的更迭,从而使其对华政策得到德国方面的认可。但也许他们忽略了这样一个事实,高举反共产国际的大旗滥用,《反共产国际协定》的缔造者或许对日本人滥用该条约的行为有话要说。

鉴于与汉口的邮政通信不畅,我直接向联邦外交部呈递本报告。

1938年2月20日

委员会的中国人明天下午想要在总部为我举行盛大的招待会。我需要尽快拟出一份发言稿。我的发言中对各方都要给予恰如其分的赞赏。美国人当然也都在被邀请之列,他们想在明晚8点为所有大使馆举行一场特别招待会。

这让我特别高兴，日本人也收到了邀请。罗森博士是否会参加美国使馆的招待会还是个问题。他说不想和那些"刽子手"再有任何交集。这对一名外交官而言太过分了，但很难说服他。

1938年2月21日

真可惜，我一点音乐天赋都没有！詹姆斯·H. 麦卡伦牧师为我创作了一首《南京难民合唱曲》以表尊敬，他还写了歌词：我们早餐要吃豆子，午餐要吃豆子……

我居然不知道这位身为传教士的老好人险些被日本人刺死，竟然如此幽默。

下午4点

在安全区委员会总部举行了盛大招待会。我收到了一封用中英两种文字书写的正式感谢信，信的复印件由德国大使馆发给了西门子中国公司和罗森博士。人们给予了我各种溢美之词，对此，我一一做了回应。

1938年2月22日

下午和米尔士、贝德士博士、魏特琳女士、马吉、福斯特、许尔特尔以及沙尔芬贝格在罗森博士处一起喝茶。

晚上8点

单独与罗森博士共进晚餐。因为自己的遭遇，他心里有很多事情想向我倾诉。

晚上10点广播消息：德国已经承认伪"满洲国"。正如电台报道的那样，临时驻扎汉口的陶德曼大使发现自己在面对中国政府时陷入了困境。我们担心他可能会辞职，虽然还没有人提起这件事。从这里很难看透国内的情况。但是，是对是错——它是我的祖国！

第四章 见证历史

第十五节 南京的媒体人

在日本进攻南京的时候，下列国际记者留在了被包围的南京城里：

弗兰克·蒂尔曼·德丁（Frank Tillman Durdin）于 1937 年 12 月 17 日在《纽约时报》上报道南京局势，2 天后搭乘美国海军舰艇"瓦胡"号离开。

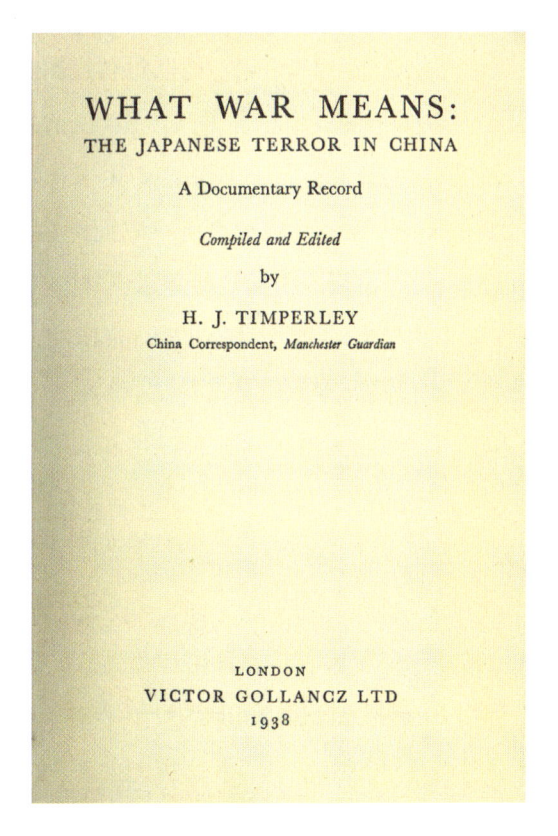

图 127d　1938 年，英国《曼彻斯特导报》驻华记者田伯烈所著《外国人目睹之日军暴行》由伦敦维克多·高兰兹出版社出版

阿契巴德·斯蒂勒（Archibald Steele）于1937年12月15日在《芝加哥每日新闻》撰文报道了"地狱的四天"。

美联社的C. 耶茨·麦克丹尼尔（C. Yates McDaniel）在日记中写道："我对南京的最后记忆：死亡的中国人，死亡的中国人，死亡的中国人。"

尽管在被包围之前中国的首都有许多外国记者，但他们中大多数人都跟随他们的大使以及其他外国高级官员于1937年12月11日离开南京。

除了上述3名记者外，路透社的LC. 史密斯（LC. Smith）和派拉蒙新闻摄影记者亚瑟·蒙肯（Arthur Menken）是日军围困南京时和占领南京城初期仅有的外国记者。

田伯烈是一名澳大利亚记者。1921年，他以报刊经销商的身份开始了自己在中国的职业生涯。从1928年起，他在北平、上海和南京为《曼彻斯特卫报》撰写新闻。1934年，他成为《亚洲》杂志的顾问编辑。20世纪30年代，他因对中国的报道和《战争意味着什么》（1938年）一书而声名鹊起。该书基于他对南京的观察撰写而成，引起了极大的关注，并以"外国人目睹之日军暴行"为书名在美国出版。书中内容经包括北村稔（Kitamura Minoru）在内的日本历史学家修改过。

资料来源：

[1]《战争意味着什么》，伦敦，维克多·高兰兹有限公司（Victor Gollancz Ltd），1938年（有两个版本，左翼俱乐部和非左翼俱乐部版本）。
[2]《外国人目睹之日军暴行》，纽约，当代书屋，1938年。
[3]《日本：世界之患》，纽约，约翰·戴公司，1942年。
[4]《澳大利亚与澳大利亚人》，纽约，牛津大学出版社，1942年《中日两国历史比较》（10页小册子），伦敦，中国协会，出版时间不详。
[5]《向贫困开战》（5页小册子），伦敦，格莱德希尔与巴林杰有限公司，1953年。
[6] links via: http://en.wikipedia.org/wiki/Harold_John_Timperley

南京的英雄

第五章

重返德国

JOHN RABE

第五章 重返德国

第一节 回国、演讲、禁言

约翰·拉贝曾被西门子召回吗

> "出于安全原因,西门子曾发出几封电报,要求约翰·拉贝返回德国。但他并未遵循1937年11月25日电报的召回要求,因为他不想放弃他的中国朋友。"
>
> ——托马斯·拉贝

摘自约翰·拉贝日记

1937年11月25日

西门子公司的召回电报

我在德国大使馆收到了发自公司上海总部的电报,上面明确写着:

"代表西门子公司,西门子中国公司通知:您可以随时离开南京。为避免人身危险,建议迁至汉口(后来名为武汉)。望回电告知您的打算。"

我通过大使馆电报回答:"11月25日来电敬悉,谨表谢忱。我已决定留在南京主持国际委员会工作,以建立中立区保护20多万平民。"

返回德国之旅

约翰·拉贝首先作为贵宾搭乘英国炮舰"蜜蜂"号从南京来到上海。从那里,他和妻子道拉一起乘坐另一艘船前往热那亚,然后乘火车来到柏林。此后他和家人一直居住在那里。在德国,他们受到了非议,因为日本是德国的盟友。

| 拉贝与中国

图 128 ← 佩戴勋章的约翰·拉贝（柏林，1938 年）
↑ 中华民国国民政府颁发的"领绶采玉勋章"（编号 98 号） → 国际红十字会勋章

埃尔温·维克特的评论

1938 年 4 月 15 日，约翰·拉贝和他的妻子道拉到达柏林。德国媒体根本没有注意到他回国，但他受到了德国国家社会主义工人党国际部主任、外交部国务秘书兼该党驻外交部总监伯勒的接见。伯勒授予约翰·拉贝由陶德曼大使为他申报的一枚红十字功勋奖章。中国政府曾授予他一枚蓝白红绶带玉石勋章（该勋章在很长一段时间后才转交给他）。这是一种极不寻常的褒奖。拉贝身着燕尾服，佩戴上这枚勋章和斯图加特授予他的国外德侨功勋银质奖章，请人给他拍了照，照片中他看上去一脸严肃。这是一张十分出色的照片，他看上去就像一位重要的外交官，在外交招待会上的巨大钢琴上的银边相框中，显得温文尔雅，根本不像约翰·拉贝本人。他在南京戴着纳粹标志袖章，呵斥荷枪实弹的日本士兵，使他们不敢强奸中国妇女，悻悻离开。

约翰·拉贝为这些勋章和奖章感到非常自豪，但纳粹政府并不准许德国媒体对此予以报道。约翰·拉贝在柏林作了几场报告。第一场报告于 5 月 2 日在柏林西门子城的舒克尔特工厂办公大楼电影院大厅举行。他的美国朋友马吉牧师曾交给他一份由马吉牧师拍摄的记录日本占领军屠杀中国平民的影片拷贝，约翰·拉贝在这次报告时放映了这部影片。在随后的几天内，约翰·拉贝还作了几次报告，一次是在外交部政策局；一次是在远东协会；还有一次是给西门子城城区的党卫队作报告（据拉贝自己说，当时还有党卫队头目希姆莱的一个代表在场）；最后一次，是在蒂尔皮茨河畔的国防部，那里的人其实只对放映的影片感兴趣。

1933 年—1938 年的德国历史

国家社会主义

1933 年 1 月 30 日，德国总统保罗·冯·兴登堡任命阿道夫·希特勒为德国总理。这标志着魏玛共和国的终结和国家社会主义——法西斯主义的一种变体即专政的开始。兴登堡解散德国国会，并宣布举行新的选举。

1933 年 2 月 28 日，德国国会大厦大火之后，德国总统兴登堡发布了一项紧急法令，限制各项基本权利。德国共产党被取缔，许多党员被逮捕。这项所谓的《授权法案》赋予了政府全面立法权。此后，其余的民主党派如果不自行解散，也将在短时间内被取缔。

第一座监禁纳粹的政治反对派，特别是共产党员和社会民主主义者的集中营建立了起来。在接下来的几个月里，先前的各州被强迫一致化，新闻界和工会也未能独善其身。4 月，开始抵制犹太人企业，并将犹太人从公务员队伍中清除出去。

1933 年 6 月和 7 月，新教地区教会联合组成帝国教会，由一位帝国主教统一领导。"德国基督徒"传播"纯犹太人"的福音，并"献身领袖"。

德国与梵蒂冈缔结了一项宗教协议，从而确保了天主教主教在德国的地位，同时事实上保证了限制天主教对国家社会主义的批评。

1934年，司法部门被拉入"战线"。在所谓的罗姆政变后，通过政治谋杀——前任总理库尔特·冯·施莱谢尔与他的妻子一起被谋杀，希特勒还压制了纳粹党内所有可能的反对派，并压制冲锋队，支持国防军。

1934年8月2日兴登堡去世后，希特勒还确定自己为"元首"，身为德国总理兼最高统帅。现在，德国国防军需向他个人宣誓。职业公务员还必须作出"元首誓言"，对政权持批评态度的学者因此失去了公职。

在接下来的时间里，整个社会生活到处充斥着希特勒青年团、德国劳工阵线和元首办公厅（KCF）等纳粹组织。诸如扩建高速公路之类的措施消除了失业，其中一些高速公路已由前政府筹备或启动。筹备战争（修建高速公路不起任何作用）确保了后来的经济增长。但是，由于优先考虑军备，人民的生活水平并没有显著提高。

1935年，通过全民公决，萨尔州重新被合并入德意志帝国。《纽伦堡种族法》在帝国党代表大会上获得通过，将驱逐并隔离犹太人合法化。

1936年，德国国防军开进非军事化的莱茵兰，违反了《凡尔赛条约》。

8月，奥林匹克运动会在柏林举行，希特勒将其用作向全世界公众进行宣传的舞台。

1936年的四年计划将使德国最迟于1940年为战争做好准备。

从1936年起，该政权与墨索里尼统治的意大利联手在西班牙内战中对法西斯将军佛朗哥予以军事支持，反对当地共和国。对于希特勒而言，西班牙内战为他在战争中测试其军队的作战能力提供了机会。

1938年，希特勒吞并了奥地利，并在《慕尼黑协议》中将苏台德地区并入德国。斯大林随后与希特勒缔结了《德苏互不侵犯条约》。

11月9日，纳粹上演了"水晶之夜"，砸碎了众多犹太人商店的橱窗和犹太教堂。冲锋队和党卫军成员伪装成平民，在那些通常无动于衷的警察的眼皮底下虐待并杀害了众多犹太人。

德意志帝国与日本的条约（内容略）。

第五章 重返德国

第二节 致信希特勒

致信希特勒

柏林，1938 年

约翰·拉贝试图通过他在柏林所作的报告，唤起人们对日本战争罪行的关注。他写信给阿道夫·希特勒，希望他能对日本施加影响，但他自己却随即被盖世太保临时逮捕。在西门子公司的干预下，他被释放，但不能再公开谈论日军在南京的暴行。几个月后他取回了自己的日记，但马吉拍摄的有关影片却被没收了（见图129a）。

埃尔温·维克特对拉贝日记的评论发表于《约翰·拉贝——南京的德国好人》一书：

约翰·拉贝仍在等待希特勒的答复，但一切如石沉大海。他在日记中写道："意想不到的事情发生了。几天以后（在寄出给希特勒的信后）我被盖世太保逮捕了。我连同我的6本日记和影片副本在我的汽车中被两名官员控制，他们开车将我带到位于阿尔布莱希特亲王大街的盖世太保总部。"在那里，他被审讯了几个小时，但"又被体面地释放了"。他这样写道："但不准许我今后再作报告，不得出书，尤其是不得再放映约翰·马吉在南京拍摄的关于日本军队所犯暴行的影片。尔后，我于1938年10月收到了发还给我的日记，但马吉的影片副本仍在警察手中。"这部影片的两份副本现存放在柏林。对拉贝的审讯并不严厉。盖世太保看出约翰·拉贝"百分之百地支持德国伟大的政治路线"，如同他自己一再强调的，他不想给祖国制造任何麻烦。“无论对错，她是我的祖国，这是我的信条。”

他极力躲在这个很成问题的信条后面。他严格遵守盖世太保的禁令，忍受着一切。战后，有些人会利用被盖世太保找过麻烦而把自己打扮成抵抗战士。而拉贝并没有宣扬这次短暂被捕的经历。

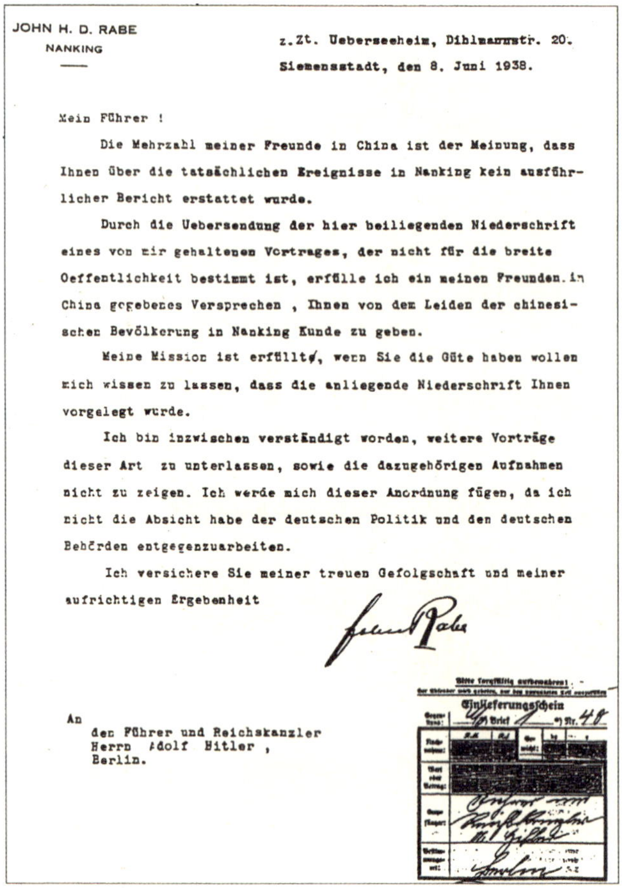

JOHN H. D. RABE
NANKING

z.Zt. Ueberseeheim, Dihlmannstr. 20.
Siemensstadt, den 8. Juni 1938.

Mein Führer !

Die Mehrzahl meiner Freunde in China ist der Meinung, dass Ihnen über die tatsächlichen Ereignisse in Nanking kein ausführlicher Bericht erstattet wurde.

Durch die Uebersendung der hier beiliegenden Niederschrift eines von mir gehaltenen Vortrages, der nicht für die breite Oeffentlichkeit bestimmt ist, erfülle ich ein meinen Freunden in China gegebenes Versprechen , Ihnen von dem Leiden der chinesischen Bevölkerung in Nanking Kunde zu geben.

Meine Mission ist erfüllt, wenn Sie die Güte haben wollen mich wissen zu lassen, dass die anliegende Niederschrift Ihnen vorgelegt wurde.

Ich bin inzwischen verständigt worden, weitere Vorträge dieser Art zu unterlassen, sowie die dazugehörigen Aufnahmen nicht zu zeigen. Ich werde mich dieser Anordnung fügen, da ich nicht die Absicht habe der deutschen Politik und den deutschen Behörden entgegenzuarbeiten.

Ich versichere Sie meiner treuen Gefolgschaft und meiner aufrichtigen Ergebenheit

John Rabe

An
den Führer und Reichskanzler
Herrn Adolf Hitler ,
Berlin.

图 129a 约翰·拉贝致信希特勒，他在信中承诺不再从事关于南京的新闻报道活动

在中国的所有德国人都反对希特勒的亲日政策，甚至在中国的德国国家社会主义工人党负责人，也于 1938 年 6 月 18 日收到了其上司——纳粹党外交机构头目恩斯特·威廉·伯勒（Ernst Wilhelm Bohle）十分严厉的指责信：

> 您的职责是忠于元首和帝国，支持元首的对日政策，虽然我们完全理解由此遭受的经济损失。德国商人由于这场战争受到了损失，但绝不能把对中国人的个人同情和我们自己的物质损失，置于我们元首伟大政策的需要之上。

第三节　战后的生活

战争结束及战后的生活

约翰·拉贝1938年回到德国后，西门子公司在柏林将他雇为"译员"。

在这期间，西门子公司将他派往阿富汗，从那里照料关押在印度北部德拉敦英国拘留营（自1939年秋季战争爆发）里的西门子员工（海因里希·哈勒也被关押在那里）。

1945年战争结束后，约翰·拉贝生活在满目疮痍的柏林，他虽然身患重病，但为了能挣一碗汤喝，必须给俄国人拆卸和装运工业设备，每天干活12个小时。他用部分从中国带回的家用器具交换土豆。

约翰·拉贝日记摘录（1945年以后的生活）
1945年5月31日
反法西斯中心要求，犹太人、混血人和前政治犯必须前去登记。虽然我是国社党党员，但也属于后一种人。我却迟迟没有去登记，因为我不想利用曾被盖世太保短暂逮捕过的事实。我得先了解一下登记的目的是什么。我在中国的经历（与我当时被捕有关）只有极少人知道，我这里的同胞们也难以理解。再说，盖世太保又把我放了，甚至没有将我开除出党。尽管他们有足够的理由这么做，因为我跟日本人明确地表达过我的观点。或许他们担心为此惩罚我会成为一起国际丑闻，因为全世界都知道我是南京安全区国际委员会主席。

如果今天有人问我（已经多次问过），为什么我没有退出国社党，我只能如此回答：我们在海外的人从来没有接触到那些亲眼看见党卫军犯下暴行的证人。我们都是"天真的理想主义者"，在我们的印象里，任何可怕的叙述都是谣传，不过是敌人的宣传。正如已经提到过的，没有人肯承认自己曾经亲眼看见那些暴行。

1945年6月5日

根据反法西斯中心的公告，国社党党员及其家人，战死、被俘或失踪的国社党党员的家人要每天报到。

我去了公司的办公大楼许多次，但总是徒劳，被告知那里目前不聘人了。很显然，人事部门已完全不在考虑之列，甚至没有一名负责人，尽管有传说称克洛恩先生为此做了很多努力。布伦德尔先生仍然被关押拘留着。今天我去找了施莱希勒先生，询问我是否可以作为"曾被抓过的政治犯"进行登记。他对我深怀不满，斥责我参加国社党是为了谋取个人好处。对此我予以坚决驳斥，指出除了其他事项外，我加入国社党是为了争取德意志帝国对南京德国学校的资助。除少数人外，海外的所有德国人都是为着团结一致的目的才加入国社党的。这里的人似乎对此一无所知。据我所知，这些人中没有一个捞到了个人好处。施莱希勒随后将我推给友谊之家的一位名叫齐尼克的先生，要我去找他面谈。

1945年5月9日

"挨饿，挨饿……"

按照反法西斯中心的命令，全体男子必须在早上7时开始干活。

昨天他们不得不将电缆厂的材料装车发运。每个人分到的吃的东西，只是汤和一大块面包。

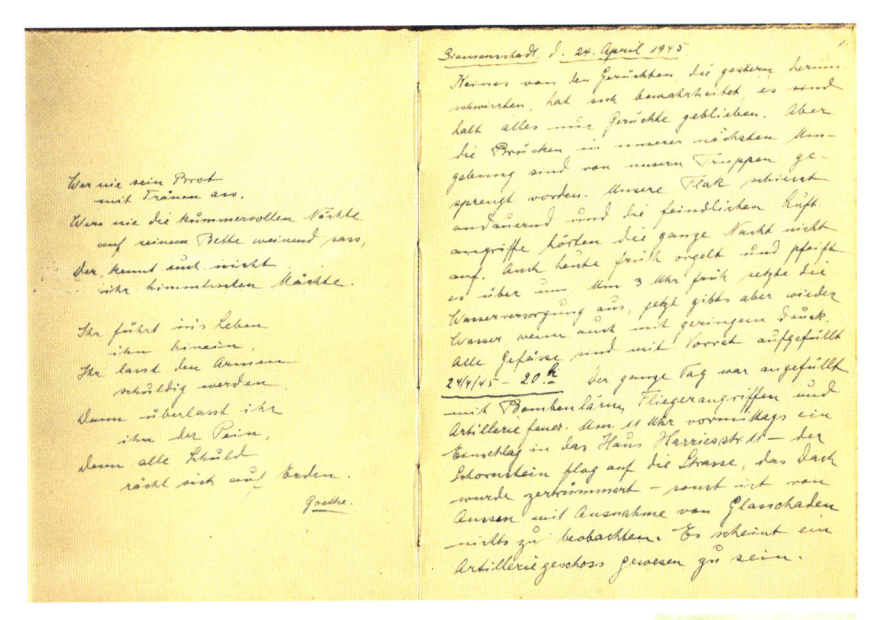

图 129b　约翰·拉贝的日记手稿，其中记录了战争的最后岁月以及他的家人在德国战后的时光（1945 年以后的生活）
↑ 日记内容　↘ 拉贝日记的封面

今天早上，维利也去干活了，我自己还不能去，因为我的肠道感染还没有痊愈。

从昨天起，自来水管里又有水了，但水压很小，不过至少已经有水流出来了。我们家里连一点面包也没有了。

不过有句谚语说得好：危难自有神来助。我们的女邻居基特劳斯太太给我家送来了一盘肉末米汤，浮在上面的油被小心地撇了出来，余下的米粒对我目前的身体状况大有裨益。

另一位女邻居赫尔曼博士太太给我们送来了一块肉。我们也将儿子奥托的绝大部分药品送给了奥尔里希大夫，可惜她没有任何食物回赠给我们。她自己和她家中红十字病房中的病人也没什么吃的，这些病人有些是 4 月 24 日从里佩尔路倒塌的房子里救出来的居民。

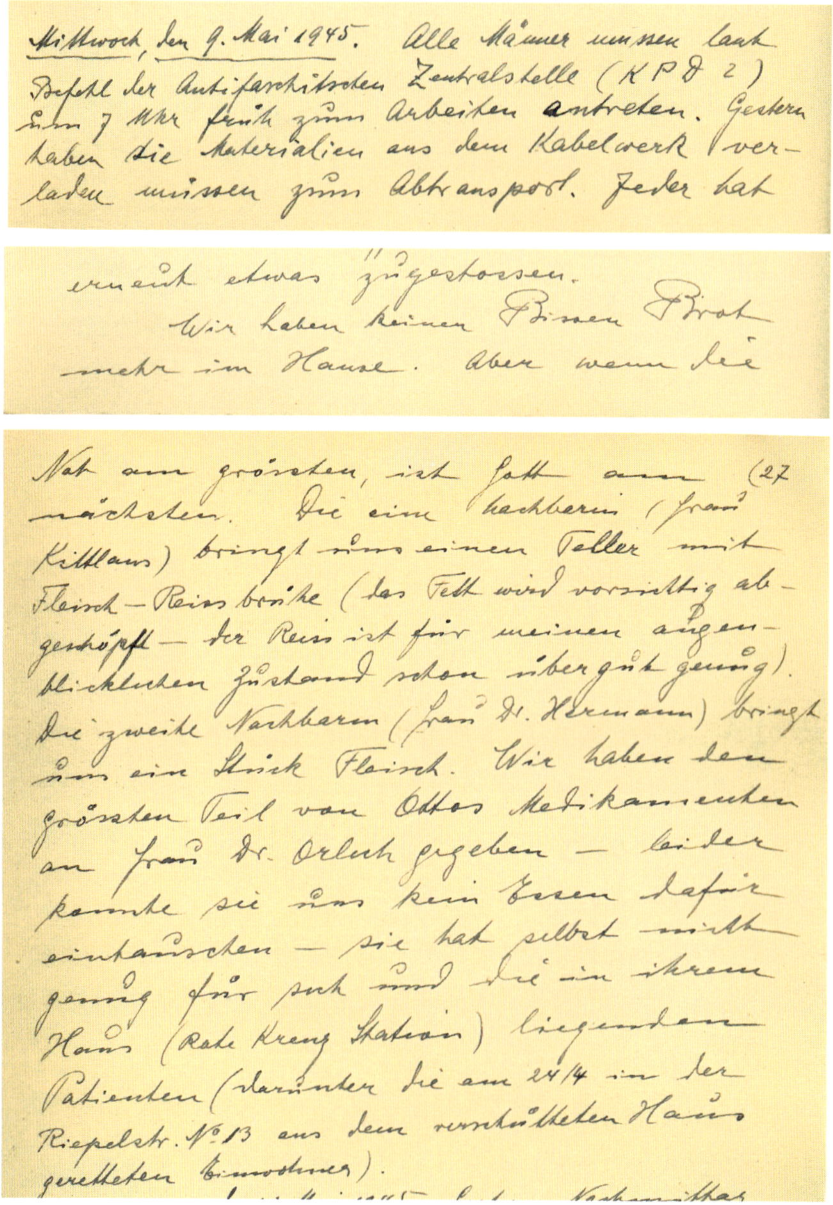

Mittwoch, den 9. Mai 1945. Alle Männer müssen laut
Befehl der Antifaschistischen Zentralstelle (KPD 2)
um 7 Uhr früh zum Arbeiten antreten. Gestern
haben sie Materialien aus dem Kabelwerk ver-
laden müssen zum Abtransport. Jeder hat

erneut etwas zugestossen.
Wir haben keinen Bissen Brot
mehr im Hause. Aber wenn die

Not am grössten, ist Gott am (27
nächsten. Die eine Nachbarin (Frau
Kittlaus) bringt uns einen Teller mit
Fleisch-Reis-brühe (das Fett wird vorsichtig ab-
geschöpft – der Reis ist für meinen augen-
blicklichen Zustand schon übergut genug).
Die zweite Nachbarin (Frau Dr. Hermann) bringt
uns ein Stück Fleisch. Wir haben den
grössten Teil von Ottos Medikamenten
an Frau Dr. Orluk gegeben – leider
konnte sie uns kein Essen dafür
eintauschen – sie hat selbst nicht
genug für sich und die in ihrem
Haus (Rote Kreuz Station) liegenden
Patienten (darunter die am 24/4 in der
Riepelstr. No 13 aus dem verschütteten Haus
geretteten Einwohner).

图 130　约翰 · 拉贝的日记手稿（1945 年以后的生活）

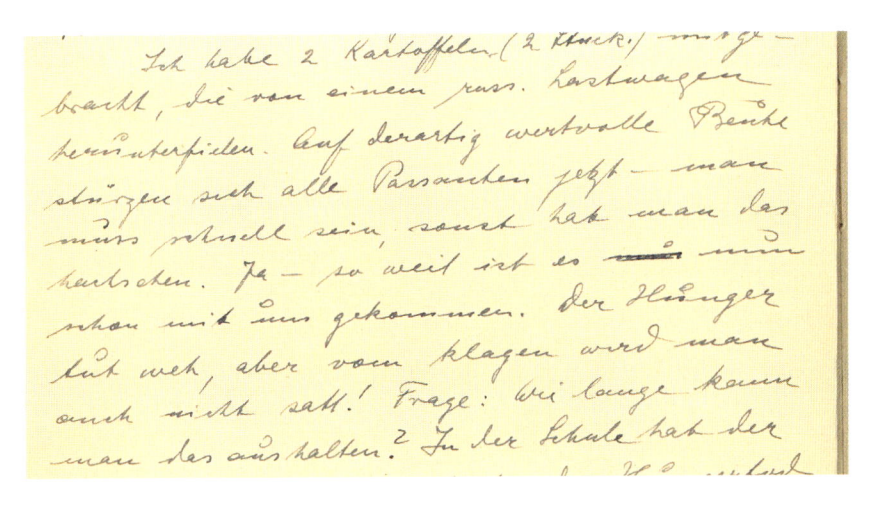

图 131　约翰·拉贝的日记手稿（1945 年以后的生活）

1945 年 9 月 3 日

我带回家两个土豆（是两个！），那是从俄国人的卡车上掉下来的。所有行人都一拥而上扑向这些价值连城的天赐之物。必须行动敏捷，否则一无所获。是呀，这就是我们的处境。挨饿痛苦不堪，可是叫苦又不能填饱肚子！问题是，我们还能坚持多久？

埃尔温·维克特：《约翰·拉贝——南京的德国好人》

自 1943 年他们在柏林——维尔默斯杜夫的房子被炸毁后，约翰·拉贝和他的妻子就搬到了他们女婿在西门子城的一个房间居住。他们在这个房间里一直居住到约翰·拉贝去世。

他们忍饥挨饿，可能不像其他人那么机灵，能到黑市上去搞些吃的东西。有一次，他在大街上捡到从俄国军车上掉下的两个土豆，对他来说真可谓大事一桩，值得他记录在日记里。他们就喝橡果粉熬制的汤，橡果是他妻子在秋天捡拾的。按照拉贝的说法，粮食吃完了，扎人的荨麻也和沙拉一样美味可口。

去纳粹化

摘自约翰·拉贝日记（1945年以后的生活）

1946年4月18日

昨天，我要求去纳粹化的申请被拒绝了。尽管我作为南京安全区国际委员会主席拯救了25万中国人的生命，但我的申请仍然遭到了无情的拒绝，因为我曾短期担任德国国家社会主义工人党南京当地组织的副手。报纸上说像我这样有判断力的人本不该加入该党（见图132）。

我向夏洛腾堡占领区委员会请求复议。他们如果不让我在西门子公司舒克尔特厂继续工作，我不知道我们还能靠什么维持生计。继续斗争，可我精疲力竭。现在，我每天还要接受英国警察（第23野战部队柏林施潘道区分遣队保安警察）的审讯。去纳粹化审查委员会的一名委员指责我是蒋介石军事顾问的朋友，是他们将中国人驱赶上了死路。消息报道说，蒋介石正在满洲与共产党作战！对此我该说什么呢？如果我在中国就听说过纳粹的暴行，我就不会加入纳粹党了；假如我作为一个德国人与在南京的英、美和丹麦等外国人意见相左，他们就不会选举我做安全区国际委员会的主席了！在南京，我是"数十万人的活菩萨"，可是在这里，我却是一个"贱民"，一个无家可归的人！但愿对家乡的思念能治愈我的创伤！

1946年5月16日

从5月3日起，我被正式告知不能继续在西门子公司工作。古尔登先生代表正在休假的西区司令麦克尤恩（兼任英占区英国军政府工业部部长）给我致信，禁止我保留之前的职位。

我当时认为古尔登先生指的只是我在英国军政府的职位，但西门子公司的管理层为了避免不必要的麻烦，还是把我辞退了。

第五章 重返德国

1946年6月3日

夏洛滕堡英国占领区的去纳粹化委员会终于撤销了我的纳粹分子罪名。判决称:"尽管你是德国国家社会主义工人党南京小组代理负责人,而且返回德国后也没有退出该党,但鉴于你在中国所做的出色的人道主义等工作,委员会决定接受你的请求。"精神折磨终于结束了!谢天谢地!我收到很多朋友和西门子公司领导人的祝贺,公司还给我安排了几天假期,让我消除身心疲劳(见图133)。

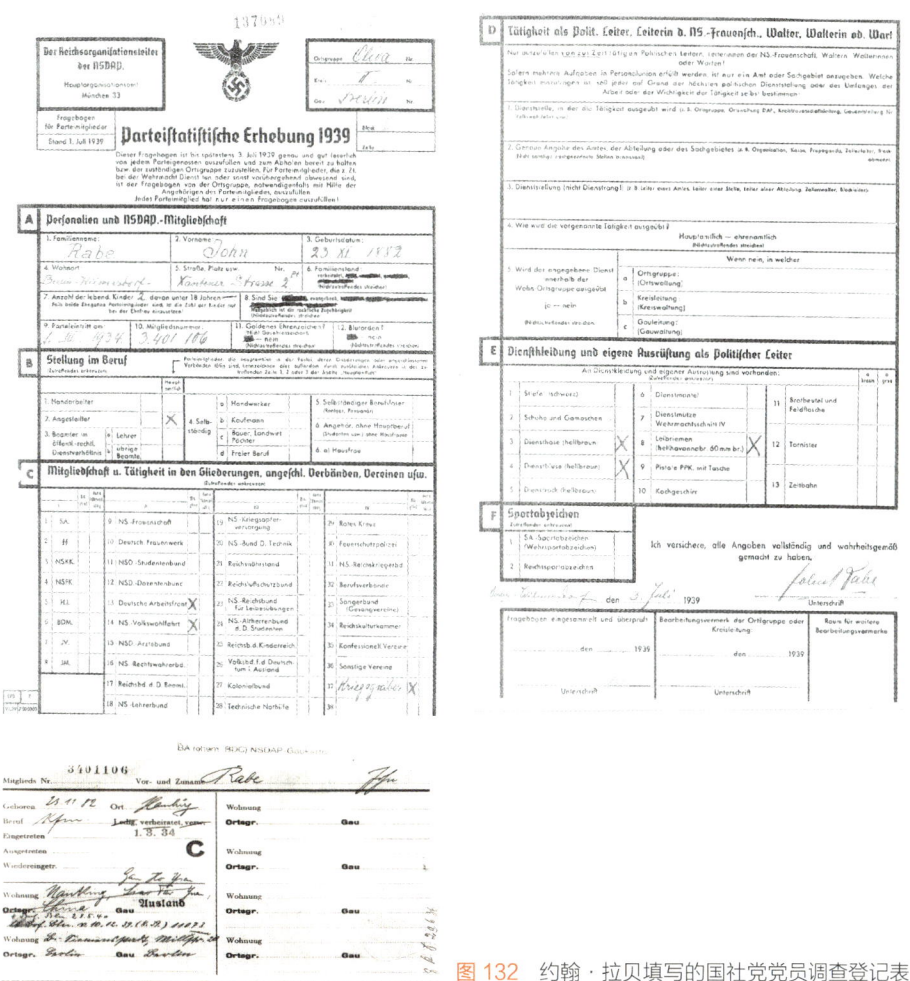

图132 约翰·拉贝填写的国社党党员调查登记表

摘自埃尔温·维克特：《约翰·拉贝——南京的德国好人》

据说希特勒时代的德国人可分为三种类型：即真正的纳粹分子、懂政治的德国人、值得尊敬的德国人。一个人不可能同时属于这三类人，最多只能属于两个：一个人既懂政治又是值得尊敬的德国人不可能是纳粹分子；既懂政治又是纳粹分子的人不会是值得尊敬的德国人；既值得尊敬又是纳粹分子的人是不懂政治的德国人，因为他们看不清希特勒和国家社会主义的本质。最后这种德国人，就是约翰·拉贝。

他完全误解了德国的国家社会主义，他只在中国读过这方面的书籍，但并未亲身经历过。他当时——至少在南京时认为自己是一名国社党党员，并在日本占领期间广而告之。但如果我们公正地审视他的主张，我们会得出这样的结论：“拉贝在这方面犯了错误。”

自1930年离开德国后，约翰·拉贝对那里发生的一切没有任何鲜明的印象。他是从报纸上得知希特勒转移权力、罗姆政变以及重要的政治景观的变化的。他阅读上海出版的英国报纸《字林西报》

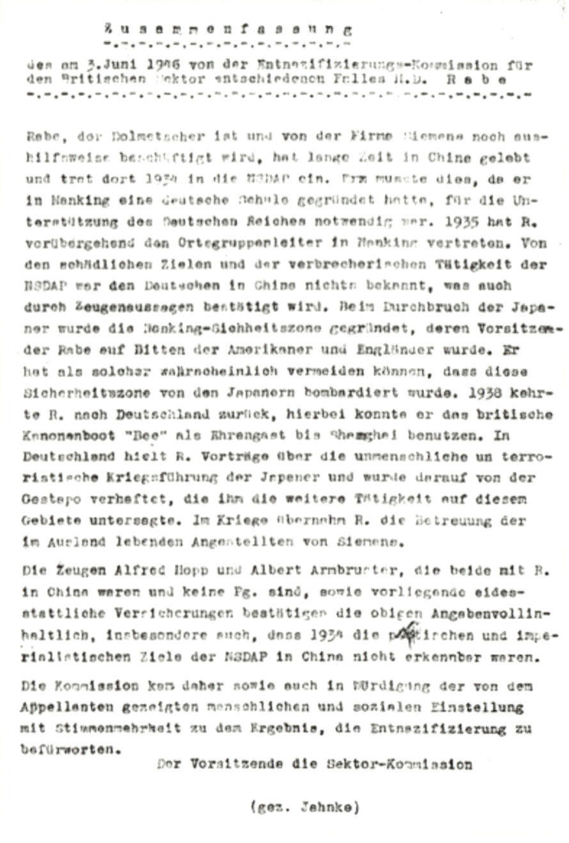

Z u s a m m e n f a s s u n g

des am 3.Juni 1946 von der Entnazifizierungs-Kommission für den Britischen Sektor entschiedenen Falles H.D. R a b e

Rabe, der Dolmetscher ist und von der Firma Siemens noch aushilfsweise beschäftigt wird, hat lange Zeit in China gelebt und trat dort 1934 in die NSDAP ein. Er musste dies, da er in Nanking eine deutsche Schule gegründet hatte, für die Unterstützung des Deutschen Reiches notwendig war. 1935 hat R. vorübergehend den Ortsgruppenleiter in Nanking vertreten. Von den schädlichen Zielen und der verbrecherischen Tätigkeit der NSDAP war den Deutschen in China nichts bekannt, was auch durch Zeugenaussagen bestätigt wird. Beim Durchbruch der Japaner wurde die Nanking-Sichheitszone gegründet, deren Vorsitzender Rabe auf Bitten der Amerikaner und Engländer wurde. Er hat als solcher wahrscheinlich vermeiden können, dass diese Sicherheitszone von den Japanern bombardiert wurde. 1938 kehrte R. nach Deutschland zurück, hierbei konnte er das britische Kanonenboot "Bee" als Ehrengast bis Shanghai benutzen. In Deutschland hielt R. Vorträge über die unmenschliche un terroristische Kriegsführung der Japaner und wurde darauf von der Gestapo verhaftet, die ihm die weitere Tätigkeit auf diesem Gebiete untersagte. Im Kriege übernahm R. die Betreuung der im Ausland lebenden Angestellten von Siemens.

Die Zeugen Alfred Hopp und Albert Armbruster, die beide mit R. in China waren und keine Pg. sind, sowie vorliegende eidesstattliche Versicherungen bestätigen die obigen Angabenvollinhaltlich, insbesondere auch, dass 1934 die [illegible]irchen und imperialistischen Ziele der NSDAP in China nicht erkennbar waren.

Die Kommission kam daher sowie auch in Würdigung der von dem Appellanten gezeigten menschlichen und sozialen Einstellung mit Stimmenmehrheit zu dem Ergebnis, die Entnazifizierung zu befürworten.

Der Vorsitzende die Sektor-Kommission

(gez. Jahnke)

图133 1946年6月3日的去纳粹化证明

（*North china Daily News*），在当时是中国最严谨、最重要的英文报纸。

他还订阅了同在上海出版的《德文新报》（*Der Ostasiatische Loydy*），但该报基本上仅转载德国官方通讯社或跨洋通讯社的报道。该报纸编辑职员都遵循德国政治宣传部的语言规范。

这份德国小报只报道德国、德国领导人及其政党的好消息。但《字林西报》也对德国及其政策进行报道，虽然有时带有一定的讽刺意味，但总体上是正面的。德国国内的报纸通常两到三周后才运达南京，因此没人对它们感兴趣。

但即使这些报纸也没有写任何负面的东西。他们报道了德国国内的一场巨变，它将德国从《凡尔赛条约》的耻辱中解脱出来，不再支付赔款。1918年战败后，德国要求并再次实现了与其他国家的平等。犹太人经常受到攻击。为什么这一点没有得到在中国的国际商界人士的重视。在中国，许多来自不同宗教、种族和国家的人们每天都要互相打交道。起初，德国的这份报纸几乎没有报道过德国国内对犹太人采取的实际措施，甚至连《华北日报》也没有任何报道。多年来，几乎所有外国媒体都把希特勒的反犹政策当作德国国内政治中一个令人不快的话题，认为其他国家不应以教师爷的方式加以干涉。

德国的外交和经济政策、军备以及最后一个问题，即自1938年以来日益增加的对希特勒的政策是否将引发战争的担忧，对德国来说才更为重要。直到20世纪30年代末，随着犹太人大量移民到上海，中国才有了更多关于德国犹太人不幸遭遇的消息。从那时起，再也不能偏听偏信了。

有关约翰·拉贝加入纳粹党的更多评论

托马斯·拉贝的回应

埃尔温·维克特在他书中写道：《约翰·拉贝——南京的德国好人》表达

了他对这一问题的立场。

我想从维克特先生的书和拉贝日记的摘录中补充几句话来支持这个观点。

1934年3月1日,拉贝加入了德国纳粹党(他的档案卡的编号为3401106),因为他想为自己在南京创办的德国学校申请国家补贴。如果他不是纳粹党成员,就根本不可能申请到。

与所有在国外的德国人一样,他不太清楚纳粹党的宗旨。因此在1938年回到德国前,对希特勒及其"伟大的政策路线"深信不疑。约翰·拉贝对希特勒抱有天真的看法,他在1937年11月29日的日记中这样写道:

"当我打扫食堂时,一张领袖的照片偶然落入我的手中,上面有德国青年领袖巴尔杜·冯·席腊赫的一首诗:

> 他最伟大之处,在于他是德国人和各路英雄好汉的领袖,而他自己:正直、坚定、质朴。他是人类世界存在的原因,他的精神震撼星辰。但他仍然是人类的一员,正如你我。

"这首诗又给了我勇气,我仍然希望希特勒能够帮助我们。一个简简单单的人——就像你我一样,不仅对自己同胞的困境深表同情,而且对中国人民的困境也抱有同样情感。

"在我们这些德国人或外国人中,大家都坚信希特勒说的话,而且只有他说的话会最大限度地影响日本当局,让他们同意我们设立中立区的提议,都相信希特勒会说这样的话。"

约翰·拉贝1934年加入纳粹党时,连温斯顿·丘吉尔也钦佩希特勒的"勇气、毅力和激情",使他能够挑战、调和或克服前进路上一切势力和抵抗。

1935年,尽管希特勒"严厉、残酷、邪恶,甚至使用可怕的方法",但丘吉尔依然没有排除希特勒能成为德国人福音的可能性。

1936年9月,英国前首相劳合·乔治认为希特勒是"当代最伟大的德国人",并称之为"德国的乔治·华盛顿"。

约翰·拉贝与每一个身居海外的德国人一样,为自己的祖国感到自豪并坚定支持。他总结道:"无论对错,它毕竟是我的祖国。"

1946 年 4 月 18 日,约翰·拉贝曾说过:

> 如果我在中国听到过任何纳粹暴行,我就不会成为纳粹党党员;作为德国人,如果我的态度与英国人、美国人、丹麦人等其他外国人的观点相左,他们就不会选我当南京安全区国际委员会主席。

人们常问的一个问题"有'好纳粹'吗?",实际上不能由德国人来回答。鲁特·哈罗夫人在她《真正的男人——约翰·拉贝》一章中有详细的论述。

第四节　来自南京的援助

1948 年:来自南京的援助

鲁特·哈罗

1948 年初,拉贝一家的生活陷入困顿,此时,南京市参议会成立了一个委员会,募集捐款接济拉贝。曾经得到过拉贝和国际委员会帮助的南京市民,以及对拉贝过去的功绩只有耳闻的市民,纷纷慷慨解囊,筹集了总计相当于 2000 美元的善款,转交给了拉贝。此外,1948 年 3 月,南京市政府派特使到瑞士,购买了奶粉、香肠、茶叶、咖啡、牛肉、黄油和果酱等食品,打成 4 大包寄给了拉贝及其家人。与此同时,从 1948 年 6 月开始,南京各界人士决定每月给拉贝寄送一包食物,帮助他和他的家人渡过危机。

| 拉贝与中国

拉贝感激涕零。1948年6月18日，拉贝在一封表达谢意的信中写道：

> 最近连面包都很难买到。我们已经很久没有吃过土豆了。鉴于我们一家目前这种悲惨处境，作为一家之主的我，得到这些食物对我们来说意义重大。

谢克尔（Shaker）出版社 2002 年

摘自张纯如的《南京浩劫》

1948年，拉贝的遭遇传到了中国。南京市政府告知南京市民，恩人拉贝需要帮助。这引起南京市民的巨大反响，不禁让人联想起弗兰克·卡普拉的经典电影《伟大的一生》的结尾。短短几天，大屠杀的幸存者就为拉贝募集了1亿元中国法币，当时大约相当于2000美元。

这在1948年可不是一个小数目。当年3月，南京市长远赴瑞士，在那里购买了大量奶粉、香肠、茶叶、咖啡、牛肉、黄油和果酱，打成4包寄给了拉贝。自1948年6月至1949年4月，南京人民每个月都给拉贝寄一包食品，对拉贝在南京国际安全区所做的一切表示衷心感谢。国民党政府还进一步提出，如果拉贝愿意返回中国，将为他提供免费住房和终身养老金。

对拉贝及其家人来说，这些包裹简直是天赐之物。1948年6月，南京人民从拉贝的几封信中（这些信至今仍保存在中国的档案馆里）得知，在包裹到达之前，拉贝一家一直采集野菜煮成汤给孩子们吃，大人们则靠几片干面包维持生命。拉贝给南京写信时，柏林的市场上连面包都没有了，这使得那些包裹对他们而言更是弥足珍贵。

全家人都很感激南京人民的支持，拉贝自己也写道，这一举动让他重拾对生活的信心。

托马斯·拉贝感悟

有几次，他从美国传教士米尔斯的妻子那里收到了食物包裹，购买款项是从心怀感激之情的中国人的捐款（总共2000美元）中支出的。中国人还提出在南京为他提供一套公寓和一份养老金。但需要他在1947年东京审判中为起诉南京战犯出庭作证。

然而，他在1947年5月4日给克里斯蒂安·克勒格尔的信中写道，一家中国报纸（《中国每日论坛》）有关"终身养老金"的报道是不真实的。在同一封信中，他还提到"沈先生给我寄了一些食物包裹"（见图134a）。

约翰·拉贝病倒了，奄奄一息，几乎和他的家人一起成了饿死鬼。他住在柏林，他和家人住在柏林西门子城。直到去世前，他一直为西门子公司工作——即使退休之后。

乌苏拉·莱茵哈特评述

战争结束后，中国人找到了他的地址，为他募捐，尽管他们自己的生活也很艰难。2000美元，他们把这笔钱寄给了身在美国的传教士约翰·米尔斯的妻子，她是1937年至1938年南京安全区国际委员会的成员。她给约翰·拉贝寄出"爱心"包裹。那时，由于营养不良，他得了一种难以忍受的皮肤病。几罐人造黄油和熏肉下肚，他就痊愈了。就此而言，这些食物的到来，让他和他家人得以维持生命。

正是由于他在1937年至1938年挽救生命的壮举，蒋介石的夫人给他寄了一封感谢信——一个用中文书写的绒面折页本。1997年10月，我把这封信捐赠给了南京江东门博物馆。它无异于对生命的第二次救助。

托马斯·拉贝感悟

1945至1946年，居住在柏林的拉贝一家和施莱格尔一家都几乎断顿，他们为了生存苦苦挣扎。道拉·拉贝在1945年的体重仅为88磅。

1947年，拉贝一家欣喜地看到，家中的每个人都还活着。

| 拉贝与中国

John and Dora Rabe, 1947

```
John Rabe.          (1) Berlin-Siemensstadt, Harriesstr. 3.P.
                                den 4. Mai 1947.

Mein lieber Kröger !
      betr. Lebensrente Rabe.
              In obiger Angelegenheit erhalte ich soeben ein Schrei-
ben von Herrn Willi Maier , unserm früheren kaufm. Direktor , aus
Shanghai, dass die in der China Daily Tribune enthaltene Mitteilung
betr. dieser Rente nichts weiter als Zeitungsgeschwätz sei ( Auf-
machung , publicity !). Damit ist die schöne Seifenblase geplatzt
und es bleibt nichts übrig als ein etwas verfrüht hier s.Zt. einge-
troffener Aprilscherz, der zwar schlecht in unsere lausigen Zeiten
von heute hineinpasst , aber halt geschluckt werden muss. Im übri-
gen aber ist alles in Ordnung, d.h. Herr Shen Yih hat einige Le-
bensmittelpakete an mich zur Abädnung gebracht, auf die wir alle
sehnlichst warten und er soll mir auch am 6/3/47 persönlich ge-
```

图 134a　↑ 约翰·拉贝和道拉·拉贝 1947 年的合影
　　　　↓ 1947 年 5 月 4 日约翰·拉贝致克里斯蒂安·克勒格尔的信

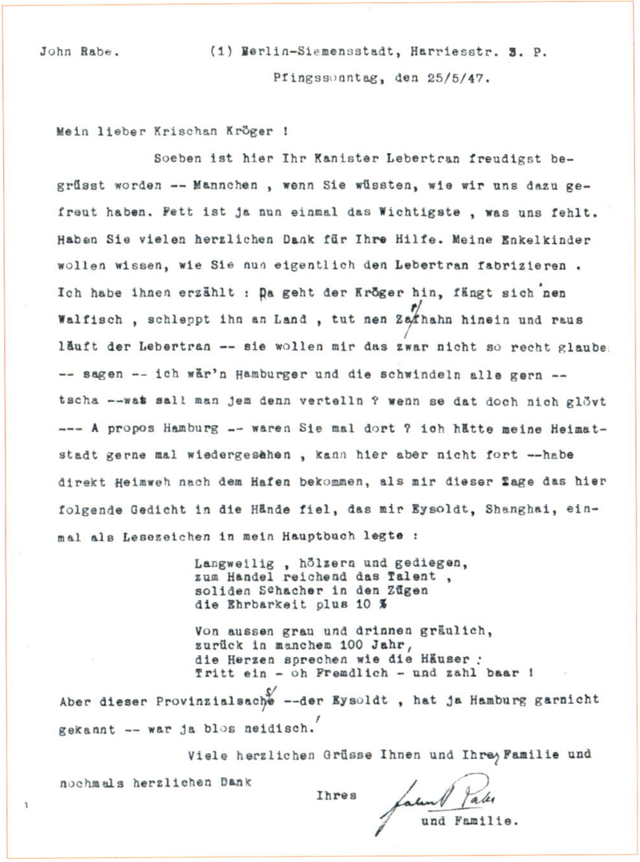

John Rabe.　　(1) Berlin-Siemensstadt, Harriesstr. 3. P.

Pfingssonntag, den 25/5/47.

Mein lieber Krischan Kröger !

Soeben ist hier Ihr Kanister Lebertran freudigst begrüsst worden -- Mannchen , wenn Sie wüssten, wie wir uns dazu gefreut haben. Fett ist ja nun einmal das Wichtigste , was uns fehlt. Haben Sie vielen herzlichen Dank für Ihre Hilfe. Meine Enkelkinder wollen wissen, wie Sie nun eigentlich den Lebertran fabrizieren . Ich habe ihnen erzählt : Da geht der Kröger hin, fängt sich 'nen Walfisch , schleppt ihn an Land , tut nen Zapfhahn hinein und raus läuft der Lebertran -- sie wollen mir das zwar nicht so recht glaube -- sagen -- ich wär'n Hamburger und die schwindeln alle gern -- tscha --wat sall man jem denn vertelln ? wenn se dat doch nich glövt --- A propos Hamburg -- waren Sie mal dort ? ich hätte meine Heimatstadt gerne mal wiedergesehen , kann hier aber nicht fort --habe direkt Heimweh nach dem Hafen bekommen, als mir dieser Tage das hier folgende Gedicht in die Hände fiel, das mir Eysoldt, Shanghai, einmal als Lesezeichen in mein Hauptbuch legte :

Langweilig , hölzern und gediegen,
zum Handel reichend das Talent ,
soliden Schacher in den Zügen
die Ehrbarkeit plus 10 %

Von aussen grau und drinnen gräulich,
zurück in manchem 100 Jahr,
die Herzen sprechen wie die Häuser :
Tritt ein - oh Fremdlich - und zahl baar !

Aber dieser Provinzialsache --der Eysoldt , hat ja Hamburg garnicht gekannt -- war ja blos neidisch.'

Viele herzlichen Grüsse Ihnen und Ihrer Familie und nochmals herzlichen Dank

Ihres　John Rabe
und Familie.

图 134b　1947 年 5 月 25 日致克里斯蒂安 · 克勒格尔的信

1947 年，约翰 • 拉贝收到了来自美国的食物包裹。这些食物系以南京市民的捐款购买，也有直接从中国寄到美国的。

战后，在鱼肝油工厂工作的克里斯蒂安 • 克勒格尔帮助过拉贝一家，送给他们一罐鱼肝油。对此，我的祖父在一封信（1947 年 5 月 25 日）中表达了他的感激之情：“脂肪是我们最需要的东西。”（见图 134b）

第五节　约翰与道拉之墓

1949 年：约翰 · 拉贝在海德堡

1949 年，约翰 • 拉贝前往海德堡，看望了儿子奥托和他的岳父母埃尔瑟 • 路德维希及卡尔 • 路德维希。他的健康状况有所好转（见图 134d）。

| 拉贝与中国

图 134c　1950 年 约翰·拉贝临去世前给儿子和儿媳的信

目睹几乎被战火摧毁了的海德堡，他对我母亲埃尔瑟·拉贝和她的父母（路德维希家族）说："我这辈子一直被世人所误解，我真应该在海德堡为自己和家人买一栋房子。"

去世前不久，他同家人和西门子公司同事庆祝了他的生日，并组织了一个圣诞晚会。总之，在给儿子奥托和儿媳埃尔瑟的信中，他给人一种心满意足的样子（见图134c）。

1950年1月5日，约翰·拉贝在为西门子公司（他退休后仍雇他做翻译）工作期间突发中风，被他的同事带回家不久就撒手人寰。

道拉·拉贝和约翰·拉贝安卧在柏林夏洛特堡威廉皇帝纪念堂公墓中。

图 134d　约翰·拉贝驾车前往海德堡（1949）

图 134e　1949 年 12 月，约翰·拉贝参加由西门子公司组织的圣诞节招待会

| 拉贝与中国

约翰·拉贝墓碑的故事

乌苏拉·莱茵哈特

1950年1月,我和道拉·拉贝挑选并让人加工了墓碑,当时花了500马克。

1996年9月30日,我和奥托驾车经过位于柏林费尔斯腾布鲁内路的威廉皇帝纪念堂公墓。我们来到约翰·拉贝的墓碑前,他的妻子道拉·舒伯特和我的父亲弗里德利希·威廉·施莱格尔也在那里安息。约翰·拉贝的墓碑仍然伫立在那里。我内心希望,他的孩子们、孙子们和重孙们应该在那里竖立一块小小的牌匾:他在南京大屠杀中拯救了25万人。但是,我拿不出这笔钱。

不过,我致信公墓管理部门,却得到这样的回答:此事不可行,墓地租赁续约期早在20年前就过期了,这个地方要重新安排(见1996年10月15日及28日信件)。

1996年12月27日,我们驾车和儿子克里斯托夫以及他的女儿乌尔里克去了墓地,并拜访了墓园的管理部门。

"请你们看看这位年轻人,他是我儿子。他可以将约翰·拉贝的墓碑运回我家吗?""噢,没问题,再好不过了,省得我们处置它了。"我们约定了时间。1997年1月4日,克里斯托夫和一位雇工领回了墓碑,将它放在我家的车库里。邻居们都觉得十分惊讶。

我给位于柏林潘考夫的中华人民共和国驻德国大使馆和南京的侵华日军南京大屠杀遇难同胞纪念馆写了信,想把约翰·拉贝的墓碑捐赠该博物馆。

1997年1月29日,博物馆的两位先生从大使馆中取走墓碑,将它运往中国南京江东门纪念馆。同年9月,我在那里献上一束鲜花。

托马斯·拉贝感悟

由于公众日益关注，位于柏林夏洛滕堡威廉皇帝纪念堂公墓中约翰·拉贝和妻子道拉的墓地被重新划界（见图135右）。

南京市政府将向柏林捐赠一座约翰·拉贝纪念碑，是一尊带底座的青铜半身像，于2009年10月安放在威廉皇帝纪念堂公墓中约翰·拉贝的坟墓前。此外，南京市在赞助期内将承担该墓地的重新设计和维护的费用。实际情况如下。

图 135　← 赠送给中国南京大屠杀遇难同胞纪念馆的约翰·拉贝和妻子道拉的墓碑
→ 托马斯·拉贝在柏林夏洛滕堡的威廉皇帝纪念堂公墓中的墓地前，该墓地由南京市政府重新修建

约翰·拉贝和道拉·拉贝的新墓碑

约翰·拉贝因中风于1950年1月5日在柏林去世，葬于柏林夏洛滕堡的威廉皇帝纪念堂公墓。公墓位于柏林夏洛腾堡的威廉皇帝纪念教堂区，费尔斯腾布鲁内路69—77号。

2013年12月11日，中方出资修建的新墓落成仪式举行。中国美术馆馆长、中国美术家协会副主席、中国城市雕塑家协会主席、南京大学美术学院院长吴为山教授为约翰·拉贝和道拉·拉贝的坟墓设计了墓地，英文是"约翰·拉贝纪念花园"。德语为"Der Garten des guten MenschenJohan Rabe"

| 拉贝与中国

（见图138）。

2013年12月11日，在中国驻德国大使史明德的见证下，举行了墓地重建落成仪式（见图139—141）。

早在2000年前后，南京市政府就开始商谈在柏林为约翰·拉贝建立纪念墓地一事。

参观公墓的联系方式：Dipl.-Ing. Thomas Höhne KirchhofsverwalterLandschaftsarchitekt AKBKirchhofsverwaltung der ev.Luisen-Kirchengemeinde Fürstenbrunner Weg 37-6714059 Berlin thoehne@luisenkirchhoefe.com

电话：030/302 20 47

图136 约翰·拉贝和道拉·拉贝的墓碑

图137 ← 约翰·拉贝和道拉·拉贝的墓碑设计图，该墓碑由吴为山教授设计
→ 托马斯·拉贝和吴为山教授（中国美术馆馆长、中国美术家协会副主席、南京大学美术学院院长）的合影

第五章 重返德国

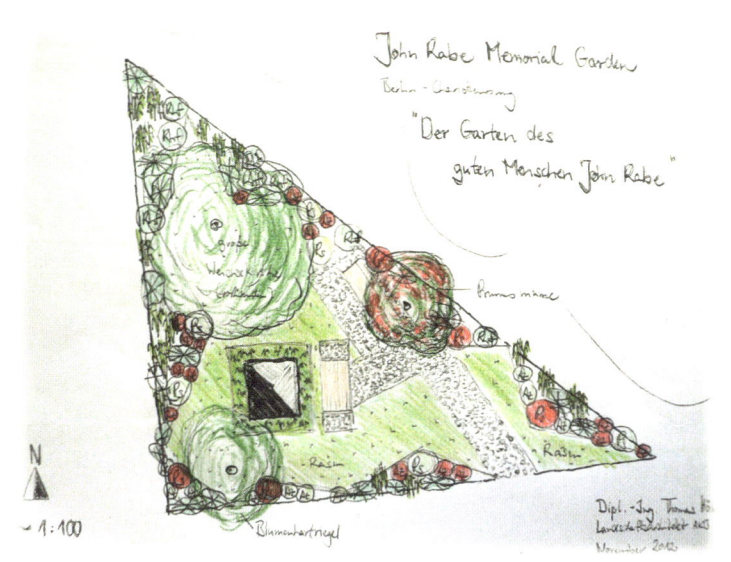

图 138 吴为山教授为约翰和道拉·拉贝设计的墓地，英文是"约翰·拉贝纪念花园"。德文为"Der Garten des guten Menschen John Robe"

图 139 约翰·拉贝和道拉·拉贝的墓地重建落成仪式（2013 年 12 月 11 日）在柏林夏洛滕堡威廉皇帝纪念堂公墓举行。南京市政府主持，中国大使史明德出席，托马斯·拉贝致辞

365

| 拉贝与中国

原墓碑最初位于柏林夏洛滕堡威廉皇帝纪念堂公墓，后经中国驻柏林大使馆运往南京，目前在中国南京的侵华日军南京大屠杀遇难同胞纪念馆展出。

约翰·拉贝荣誉纪念墓

2018年11月7日

亲爱的拉贝先生：

我很高兴地通知您，柏林参议院在昨天（2018年11月6日）的会议中通过了参议院第S-1667/2018号决议，其中包括认定约翰·拉贝的墓地为柏林市荣誉纪念墓地，期限20年。

在不久的将来，该墓地会被标记为荣誉墓地并在入口处标注（一块带有国家盾形徽章和"Ehrengrab Berlin"字样的棕色石头）。

如果没有在世的亲戚或第三方负责坟墓的维护，柏林州将接管这项工作。

参议院的新闻稿获取方式如下：

https://www.berlin.de/rbmskzl/ aktuelles/pressemitteilungen/2018/pressemittei- lung.755287.php

诚挚祝福

克里斯蒂安·克鲁格柏林市长——参议院总理府

犹太人大街1号：

10178 柏林

电话：+49 30 9026-2630；

传真：+49 30 9026-2462.

网址：www. berlin. de/senatskanzlei_

第五章 重返德国

图 140 位于柏林夏洛滕堡威廉皇帝纪念堂公墓中的约翰·拉贝和道拉·拉贝之墓

图 141 柏林威廉皇帝纪念堂公墓中的约翰·拉贝和道拉·拉贝之墓

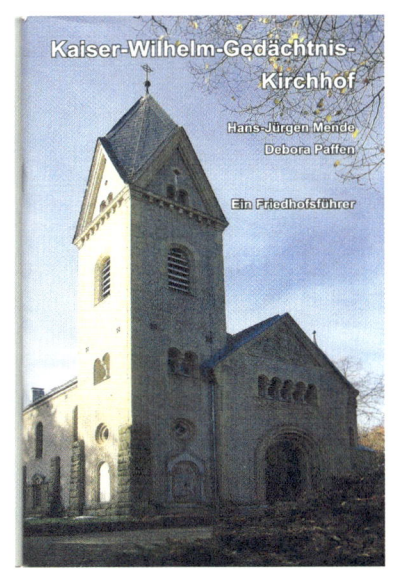

图 142 德国柏林夏洛滕堡威廉皇帝纪念教堂（ISBN978-3-00-048533-6）

Kaiser-Wilhelm-Gedächtnis-Kirchhof

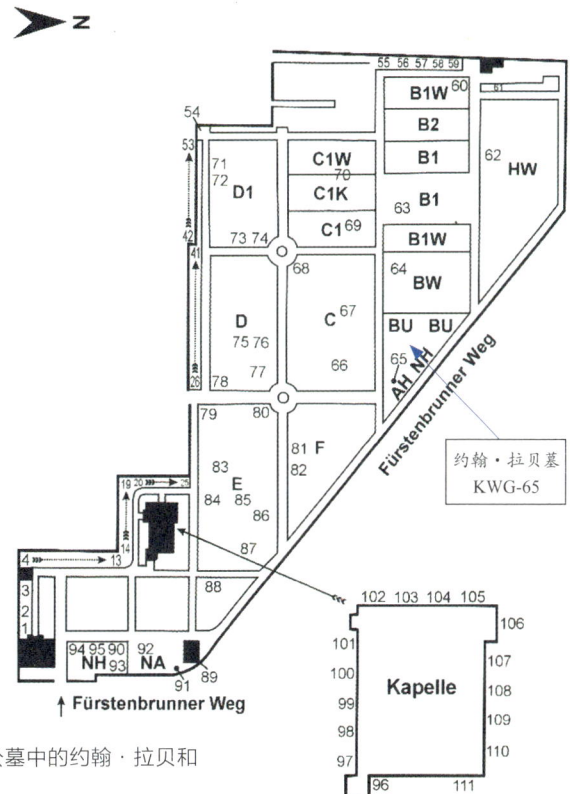

约翰·拉贝墓 KWG-65

图 143 柏林夏洛滕堡的威廉皇帝纪念堂公墓中的约翰·拉贝和道拉·拉贝的墓地
地址：德国柏林费尔斯腾布鲁内路 69—77 号

367

南京的英雄

第六章

后人感悟

JOHN RABE

约翰·拉贝 1938 年返回德国后的生活

拉贝对南京大屠杀的宣传导致他与盖世太保不和

王晓华详细报道了拉贝回到德国后的生活。[1] 除其他事情外,他还描述了 1938 年 2 月 23 日拉贝接到西门子公司要求他离开南京的指令一事。同年 4 月,他回到柏林。[2] 从 5 月 2 日至 25 日,拉贝连续做了 5 次报告,向德国公众讲述日军在南京的暴行,一些德国人因此了解到在南京发生的一切。6 月 8 日,拉贝向希特勒递交了一份长达 260 页的报告,并附上了他从 1937 年 9 月至 1938 年 2 月 22 日的日记。他向希特勒描述了日军在南京的暴行,并报告了南京人民的苦难。他还在报告附录中加上了 80 张照片。此外,拉贝还给希特勒写了几封信,希望德国政府在知晓这场战争的侵略性后,可采取一些行动劝阻日本人结束这场侵略战争。正在此时,德国开始入侵波兰,揭开了第二次世界大战(欧洲战事)的序幕,日本成了德国的盟友。此时,战争也在欧洲降临。德国宣称,它和日本的利益是一致的。

王晓华还指出,拉贝的行为无疑对德国的战争机器产生了不利影响,并可能影响了德国及其盟国的"共同利益"。因此,拉贝被德国纳粹秘密警察"盖世太保"逮捕并审问。他的日记和相关图片被没收并接受检查。直到拉贝答应不再对南京发生的战争暴行发表任何演讲,且西门子也为他提供担保后,盖世太保才将他释放。[3]

不久,他取回了日记。从那以后,拉贝一直对他在中国的经历保持沉默,再未对周围的人,甚至自己的家人提及过。拉贝与盖世太保的对峙,在黄慧英的书中也能看到。黄慧英的描述与王晓华的描述如出一辙,但她在书中强调,拉贝讲述日军在南京的暴行是勇敢之举,因为他在离开南京之前已经从先于他回国的两个德国人那里听说,他们二人因揭露日军的暴行而曾经被盖世太保逮捕过。拉贝在给希特勒的报告中试图委婉地向希特勒指出，由于缺乏足够的警惕，日本人可能会变成整个欧洲的威胁。

王晓华和黄慧英各自从中国人的角度描述了拉贝回到柏林后与盖世太保的对峙。此外，有必要从埃尔温·维克特的材料中简单提及以下情况：在拉贝于1938年4月15日被调回西门子柏林总部之前，他在上海组织过一场新闻发布会。拉贝通报了南京市民的苦难和安全区的各种问题。[4] 为了避免给日本人和国际委员会之间的关系增加负担，他没有提及日本人在南京犯下的暴行。拉贝在上海就是这样做的，这个城市中有很多纳粹党党员，即希特勒的追随者，他们代表第三帝国的政治路线。此时此地，拉贝对希特勒及德国与日本关系良好的天真看法也显而易见。

1938年拉贝回国后多次发表演讲，向德国公众讲述日本人的暴行，在这些演讲中，他总是强调他无意进行反日宣传。尽管他同情中国人民，但他首先是一个德国人，坚信党的正确政策。[5]

中国文学作品更加关注战争期间拉贝及其家人的艰难生活处境，而不是他职业生涯的详细情况。

与盖世太保发生对峙后，拉贝退出了公众生活。1941年，他被西门子公司派往阿富汗，负责那里的员工事务。一年后，他回到德国，继续在柏林西门子公司的工厂工作，是一名普通职员。[6]

战后，拉贝曾被俄国人逮捕并审讯。英国接管柏林西北地区后，英国军政府聘请拉贝作为首席翻译。1945年8月初，他被解雇，原因是他曾经是纳粹党党员。1947年初，拉贝退休。之后他为西门子公司临时工作。1950年1月5日，因中风离世。[7]

中国人民感谢拉贝所做的贡献

王晓华继续讲述拉贝在德国的生活。同盟国军队1945年5月占领柏林后，拉贝一家的处境非常艰难。这个家庭有6口人，都没有收入，与几年前安全区里中国难民所面临的生活条件类似。[8]

1948年初，正当拉贝一家穷困潦倒之时，南京市参议会成立了一个委员会，募集捐款接济拉贝。不仅接受过拉贝和国际委员会帮助的南京市民，而且仅仅听说过拉贝事迹的市民也都慷慨解囊，很快就筹集到了相当于2000美元的捐款，并转交给了拉贝。此外，1948年3月，南京市政府特派人到瑞士购买奶粉、香肠、茶叶、牛肉、黄油和果酱，打成四大食物包裹给拉贝及其家人寄去。与此同时，从1948年6月开始，南京各界人士决定，每个月寄给拉贝一包食物，帮助他和家人渡过难关。

拉贝感动得泪流满面。1948年6月18日拉贝写了一封表达感谢的信：

> 最近连面包都很难得到。我们已经很久没有吃过土豆了。在这样一种悲惨的境地中，作为一家之主的我获得这些食物，对我们一家意义重大。[9]

庞瑞垠在他的文章中提到，拉贝在南京救过许多人的命。同时，为了让南京人民记住，庞先生提出两个建议：一是恢复拉贝故居，将其作为"拉贝纪念馆"；二是在主干道上海街的交汇处立起拉贝铜像。[10]

徐志耕提出了他的想法：扩建南京大屠杀遇难同胞纪念馆现有大厅，安放拉贝以及20多位安全区国际委员会成员的雕像。[11]

早在1938年回到德国不久，拉贝就获得了中国政府颁发的一项大奖：配有蓝白红绶带的星形"领绶采玉勋章"。当时驻柏林的中国军事使团向拉贝提供过食物。中国人提议让他搬到中国去，承诺在那里给他一套公寓和一份养老金。作为回报，他们希望拉贝能在东京审判中作为起诉主要战犯的证人出庭作证。拉贝决定不接受这个提议。

| 拉贝与中国

参考书目：
[1] Wang: 1998, p.305ff.
[2] 约翰·拉贝和妻子于1938年3月16日回到了南京的家中。他们途经香港、马尼拉和孟买，于1938年4月12日抵达意大利的热那亚。1938年4月15日，拉贝一家抵达柏林。见 Wickert, Erwin:《约翰·拉贝——南京的德国好人》，DVA, Stuttgart. 1997, S. 281
[3] Chang: 1999, p.199
[4] Wickert: 1997, p.283
[5] ibid.: p.285
[6] ibid.: p.291
[7] ibid.: p.382
[8] Wang: 1998, p.306
[9] ibid.: p.307
[10] 庞瑞垠：《永远的拉贝——永恒的劫掠》。为南京大屠杀期间日军侵华战争中牺牲的同胞纪念碑捐款。(Ed.)：《"拉贝日记"发现始末》。发现拉贝日记的整个故事。南京1997, p.71。
[11] 徐志耕在提出建议的同时，大声疾呼自己的同胞对这些罪犯（日本人）要进行谴责。拉贝拒绝这一提议看起来是奇怪的，从拉贝想通过日记和公开演讲揭露南京大屠杀，让许多人知晓这一罪行的意图来看，他拒绝上述提议有些不合常理。

知识链接
天坛：选自1936年北洋印刷公司出版的英文版《北京地图》

第一节　鲁特·哈罗谈拉贝

我眼中的拉贝

托马斯·拉贝感悟

将约翰·拉贝看作纳粹党在当地组织的代理负责人并不正确，他只有一次曾经代表当地组织负责人——但他在党内从来没有担任过任何正式职务，一直是一名普通成员。

拉贝的纳粹党党员身份——中国作者的观点

约翰·拉贝曾任纳粹党在当地组织的代理负责人。

据张纯如说，随着时间推移，拉贝对希特勒的支持与日俱增，同时出任南京纳粹地方组织的领导人。1938年回到德国时，他说自己百分之百地支持德国的政治体系。

郑寿康认为，拉贝认为纳粹党是工人的政党，不代表上层阶级，希特勒会信守诺言，为工人谋福利。因此，拉贝相信德国人也会帮助中国。

吴源和蔡玉华的记载表明，拉贝于1934年3月1日加入纳粹党，后来接任该党南京当地组织负责人一职。他们写道，存放在柏林档案中心的拉贝的党员卡中没有他隶属于某个党组织的特殊条目，在1937—1938年的党员名单中，拉贝被列为普通成员，但并没有附加注释。这两位记者认为，拉贝只是预备党员，因为当时他对德国的政治一无所知。他们还认为，世人对1934年德国在中国的帝国主义目标并不清楚。在1945年6月5日的日记中，拉贝解释了1934年因在南京创办德国学校而加入纳粹党的缘由。该校是为在中国的德国人的子女而设立的,为了担任校长并获得对学校的补贴,拉贝需要得到德国当局和纳粹党的同意。这就是他加入纳粹党的原因。研究中国社会主义的法国历史学家弗朗索瓦·克莱斯勒也证实了拉贝因担任南京德国学校校长而加入纳粹党的观点。根据他们调查,当时几乎每个学校的董事会都必须有一位具有从事管理职能的纳粹党党员。克莱斯勒女士引用了1937年"关于东亚德国学校的报告",其中提到了南京德国学校:"与纳粹党的合作由校长保证,他是纳粹党党员。"她还写道,德国在国外的外交官、记者、老师或公司正式代表几乎都无法避免加入纳粹党。

约翰·拉贝世界观中的阿道夫·希特勒及其政治

为了说明拉贝的期盼以及对希特勒的忠诚,吴源和蔡玉华首先引用了拉贝1937年11月底日记中的一段话:"我们中间没有一个德国人或外国人不坚信,希特勒只消说一句话,就能对日本当局产生最大的影响,让他们支持我们提议的中立区。他会说这句话。"

吴源和蔡玉华还用拉贝被希特勒和平欺骗误导的事实,解释了他对希特勒抱有的幻想。希特勒将自己伪装成一个想要和平的政治家。当拉贝和他的外国同事在南京建立安全区时,拉贝同时向上帝和希特勒祷告,祈求得到他们的帮助。他和他的同事们都相信,希特勒会对日本的暴行挺身而出。

由于当时已在中国生活了近30年,拉贝对纳粹德国的真实情况一无所知。此外,当时德国外交部派驻中国的许多代表都清楚地表明了他们对日本暴行的厌恶。

早在1937年6月,德国外交部长就曾致信德国驻日本大使,在信中他批评了日本的暴行,并表示希望日本不会在中国制造混乱。直到日本对南京发起攻击的前一天晚上,德国驻华大使陶德曼(Trautmann)还一直按照德国外交部负责人的指示，试图在中日两个交战国之间进行调解。日军入侵南京后，陶德曼用愤怒的语言向德国外交部提交了许多有关日军暴行的报告。德国驻华使馆和德国外交部对中国的这种友好态度进一步加深了拉贝对希特勒的正面看法。

拉贝对希特勒和纳粹党的幼稚态度在1937年9月21日的日记中也体现得非常明显：

> 是的，我们是劳动者的士兵，我们是工人的政府，我们是工人们的朋友，我们不会抛弃困境中的工人（穷人）。

关于拉贝在日记中还引用了一首赞美希特勒的诗，毫无疑问，拉贝当时十分崇拜希特勒。黄慧英在文章中提出，日军犯下的杀戮、强奸、纵火、抢劫以及其他各种罪行，致使拉贝改变了他的意识形态。黄女士写道，很明显，日军对南京人民的杀戮改变了拉贝的思想。他对希特勒和纳粹党的信任动摇了，看清了希特勒的本性，放弃了对希特勒的幻想。

她解释道，由于日本政府没有满足拉贝的期望，他将所有希望寄托在希特勒身上。黄女士还记录了拉贝回到德国后的经历。回到德国不久，拉贝就举办多次演讲，向德国公众揭露日军在南京的战争罪行。

1938年6月8日，他向希特勒递交了一份报告，对日本军队的暴行做出描述。尽管拉贝受到盖世太保多次警告，要他不要就南京大屠杀再发表演讲，但他仍然希望希特勒的态度与下层纳粹党党员的态度有所不同。他仍然希望希特勒能进行干预，从而帮助中国人。在被捕以及他的日记被盖世太保没收后，拉贝看清了纳粹党的真正本质，义无反顾地申请退党。这一进步标志着拉贝的观点发生了巨大变化。但是，他退党的请求被拒绝了。

郑寿康也提及拉贝的观点，即认为纳粹党是工人而不是上层阶级的政党，希特勒打算为工人做很多好事。希特勒向德国人民许诺了很多东西。这就是拉贝说纳粹党非常好，以及德国人肯定会帮助中国的原因。

问题在于，拉贝在何种程度上读过希特勒的《我的奋斗》（*Mein Kampf*）（第一版早在1927年出版），以及他在多大程度上仍然对希特勒抱有幻想，并因此有可能被他误导。

希特勒在这本书中，白纸黑字公开了他的计划。一种可能的解释是，拉贝从未真正读过这本书，否则，他早就应该看清希特勒的真实面目。吴源和蔡玉华还写到，希特勒于1937年11月召集国防部长、外交部长和德国各武装部队的司令官开会。在会议当天，希特勒透露了他的真实计划：不要和平，而要战争。外交部长提出异议，但被立即解职。

从那时起，希特勒的实际目标就已昭然若揭。但如果从那时起开始梳理拉贝的观点以及直到他被盖世太保逮捕前的日记，就会发现他对希特勒的态度其实没有明显的改变。黄慧英指出，拉贝对希特勒和纳粹党的幻想在南京市民被屠杀后彻底破灭了。但并没有任何证据支持这一说法。

拉贝经历了1937年11月至1938年2月的南京大屠杀，在此期间，他对希特勒的看法并没有明显改变。拉贝的日记，特别是其中他向希特勒求助的部分证明了这一点。即便在1938年回到德国后，拉贝仍对希特勒和"他的伟大政治路线"深信不疑。

1938年6月8日，正如黄慧英在文章中提到的那样，拉贝向希特勒递交了一份关于南京大屠杀的报告。假如他的观点在此之前已确实改变，并且已了解了希特勒及其纳粹党所做宣传的真实背景，他就不可能再给希特勒写信，并仍寄希望于他。黄慧英写道，被盖世太保逮捕后，拉贝曾申请退党。

当研判这一说法时，人们偶然看到拉贝1945年5月31日日记中的一段话：

> 此外，盖世太保又把我放了，甚至没有把我赶出党组织，当然，他们有足够的理由这样做……如果今天有人像我多次被问到的那样问我，为什么继续留在党内，我只能回答，我们这些在国外的德国人从未与那些目睹党卫军成员所犯暴行的证人有过任何接触。

因此，拉贝没有退党。另一方面，拉贝的去纳粹化申请一开始未被德国去纳粹化审查委员会审查通过。理由是：首先，作为一个懂政治的人，他不应该加入该党；其次，1938年回到德国之后，他应该认识到国家社会主义的真正本质并应立即退党。拉贝的去纳粹化只是在协商程序中完成。这进一步证明了拉贝一直留在党内。

中国学者评约翰·拉贝

吴源和蔡玉华在他们的文章中记载了拉贝对希特勒本人的无知。拉贝关于希特勒的信息是从德文书籍和报纸中获取的。除了迟迟才到中国的德文报纸外，他还阅读上海出版的英文杂志上的文章，以及德国人在上海出版的德文报纸上的文章。根据吴源和蔡玉华的描述，上面提到的德国报纸印刷德意志帝国的宣传材料。自1936年最后一次返回德国后，他的祖国发生了翻天覆地的变化，对此，他几乎一无所知。被盖世太保逮捕后，他才看清了希特勒的本来面目。

郑寿康也持相同观点，认为拉贝误判了希特勒。他解释说，当时的中国媒体无法与当今的媒体相提并论。在拉贝旅居南京的年代，进口报纸要花上几周的时间。要更深入了解德国，必须身在其中。

黄慧英指出，拉贝旅居南京期间，德国还没有制订出后来的扩张计划，而对犹太人和共产党人的杀戮也未达到一定程度。拉贝对这些计划一无所知。

吴源和蔡玉华的文章有许多自相矛盾之处。一开始，他们声称拉贝在南京逗留期间并未看清希特勒的真面目，随后他们又在文中点了几份报纸的名，而阅读这些报纸应该令拉贝知悉德意志帝国的实际计划。即使报纸从国外抵达南京需要耽搁很长一段时间，但当时中国境内也有足够多的报纸报道希特勒及其帝国主义目标。

从1933年开始，包括《字林西报》《大陆报》和《密勒氏评论报》在内的

| 拉贝与中国

知识链接

紫禁城皇宫：选自1936年北洋印刷公司出版的英文版《北京地图》

英文媒体就定期报道希特勒的言论、德国的政府危机和权力变化，后来还报道过希特勒政府的法律以及纳粹冲锋队（SA）的暴力袭击。此外，当时还有一份在中国的纳粹分子发布的国际文告，在南京也可读到。

"富克斯案"于1933年9月27日首先由《大美晚报》报道，9月28日《大陆报》《上海时报》和《字林西报》也进行了报道。《字林西报》对此报道的标题是："德国领事受到反犹太法的影响"。

富克斯是一位信仰犹太教的德国人，自1920年起一直在外交部工作，自1929年以来一直在上海担任德国总领事馆的律师。

在同一时期，纳粹党党刊于1933年问世。党员大会上各种反犹太人的文章和讲话以及上海党员的其他联合活动都见诸这份报端。在当时还有一份刊登纳粹党当地组织文章的报纸《上海德意志报》。1933年底，该报发表了希特勒和其他纳粹党成员的演讲。

1933年6月，纳粹党东亚国家总部的公报和条例分发给了各下属当地组织。1933年3月，《东亚观察者》首发。该报发行量很大，向在远东的全体纳粹党党员寄送。这份报纸刊登大量反犹太人的文章，其版面由意识形态社论和种族主义的反犹太人文章构成。

从1936年1月1日起，一份在上海出版的日报《德文新报》问世。该报具有德国宣传性报纸的特征，在全中国发行。它也刊登反犹太人的宣传文章。

在同一篇文章中，吴源和蔡玉华提到了"罗森"（英文误为"roses"）事件。他们描述了1937年11月27日德国大使馆秘书罗森与拉贝谈及其个人问题的情形。罗森告诉拉贝，他的家族为德国外交部门服务已长达100年，他的父亲甚至担任过外交部一个司的司长。但由于自己的犹太血统，他最近麻烦缠身。这次交谈后，拉贝在日记中写道："罗森的祖辈有犹太人，这毁了他的未来。一个不幸的人！"

这句话为两位作者提供了证据，证明拉贝并没有反犹太倾向。一方面，他们像其他中国作家一样，认为拉贝对希特勒的政治一无所知；另一方面，他们引证拉贝对罗森因其犹太血统而表达的同情。

拉贝怎么会在知晓纳粹党反犹太态度的同时，仍然将希特勒视为救世主和慈善家？时至今日，人们已不再可能完全搞清楚拉贝当时对希特勒真正了解到什么程度，唯一可以明确回答这个问题的人就是拉贝本人。

第二节　埃尔温·维克特谈拉贝

约翰·拉贝是一个伟大的德国人

以下文字为埃尔温·维克特博士撰写

约翰·拉贝是一位单纯、善良的人，作为西门子公司的商业雇员，他在中

| 拉贝与中国

国默默无闻地度过了30年，但在1937年12月至1938年3月的短短几个月里，一项重要任务落到了他的肩上。面对灾难性的经济和社会形势，他奋不顾身，以大无畏的精神四处奔走，他超越了自己，手无寸铁地直面劫掠成性的日军。他在当时中国的首都南京，为数十万中国人提供庇护，使他们免受犹如出笼野兽般的日本占领军的荼毒。他是一位伟大的德国人。在自由世界中，他被誉为英雄。但在他的祖国，他却寂寂无名，因为当时的纳粹德国是日本的盟友。当年谁要是胆敢破坏这所谓的友谊，那就看一看拉贝的遭遇吧：他刚一回国，便遭到了盖世太保的审讯。1934年，约翰·拉贝在南京拿到一片土地，可用于修建一所德国学校。他也加入了纳粹党，这样帝国政府就会给学校派来教师。纳粹党在南京当地的小型党组织负责人休假期间，拉贝曾临时接管党务工作。他将这视作一种荣誉，并偶尔炫耀一番。

1937年夏天，日军登陆上海，他们的侵略政策是控制中国的中部和首都南京。蒋介石及其整个政府、各职能部门、公司、外交官还有那些条件允许的居民，都逃离了这座城市，沿着长江逆流而上，跑到中国的内陆地区。国民政府先在汉口、后在重庆，建立了新的全国政权所在地。所有外国人也离开了南京，只有十几或二十几个人留了下来，这些人主要是美国或英国的牧师、传教士、教会医生，还有零星几个其他人士，包括两位德国商人克勒格尔和施佩林。拉贝和妻子当时在华北的海滨度假胜地北戴河休假。随着北平城外马可波罗桥（译注：即卢沟桥）军事冲突的爆发以及日军第十军团在上海附近登陆，拉贝立即返回南京。他自己解释说，这么做是出于对自己的仆人和公司雇员安危的责任心。他把妻子留在了北平。众所周知，当日本人占领南京时，南京城里所有人的安全都将会陷入极度危险之中。中国的古代史和近代史中有过许多类似的骇人听闻的事例，20世纪20年代在广东发生的商团叛乱和滇桂军叛乱，仍然历历在目。

拉贝认为，他不能离开这座城市，他必须要保护好他的公司里的仆人和雇员。在这座人口百余万的南京城里,他是不多的有这样想法的外国人。

"逃走?"他在日记中写道,"这涉及一个道德问题,作为一个令人尊重的汉堡商人,这个问题我至今仍无法逾越。我们的中国佣人和职员连同他们的家属约有30人,他们都只能指望他们的'主人'。如果我留下来,他们就会坚守岗位,直到最后一刻。况且这些淳朴的仆人们也不知道该去向何方。往北走,回到他们的家乡去,他们早就可以这么走。但那里也在打仗啊。在这种情况下,我还能逃走吗?我认为不能。谁要是在空袭时两只手各握住一个颤抖的中国孩子,在防空洞里蹲上几个小时,他就会与我抱有同感。"他是南京城里为数不多的有这样想法的外国人。

据粗略估计,100万赤贫百姓留在了南京。南京并非没有防空洞。首次小规模空袭开始时,许多人都到拉贝的院子里寻求安全保护。他们在那里最安全,因为拉贝家院子的地上铺着一面巨大的纳粹万字旗,用以提示日军飞机不要轰炸这里——纳粹是日本人的朋友。随着日本军机对南京城的轰炸日益密集,拉贝意识到不能让大群百姓继续在街上坐以待毙。他敞开大门,数百人涌入,把院子挤得满满登登。"有些人很聪明。"拉贝写道——在这样的日子里他仍然抽空继续写他的日记!"这些人在一面水平展开的德国(万字)大旗下铺开床铺。我们搬出这面大旗,是为了向日本轰炸机宣示,这里是未参与战争行为的外国人的居所。这个地方被认为特别'防弹'。"

拉贝患有糖尿病,但他囤积了足够的胰岛素。他用酒精灯给重复使用的注射器的针头消毒。他在日记中写道:"我浑身上下骨头酸痛,已连续48小时没有脱衣服了,客人们也都去休息了。约30个人睡在办公室里,3个人睡在煤窑里,8个妇女和儿童睡在仆人的房间,其余一百多人则在防空洞或户外花园里、院子中的道路上安顿下来。"

一名德国记者沃尔夫·申克(Wolf Schenke)在逃离南京时安然无恙,但将拉贝抛在了身后。他在自己的书中写道:

"不知怎么，尽管我有充分的理由离开南京，但我总觉得自己就像拉贝一样终于平安了，而此时别人却几乎必死无疑。"（沃尔夫·申克：《黄色战线之旅》，柏林，1943年）

拉贝随时准备为中国人民献出自己的生命，他在中国已生活了30年，与中国人民朝夕相处。他对沃尔夫·申克说："为此赴汤蹈火是值得的。"拉贝绝不是有些人认为的"中国的辛德勒"。辛德勒从来没说过如此掷地有声的话。辛德勒利用德国战争经济体制网络中的某些漏洞来拯救犹太人，这种行为非常令人尊敬，也并非毫无危险，但也有助于他的生意继续运转。拉贝没有在任何一位获救的中国百姓身上得到一分钱，他知道自己在做什么，并愿意为此付出生命。即使面对死亡威胁，他也自觉地从事纯粹的人道主义行为。

日军抵达前，南京城里约30名牧师、传教士和教会医生，主要是美国和英国人以及零星的几个欧洲人决定成立一个安全委员会，为平民建立一个安全区，对中日双方军队都不开放。蒋介石看到这一计划后，予以批准。但更为重要的是，这个计划也得到日本军方的认可。委员会选举约翰·拉贝为主席，他是唯一一个对这个世界上的交易有所了解的人，如果再能稍加利用他的政治关系，那就再好不过了。几周前，位于上海的西门子中国公司总部建议拉贝与当局组织的大批难民一起离开南京。这完全可以理解，因为抵达国民政府未来的所在地之后，他还能继续与当局进行生意往来。但是在这座弃城南京，已经没有什么订单可言。然而拉贝回电告诉西门子公司，他已经当选一个"安全委员会"的主席，并将留在南京。位于上海的西门子中国公司看重的是有利可图的商业关系，自然不同意拉贝的做法。他们向拉贝发电报，要求他必须离开南京并代表西门子公司的利益。但是拉贝数月后才在南京收到这封电报。蒋介石让人向拉贝转交了10万美元，南京市市长、警察局局长、城防司令唐生智将军向拉贝保证，他们会与南京共存亡，将尊重安全区的中立性地位。当然，这些保证大多含糊其词。但是他们请求安全委员会接管他们的一些职责。这些人确实留在了南京,至少在眼下。但中国军队最终成了烫手山芋——他们拒绝撤离中立安全区并撤走他们的军事装备。

此时的拉贝在前任的"保佑"下成了一座城市的"市长"。这座城市就要陷落,管理当局已落荒而逃,把百万民众彻底抛弃,公共事务行将或已经停摆。面对大规模的劫掠和肆无忌惮的占领军,这座城市的百姓瑟瑟颤抖。然而,刚任职的拉贝市长并没时间惊叹于自己闪电般的升迁。"拉贝简直忍无可忍!"——这才是他对这段时间的唯一评价。他的首要任务是确保中日双方都同意设立中立安全区。蒋介石同意了,但日本人的回答却模糊不清。拉贝致电希特勒,恳请希特勒向东京方面求情:在日记中,拉贝恳求,甚至祈祷能够得到希特勒的回复。但他什么也没有收到,甚至连希特勒是否收到了他的电报都成问题。自此在拉贝的日记中,"他的精神震撼星辰,但他仍然是人类的一员,正如你我"这种神话般的赞颂再也没有出现过。相反,当留下的少数几个德国人在广播中听说,希特勒任命约阿希姆·冯·里宾特洛甫为帝国外交部长时,拉贝在日记中写道:"我们这几个德国人对这一则广播报道感到非常沮丧。难道这就是我们需要的全部?"日本人对拉贝设立安全区的建议的回应还是闪烁其词。他们没有空等许可,就竭力把安全区建立了起来。在一份概要中,拉贝列出了委员会需要处理的优先事项:向唐生智将军施压,使安全区去军事化;提供经常性支出经费;向警察和其他招募的人员支付薪酬;分散安置难民;保护进入安全区的通道;照顾受伤和逃跑的士兵;提供食物、运输和燃料;在公共建筑里安置难民;向安全区提供帐篷、电力、电话、水源、卫生设施以及公共厕所;提供垃圾和粪便处理服务;向医院提供药品和物资。在接下来的委员会各次会议上,拉贝将这些任务逐一分解下发。

日本军机对南京的轰炸越来越频繁。随着日本炮兵部队抵达,这座城市又开始遭受炮轰,供水供电都被切断。被正式任命的南京市市长当时还没有逃离,他同下属一起参加过一次委员会会议,会上他承诺提供 3 万袋大米和 1 万袋面粉。但这些物资囤放在郊外，而用于运输的卡车被中国军队没收了。3天后，郊外仓库里的大米就只剩下15000袋了。

1937年12月11日，日军攻入南京，但推进缓慢。当时城内仍然有中国士兵，他们一经和日军遭遇，便立即被解除武装，被日本人捆起来后惨遭杀害。

但当拉贝和其他委员会成员开车穿行于南京的大街小巷时，往往还能遇到携带武器的中国士兵，拉贝便会说服他们立即丢掉武器，并把他们带到废弃的办公楼或难民区安顿下来。被丢弃的轻武器在安全区的入口前整齐地摆成几排，表明安全区仅对平民开放。但这无济于事。放下武器的中国士兵遭到逮捕并被捆绑起来带离安全区的情况时有发生。日军还时常在众目睽睽之下公然射杀大量中国士兵和平民。委员会成员深感沮丧。

拉贝在日记中描述日本士兵经常为了抢掠女孩而闯入他的房间和院子的情形，以及面对日本人的刺刀威胁，他是如何逼迫这些强盗翻越栅栏落荒而逃的。有一次，日军在城里逮捕了上千名男性，并在光天化日之下将他们枪杀，此情此景都进入拉贝的眼帘。他还在医院和停尸房看到了无数尸体，这些尸体控诉了日军令人发指的暴行，但日本人却在拍摄记录。拉贝为此向日本当局提出抗议。这些抗议照会都成了战后东京审判中指控日军暴行的铁证。

国际委员会的一位美国人将这一切归功于他的德国战友：拉贝、克勒格尔和施佩林。

令人印象最深的是，他们赤手空拳直面劫掠成性的日军士兵，指着套在大衣袖子上的"卍"字袖标，用德语向作恶的日军怒吼："希特勒万岁！"面对此情此景，日本人往往落荒而逃。有一次，一名正准备施暴的日军被拉贝以这种方式打断了，他急忙提起裤子撒腿就跑，仿佛希特勒就站在下一个街角盯着他。

拉贝自己都搞不清楚为什么会是这样，也不知道这种虚张声势的做法还能持续多久。英国记者田伯烈（H. J. Timperley）对南京大屠杀进行了大量报道，是最后离开南京的外国人之一。他写道："这3位德国人表现得英勇无比，我都想戴上纳粹袖章，成为他们的战友。"

据说希特勒时代的德国人可分为3种类型：真正的纳粹分子、懂政治的德国人以及值得尊敬的德国人。一个人不可能同时属于全部3类人，最多只能属于两类：一个既懂政治又是纳粹分子的人，一个深谙纳粹目标的人，不可能是值得尊敬的德国人；一个既值得尊敬又是纳粹分子的人，就不可能懂政治，且对国家社会主义一无所知。约翰·拉贝就属于后一类人。

人们不太情愿地认为拉贝天真幼稚且不懂政治。他于1934年满怀信仰地加入纳粹党，但是直到1938年回国与盖世太保接触后，他才对纳粹有所了解，才知道它究竟意味着什么！但值得注意的是，无论是在我以前和他的谈话中，还是在他的日记中，他都没有采用纳粹好战的语言体系及其目标。

拉贝和委员会不断向日本大使馆提出抗议：日本士兵对手无寸铁的中国人的所作所为，特别是非法闯入安全区，违反国际法。委员会无法保证安全区的绝对安全。日军占领南京初期，日本士兵不服从军官的控制，一而再，再而三地闯入已被委员会去军事化的安全区抢劫施暴。拉贝等人提出抗议的每一起案件都被描述得很详细，具体人名和所属部队列得非常清楚。拉贝与仍在办公的日本大使馆始终保持联系。

按照习惯和国际法，当派出国与驻在国之间爆发战争时，外交官应当立即返回自己的国家。但对于中日之间的战事，日本人和中国人都认为两国之间根本没有进入战争状态，这只是一个"事变"（incident）。典型的东亚思维！直到1945年8月第二次世界大战结束后的停战为止，双方对此的认知一直令人难以理解。

尽管拉贝和委员会的抗议收效甚微，但他们仍然坚持不懈：南京的权力掌握在军队高级指挥官手中，他们不想听到使馆这种非军事机构的提醒和抗议。另一方面，日本大使馆也担心传递这些抗议信函会激怒军方，他们的傲慢几乎令人无法忍受。而且在侵占南京后不久，对于不断失控的局面，大多数日本军官也很恐慌，不知道该如何恢复纪律。

位于上海的西门子中国公司总部已指示拉贝离开南京，并在中国政府那里维护公司的利益。由于拉贝并没有撤离，西门子中国总部最终关闭了南京分公司，拉贝也不得不将员工遣散。

尽管至暗时刻已经过去，但人们都不愿拉贝离开。女人们跪在他面前将他挡住，哭着以头戗地，想要把他留住。在安全区难民的一次大型集会上，人们举着一幅巨大的海报，将他比作"活菩萨"，赞美他、挽留他。安全委员会主席团请求西门子公司总部允许拉贝在南京留下。一切都是徒劳！

英国人派了一艘炮艇从上海沿着长江逆流而上抵达南京，接上拉贝和行李以及一名挑夫——实际上是一名被日军通缉的中国战斗机飞行员，在拉贝身边已躲藏了很长时间。

拉贝在上海获得了人们的盛赞，但他却不以为然。他在日记中写道："我就像获胜军队攻克柏林后的皮夫克（Piefke），每个人都认为我是英雄，这让我非常不安。因为在我自己身上，我看不到任何英雄气概。"

位于上海的西门子中国公司并没有给拉贝帮上任何忙。他对公司发出的从商业角度看来可以理解的一则严厉指令不予理睬，反而为成千上万的中国人提供了相对安全但并不能带来任何商业利益的庇护。回国后，他被调往位于柏林的西门子公司全球总部。

上海各大报纸以及英美等国报刊都对国际委员会和拉贝进行了大量报道，但德国报刊却得到指示，要对此事三缄其口。因此，在德国国内，人们当时及日后对拉贝为南京百姓所做的无私义举一直不太了解。西方媒体经常强调这样一个事实，即克勒格尔、施佩林和拉贝这三个德国人都承认，他们是希特勒的狂热追随者。人们并不觉得这是冒犯，只是觉得很奇怪可笑。因为人们从未听他们谈论过希特勒对外交政策或种族政策的看法。

德国驻华大使馆秘书罗森是种族政策的受害者，即将被迫提前退休。此时拉贝前去看望他，给了他保护和关心。这反映出拉贝对反犹主义的看法。拉贝的日记中也没有任何关于反犹主义的评论。随着希特勒对犹太人的迫害，移民到上海的犹太人越来越多。我在拉贝家住过一个星期，从来没有听到过他对迫害的支持。

拉贝担任过西门子公司大型分公司的负责人，被全世界誉为南京的英雄。但在柏林，公司只分配给他一份随便一个秘书就能完成的低级工作。他认为这不是他曾经理解的上帝之道。他在日记中写道：

> 我曾经很听话，但现在是公司不对！真是奇耻大辱。我现在的境遇真的就像那只倒霉的乌鸦。

他依然我行我素，一心想做正确的事情，揭露世间不公。为此，他在一系列演讲中描述了发生在南京的奸淫烧杀，并放映了牧师约翰·马吉秘密拍摄的纪录片，展示日军暴行和集体枪杀事件。他甚至给党卫军的一个委员会播放了这部影片。尽管他知道德国驻南京大使馆早就向外交部呈递了诸多真实的报告，他还是将演讲稿呈递给了希特勒，让他了解日本人的暴行。

约翰·拉贝依然善良勇敢。"多么令人惊讶！"他写道。他没有等到希特勒索要有关南京惨案的进一步说明的回复，而是在家里等来了几名盖世太保。这些人没收了他的手稿和胶片，并把他押往阿尔布莱希特亲王大街（译者注：Prinz Albrecht-Straße 系盖世太保总部所在地）进行审讯。很快，那里的人就确定，拉贝在南京的所作所为完全是出于善意，只是错误地偏离了政治正确的方向。盖世太保仅要求他对日军在南京的暴行保持沉默，并将影片保存在他们的档案库中。没过多久，又把日记退还给了拉贝。拉贝从此对南京大屠杀三缄其口，而他也没有再受到纳粹的进一步骚扰。他暂时放弃了他的爱好——记日记。

| 拉贝与中国

    同样，他的举动——为了中国百姓、为了真相给希特勒写的那封信，除了给他招致麻烦外，没有任何效果。他偏离了政治正确的道路。

    第二次世界大战爆发后，西门子公司委派拉贝照管公司在印度的战俘员工并给他们寄送书籍。公司也给过他一些翻译工作。1941年，拉贝家的房子遭到轰炸，他只能携妻子搬到位于西门子城中的女婿家中。女婿的家是一套公寓，他们住在其中一个房间里。拉贝1950年去世前，他们一直住在这里。

    1945年5月，苏军攻入柏林，逮捕了拉贝。但拉贝在日记中写道，他们对待他的方式"非常体面"。他又开始记新日记了，但苏联人并不在意。

    熬过延续多日的审讯，更加艰难的日子还在前面等着他。他被迫参加拆除机器的强制劳动，之后这位虚弱的糖尿病患者才被送回家。他失业了。一支英军部队曾雇用他为首席译员，但得知他加入过纳粹后，立即将他解雇。西门子公司也没有再雇用他，因为他还没完成去纳粹化。

    拉贝不得不经历的这个过程让他灰心丧气。他申请接受去纳粹化甄别，但一开始遭到了拒绝，因为他曾是纳粹南京当地小型组织的代理负责人。但实际上，这只是一个在负责人休假期间的非正式替代性职务，纳粹党甚至都不知道此事，也没有做过任何记录。然而，在去纳粹化审核过程中，这件事被视为一个污点。审核委员会告诉他，以他的智识水平，他根本不该加入纳粹。

    "在审理过程中我们遇到了马尔（Marr）先生，他这样和我打招呼：'喂，你那位救世主希特勒现在在哪啊？你应该为自己感到羞耻。'"

    "我们没有理他。"约翰·拉贝写道。去纳粹化委员会根本不想对他开展任何审核程序，拉贝向该委员会提出了申诉。现在，审核就不是儿戏了。审核委员会的一名成员指控拉贝结交蒋介石的顾问们（这被认为是拉贝的罪证，因为蒋正在向共产党开战）。这令拉贝怒不可遏，他在日记中奋笔疾书："一个在南京被供奉为'几十万老百姓的活菩萨'的人，在这里却被视作一个贱民，一个弃儿！你的思乡病大概已经这样被治好了。"

不过，他还是按照申诉程序完成了去纳粹化，"尽管你返回德国后没有退出纳粹党（那时你可以用自己的眼睛看清国家社会主义本质）。"

这些说他曾做出过有违道德的事情的指控给他以沉重打击，令他一度陷入抑郁。这种将污点强加于人的卑劣做法也让他的家庭郁郁寡欢。他的家人认为他的日记不仅政治不正确，而且是十分危险的文件，因为他在日记中仍在谈论希特勒的仁慈。

他们不是一般地担惊受怕，相信如果有人发现了这些手稿，他们会被枪毙！此外，对日常生计的担忧让他们一家的处境雪上加霜。约翰·拉贝这位南京当年的"市长"，保障了数十万百姓的食物供给，现在却无法为自己和妻子搞到足够的粮食。

"妈妈的体重现在只有88磅。冬天会怎样？我们去哪里搞到取暖的柴火、食物和工作呢？"

> 1946年4月10日。明天就是耶稣受难日了，我们的心情很应景。我们一直在忍饥挨饿。我没有什么其他事情要记的了。因此，我没有（在日记中）写任何内容。为了补充营养，我们还吃了橡子面汤，橡子是妈妈在秋天默默捡拾的。由于橡子也吃光了，这几天我们一直吃荨麻，味道和菠菜一样好。

是的，拉贝饱受饥饿之苦，但更需要忍受同胞对他在道德上的指责——他们突然都想成为抵抗运动的战士。不过，在那些混乱的政治喧嚣中，遥远的中国却在呼唤着约翰·拉贝这位正直的好人。南京市市长在寻找日军占领时期他的那位"前任"：1947年2月6日，上海《中国每日论坛报》（*China Daily Tribune*）一篇报道称，在审理日本军队的指挥官当年在南京犯下的战争罪行的过程中，现任南京市市长沈怡一直在深入探寻一名德国人的下落，据说此人在日军大屠杀期间挽救了数千中国人的生命。作为一个国际救济性质的委员会主席，他从死神手中解救了成千上万的南京百姓。

| 拉贝与中国

据同一消息来源称，为了感谢此人在大屠杀期间的壮举，这个"国际救济组织"的美国成员希望将他接回中国，让他在这里安度晚年。几天后，一位名叫A.赫梅尔（A. Hummel）的读者（德国人？）致信该报编辑，点出了拉贝的名字和他以前的公司的名称。南京市市长致函拉贝，希望对他提供帮助。1948年3月，拉贝打开邮箱，惊讶地发现里面有一封信件，上面贴满了中国邮票。信中还有蒋介石夫人的一段问候，蒋夫人通过秘书告诉拉贝，她很高兴中华民国驻德国军事使团向拉贝寄送了食物包裹，她也会这样做。她感谢拉贝在南京被占领期间所做的"英勇贡献"。之后，东亚再次出现在他面前。但这次不是为了感谢他们的救命恩人，这次是昔日的历史紧叩拉贝的家门。人们恳请他在东京对战争罪犯的审判中，作为调查起诉南京大屠杀的证人出庭作证。拉贝回绝了。他回答说，对南京暴行的始作俑者处以极刑，他不持异议。但他认为，这些罪犯应该由其本国人民进行审判。拉贝柏林日记1945年至1948年期间一再提及的大饥饿岁月终于过去了。当时他已退休，但由于退休金不能保障生活所需，他接受了西门子公司给他提供的一份额外工作：日本侵华战争前，他是西门子公司在中国首都分公司的负责人。在随后发生的众多始料未及的事件中，他奇迹般地在1937年底至1938年初成为这座城市实际上的市长，但在他生命的尾声，他却只是西门子柏林公司的一名翻译，应付一些琐事。这家公司为什么如此对待他，人们不得而知。今天，西门子南京公司办公大楼前，伫立着一尊拉贝的铜像。

1950年1月5日中午，拉贝在柏林的西门子公司总部突发中风，于当晚去世。他被安葬在威廉皇帝纪念堂公墓，旁边安葬着他的妻子、孩子和一些朋友。

约翰·拉贝和妻子的墓地在法定期限到期后被终止续约，墓碑被存放在柏林外孙女家的车库里。后来应中国驻德国大使的请求，墓碑被中方接走，目前伫立在南京拉贝纪念墓园中。

第三节　外孙女眼中的外祖父

乌苏拉·莱茵哈特夫人 1997 年 8 月 6 日的演讲

我记得自己很小的时候，每当看到一个人换了帽子或眼镜时，我就会大哭起来。多么丢人现眼！一个人怎么能这样就随便改变了他的品格呢？有时，我的外公拉贝从天津来看望他在北京的外孙女。他戴着帽子和眼镜，脱下帽子时，我并没有哭。他与所有的男人一样不太麻利，笨手笨脚带我外出兜风。我没有哭，只是怯怯地盯着他，看他抬起镍框眼镜上方浓密的眉毛。这是他的标志动作。我三岁半的时候到南京去探望过他。他到扬子江对岸来接我和我的母亲，我们乘坐渡船过江。他用汉语和我讲话，因为汉语是我的第一母语。这时，我对他大声说道："爷爷，我会讲德语！"这次探望时我告诉他，他该如何给圣诞节的装饰品上色。他照我说的去做了。

我们一起在北戴河度过了两个夏天（一个海滨小城；约翰·拉贝的消夏别墅所在地）。我们一同在海边长时间漫步，走了很远。男人们都身着白色衣服，头戴热带遮阳帽。我收到过一件礼物，是一只哨子，我就放在嘴上吹了起来。一会儿来了两个腰间别着橡皮警棍的警察，他们说我不应该吹硝子，因为他们正在抓一个小偷，要吹哨子与同事联系。外公也叫我不要吹了，但我哭了起来。

1937 年 5 月初，我们到南京去探望他，同他告别。我的父亲（威廉·施莱格尔）在中国工作 13 年后，终于获得了回国休假的机会。6 岁生日那天早餐时，我就在想：今天会不会不高兴？下午我没有邀请任何朋友来我家。这时，外公

| 拉贝与中国

煞有其事地牵起我的手,带我去了他的办公室。只有打杂小工在那里。外公打开一个抽屉,递给我一个很大的颜料盒子,有 24 种颜色,白色、金色和银色,还配有纸、笔和擦布。我们两个人起劲地画了起来。这个画盒本是为陪伴我度过百无聊赖的海上远航准备的。6 月,我们离开了南京。

南京正在经历一场可怕的战争,我当时就知道。1938 年 4 月 15 日,道拉·拉贝和约翰·拉贝抵达柏林。我们一同在西门子公司的海外员工宿舍住了一年多。约翰·拉贝被盖世太保带走时的情形我历历在目。当时我正在家门口试穿新的旱冰鞋,那是送给我的 7 岁生日礼物。两个身着黑色制服、白色翻领的男子一脸杀气。我坐在地上抬头向他们望去。两人都像金刚铁塔一般。外公看上去很沮丧,跟他说再见时我都没敢拥抱他。

不久,他经土耳其去阿富汗接难民回家。他又结识了许多朋友。我知道我的外公曾在南京救了很多人的命。我把他看得很伟大。1942 年至 1943 年,我在维尔默斯杜夫上学时,经常在中午跑到外婆那儿去,从那儿给家里打电话,告诉他们我在哪里。我非常爱我的外婆。在外公外婆家里总是很有趣,那里有数不清的艺术品和书籍可供赏玩、翻阅。

战争期间我从柏林被疏散到外地,历时 3 年。1944 年 7 月,约翰·拉贝获准来探望我。我们伫立在窗前,打开窗户听到了 7 月 20 日暗杀希特勒没有成功的消息。他说:"简直无法想象接下来会发生什么事情……"那时人们说话要何等谨小慎微!约翰·拉贝给我的养父母留下了极为深刻的印象。1944 年的圣诞节,约翰·拉贝接我去了柏林。1945 年 1 月,他把我和妈妈及妹妹送到了威斯特法伦他父亲家中。

就在我 15 岁生日的当天,我再次被准许回家。母亲拿出田伯烈写的《外国人眼中之日军暴行》(*What War Means*)向一位英国军官展示,指给他看约翰·拉贝在南京的所做所为。我们获准登上一辆运送儿童的车子返回柏林。1946 年 5 月 12 日,我们抵达柏林的西门子城。外公外婆与我的爸爸妈妈住在同一套公寓里。3年后又回到家中,我简直兴奋过度。当天,约翰·拉贝问我:"你将来想干什么?"我回答说:"如果干不了别的话,那就带上一个袖标,上面写着'我会说英语',到动物园车站去管理厕所!"我想不起来还有比当时更忘乎所以的样子。12岁时,我曾经想:我要学习绘画、生物学,绘制科学读物。但那已是很久以前的事情了,我的绘画作品夹也已不知去向。

约翰·拉贝抬起浓密的眉毛对我说:"听着,你的学习成绩一直名列前茅!但那已经是过去的事了。""这样吧,明天你到一所好学校去报到。"那时我距高中毕业还有4年。我遇到了非常出色的教师团队,以优异成绩通过了毕业考试。我在大学里学习哲学、德国文学和语言学,取得了高级教师资格证书。但约翰·拉贝未能在有生之年看到这一切。在我高中毕业前他就去世了(1950年1月5日)。外婆还健在的时候,我给她生了3个外孙。

得知约翰·拉贝极端贫困的境况,他在世界各地的朋友都十分震惊。我几乎没有这种感受,因为我想他还有我!经历了这场可怕的战争,战后我们一家又重新团聚。真是上天的恩赐!1946年至1950年对我来说十分关键。我与外公的关系独一无二。外婆经常对我说:"去把乔尼(此处系叙述者的外婆对约翰·拉贝的昵称——译者注。)接回来!他可能需要你。"听闻此话,我赶紧去到西门子公司行政大楼把他接回家。就这样,在回家的路上,我们谈论了很多非常重要的事情。我不知道战后会发生什么事情。战争期间的许多犯罪行为纷纷被揭露出来。我问他:"因为纳粹对犹太人的大屠杀,我们大家现在是不是都得去自杀呢?"他回答道:"不,我救了你。"我问了他一大堆的问题,他站在那里,像一位父亲注视着自己的女儿。我们谈论了德国的民族性格和德国的历史、纳粹时代、纽伦堡审判以及我们的命运等话题。我们共同走上这段精神之旅:我想知道我要成为一个什么样的人。自告别中国后,这是我生活中第二次大转折。他为自己在去纳粹化甄别委员会前发表的讲话打了腹稿,做了口头练习。他一生中曾4次卷入重大政治事件,在冲突中险些丢掉性命:亲历南京大屠杀、遭盖世太保逮捕、被苏联人逮捕以及被英国去纳粹化甄别委员会审查。他的信条很简单:"保护生命。"

从这个意义上讲,他是一位人道主义者。他既是中国的朋友,又是为一家国际大公司工作的成功企业家。他既魅力无限又诙谐幽默。

约翰·拉贝和南京安全区委员会的友爱面向世界各国人民,这一思想超越了不同民族和不同国家间的一切差别。20世纪后半叶是我们的生活时代。在这个时代,我们步入成年,是社会的中坚力量,迈开尝试建立全世界各国人民之间友好关系的第一步,我们必须持之以恒走下去,将其不断推向更高的高度。

约翰·拉贝再次走进世界历史——他的两个名字尤为醒目:辛德勒和纳粹。我本能够阻止将他交还给世界。关于他的两个名字,我有必要从我的角度加以阐释。辛德勒和拉贝都厌恶毫无人性的屠杀,他们冒着生命危险果断采取行动,是黑暗年代中的亮光。"纳粹"一词与约翰·拉贝的名字联系在一起发生在美国,当时那里的人们对丹尼尔·戈尔德哈根《希特勒的忠实执行者》一书议论纷纷。他们说,拉贝心地善良,"尽管他是一个纳粹分子"……

今天,约翰·拉贝的第3代和第4代后辈依然在世,我们都无法控制关于他的日记译本、报刊文章以及电视报道。因此,我以我们这些后代的名义,乞求和平以及对历史忠实的理解。

他的日记包含他效忠希特勒和纳粹的誓言,这使他羞愧难耐、愤怒难当。他甚至曾以恳求的方式向希特勒寻求帮助。为了南京的福祉,德国的外交政策本来可以做出完全相反的决定。我并不希望南京大屠杀和纳粹时代交织重叠,但我认为世界应该知道真相。

为了理解这个人,我必须说上几句:约翰·拉贝在青年时代就离开了安全稳定和英勇无畏的德意志帝国,在国外生活了40年。一封信来回就要一个多月时间。他目睹了第一次世界大战后满目疮痍的德国,只有祖国安全稳定，他才能生存下去。他相信，必须以自己的刚正不阿为祖国的安全稳定做出贡献。

德国国家社会主义工人党的名字是一个闪闪发光的诱饵。他想成为民族主义者。出于思乡之情，他是一位狂热的爱国分子；他想成为社会主义者，他了解自己父亲的职业，对汉堡的水手和码头工人了如指掌。因此，工人对他来说十分重要。

经过拿破仑战争后，德国的资产阶级想在政治上变得成熟起来，但是他们的政治体验并未得到充分展现。约翰·拉贝是一个不谙政治的人，但他十分看重自己作为公民和商人的尊严，因此他在权威面前表现得泰然自若。

他没有经历过德国发生的谋杀政治对手的情况，他看不清纳粹的本质。在某种意义上，他过于单纯、天真，有些孩子气。我认为，只是在回到德国并被盖世太保逮捕后，他才开始经历一个长期和失望的认知过程。1937年，在伟大的民族主义狂欢中，反对派早已销声匿迹。踏上德国的土地之前，我在火车上就感觉到，别人都在用怀疑的目光打量着从中国回来的人。从我父亲的身上，已能看出帕金森症表现出的震颤。他是"下等人"，以后，这样的人都应该被杀掉。直到今天，我对这样的事情仍然毛骨悚然。仅仅因为某人四海为家并与他人相互往来，他就会卷入未知的政治漩涡。我儿时小伙伴们的父母，有的是纳粹分子，有的是反纳粹人士。人们必须多加小心。在我看来，约翰·拉贝当初误入国家社会主义的歧途，部分在于他的世界大同主义和"四海之内皆兄弟"的观点。

在欧洲，媒体现在开始研究第二次世界大战时期的中立国家和纳粹德国之间的联系。这是痛苦的真相，但在跨民族友谊的意义上，我们必须承认真相，面对真相。

经过一段心理潜伏期后，这些问题又被重新挖掘出来。在这一过程中，约翰·拉贝便是象征性人物之一。

| 拉贝与中国

第四节　托马斯·拉贝谈祖父

评判一个相识的人不易，而评判一个素不相识的人更困难。如果你是被评判者家庭的一员，那你的评判还会有其他偏见，并受来自外界指责的影响，因此会认为某些特质过于理想化，不符合当今时代背景。经过长时间权衡利弊，在媒体关于我如何看待这事那事等诸多问题的激励下，我决定在埃尔温·维克特博士、约翰·拉贝自南京大屠杀以来的朋友、德国前驻华大使、乌苏拉·莱茵哈特（约翰·拉贝的外孙女）和犹太汉学家鲁特·哈罗博士以及一些与他有私交的同辈证人的观点之外，发表一个非常私人的声明。

这位勇敢无畏、为他人挺身而出的人是谁？他就是我的祖父，在我出生前一年不幸去世。我本人对他的了解完全是从我父亲奥托·拉贝——约翰·拉贝的儿子讲述的故事中得到的。我父亲1917年生于北京，一直在中国生活了14年。他经常给我们这些孩子讲述他自己年轻时以及他父亲的一些事。我对约翰·拉贝的许多印象还来自生活在柏林的乌苏拉·莱茵哈特夫人，她是约翰·拉贝的外孙女，生于中国。约翰·拉贝和我的祖母道拉返回德国后就一直与乌苏拉·莱茵哈特在一起生活，晚年就住在其柏林的家中，直到去世。

童年时，父亲给我们讲述有关中国的情况，听上去十分惊险。每当他讲起戈壁的沙尘暴、天津附近——北戴河（天津与沈阳之间的海滨浴场）海滨小屋里的白蚁，还有蛇以及如何捕获它们时，我们都听得十分入迷。然而，我祖父为中国人做过什么，我直到高中毕业前不久才知道。我没完没了地追问存放在加格瑙——我家阁楼木箱里那些日记中究竟都记载了些什么。我父亲在那里定居，他是一名全科医生。

我们的父母想让我们这些孩子远离战争暴行的照片。在我年轻时，我们还有不少其他忧虑，其中包括对第三次世界大战的恐惧、1958年的柏林危机、1961年8月13日民主德国修筑柏林墙、1962年的古巴危机等等。作为学龄前儿童，我们只能凭借凯泽斯劳滕和加格瑙的炸弹坑猜想战争的样子。后来在学校，我们才在电视中观看了关于第二次世界大战和大屠杀的影片。

直到上大学攻读医学专业时，我才打开祖父的那些南京日记，仅读了其中一些段落：一个战争和死亡的恐怖世界呈现在眼前，加深了我对战争的惧怕。在日本人进攻南京时留在那里，挺身而出救助中国朋友，我祖父有着什么样的感受、经历了怎样的恐惧。

此外，与国家社会主义和第二次世界大战有关的一切话题都是我们这些孩子的禁忌，我们不懂它们的联系。我祖父在南京日记中写到过纳粹的作用，但这些对我们来说疑点重重，并且令人提心吊胆。

小时候，我就对我父亲奥托·拉贝给我讲述中国的生活和文化的故事感兴趣。自从几乎每年都在亚洲参加许多发展援助项目，并开启巡回演讲之旅之日起，我开始欣赏和热爱这一地区及其人民。在印度尼西亚最偏远的地区，那些只拥有基本生活必需品的人们也会邀请好朋友一起喝茶；孩子们对我十分尊重，问我是否能摸一下我；当地的宗教深深融入日常生活，二者的关系十分紧密……这一切令我印象深刻。我想帮助这些人。作为医生，我可以通过传授医学知识间接地实现对他们的帮助。很遗憾，大型金融基金和组织（例如：德意志学术交流中心和位于日内瓦的世界卫生组织在越南的项目）往往没有参与其中。我去过越南和亚洲所有国家（一部分是自行组织的探险，使用背包和越野车，还有大象和木筏），我只于2001年去过一次中国。

"文化大革命"之后，我父亲并不想回到中国。他在中国度过了美好的青年时期，直到14岁。他不想那些可能产生的、新的负面印象磨灭他童年的美好记忆。所以，我们年复一年推迟去中国旅行，直到我父亲重病在身，全家人一同旅行已不再可能。由于我母亲埃尔瑟·拉贝也念及我们家族的中国历史，但又不想把我患病的父亲独自一人留在家中（他们这对连理从结婚后一天都不曾分开过），所以我们一直没有前往中国，直到我父亲去世。2001年，我和母亲以及几个朋友终于一起去了中国，"跟随我祖父的足迹"、了解那段历史和各种事件发生的地点。我们去了上海、南京，最后到达北京。我还在武汉和南京做了医学讲座。在我祖父《我眼中的北京》和《慈禧太后最后的诏书》5卷书稿中，较为丰富地记载了我祖父在南京以外的中国城市的生活和见闻，有关清代皇太后慈禧的宫廷生活、北京文化和普通人的市井生活的情况等。北京联合大学历史学教授梁怡，于2009年4月在国内出版了这5卷书稿的合订本。有意思的是，书中有些内容还与她的家族有些关联，她的外祖父与中国末代皇帝溥仪是同辈族人。

乌苏拉·莱茵哈特夫人从在中国出生起就与约翰·拉贝生活在一起，感情很深，直到他1950年去世。她于1996年将约翰·拉贝的南京日记公之于世。

我们在海德堡收集了所有关于约翰·拉贝的资料和乌苏拉·莱茵哈特夫人关于约翰·拉贝的演讲稿。但更有价值的是与她的电话交谈，在电话中她把这些话告诉了我，而不仅仅在文字上。

我与埃尔温·维克特博士和许多朋友的多次交谈，使我更多了解了约翰·拉贝这个人。下面，我就大家经常问的几个问题做简要评论。

我的祖父约翰·拉贝是一个"地地道道"的汉萨同盟商人，正派而自信。在家，他是一家之主，一言九鼎；在外，他朴实谦逊。作为基督教徒，他相信人性的善良。他在中国的朋友都很敬重他。中国人将他供奉为"活菩萨"，日本人也对他敬畏有加——主要原因在于他与日本人谈判时表现得不屈不挠。

当他被要求作为控方证人在东京战犯审判法庭上作证时，约翰·拉贝拒绝了。他在一份备忘录中向孙辈们做了解释："虽然他们罪有应得,但我并不想看到他们被绞死……想要赎罪,必须受到公平的审判。但在我看来,这种审判只能由中国人民完成。"

约翰·拉贝是个富有幽默感的人吗?

约翰·拉贝写的书中处处都反映出幽默感,即使形势严峻和绝望也是如此。

我的祖父在 1937 年 10 月 17 日日记中这样写道:"我不想说现在的局势不严峻。目前的局势非常严峻,不仅严峻,而且会变得更加严峻。但怎样才能应对目前这超乎想象的严峻局势呢?依我看,应当拿出自己最后一点幽默,面对命运,面对无聊。因此,我每天晨祷和晚祷的祈祷词是:'亲爱的上帝,请保佑我的家人和我自己的幽默感,其他小事由我自己去保佑。'"

图 144a　约翰·拉贝在南京(1937)

他的幽默感在其他地方也清晰可见,如给自己的另一本书起名为《弥勒佛》。这本书和他的自传中有许多幽默的趣闻轶事、插图绘画和诗词佳作。

约翰·拉贝当时决定西门子中国公司全部重大事项吗?

约翰·拉贝在当时的中国首都南京独立领导西门子公司中国子公司。西

| 拉贝与中国

门子集团的亚洲业务当时由上海进行管理。在中国期间,他没有直接的顶头上司,是中国公司的"执行董事",负责西门子公司全部中国业务。英语中,他被称为"总经理"。

中国人今天怎么评价约翰·拉贝所作的贡献?

中国人今天仍然将约翰·拉贝尊奉为"南京的救星"。为了纪念他和国际委员会其他成员,人们于2006年在南京为他树立起一座纪念碑。约翰·拉贝的故居经过修缮作为纪念馆与和平中心向公众开放。以铭谢他作为国际委员会主席,通过无私忘我的努力,在日军进攻南京时挽救了25万多中国人的生命。他所拯救的人都是穷人中的穷人,富人们早就逃离了这座城市。中国人始终没有忘记他所做的一切,他永远是中国人的"活菩萨"。2014年3月,中国国家主席习近平在德国科尔伯基金会的演讲中说道:"中国人民纪念拉贝,是因为他对生命有大爱,对和平有追求。"这是中国政府和人民对祖父的最高赞誉。

图 144b 1938年约翰·拉贝获颁奖章后

约翰·拉贝为什么帮助中国人?

1938年1月,日本少佐冈野向他提出过这个问题。约翰·拉贝这样回答:"我在中国一直生活了30年,我的孩子和孙辈都出生在这里,我在这里的生意做得很顺利，也很成功，即使是在第一次世界大战期间，我一直得到中国人的款待！冈野少佐阁下，如果我在日本也居住了30年，而日本人民也像中国人民那样对待我，那你尽可以相信，当遇到像现在中国人所面临的这种危急关头时，我也绝不会弃日本人民于不顾！"

再引用一段我祖父1938年1月16日在南京日本大使馆招待午宴上的致辞："由于我们委员会的绝大多数委员以前一直在这儿从事传教工作，他们一开始就把战争期间不离开自己的中国朋友视为

图 144c 1937年约翰·拉贝在南京故居院中的防空洞入口

自己作为基督教徒的责任。我，一个商人，加入了他们的行列，因为我整整30年一直没离开过这个国家。由于我长时间得到这个国家及其人民的热情款待，我也从一开始就认为，不抛弃遭遇不幸的中国人是理所应当的。"

中国人今天怎样看待他——还像当年那样吗？

当时和今天一样，对这个问题的回答莫过于约翰·拉贝1938年所接受的新年礼物上的题词（见图145）。这份礼物是在他家避难的中国人送给他的。在一幅长3米、宽2米的巨大红绸布上，一行汉字赫然入目："您是几十万人的活菩萨！"对这一点，中国人直到今天也没有忘记。

| 拉贝与中国

图 145　← 戴头盔的拉贝　→ 拉贝救助过的中国难民写给他的感谢信

为什么约翰·拉贝 1937 年 12 月没有离开南京？为什么约翰·拉贝选择留在中国？

托马斯·拉贝：他认为他对托付给他的那些人负有责任——不仅对在他院子里寻求避难的人，也对在安全区避难的那些人！他说："一个汉萨商人可以不顾需要帮助的朋友，但不会抛弃绝望中的朋友。"他为此在 1937 年圣诞节的日记中写过这样一段话："我得到了一份梦寐以求的圣诞礼物，超过 600 条生命托付给了我。"

第六章 后人感悟

约翰·拉贝被盖世太保逮捕后的情况如何？

我祖父1938年返回柏林后，作了多场关于日军在南京暴行的讲座，并给希特勒写了一个有关情况的报告。接着就发生了令他深感意外的情况。给希特勒的信寄出几天后，盖世太保就逮捕了他，同时带走了他写的6本日记和美国人约翰·马吉拍摄的影片胶卷。他们用汽车把他带到位于阿尔布莱希特亲王大街上的盖世太保（秘密警察）总部（见图146）。在那里，他接受了数小时的审讯。由于卡尔-弗里德里希·冯·西门子先生出面担保，大约两三天后约翰·拉贝被"体面地获释"——条件是不得再作报告，不得出版书籍。马吉拍摄的影片胶卷复件被没收了。

图146 柏林：位于阿尔布莱希特亲王大街的盖世太保总部

乌苏拉·莱茵哈特夫人2007年说：由于弗里德里希·冯·西门子先生出面，盖世太保才释放了约翰·拉贝。为了让约翰·拉贝避开麻烦，少在柏林抛头露面，西门子公司将他派到阿富汗去照料西门子公司在那里的员工，为期8周。

西门子公司后来待他如何？

约翰·拉贝1938年返回德国后，在西门子公司没有再担任领导职务，只是一个普通职员和翻译。战争期间，他负责西门子公司员工赴国外旅行事宜。他负责过在阿富汗喀布尔的西门子公司职员，后来又负责照料关押在印度北部英国拘留营里的西门子公司职工，代这些职工与总部保持联系。1945年第二次世界大战结束后，由于他曾经的纳粹党党员身份，西门子公司不能继续雇用他，直至1946年6月完成去纳粹化。

1946年6月以后，他再次被西门子公司雇用为办事员和译员，薪水微薄，拉贝一家人住在西门子城一套不大的公寓中。

约翰·拉贝战后在柏林的生活如何？（1945—1946）

战后，约翰·拉贝身患各种重病：糖尿病、毒疮、高血压、长期营养不良。他们一家人几乎饿死在柏林。为了活下去，他只得用从中国带回的家具等交换土豆。他无法胜任为俄国人拆卸装运西门子工厂设备的重体力劳动，一天超过12小时，只喝一碗稀汤，差一点丢掉性命。

1946年6月，他的去纳粹化程序完成并被西门子公司重新雇用后，他才有了一点微薄收入。

今天您如何看待您祖父所做的贡献?

约翰·拉贝和他的国际委员会朋友们一起,用无私的奉献向世界表明,人道主义仍然深入人心。约翰·拉贝的行动表明,一个人不应辜负被托付给他的人的信任。

如果一个人能够基于自己的身份地位向他人施以援手,他就应该这样做,绝不能令朋友失望。这尤其为年轻人树立了榜样。因此不难理解,德国一些学校倡导向约翰·拉贝学习。

您的祖父会讲中文吗?

会讲。关于天津章节的结尾有一处翔实的记录——在乘火车穿越西伯利亚的旅途中,他用中文与海关官员交流。在关于约翰·拉贝的报告中,乌苏拉·莱茵哈特夫人提到,小时候在中国时,她的祖父偶尔会用中文跟她说话。

2007年,听了我关于祖父约翰·拉贝的演讲后,海德堡大学汉学系学生对我进行了采访。在1937年至1938年南京大屠杀期间,德国商人约翰·拉贝和另外一些外国人建立了一个保护区,向躲避日本士兵的中国人提供避难所。20万人因此获救。

你从未见过你的祖父约翰·拉贝,你对他生活的兴趣是从哪里来的,你什么时候开始具体处理南京大屠杀的资料的?

我青年时,我父亲满怀热情地对我讲述过有关中国的情况。他在中国出生成长,14岁时来到巴伐利亚州的一所寄宿学校。最重要的是,他强调,与德国的各种限制和复杂规定相比,中国拥有自由。因此,中国一直是我们谈论的话题。但我祖父的南京日记则被完全排除在话题之外。因为我父母都亲身经历过战争,不想再回忆起战争的场面。1997年,我祖父的朋友、德国前驻中国和日本大使埃尔温·维克特出版了约翰·拉贝的南京日记,书名是《约翰·拉贝——南京的德国好人》。

在与家人商量后,我决定将我祖父在海德堡的历史书籍和资料汇编成册,供感兴趣的历史学家查阅。

约翰·拉贝在中国享有盛誉,在德国却鲜为人知,他的纳粹党党员身份经常被认为是一个原因。您认为会有"好纳粹分子"吗?我祖父从1934年起就是纳粹党党员。根据维克特先生的说法,约翰·拉贝在政治上很单纯,而且并不活跃。这就是为什么他在战后被英国人去纳粹的原因。1934年,他在南京创办了一所德国学校,当时他加入纳粹党是出于形势需要。我祖父只是一名普通党员,没有任何职务——与600多万纳粹党党员中的大多数一样。关于德国正在发生的一切消息没有传到中国,或很有选择性地传到中国。在许多情况下,这些消息也被认为是虚假宣传。

事后,他在日记中写道:"假如我更清楚地了解纳粹党的宗旨,我和我在中国的朋友就永远不会入该党。假如我在中国代表了纳粹党的观点,肯定没有一个留在那里的外国人会让我当国际安全区的主席。"

位于海德堡的约翰·拉贝交流中心于2005年开放,您希望用它实现什么目标?

我们海德堡约翰·拉贝交流中心(www.john-rabe.de)的工作本身就是对加强国际信任做出的小小贡献,也是国际和平网络的一个组成部分。互联网为将这些和平理念传播得更广提供了机会。

您如何评价当前日中关系，特别是两国人民之间的关系？

我看不到两国人民之间有什么隔阂，特别是在新一代人生活的当下。每个人都必须了解自己的历史，坦然面对过去的种种错误，但过去的错误不应决定他的一生。位于南京的拉贝故居是一个由官方机构支持的和平项目，也欢迎日本人加入。尽管如此，中国方面当然希望日本承认在南京犯下的暴行并为此道歉。然而，这个虽小但具有决定意义的一步日本却没有迈出。缺少这一步，原谅或忘记发生的一切就无从谈起。

您的祖父挽救了数十万人的生命，对您来说，继承这个"遗产"难吗？

是的，因为这提出了历史责任的问题。该如何处理我祖父当时的文件，谁可以查阅这些文件？我们决定让中日双方的历史学家都能查阅这些文件。近几年，拉贝日记南京卷全部收藏在中国国家档案局下属的中国第二历史档案馆，并被列入联合国教科文组织的世界记忆名录。如果日本人能够接受过去那段历史并道歉，为彼此宽恕打下基础，我将非常欣慰。如果能够实现，我的家族也将实现我们的目标——这当然也是我们的祖父约翰·拉贝的夙愿。

| 拉贝与中国

第五节　幸存者和研究者眼中的拉贝

南京大屠杀幸存者眼中的拉贝 [1]

李秀英（音）：拉贝是商人，不是士兵，因此他用自己的特殊身份去保护中国人。[2] 那时，不管遇到任何问题，中国人会去向拉贝求助，而他也一定会施以援手。拉贝利用他特殊的地位与日本人周旋……当时，我们并不知道拉贝是纳粹党党员。他是不是纳粹党党员，对我们来说无足轻重——那根本不关我们的事。当时，纳粹德国对我们没有任何影响。

但拉贝是个好人，我们会永远记住他。中国人就是这样：给他们滴水之恩，他们会涌泉相报。当时，能与日本人谈判的人寥寥无几。如果没有拉贝，我真不知道还会有多少中国人被杀害。拉贝挽救了许多人的生命。

吴正禧（音）：在我看来，拉贝是一位果敢、善良的德国人。他是中国人结交的最好的朋友。有些报纸报道说他是纳粹党党员。不管他是不是纳粹党党员，他拯救过许多中国人的生命。那时，他情绪饱满、斗志昂扬——这一点非常重要！拉贝的故事是真实的，谁都不能否认。在他的指挥调度下，成千上万的中国人得到保护。他将所有外国领事馆官员、留在南京的传教士和教师召集在一起，建立了一个安全区。如果他当时没有组织这一切，日本人会更加凶残……他为了保护中国人，勇敢地挺身而出，作出了自己的贡献。[3]

白开明（音）：那时候我是黄包车车夫，与拉贝没有私人交情。但我们都曾经见过他；我们知道他是秃头——那是我们认出他的标志。我们常在上海街、山西街或宁海街见到他。我们知道他负责难民区，我们还知道正是他和其他外国人共同建立了难民区。

他们是我们的大救星。如果没有他们,更多的中国人会惨遭杀害。拉贝在日记里写的字字句句都是我们心头抹不去的记忆。拉贝是纳粹党党员的事实,并没有改变我们对他的看法——他是我们的大救星。

中国学者眼中的拉贝

作家徐志庚认为拉贝是一位伟岸无畏的英雄,他不顾同胞的警告,毅然决定留在南京。那些留在南京的人并没有料到日军随即开始的暴行。在徐志庚看来,拉贝生活阅历丰富,受过良好的教育,博览群书,他完全明白自己面临的危险。南京刚被敌人占领,拉贝就决心帮助难民。徐表示,人们对拉贝的勇气、热诚、无私以及甘愿牺牲的精神的评价并没有达到应有的高度。

在开始将拉贝的日记翻译成中文之前,郑寿康(《拉贝日记》译者之一)并不知道拉贝是何许人。他告诉我们,他和同事从翻译中了解了很多拉贝的事迹。他们之前对拉贝的纳粹党党员身份一无所知,认为这与他居然救了那么多人是一个悖论。郑还说,拉贝在中国工作生活了多年,与中国人民朝夕相处,中国是他的第二故乡。在拉贝看来,中国人就像他的家人一样。早在日军入侵南京之前,西门子公司就及时警告过他,但他不想离开中国。他把中国人当作朋友。他的家人、孩子和孙子都在中国,他自己有一座漂亮的大宅子。郑守康说,如果不考虑拉贝是纳粹党党员这一事实,拉贝可以被描述为一个好人,一个德国好人。他对拉贝评价很高。很多人称拉贝为"救世主",更多人则称他为"活菩萨"。据郑说,在欧洲,这样的人会被视为圣人。人们甚至想戴上纳粹袖标,以表示与在南京的拉贝和其他德国人团结在一起。

罗伯特·威尔逊在给家人的信中这样描述拉贝:"他在纳粹党中的级别很

高，但是经过最近几周对他深入的了解，发现他是一个非常伟大、慷慨的人，我很难将他的个性与他对领袖的虔诚联系起来。"[4]

张纯如将拉贝描述成一个令人敬仰的人物，在南京大屠杀期间横空出世。[5] 拉贝的日记使人们得出结论，拉贝就是"中国的奥斯卡·辛德勒"。张说，在南京大屠杀期间，拉贝最关心的是为中国难民建立安全区，而不是自己的安全或福祉。

约翰·拉贝和奥斯卡·辛德勒能相提并论吗?

奥斯卡·辛德勒也是纳粹党党员，在被德国占领的波兰拥有一家搪瓷工厂。辛德勒雇佣犹太人强迫劳工。在他的公司的经营场所中，他为来自普拉绍夫集中营的囚犯建立了一个劳改营，并确保不允许乌克兰人和党卫军进入他的劳改营。他向警察阐述了设立这个分营的理由：犯人往返偏远营地的漫长旅程会中断生产过程。辛德勒自己出资建造了这个分营，并为囚犯购买食物。[6] 当党卫军决定关闭劳改营时，辛德勒将包括犹太强迫劳工在内的整个工厂搬到了布吕恩里茨（Brünnlitz），阻止党卫军接近囚犯。这一行动只能通过贿赂主管当局来实现。辛德勒敢作敢为，居然把将要运往奥斯威辛集中营的300名犹太妇女拦下火车，带着她们一同去往布吕恩里茨。[7]

从1942年至1945年间，辛德勒施展各种手段，亲自将1200多名犹太人从灭绝集中营的屠杀中解救出来。

约翰·拉贝经常被中国作家和记者描述为"中国的奥斯卡·辛德勒"，文章的标题通常是"南京辛德勒终于被找到""跟随南京辛德勒的脚步""南京辛德勒不会被遗忘""时隔59年，南京辛德勒魂归故里"以及"寻找南京辛德勒"。通过对比，中国作家和记者既发现了这两人的相似之处，也看到了不同之处。

1993年，斯蒂芬·斯皮尔伯格的故事片《辛德勒的名单》使奥斯卡·辛德勒风靡全球，他被刻画成第二次世界大战中最勇敢的英雄之一。高兴祖在一篇关于南京大屠杀的文章中提到了这部电影,他称当时留在南京的外国人为"辛德勒们"。[8]庞瑞垠报道,一家中国单位计划拍摄一部名为《南京辛德勒》的电影。[9]庞认为这个项目值得称赞,但指出,将拉贝称为"南京辛德勒"可能会令人惊讶。辛德勒的人道主义行为是从毒气室里救出了1200名犹太人,拉贝的举动拯救了20多万中国人,他们二人的行为举动毫无疑问同属一类,但拉贝救人是在短时间内完成,而辛德勒救人靠的是日积月累。此外,拉贝救的人比辛德勒救的人要多得多,称拉贝为"南京辛德勒"确实是实至名归。

张纯如在她的《南京浩劫》一书中得出这样结论:拉贝就是"南京辛德勒"。[10]郑守康看出拉贝和辛德勒的不同之处是基于这样的事实:拉贝作为外国人在中国救了当地人,而辛德勒则在德国占领区救了犹太人。此外,辛德勒保护犹太人是为了自己的利益,而拉贝却不是。[11]

在徐志庚看来,拉贝和辛德勒共同点很多,都是反法西斯战士。说他们有什么不同,那就是拉贝本可以救更多的人。[12]

庞瑞垠和徐志庚将拉贝和辛德勒所救的人数做了比较,随后得出结论,这样的对比并不恰当,因为拉贝拯救的生命更多!

因此,庞认为拿拉贝和辛德勒作比较是不合适的,因为拉贝救的人更多。在不同情况下这两人采取了不同的救援行动,是否能用同一标准加以衡量呢?

只拯救一个人的生命难道不值得给予最高的褒扬吗?

每一个人、每一条生命都值得加以保护。人们为之奉献的特定处境,无论是拯救行动所处的环境,还是被拯救生命的数量,都不可能完全一样。谁是"更伟大的"英雄是一个主观色彩浓厚、容易引发争议的问题,主要在于它将价值还赋予了被拯救的生命。对犹太人的恶行(辛德勒从中将他们解救)比日本人对中国人的暴行要少吗?

什么标准可适用于判断暴行？

吴天伟在1997年出版的《美国传教士目击南京大屠杀，1937—1938》一书的序言中写道："不仅受害者的数量非常众多，而且受害者的死亡方式也极其残忍且花样繁多（如斩首、刺杀、活埋、焚烧、轮奸等），令人瑟瑟发抖，连奥斯威辛集中营的毒气室都显得非常人道。"[13]

奥斯威辛集中营的毒气室与南京大屠杀中的各种杀人花样相比显得人道的说法是个俗不可耐的例子，它再次证明，人们应该避免这种比较。

《犹太法典》宣布："谁救了一条命，谁就救了整个世界。"[14] 冒着生命危险去救他人的人被认为是救世主。拉贝、辛德勒以及像他们这样的人都有一个共同点：无论救过多少人，他们是勇敢和人道的榜样。

郑守康认为拉贝和辛德勒的区别在于，拉贝在中国拯救了当地人，辛德勒拯救了生活在德国占领区的犹太人。因此，他将在国外拯救中国当地人的外国人拉贝和在国内拯救无家可归犹太人的辛德勒做了区分。事实上，辛德勒并没有在德国保护犹太人。他的工厂位于当时被德国占领的波兰领土上，这里的犹太人拥有波兰国籍，实际上被囚禁在自己的国家。

有关郑守康提出的辛德勒保护犹太人是为了自己的利益的说法，有必要指出，当时的犹太人被贬为"非人"的廉价劳动力。然而，幸存者的报告显示，辛德勒一直没有亏待他们，并在相互尊重和互利互惠的基础上与他们保持良好关系。当时，德国国内的工厂也雇用了不计其数其他犹太人作为强迫劳工，他们遭受了极端羞辱。监工们飞扬跋扈、肆意妄为，他们的生命随时受到威胁。辛德勒还用自己的资金资助建设犹太劳工分营。他用自己的私人财产，尽最大可能营救他的工人。他还自己掏钱为犹太劳工提供他们需要的食物，甚至设法搬迁工厂，这既费钱又费时。除了经济上的牺牲，辛德勒还冒着生命危险。假如他只想剥削犹太人，那他这样做则完全没有道理。他本可以轻而易举地卖掉自己的工厂，让这些犹太人听天由命。这样一来，他本人既没有经济上的损失，也没有纳粹的纠缠,还可以远赴南美,一走了之。后来,当他必须忍受各种压力时,他真的这么做了。

作为外国人,尤其是德国人,拉贝在中国享有特殊荣誉地位。由于德日两国有共同的利益和目标,拉贝受到敌方日本人的尊重。他生活在异国他乡,远离德国,也远离被自己同胞谴责的危险。拉贝当时完全不知道自己的行为违背了德国的利益,以及由此对自己构成的危险。回到德国后,拉贝因自己的亲华态度与盖世太保发生冲突,政治上有所收敛。

无论约翰·拉贝还是奥斯卡·辛德勒,他们事先都未曾策划各自的营救行动。他们的举动是在特定时间、特定情况下做出的,超越了党派归属,是人道和无私的。最重要的是,这两个人都拯救了许多生命。通过阅读当今中国作家、历史学家和大屠杀幸存者的各种叙述,拉贝对中国人民的贡献与辛德勒所做贡献能够加以区分。[15] 如果人们寻找所面临危险的规模类别,就可以把辛德勒的任务放在更高的层次上,因为辛德勒的营救行动发生在波兰,这个被德国人占领的国家,在任何时候都必须考虑到遭受谴责及其后果。

拉贝是基于他作为一个外国人和纳粹党(NSDAP)成员的优势而施救的。他的生活和存在没有受到任何类似的危险。拉贝在南京大屠杀期间的所作所为和对难民的不离不弃才是人们关注的焦点。拉贝对中国人民的第二次贡献是在他的日记发表之后。此时,对他在中国国内外撰写的日记的描述成了焦点。

《拉贝日记》还间接对南京大屠杀的遇难者作出了同等重要的贡献,使各种事件得以恢复原貌,作为教育后代的教材以及批驳日本人否认南京大屠杀的目击者叙述。

拉贝的第一个贡献始于日本兵临南京城下,大屠杀迫在眉睫之际。当时,蒋介石所领导的中国政府已离开南京,让南京市民听天由命。少数几个留下来对战俘施以援手的人大多是外国人。他们在拉贝的领导下,尽其所能拯救平民。多亏拉贝和他国际委员会的同事，许多中国人保住了性命。如果没有他们建立安全区，没有他们的个人坚守，没有他们与日本当局的谈判，没有他们为难民采购食物、取暖材料和药品的种种努力，许多人将无法熬过这段时间。拉贝的第二个贡献是他的日记。中国的作家和历史学家将这本书评价为是有关南京大屠杀的另一件权威遗物和证据，是国内外子孙后代的教材，是反对当今南京大屠杀否认者的声明。

拉贝过去的纳粹身份对南京大屠杀幸存者来说无关紧要，这完全可以理解。因为唯一重要的，是他帮助挽救了他们的生命，不管他的政治态度如何。

今天的中国人试图从拉贝不了解纳粹党及其领导人希特勒的真实本性的角度入手，来解释他的纳粹党党员身份。他们证实，拉贝对当时的实际情况一无所知，这可以追溯到当时中国缺乏有关希特勒和德国的最新信息。然而，这些论点可以被详细驳斥。拉贝受到了德国驻华大使馆和德国外交部对华友好态度的影响，但他显然没有意识到这种态度与希特勒本人的态度截然相反。假如拉贝清楚希特勒的真实意图，在返回德国后，他就不太可能宣讲日本人在南京的屠杀和暴行，这最终导致他被捕并被限制发表言论。

更具有说服力的事实是，拉贝戴着他纳粹党的标志即纳粹万字符——被视为同事们的希望。他们知道一位戴着德国纳粹万字符的德国主席在与日本军方谈判中的好处，日本军方对第三帝国表现出极大尊重。记者卡洛斯·威德曼在他关于拉贝的文章《戴纳粹党党徽的救世主》中巧妙地加入相关内容："世界上没有哪个地方纳粹党党徽为了人道目的被如此恬不知耻地滥用。"[15]

什么让拉贝投身于拯救苍生？

心理学提及利他行为若干动机：道德义务、同理心、自尊和认知。[16] 社会动机行为者的行为受减轻受害者痛苦的愿望驱使，即使他们不能因自己提供帮助而得到回报也在所不辞。拉贝的行为可以用这些动机加以解释。拉贝是一个雪中送炭的人,为需要帮助的人挺身而出,不求任何回报。难民对他的正面反馈以及给他的称呼是:"活菩萨"——发自内心的感恩。"活菩萨"一直激励着他、影响着他。他对这个称号十分看重,这在他《轰炸南京,选自一个活菩萨的日记》一书的书名中可见一斑。

1937年9月21日,当时富裕的中国人早已离开南京,拉贝在日记中写道:"我也丝毫不想冒生命危险保护公司或我个人的;但作为一个受人尊敬的汉堡商人,我直到现在都有一道跨不过的道德坎。"[17]

拉贝决定留在南京是因为他作为一个"受人尊敬的汉堡商人"的道德义务。然而,他这段日记紧跟着的几行文字却是:"毕竟,我的潜意识里还有最后一个原因,它并非最不重要,却让我对自己在这里坚持感到很自然。我是德国社会主义工人党的一分子,一直是西门子南京分公司的主管,甚至临时担任过地方党组织临时负责人。"[18]

在此段文字中,拉贝又牵出另一个动机。作为一名纳粹党党员,他有义务代表党的荣誉。这些文字再次表明拉贝的天真。就好像他为此给自己画了一幅纳粹党的图画,图画与现实完全不同。回过头来看,拉贝的天真可以看作一个优势。

他寄托在纳粹党和希特勒身上的希望给了他力量和毅力。假如拉贝看清了纳粹党和希特勒的真实面目,他的反应会一样吗?他还会留在南京吗?

今天,拉贝已不能对此作答了。

因英雄壮举和人道行为,拉贝被难民和幸存者称为"活菩萨"和"大救星"。拉贝被作家和历史学家描述为一位伟大而无畏的英雄,一个高风亮节、无私忘我的人,一个完美的人,一个中国的奥斯卡·辛德勒。中国方面对拉贝所加的这些定语完全可以理解。拉贝冒着生命危险拯救了其他与他自己的国籍、文化或宗教完全不同的人。

| 拉贝与中国

拉贝的故事告诉我们什么?

有些人佩戴纳粹万字符,但并不明白它的含义,也并不代表其背后的意识形态:像拉贝和辛德勒这样的人,他们遵从善的呼唤,帮助陷入困境的人。因此,讲述他们的故事非常重要,这样人们内心才能向他们学习,他们才能成为后代效仿的无私奉献的榜样和楷模。

资料来源:

[1] 本书作者托马斯·拉贝于1999年在南京进行采访。

[2] 作者注释:作为商人,拉贝比普通的士兵更有影响力,因此他能利用这个身份。

[3] 本书作者于1999年在南京采访了李秀英和吴正禧。

[4] 选自张纯如的《南京浩劫》第132页,罗伯特·威尔逊于1937年圣诞夜写给家人的书信。

[5] 选自张纯如的《南京浩劫》第117页。

[6] 《纪念奥斯卡·辛德勒——1200名受迫害犹太人的拯救者》,米歇尔·弗里德曼,1985年。

[7] 出处同上。

[8] 《日军侵华暴行——南京大屠杀》,高兴祖,1996年,第96页。

[9] 庞瑞垠:《永远的拉贝》,1997年,纪念在南京大屠杀中被侵华日军杀害的中国同胞。

[10] 张纯如《南京浩劫》,1999年出版,第118页。

[11] 1999年,在南京采访郑守康。

[12] 1999年,本书作者在南京采访徐志庚。

[13] 选自耶鲁神学院图书馆一次性临时出版物,1997年。吴天伟,也有译作"吴天威"。

[14] 《巴比伦塔木德》。

[15] 卡洛斯·威德曼《带纳粹党党徽的救世主》,1977年。

[16] G.M 斯蒂芬森:《社会心理学导论》1988年,第396页。

[17] 《拉贝日记》中文版,1997年。

[18] 出处同上。

第六章 后人感悟

当年拉贝在南京时的见证人

目击者报告：李世珍（音）女士

穆昔福（音）是我的表兄，比我大4岁。我们后来结了婚。1937年，在日本人进城之前，我和家人一起住在南京绒庄村格子桥14号。当日本人占领南京后，我们全家一起逃到了小粉桥1号拉贝先生的住所。拉贝先生一直对我们很好，甚至每天给每个难民分发大米、大麦和豆子。他不允许日本士兵进入他家，那里非常安全。我们一直住在拉贝先生家里，直到第二年春天。那以后，我们在安全区安顿下来，后来安全区被强行拆除。南京的和平和秩序恢复后，我们才回家。在此之前，我们一直受到拉贝先生的保护。

目击者报告：丁永庆（音）

我住在同仁街时，遇到了国际安全区主席约翰·拉贝的厨师。他姓曹，个子很高，天津人，我们都叫他"曹先生"。他经常在同仁街的食品杂货店购买牛肉。当日本人逼近南京时，他对我说："小家伙！你的主人逃走了。你打算怎么办？如果这里有危险，你可以到小粉桥1号来找我。"

当我到达那里时，日本人都快要进城了。在光华门（南京13个城门之一），人们可以听到城墙外连续不断的炮火声。小粉桥1号是约翰·拉贝的住所。当我到那里时，大门紧锁，门卫不让我进去。后来有人喊来曹先生，帮我解了难。

当我到达小粉桥1号的时候，天色已经很晚，其他难民已经吃过晚饭，我不得已又出去要了些吃的东西。几天后，国际委员会带回了新大米，每个难民每天都会得到一碗大米。我在火上把我的大米和别人的一起煮。后来，国际委员会还把萝卜和豆子带到这里的难民营。他们对我们说："你们睡的地上很潮湿，豆子能让你们暖和些。"

| 拉贝与中国

图 147 约翰·拉贝住所中南京大屠杀幸存者 　　　　　　　图 148 南京约翰·拉贝住所
均由侵华日军南京大屠杀遇难同胞纪念馆友情提供

  现在我来告诉你一些我们的住房情况。约翰·拉贝用卡车把一些身强力壮的大汉拉到一家木柴厂，去拿垫子和建造营房的材料。大家齐心协力，一起苦干。早上我们取回垫子和材料，下午就搭好了棚子。后来我们还在地上铺了干草和秸秆。因为住在花园里的人很多，花园显得很窄。

  一个棚子里住着七八个人。沿着安全区，到处飘扬着红色的万字符旗帜，所以我们起初认为这里不会发生任何事情。一天，在中山街与一条小巷的交叉口，我看到一个"日本鬼子"把旗杆放倒，在插旗帜的地方贴了一张纸。后来我又把旗干树起来，扯掉了纸条。"鬼子们"发现了我，他们把我带到交通银行新街口支行的宪兵队。那里有各式各样的刑具。"鬼子们"从 22 点左右开始抽打我，直到凌晨 2 点我失去知觉。然后我被扔出了门外。由于这次事件，直到今天我的头上还留有一块疤痕。回来后，约翰·拉贝嘱咐我们，"绝不能外出，否则会丢掉性命"。自那以后，我们再也不敢出去了。

  转过年来，日本当局就下令，所有难民必须登记。我们得到了"安民"（和平公民）身份证。

  天气依然寒冷时，我离开了小粉桥 1 号，只在某些特殊情况下回来修鞋。

第六节 相关书籍及作品

1997年，埃尔温·维克特作为编者和评论者，在德意志出版社（DVA）出版了约翰·拉贝南京日记。该出版社现在是兰登书屋集团的一部分。

版权信息：埃尔温·维克特（编者）：《约翰·拉贝——南京的德国好人》，德意志出版社，位于斯图加特，根据拉贝的日记，共443页，ISBN 3421050988。

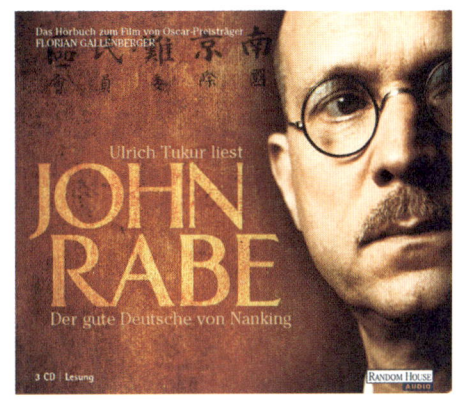

图149 《约翰·拉贝——南京的德国好人》的有声书，由乌里奇·图库尔朗读

1997年埃尔温·维克特的书出版后，随即被译成中文、日文、英文、韩文和荷兰文。音频书：兰登书屋影像出版社发行了一本由乌里奇·图库尔（Ulrich Tukur）朗读的音频书（见图149）。

德国出版协会对该书总结如下：拉贝是南京的奥斯卡·辛德勒

1937年到1938年的冬天，日本士兵洗劫了当时的中国首都南京，强奸良家妇女和未成年女孩，对反抗者格杀勿论。鲜为人知的是，仍然有人在德国商人约翰·拉贝的带领下，拼尽全力保护市民的生命。约翰·拉贝今天仍在中国深受敬仰。约翰·拉贝的日记直到20世纪90年代才在德国浮出水面，它描述了发生在南京的骇人听闻的事件和许许多多人的命运，感人至深。中国问题专家埃尔温·维克特 1936年在南京与约翰·拉贝相识。在书的后记中，他对拉贝日记、约翰·拉贝的历史地位以及拉贝在当时历史背景下的英勇举动做了评论。

2009年，万神殿出版公司出版了《约翰·拉贝——南京的德国好人》一书的平装本。

古德曼出版公司出版了一部与维克特的书籍同名的书籍，介绍关于拉贝的电影故事片，这本书中有许多这部电影的画面（见图150）。

与最初的维克特版本相比，万神殿版和古德曼版都有一段后记，由托马斯·拉贝撰写，电影《约翰·拉贝》的导演弗罗里安·加仑伯格也为其中一种书撰写了后记。

在南京大屠杀遇难同胞纪念馆中，这些书在一个陈列柜中展示（见图151）。

鲁特·哈罗在一部著作中将拉贝日记的中文版和日文版做了比较：通过对中国作家和历史学家高兴祖、胡绳版本《拉贝日记》（1997年）的分析，并与其他版本进行对比，结果显示，中文版主要依据原始资料，即当时拉贝用打字机手打出的最初手稿，没有受到其他译本或二手文献的影响。

拉贝日记中文版（高兴祖、胡绳版《拉贝日记》）不仅是第一个国际版本，也是世界上唯一完整版本。完全再现了原稿内容，未做任何删减。译文忠实于原文，保留了原文的表现力。

在中文版之后出版的德文、日文和英文版本，篇幅上做了删减，加之部分内容重新编排，也失去了原稿所要表现的精神。

托马斯·拉贝参与的著作

2009年，托马斯·拉贝在中国参与出版了两本书：

《我眼中的北京》（拉贝日记·北京卷）。北京联合大学历史学教授梁怡于

第六章 后人感悟

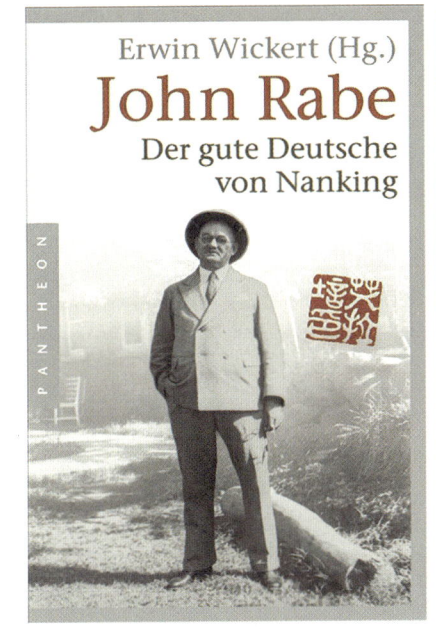

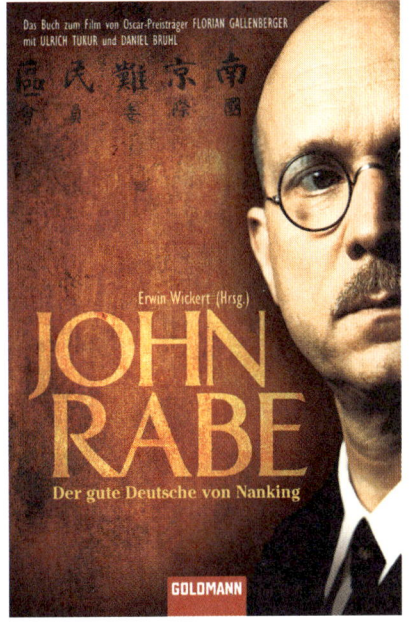

图 150 ↑ 埃尔温·维克特著《约翰·拉贝——南京的德国好人》
　　　　↓ 左侧：万神殿版；右侧：电影图书

| 拉贝与中国

图 151　有关约翰·拉贝和南京大屠杀（1937—1938）的中外图书
　　　　（南京大屠杀遇难同胞纪念馆书展）

2009年4月在中国编辑出版了这套书稿的中文合订本。这本书由5卷组成，收集了我祖父的感想文字和精美插图，内容包括中国清代皇太后慈禧的宫廷生活，北京文化和普通人的生活。

黄慧英《拉贝传》。

一套关于约翰·拉贝（参见 www.john-rabe.de）生平的德语版DVD也已出版。

其他作者的著作

犹太汉学家鲁特·哈罗出版了自己有关约翰·拉贝的硕士论文的中文第一版图书，2009年在南京出版（见图153）。

《我眼中的北京》（拉贝日记·北京卷）（主编：梁怡教授，北京联合大学，讲授中国近现代史）（见图154）。

第六章　后人感悟

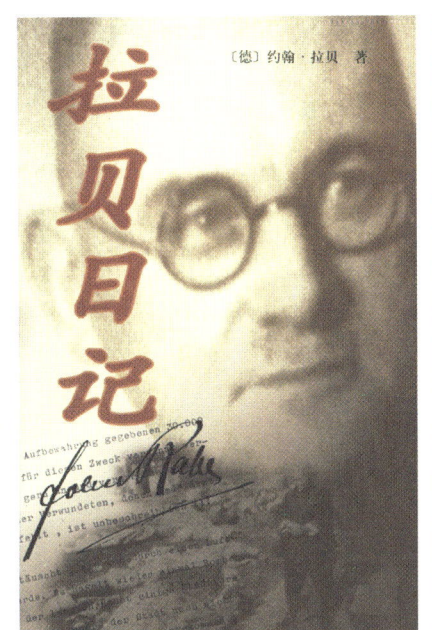

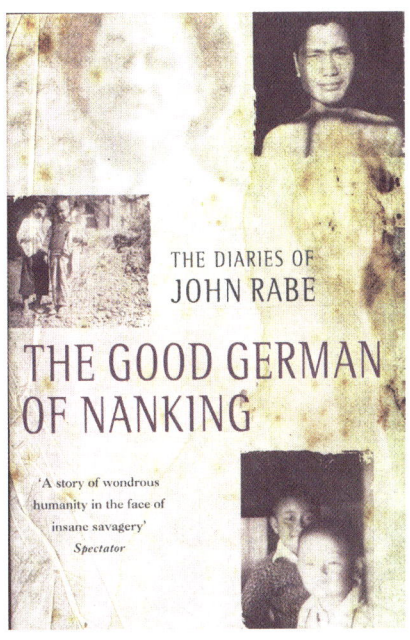

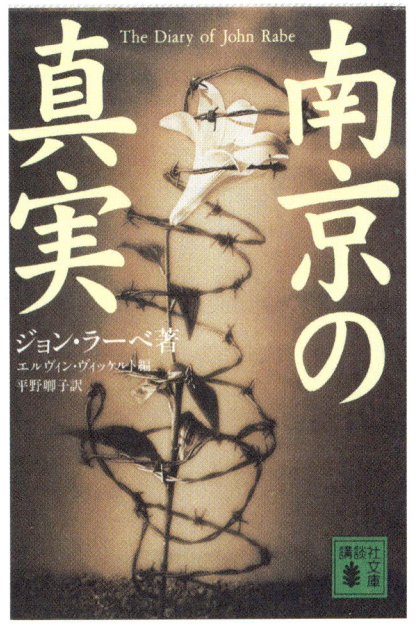

图152　有关约翰·拉贝著作的国际译本
↖中文版　↗英文版　↙《拉贝传》中文版　↘《拉贝日记》日文版

| 拉贝与中国

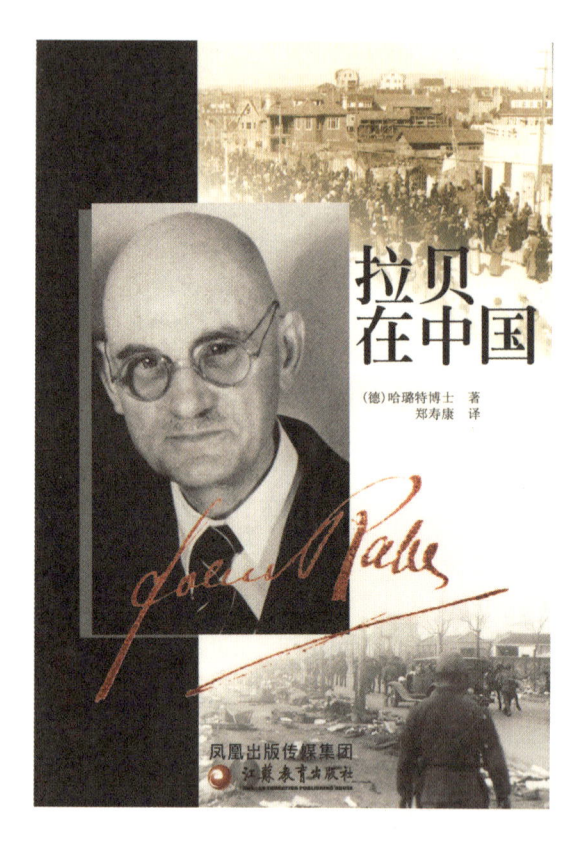

图153　鲁特·哈罗（即哈璐特博士）：《拉贝在中国》中文版首版

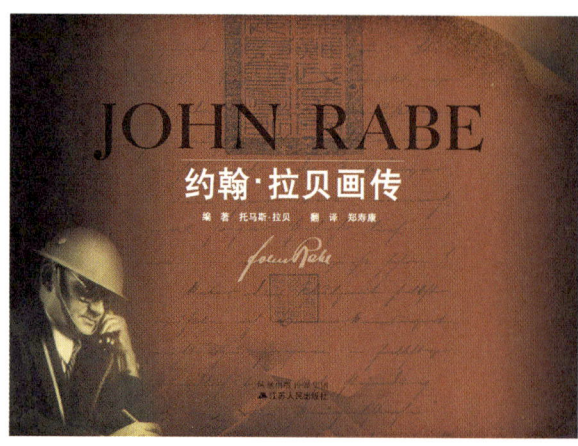

图154　← 《约翰·拉贝画传》第一个中文版本（编著：托马斯·拉贝）
　　　　→ 《我眼中的北京》第一个中文版本（拉贝日记·北京卷，主编：梁怡/北京）

张纯如

http://de.wikipedia.org/wiki/Iris_Chang

张纯如（1968年生于新泽西州普林斯顿，2004年11月9日卒于加利福尼亚州洛斯加托斯），美国作家。她因于1997年出版历史纪实报告文学《南京浩劫：被遗忘的第二次世界大战大屠杀》而享誉全球。这本书在很长一段时间内出现在许多国际畅销书目录中（见图156）。2004年11月9日，人们发现她死亡，头部有枪伤。官方宣布她的死因是自杀。此前不久，她才开始因抑郁症接受药物治疗。

吴华玲

吴华玲写了一本关于美国传教士明妮·魏特琳的书。明妮·魏特琳在南京大屠杀期间，利用美国国旗，保护了2万多名女孩和年轻女性的生命（见图155上）。侵华日军南京大屠杀遇难同胞纪念馆的官方书籍由朱成山编辑（见图155下）。

国际媒体

约翰·拉贝和南京大屠杀于1996年被国际媒体《纽约时报》报道过两次：
1996年《纽约时报》：《南京浩劫：一个拯救无数生命的纳粹》。
作者：陈大伟（音）（David W. Chen）
1996年12月15日《纽约时报》：《一个在中国用纳粹标识挽救生命的纳粹》
约翰·拉贝的信息可在互联网上找到（见图157a）。

维基百科上的约翰·拉贝：en.wikipedia.org/wiki/John_Rabe
约翰·拉贝海德堡交流中心：www.john-rabe.de
侵华日军南京大屠杀遇难同胞纪念馆：

| 拉贝与中国

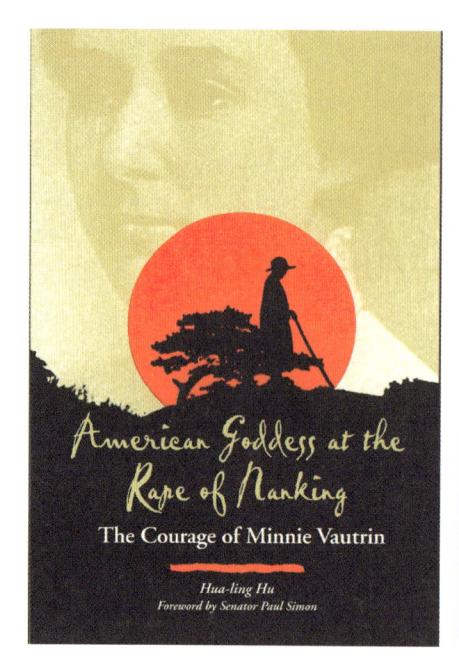

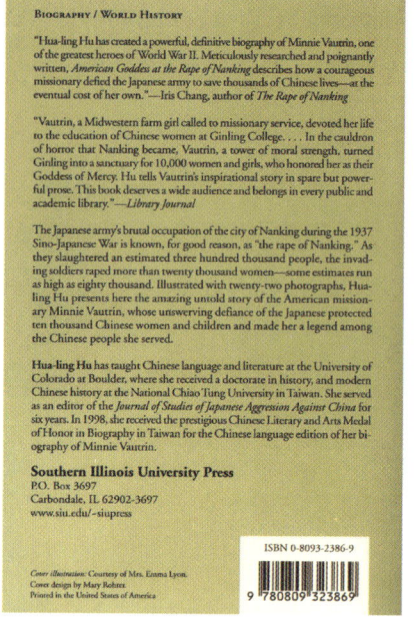

图 155
↑ 吴华玲：《南京浩劫中的美国女神》
↙ 朱成山主编的《南京大屠杀与国际大救援图集》

第六章　后人感悟

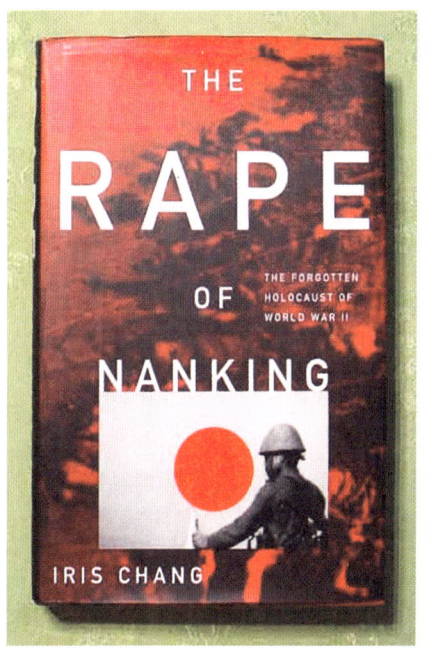

图156
↑ 张纯如：《南京浩劫》
↘ 张纯如写给奥托·拉贝（约翰·拉贝之子）的信

www.19371213.com.cn/www.19371213.com.cn/en/en.wikipedia.org/wiki/Memo-rial_Hall_of_the_Vic-tims_in_Nanjing_Mass-acre_by_Japanese_Invaders

南京暴行：http://www.geocities.com/Nanjingatrocities/Table/table.htm

德国驻上海总领馆－拉贝故居页面：

www.shanghai.diplo.de/Vertretung/shanghai/de/06/Bilaterale__Cultural relations/John__Rabe__House

约翰·拉贝英雄档案：

<font color="#ffff00">-=www.moreorless.au.com/heroes/rabe.html=-sync：ßÇÈâÈâ

互联网上的电影

关于约翰·拉贝的德国电影，见第八章。

陆川执导的《南京，南京》（2009年），是一部有关南京大屠杀的电影（见图157b）。

罗冠群执导的历史故事片《屠城血证》于1987年上映，该片讲述了1937年侵华日军占领南京后实施了惨无人道的大屠杀，中国医生展涛不顾个人安危，千方百计将证明日军罪行的照片送出南京的故事。

约翰·拉贝的故事片：www.johnrabe.de and www.johnrabe.de (scroll bar: "Film")

歌剧《拉贝日记》

2019年4月24日晚，由江苏大剧院和江苏省演艺集团联合出品的原创歌剧《拉贝日记》，亮相国家大剧院歌剧节。2019年7月3日晚，该剧在德国柏林国家歌剧院上演，由此正式拉开了该剧2019年欧洲巡演的序幕。

图 157a　国际媒体和互联网上的约翰·拉贝

纪录片

《南京》

由比尔·古登泰格和丹·斯图曼拍摄的美国纪录片，采访了中国幸存者和日本士兵。此外，演员们还朗读了部分信件和拉贝南京日记中的部分内容。

《南京1937——大屠杀日记》

中枢影业公司代表北德意志电台和西德意志电台与亚特电视台合作出品。

图 157b 《南京，南京》

www.cinecentrum.de/produkti-onen/nanking-1937-tagebuch-eines-massakers/

《南京1937，一座被浩劫的城市》亚特电视台（法国，2007年，52分钟）导演：塞尔吉·维莱特。www. arte.tv/en/geschichte-society/history-wednesday/Nanjing- 1937--a-city.../1763396.html - 39

《约翰·拉贝——南京的辛德勒》普罗电视制作柏林有限公司受德国第二电视台委托制作。

http://www.zdf-enterprises.de/john_rabe.

网络上有更多影片。在You Tube电影频道下，有许多关于1937年至1938年南京的影片：www.youtube.de；搜索：Nanjing John Rabe。

南京的英雄

第七章

永恒怀念

遇难者 300000
Victims three hundred tho
遭難者 300,000

Vittime trecento mila

JOHN RABE

第七章　永恒怀念

第一节　侵华日军南京大屠杀遇难同胞纪念馆

侵华日军南京大屠杀遇难同胞纪念馆于1985年8月15日建成开放。经过30多年的建设与发展，已经成为具有较高国际知名度的纪念馆。

目前，纪念馆含侵华日军南京大屠杀史实展、"三个必胜"主题展、"第二次世界大战中的性奴隶——日军'慰安妇'制度及其罪行展"等三个基本陈列，展示了南京大屠杀、日军"慰安妇"制度、中国人民抗日战争伟大胜利的历史。

纪念馆共展出近4000幅照片，9992件各类文物，262部影像资料，严肃地表达了暴行、抗争、胜利、审判、和平五大主题。其中，美国约翰·马吉牧师用于拍摄南京大屠杀历史影像的摄影机和影像资料已经被联合国教科文组织列入"世界记忆名录"。

纪念馆内现存3处南京大屠杀"万人坑"遗址，分别展示了1984年、1998—1999年以及2006年发现的遇难同胞遗骸。2015年12月，"三个必胜"新展馆和分馆南京利济巷慰安所旧址陈列馆建成后，纪念馆总占地面积10.3万平方米，建筑面积5.7万平方米，展陈面积达2万平方米。分布有7处广场、23座单体雕塑和一座大型组合雕塑、8处各种形式的墙体、

图158　侵华日军南京大屠杀遇难同胞纪念馆（2001年10月3日）

| 拉贝与中国

17 座各种造型的碑体。

纪念馆是关于南京大屠杀历史、日军"慰安妇"制度、世界反法西斯战争胜利的综合型博物馆，大量的文物、照片、历史证言、影像资料、档案以及遗址对历史真相做了全面的阐述，每年都会常态性地开展对南京大屠杀幸存者、"慰安妇"制度受害者、抗战老兵等群体的援助活动。

自 1985 年 8 月 15 日正式建成开放以来，截至 2018 年底，共接待来自 100 多个国家和地区的观众近亿次。习近平等多位中国党和国家领导人，以及丹麦女王玛格丽特二世，捷克总统泽曼，美国前总统卡特，日本前首相村山富市、海部俊树、鸠山由纪夫、福田康夫，哥斯达黎加前总统、诺贝尔和平奖获得者阿里亚斯，澳大利亚参议院议长玛格丽特·里德，韩国前总理姜英勋等多国政要曾莅临纪念馆参观；30 多个国家的驻华大使、驻沪总领事也曾来馆参观。

近年来，接受来自美国、英国、加拿大、日本、西班牙等国家和中国香港、澳门等地区的媒体采访近百次。纪念馆于 1997 年被评为全国首批爱国主义教育示范基地，2006 年获国务院颁布的全国重点文物保护单位，2008 年被评为全国首批国家一级博物馆，2015 年被评为全国文明单位，2018 年被评为"改革开放 40 周年"优秀先进集体。

图 159a　侵华日军南京大屠杀遇难同胞纪念馆　←《和平》雕塑　→ 俯瞰纪念馆，整体造型为"和平之舟"

从 2014 年 12 月 13 日起，纪念馆正式成为南京大屠杀死难同胞国家公祭仪式的固定举办地。

互联网链接

纪念馆官方网址：http://www.19371213.com.cn/

图 159b　侵华日军南京大屠杀遇难同胞纪念馆公祭广场的灾难之墙，上面刻有中、德、韩、西班牙等 11 种文字的"遇难者 300000"

图 159c　侵华日军南京大屠杀遇难同胞纪念馆　← 和平公园　→ 胜利广场

图 159d　侵华日军南京大屠杀遇难同胞纪念馆油画《南京大屠杀·1937·燕子矶》　许宝中先生等创作

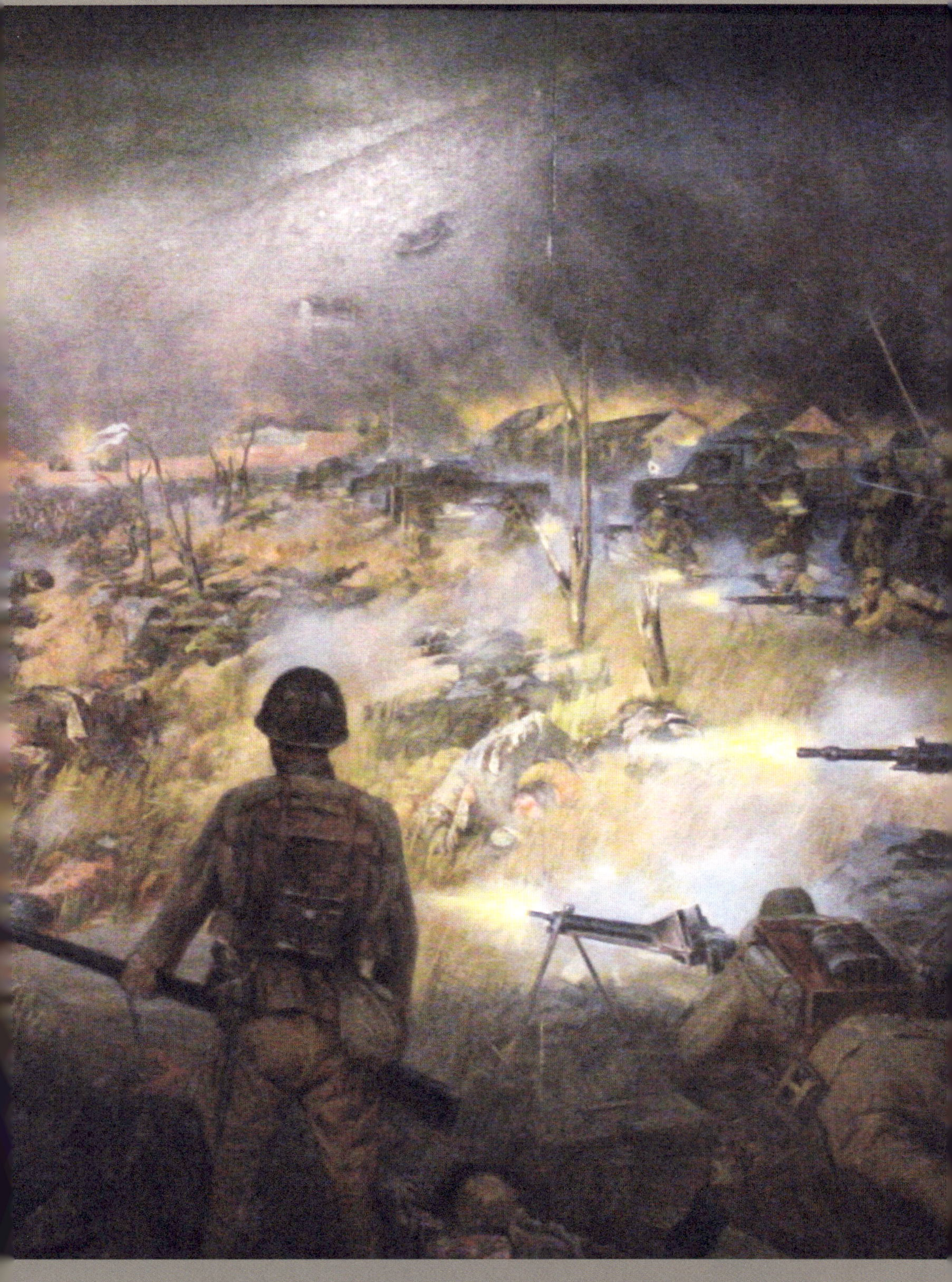

| 拉贝与中国

图 159e　侵华日军南京大屠杀遇难同胞纪念馆　← 祭场　→ 国家公祭鼎

图 159f　侵华日军南京大屠杀遇难同胞纪念馆　← 南京大屠杀史实展·序厅
　　　　→ 侵华日军南京大屠杀遇难同胞纪念馆展厅内约翰·拉贝雕像

图 160　托马斯·拉贝在侵华日军南京大屠杀遇难同胞纪念馆内沉痛悼念被日军屠杀的南京平民（2001年10月3日）

2001年，我的父亲奥托·拉贝博士去世后，我和母亲及一个较大的代表团去中国旅行，参观了侵华日军南京大屠杀遇难同胞纪念馆（见图160至163）。

日本友人赠送给纪念馆的象征和平的千纸鹤（见图162右）。

和平鸽象征着国与国之间的和平愿望（见图163）。

第七章 永恒怀念

图 161　侵华日军南京大屠杀遇难同胞纪念馆（2001 年 10 月 3 日）
　　　　← 托马斯·拉贝在纪念馆入口牌匾前
　　　　→ 托马斯·拉贝和他的母亲埃尔瑟·拉贝（奥托·拉贝的妻子）与纪念馆原馆长朱成山先生

图 162　← 2001 年 10 月 3 日，纪念馆原馆长朱成山先生和托马斯·拉贝分别手持《约翰·拉贝——南京的德国好人》《拉贝日记》　→ 日本友人赠送给纪念馆的象征和平的千纸鹤（2001 年 10 月 3 日）

图 163　侵华日军南京大屠杀遇难同胞纪念馆：2001 年托马斯·拉贝在馆外放飞和平鸽（2001 年 10 月 3 日）

443

| 拉贝与中国

第二节　德国联邦总统与拉贝故居

南京西门子公司院内的约翰·拉贝塑像

2003年9月，时任联邦总统约翰内斯·劳对中华人民共和国进行国事访问期间访问了南京，他走访了现位于南京大学校内的约翰·拉贝故居。联邦总统在西门子数控分部约翰·拉贝的雕像前敬献鲜花（见图165），随后会见了当年在国际安全区内的两名幸存者（见图168）。在时任德国联邦总统约翰内斯·劳的努力下，位于南京的约翰·拉贝故居于2004年至2005年间得以修缮，并在后来重新开放（见图166—图172）。

图164　南京西门子公司院内约翰·拉贝塑像
← 2001年，托马斯·拉贝在塑像前
→ 大理石基座的背面，刻有中文、德文和英文三种文字铭文

图 165　德国联邦总统约翰内斯·劳 2003 年 9 月访问中国期间，在西门子数控分部约翰·拉贝的雕像前敬献鲜花

约翰·拉贝故居全称"拉贝与国际安全区纪念馆暨拉贝国际和平与冲突化解研究交流中心"。具有历史纪念意义的约翰·拉贝故居（南京市中心小粉桥 1 号），曾是拉贝家族 1932 年至 1938 年在南京的居所，于 2006 年 9 月 30 日在托马斯·拉贝（约翰·拉贝之孙）及其夫人伊丽莎白·拉贝的见证下修

| 拉贝与中国

图166 南京市小粉桥1号约翰·拉贝故居

缮完工,后作为博物馆、纪念馆与和平研究所重新对外开放。南京大学副校长张荣(音)在开馆致辞中表示,拉贝故居不仅是纪念拉贝先生的平台,还是和平与文化交流研究机构。故居收藏了由海德堡约翰·拉贝交流中心和德国外交部捐赠的1000多份史料、照片和800多页原始"拉贝日记"的复印件。此外,还展有300多幅照片、50多件实物和4部影视资料。

以下文字摘自德国驻上海总领事馆主页:

在时任德国总统劳的不懈努力下,2004年至2005年期间,南京大学、西门子公司、博世-西门子家电公司和德国驻上海总领馆进行了多次接触,探讨达成修缮约翰·拉贝故居的协议的可能性。协议最终达成并举行盛大签订仪式。在西门子公司、博世-西门子公司和德国政府(由联邦

图167 南京拉贝故居
← 2001年时的南京约翰·拉贝故居　→ 翻新后的约翰·拉贝故居(2006年10月31日)

第七章　永恒怀念

图 168　联邦总统约翰内斯·劳（Johannes Rau）在约翰·拉贝故居中，与南京大屠杀幸存者交谈（2003年）（德新社）

外交部"文化保护项目"提供资金）的资助下，对拉贝故居进行了修缮，并改造为"拉贝与国际安全区纪念馆暨拉贝国际和平与冲突化解研究交流中心"。

这里是约翰·拉贝1932—1938年居住的地方，于2006年9月30日完成重新翻新（见图167），并作为博物馆、纪念馆与和平研究所重新对外开放，修缮费用为225万元人民币（约合25万欧元）。

2006年10月31日，约翰·拉贝故居对外开放当天，托马斯·拉贝和妻子伊丽莎白在约翰·拉贝雕像前（见图169）。他们以拉贝家族的名义，在海德堡设立了约翰·拉贝交流中心。

| 拉贝与中国

图 169　在南京约翰·拉贝故居花园中，托马斯·拉贝与伊丽莎白·拉贝在约翰·拉贝青铜雕像前合影（2006 年 10 月 31 日）

图 170
↑ 托马斯·拉贝与伊丽莎白·拉贝在南京拉贝故居花园中的约翰·拉贝铜像前

图 171
↓ 2006 年 10 月 31 日，在约翰·拉贝南京故居花园中，托马斯·拉贝向矗立在南京拉贝故居花园中的约翰·拉贝纪念碑献花

第七章 永恒怀念

图172 德国驻上海总领事芮武峰（Dr. Wolfgang Röhr）在纪念馆开馆式上致辞

2006年10月31日

德国总领事芮武峰（Wolfgang Röhr）在南京"约翰·拉贝与国际安全区纪念馆及约翰·拉贝国际和平与和解研究交流中心"开馆式上的讲话：

尊敬的各位嘉宾，女士们先生们：

今天，我们大家在此相聚，真可谓好事连连，令人欣慰！

在约翰·拉贝国际和平与和解研究交流中心开放之际，恰逢东亚大国关系的提升出现新希望之时。就在前不久，刚举行过一场高级别双边会谈，为东亚最大民族的领导人之间持续对话奠定了基础。假如约翰·拉贝在天之灵知悉此事，他一定无比欣慰。尤为让我感到高兴的是，我们相聚于该中心，纪念一位德国人，他让我们这些此时此地在华东的德国人多少感到一丝骄傲。约翰·拉贝是英雄吗？总之，他只不过做了一件正确的事，并且从未小题大做。他行动过，谈判过，他既是一位人道主义救援者，也是一位名副其实的外交家。他的一切行为都出于人道、尊严和理性。实际上，他所做的一切都很正常，起码对拉贝先生来说很正常。

今天，我们用尊敬和谦逊的眼光看待约翰·拉贝的事迹。

尊敬，是因为他在正确的时间做了正确的事情，并且不顾个人安危去帮助需要帮助的人。谦虚，是因为南京大屠杀过后不久，许多罪行就以德国的名义犯下，给"南京好人"的事迹蒙上了一道长长的阴影。

然而今天，我们为一个德国人感到理所应当的骄傲，他是不折不扣的南京市民，在南京最危难的关头坚守于此，对中国友人施以援手。

对于中德两国之间的友谊，还有比这个人更好的例子吗？他的举动反映了人道、正直和诚信。

我赞成南京大学、西门子公司、博世—西门子家用电器公司以及德国驻上海总领事馆，按照约翰·拉贝的和平与和解精神所采取的这项共同行动。我愿感谢所有参与者为良好无瑕的合作所做的贡献。我们的目标很明确，即随时充分考虑各方面的关切。

令我格外高兴的是，不仅总领馆和联邦外交部——即联邦政府，而且德国联邦共和国总统也为这个项目取得成果做出了努力。时任联邦总统约翰内斯·劳2003年对中国进行国事访问时曾到访南京，亲自推动中心项目修成正果。

最后，我很高兴地得知，一座值得保护的漂亮建筑目前被当作历史遗迹进行保护。这座建筑是南京的建筑遗产，现在它焕然一新，见证了德国人民友好愿望在华东地区的长期存在。

当然，今天，我们仅处于发展的初始阶段，而发展应让这座房子充满生命，实现其远大目标。我坚信这一定会实现。

德国总领馆将尽其所能，确保在此地形成一处交流、学习、理解和倾听的场所——为记念、谅解、和解与共同责任作出重要贡献的场所。

第七章 永恒怀念

谢谢各位！

芮武峰
德意志联邦共和国驻上海总领事
（后担任柏林联邦外交部东亚处处长，
自 2014 年起任同济大学德国研究中心特聘研究员）

南京约翰·拉贝故居开放庆典于 2006 年 10 月 31 日举行（见图 173，174，175），中外媒体均表现出极大兴趣（见图 174b 下）。

拉贝故居内部视角，见图 175a—175d。

图 173 2006 年 10 月 31 日，南京约翰·拉贝故居开放仪式开幕式。从左二至右：艾达尔·艾尔维（西门子）、托马斯·拉贝教授、克劳斯·吴赫俄教授（西门子）、芮武峰总领事、理查德·豪斯曼博士（西门子中国公司总裁）、M. 斯多茨－施密茨（http://www.shanghai.diplo.de/Vertretung/shanghai/de/__bilder/__bildergalerie/John-Rabe-Haus.html）

| 拉贝与中国

图 174a　南京拉贝故居开放庆典 2006 年 10 月 31 日托马斯·拉贝致辞

图 174b　2006 年 10 月 31 日南京约翰·拉贝故居开放现场

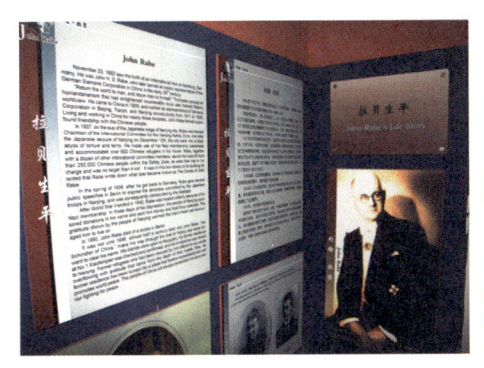

图 175a 南京约翰·拉贝故居（2006 年 10 月 31 日）：博物馆内部照片

图 175b 南京约翰·拉贝故居（2006 年 10 月 31 日）：博物馆内部照片

图 175c 南京约翰·拉贝故居（2006 年 10 月 31 日）：博物馆内部照片

| 拉贝与中国

图 175d　南京约翰·拉贝故居（2006年10月31日）：博物馆内部照片

第三节
托马斯·拉贝与南京大屠杀幸存者见面

1937—1938年南京大屠杀幸存者李先生（见图176、178）在约翰·拉贝家的花园中幸存下来时还是个小男孩，他告诉我，在日军空袭时，他总是躲在万（卍）字标记的下面：这个地方被认为是最安全的。

图176 托马斯·拉贝和伊丽莎白·拉贝与1937—1938年南京大屠杀幸存者（包括李先生、李女士）、南京约翰·拉贝故居负责人以及奥地利和平局托马斯·普莱瑟先生（2012）

| 拉贝与中国

图 177 伊丽莎白·拉贝和李秀英女士的合影（2012 年）。李女士是 1937—1938 年南京大屠杀的幸存者之一

图 178 托马斯·拉贝与 1937—1938 年南京大屠杀幸存者李先生（2012 年）。他当时躲在约翰·拉贝的住宅和德国学校以及住宅后的花园中而幸免于难。对于那个时候的孩子来说，最安全的地方是住宅外铺有纳粹万（卍）字标记的花园。

南京的英雄

第八章

多元演绎

JOHN RABE

第八章 多元演绎

第一节 拉贝日记的出版

约翰·拉贝关于南京的日记

约翰·拉贝关于1937—1938年的南京日记。

（见图179，180，181，182，184，185，186）

战争日记：《敌机飞临南京》

第Ⅰ卷：第1—200页，1937年9月7日至1937年11月2日的事件。

第Ⅱ-1卷：第1—98页，1937年11月6日至1937年11月17日的事件。

第Ⅱ-2卷：第99—250页，1937年11月17日至1937年12月1日的事件。

第Ⅲ卷：第1—279页，1937年12月2日至1937年12月24日的事件。

第Ⅳ卷：第1—330页，1937年12月25日至1938年1月13日的事件。

第Ⅴ卷：第1—300页，1938年1月18日至1938年2月10日的事件。

第Ⅵ-1卷：第1—136页，1938年2月12日至1938年2月26日的事件。

第Ⅵ-2卷：第136—262页，1938年6月8日摘要，1939年10月25日。

上述日记共计1818页。

南京家庭日记：《轰炸南京》

第一部分，第1—418页，1937年9月至1938年1月1日的事件。1942年10月1日的前言，是在事后粘上的。这些日记不是在南京期间写的。

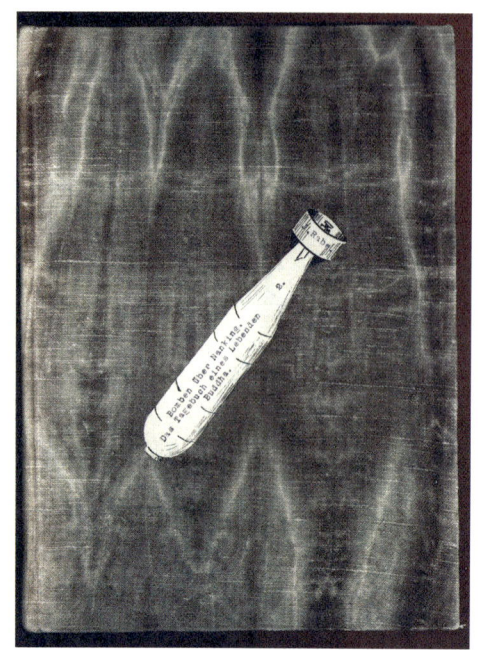

图 179 约翰·拉贝描述 1937 年—1938 年南京大屠杀的日记《轰炸南京》

图 180 约翰·拉贝描述 1937 年—1938 年南京大屠杀的日记《轰炸南京》

第二部分，第 419—822 页，记 1938 年 1 月 1 日至 1938 年 2 月 26 日的事件。

这本日记的最后几篇，记述了约翰·拉贝 1938 年 3 月 16 日返回德国的旅程，以及截至 1938 年 10 月的一些事件。上述日记共计 822 页。

南京所有日记和书籍的合订本，共 2640 页，两套书的内容有重叠。

约翰·拉贝日记的节选：

约翰·拉贝从南京写给在上海的妻子道拉的信。

1937 年 12 月 30 日

亲爱的道拉：

　　昨天，12 月 29 日，我通过这里的日本大使馆收到了你 12 月 6 日、12 日、15 日和 22 日的亲切来信。有关我经历的细节，我目前还不能向你报告，但是我可以向你保证，我们 22 个欧洲人（根据所附的名单）以及韩（Han）和他的家人都健康。胰岛素我手头还有，你不必为此担心。我放在"库特沃"号上的行李怎样了？有关这件事你有什么消息吗？但愿不会丢失。我的所有书籍可都是放在那些行李里。

　　这里有许多事情要做。假如再次撤销我这个代理"市长职位"，我一点儿也不会难过。如我此前所说，我们每个人都在自己的岗位上工作，但在身心方面，我们每个人都需要休假。我希望我们很快能团聚。

　　致问候！吻你（尽管这则日记必须经过各种审查）

　　　　　　　　　　　　　　　　　　　　　　　　　　　　你的约翰

1938 年 1 月 28 日

亲爱的道拉：

　　我在昨天给你的信里附上了我的一些日记，但是忘了提醒你：收到后，可通过美国驻上海总领事馆以电报形式发到南京的美国大使馆，再经过德国大使馆转告我。因为美国大使馆设有一套无线电报收发系统。你只要在电文内写上"BUGAN"，我就知道，"日记已安全到达"。

| 拉贝与中国

昨天我又去日本大使馆询问了一下，得到的答复是：我可以获准离开南京，但在短时间内不能再返回来。我在等待西门子洋行总部方面的指示，究竟是否要求我离开南京。如果走的话，我就得丢下在南京所有的一切：南京国际委员会、房子、家具、洋行的那些雇员（他们现在对我可能调回德国的事还一无所知）。据我看来，没有半年或一年，这场战争是停不下来的。现在的问题是，我该怎么办？

衷心祝福并吻你！

你的约翰

以下两段文字也是节选自约翰·拉贝写给妻子道拉的信：

（1937年10月3日）刚才我花80元钱在商场买了4只箱子，想把我自己已写的16本日记装在里面。我们的中国工程师周先生（Engineer Chow）将在两周后从汉口回到这里。我想请他把这4个箱子带到上海去，放在那里，这些日记一定会比这里更安全。

（1937年11月16日）我已经将自己写的书打好了包。现在该轮到整理衣服了，接下来是那些钱币。听起来如何？我将剩下的一些东西和钱很快就放进行李箱，然后在行李箱上贴上地址。银行建议我将现金提出来，因为银行也想关门了。

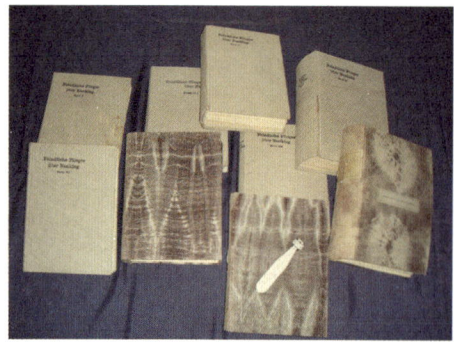

图181 约翰·拉贝的南京日记（约翰·拉贝：《敌机飞临南京》和《轰炸南京》）

图182 约翰·拉贝的南京日记（约翰·拉贝：《敌机飞临南京》）

回到柏林，约翰·拉贝于1938年6月中旬在日记中追记了《轰炸南京》（第二部分）。在这部日记中，他写道：

1938年6月8日，我以报告形式将《敌机飞临南京》（卷Ⅵ-2）寄给元首希特勒，然后发生了意料不到的事：

几天以后我被盖世太保逮捕了。我连同我的6本日记被两名盖世太保官员用汽车直接带到位于阿尔布莱希特街（Albrechtstrasse）的盖世太保总部，他们对我审讯了几个小时。

后来，他们要求我对日军攻占南京后所发生的事情保持缄默以后，又体面恭敬地把我释放了。但从此以后，不再允许我作报告，不准我出书，尤其是不许再放映约翰·马吉（John Magee）在南京拍摄的有关日本士兵暴行的影片。他们取走了我的日记和影片，并扣留了它们。

1938年10月我收到了被盖世太保扣留的日记，但影片却被没收了。与此同时，帝国经济部（我曾给该部寄去我给元首的报告副本）通知我，最高层已经看过我的报告，但德意志帝国的外交政策不会改变。

对此，我的答复是："我没有期待过德意志帝国会改变其外交政策。但是，我曾经答应过中国政府将我在南京看到的真实情况和亲身经历向元首报告。这样我就完成了我的使命。"

图183 约翰·拉贝的儿子奥托·拉贝医生和妻子埃尔瑟·拉贝接受采访的照片，这张照片刊登在德国的《巴登最新消息报》(Badiche Neueste Nachrichten)(BNN，1996年)

约翰·拉贝就自己撰写的书籍遗失而写的一则日记：

1945年7月2日　星期一

戈茹夫（位于今天的波兰）是一个糟糕的地方，我的三本书（《孔夫子的一生》《旧衣与废铁》和《镶银边的画集》）以及孩子们离开前（因为返回德国过圣诞节）留下的衣服可能都丢了。因为那时候在戈茹夫，波兰人驱逐了所有的德国人，不允许再回到此地。

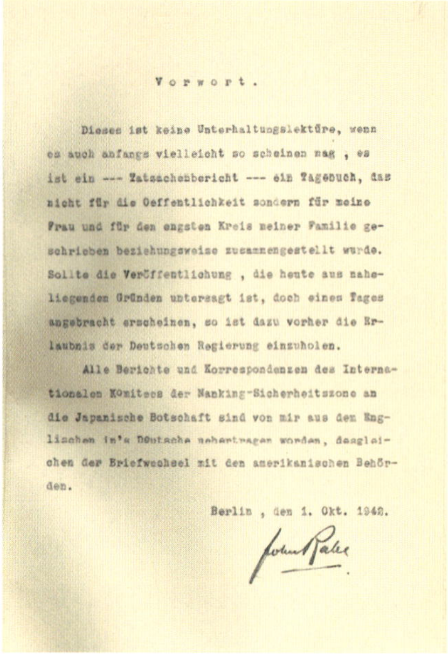

Vorwort.

Dieses ist keine Unterhaltungslektüre, wenn es auch anfangs vielleicht so scheinen mag , es ist ein --- Tatsachenbericht --- ein Tagebuch, das nicht für die Oeffentlichkeit sondern für meine Frau und für den engsten Kreis meiner Familie geschrieben beziehungsweise zusammengestellt wurde. Sollte die Veröffentlichung , die heute aus naheliegenden Gründen untersagt ist, doch eines Tages angebracht erscheinen, so ist dazu vorher die Erlaubnis der Deutschen Regierung einzuholen.

Alle Berichte und Korrespondenzen des Internationalen Komitees der Nanking-Sicherheitszone an die Japanische Botschaft sind von mir aus dem Englischen in's Deutsche uebertragen worden, desgleichen der Briefwechsel mit den amerikanischen Behörden.

Berlin , den 1. Okt. 1942.

John Rabe

图184 约翰·拉贝《敌机飞临南京》的序言

家庭日记：《轰炸南京》

1938年2月约翰·拉贝返回德国后，他又为家人完成了《轰炸南京》，专门讲述发生在南京的事件。下面是他为新书作的序言：

阅读这本书一定不会感到轻松，即使一开始就可能是这样。这是一本事实实录日记，不是为公众而是为我的爱妻和我家庭最亲密的朋友而作。由于众所周知的原因，今天这本书被禁止出版，但是如果在未来的某一天它能够与世人见面的话，首先要获得德国政府的许可。

这部书包括了当时南京安全区国际委员会写给日本驻中国大使馆以及给美国政府的信函，这些文件是我从英语翻译成了德语。

约翰·拉贝

1942年10月1日于柏林

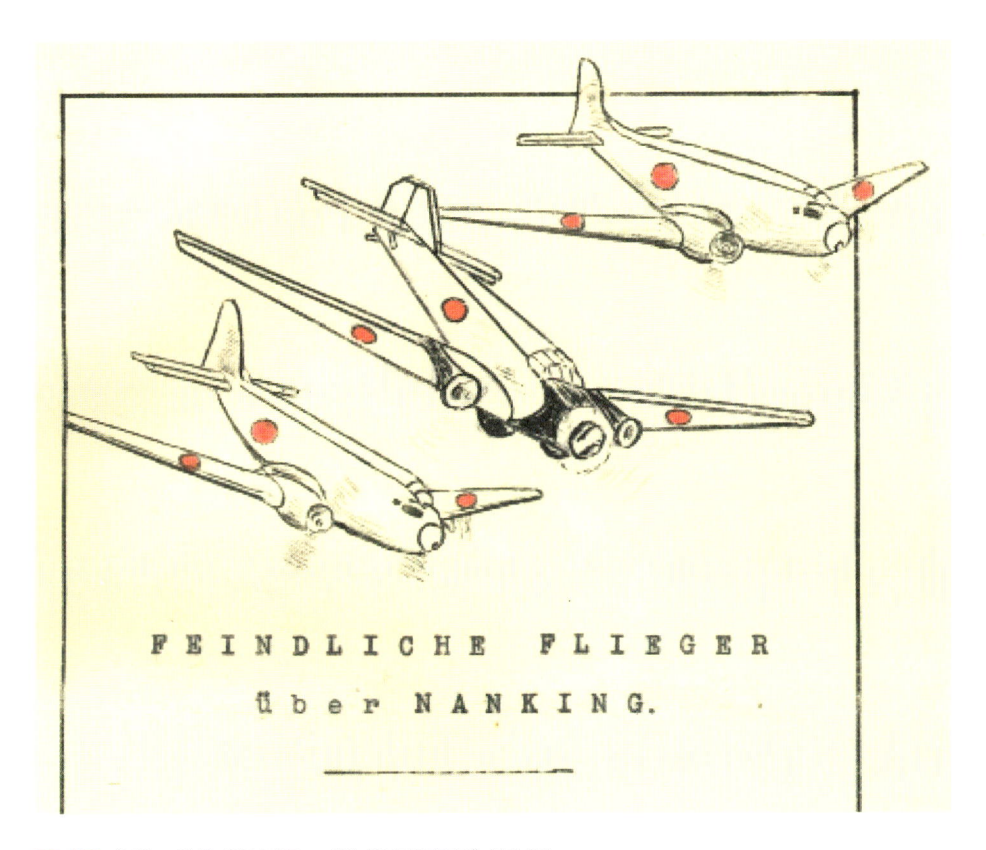

图 185 约翰·拉贝书的封面：《敌机飞临南京》的封面

下面是托马斯·拉贝为上述序言写的注释。

1938年从中国回到德国后，约翰·拉贝就1937年—1938年在南京发生的事件和日本军队的暴行发表了数场演讲。随后，他被盖世太保逮捕并进行了审讯。他被迫做出书面承诺，保证今后不再发表任何演讲，不将盖世太保允许他自己保存的日记公开发表。约翰·拉贝手里没有这份书面承诺协议。当时盖世太保要求他以致希特勒书信形式作出承诺，这个书面协议也因此得以保存了下来。

这样的话，约翰·拉贝1942年10月1日所作的序言就容易理解了。

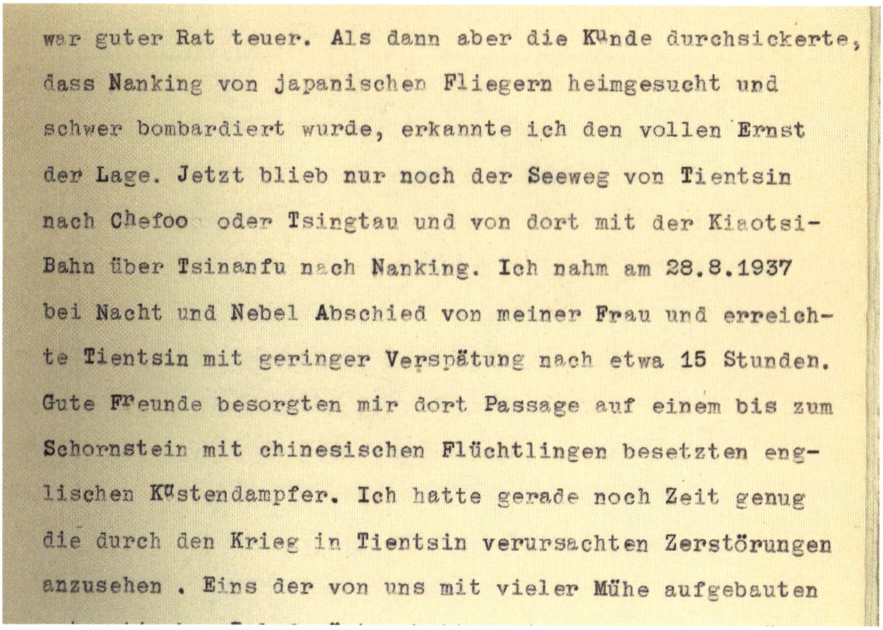

| 拉贝与中国

> war guter Rat teuer. Als dann aber die Kunde durchsickerte,
> dass Nanking von japanischen Fliegern heimgesucht und
> schwer bombardiert wurde, erkannte ich den vollen Ernst
> der Lage. Jetzt blieb nur noch der Seeweg von Tientsin
> nach Chefoo oder Tsingtau und von dort mit der Kiaotsi-
> Bahn über Tsinanfu nach Nanking. Ich nahm am 28.8.1937
> bei Nacht und Nebel Abschied von meiner Frau und erreich-
> te Tientsin mit geringer Verspätung nach etwa 15 Stunden.
> Gute Freunde besorgten mir dort Passage auf einem bis zum
> Schornstein mit chinesischen Flüchtlingen besetzten eng-
> lischen Küstendampfer. Ich hatte gerade noch Zeit genug
> die durch den Krieg in Tientsin verursachten Zerstörungen
> anzusehen. Eins der von uns mit vieler Mühe aufgebauten

图 186　约翰·拉贝《轰炸南京》片断

另外，约翰·拉贝的手写日记，暂定名《1945年后》（*After 1945*），记述了1945年4月22日至1946年6月7日的事件。

从1945年4月22日至1946年6月7日，约翰·拉贝在柏林以手写的方式记录了第二次世界大战结束初期拉贝一家在柏林苏联军队占领区的艰难处境。

约翰·拉贝原来位于柏林克桑特纳街（Xantener Straße）的家在战争中被炸毁了，他们只得搬到柏林西门子城（Berlin-Siemensstadt）的哈里斯街（Harries Straße）。

那是一段令人恐惧的日子，伴随着对饥饿的、可能使自己和家人失去生命的担忧，加之西门子公司因在第二次世界大战中支持纳粹而被拆解，以及对拉贝及家庭成员旷日持久的去纳粹化，使拉贝全家心力交瘁。1946年，约翰·拉贝的妻子道拉的体重减到不足40公斤。

约翰·拉贝患有糖尿病,在中国也使用胰岛素。这本日记没有更详细地讲述这个问题。他的糖尿病病情肯定已经明显得到控制,否则他会死于战后柏林的胰岛素缺乏。他有几次因为虚弱,无法完成12个小时的艰苦工作,但没有工作就意味着没有食物给家人充饥。

从这本书中你可以意识到当你总是有东西吃的时候,你应该怀有怎样的感激之情。我父亲把这种感激之情传递给了他的孩子们。在每顿饭前,全家都要说表达感恩的话,这个传统早已融入了祖父祖母的血液中。

在我们家里,父母亲从不许孩子们对食物说任何不敬的话,即使是在我们的孩提时代,父母也总是提醒我们,世界上还有很多人在挨饿。记得我父亲经常对我们说,在中国,许多孩子不得不靠每天一碗米饭来维持生命,大米是维持中国人生命的主要食物。

这本日志结束于约翰·拉贝的去纳粹化。自去纳粹化后,约翰·拉贝的日子渐渐好了起来。约翰·拉贝恢复了在西门子的工作,并担任翻译。直到1950年1月5日去世,他都一直能够领取养老金。

这本书从头到尾反映了一种悲哀,那就是约翰·拉贝在"中国的善行"在德国不被人理解,更不要说受到人们的认可或赞许了。在德国,约翰·拉贝觉得自己像一个"麻风病患者"而被社会所遗弃。此外,约翰·拉贝还因此得罪了日本,因为那时日本是纳粹德国的盟友,日本向他表示了强烈的不满。

在1938年及以后的一段时间,美国传教士费奇(Fitch)在美国放映了美国传教士约翰·G.马吉当年在南京拍摄的关于日本军队暴行的影片。我想费奇肯定也遭遇了与我一样的命运。因为那个时期,美国向日本大量出口废金属,那是日本制造武器所急需的,所以即使在美国,也很少有人敢于公开批评日本。关于这个话题,直到1996年,才在耶鲁大学图书馆开始讨论。

| 拉贝与中国

关于约翰·拉贝1946年之后的生活与工作情况,除了约翰·拉贝1949年写给儿子奥托和儿媳埃尔瑟·路德维希(Else Ludwig)的几封信件以外,其他的文字材料很少。那一年,约翰·拉贝与儿媳的父母卡尔·路德维希和埃尔瑟·路德维希夫妇在海德堡逗留了一段时间。图134d就是约翰·拉贝当时在海德堡的留影。

拉贝日记的出版

埃尔温·维克特博士出版的约翰·拉贝日记(维克特于2008年3月26日去世)

第二次世界大战爆发前夕,约翰·拉贝于1938年返回德国,他在柏林做了多场演讲,讲述南京发生的事件和日本人的暴行。随后,他就遭到了盖世太保的逮捕。拉贝承诺对南京大屠杀保持沉默后,不久被释放。盖世太保允许拉贝保留自己的日记,但不允许出版以及就这一事件再进行任何演讲。在1938年6月8日给希特勒的信中,他再次以书面形式确认了这一点。当时德国和日本是盟友,因为反日宣传,他遇到了大麻烦。

第二次世界大战结束后,1945年至1946年期间,他和家人在柏林差点被饿死,更不用提出版这些日记了。他写的另外3本书籍在战后的动荡中遗失于戈茹夫。

从第二次世界大战结束到1997年埃尔温·维克特博士出版这些日记时,已经过去了52年。

约翰·拉贝日记的发现(埃尔温·维克特,见图187)

美国政治评论家张纯如女士常被认为是约翰·拉贝日记的发现者。事实

第八章 多元演绎

图187 埃尔温·维克特博士 1915 年 1 月 7 日出生于布拉利茨（Bralitz），2008 年 3 月 26 日在雷马根（Remagen）去世。他曾任德国驻中国大使。2007 年 10 月 27 日，托马斯·拉贝（约翰·拉贝之孙）前往埃尔温·维克特博士位于波恩附近雷马根的公寓共同追忆约翰·拉贝。

上，拉贝日记能够呈现在公众面前，是经历了一段曲折历程的。这一过程对我们很有启发意味。

约翰·拉贝 1938 年初从南京奉调回国后，他的老东家西门子公司只给了他一个低级的工作岗位。他于 1950 年 1 月 5 日在柏林逝世，公众对他一无所知。几十年后，他的后代决定放弃他的墓地，约翰·拉贝自此被人彻底遗忘了。1991 年，我出版了自传《勇气与力量》（*Courage and Exuberance*）（第一卷），其中我用篇幅不算太大的一章专门介绍了约翰·拉贝。我写道：我曾于 1936 年 11 月在约翰·拉贝南京的家里暂住过一段时间。之后，我描述了我和拉贝及其夫人道拉所经历的一切，以及日本攻占南京后，我从上海当地人口中得知这位南京安全区国际委员会主席在日军占领南京期间拯救生命的英勇事迹。

| 拉贝与中国

图188 乌苏拉·莱茵哈特（1931年5月1日在中国出生）1998年在美国纽约展示约翰·拉贝的日记

我当时写道，约翰·拉贝还拍摄了一部记录日军暴行的影片，后来他因在德国放映这部影片而被捕。其实，这并不完全准确，这段影片并不是他拍的，而是由美国传教士约翰·马吉拍摄的。盖世太保逮捕拉贝是一个突发事件。

我的自传出版3年之后的1994年5月30日，拉贝的外孙女乌苏拉·莱茵哈特从柏林给我写来一封信说，她读了我那本《勇气与力量》，感谢我用一整章介绍她的外祖父约翰·拉贝。她简短地谈了一些她所了解的约翰·拉贝在中国的情况。但是，看来她对拉贝去纳粹化那件事有些不同的看法。此外，她在信中没有提到拉贝日记的事。

第二次世界大战结束前，约翰·拉贝的后人一度觉得他关于南京大屠杀的这本日记是一种"负担"，因为拉贝在日记中表达了他对希特勒及其纳粹的信仰，有时甚至是以一种赞颂的态度。当拉贝的儿子奥托将他父亲致希特勒的信（底稿）交给莱茵哈特后，她给我打电话说，她自己很担心如果将这个棘手的文件寄给我并公开发表的话，肯定会成为她外祖父人生的一个污点，因此她犹豫再三没有寄给我。我下了一番气力才打消了她的顾虑，但她还是将那封信分别转给了美国耶鲁大学、侵华日军南京大屠杀遇难同胞纪念馆、张纯如和东亚之友协会的蕾娜特·叶玲（Renate Jährling at StuDeO）。

在给我的信中，她还写道："几十年来，我一直希望外祖父的日记根本就不存在……这些年来,尽管这些日记就一直放在书架上,但我既不喜欢,也从没读过。我曾经想过,纳粹或苏联人都会枪毙我们的,因为这些日记是一颗政治炸弹。"她还提到,家里人曾想将它们付之一炬。即使是当一位美国出版商想购买日记的版权,她都有所顾虑,担心一旦出版后引起负面反应,给她带来不利影响。她写道:"这样一来,他的纳粹身份就必须进行澄清,这是他对希特勒和纳粹德国在1937年至1938年期间外交政策的效忠宣言。尽管这在那个年代非常普遍,但后人们读到这些还是会感到很痛苦。"直到这时,乌苏拉·莱茵哈特还只是读过外祖父写的一小部分第二次世界大战后的日记以及拉贝写给希特勒的信。由于我看过拉贝致希特勒的信后,还继续询问是否有其他文献资料,她对我提到了有关南京的日记,它们就存放在拉贝儿子奥托家的储藏室里。1996年11月2日,莱茵哈特去看望奥托时,应她的要求,奥托把父亲写的关于日本占领南京时的那些日记交给了她。随后,她在柏林的家中复印了多份,这是一项有益的工作。1996年12月初,她将两本全文复印的南京日记中的一份寄给了耶鲁大学图书馆的邵子平先生(Mr. Shao Tzuping),邵先生想将它们翻译成英文。她把另一份寄给了我。

尽管如此,后来还是出现了一些说不清道不明的情况。据邵子平说,她曾以书面和口头的形式答应给他版权,允许他将日记翻译成中文,并与北京的出版社进行商谈。但他后来获悉,拉贝日记的拥有人奥托·拉贝(约翰·拉贝的长子和继承人)已经于1997年1月将日记的国际版权卖给了德意志出版社(Deutche Verlags Anstalt)。

张纯如自称是她发现了拉贝日记,事实上当时她并没有得到这份日记。但是莱茵哈特女士允许她复印耶鲁大学的那份文本。耶鲁大学在1997年1月9日给莱茵哈特的一封信中说:"我们正准备为张纯如复印,这是基于你12月3日给她的信,信中你提到同意她得到一份完整的复印件。"

1996年12月12日,美国华裔组织"纪念南京大屠杀受难同胞联合会"

| 拉贝与中国

> **John Rabes Sohn lebt seit 40 Jahren in Ottenau**
> ## Die wertvollen Zeitdokumente lagerten auf dem Dachboden
> **Tagebücher kommen ins Bundesarchiv / Späte Würdigung**
>
> *Von unserem Redaktionsmitglied*
> *Bernd Kamleitner*
>
> Gaggenau-Ottenau. „Du glaubst doch nicht, daß sich irgendein Mensch dafür interessiert? Else und Otto Rabe können sich zwar nicht mehr genau an den Zeitraum, sehr wohl aber an den Wortlaut erinnern, mit dem sie die Frage des Sohnes beantworteten. „Die Bücher wären beinahe auf dem Müll gelandet", gesteht das Ärztehepaar aus dem Gaggenauer Stadtteil Ottenau, wo zwischenzeitlich internationales Aufsehen erregt. Die vor 60 Jahren geschriebenen Tagebücher von Otto Rabes Vater John Rabe dokumentieren in erschütternden Berichten ein dunkles Kapitel japanischer Geschichte: das Massaker der früheren chinesischen Hauptstadt Nanking Ende 1937. Rund zwei Jahrzehnte lagerten die Bände auf dem Dachboden in Ottenau (siehe auch Kasten).
>
> Das Ehepaar Rabe, das seit 40 Jahren im Gaggenauer Stadtteil lebt, bekam die verstaubten Bücher Ende der 60er Jahre von Verwandten aus Berlin, wo sich auch John Rabes letzte Ruhestätte befand. Zunächst wurden sie in einer Kiste verstaut, später in einem Schrank aufbewahrt. „Von Kriegsberichten hatten Else und Otto Rabe nämlich genug, schließlich haben sie beide den Zweiten Weltkrieg miterlebt. Erst im vergangenen Jahr, als eine amerikanische Schriftstellerin bei der Familie im Murgtal um Informationen über das Leben des bereits 1950 in Berlin verstorbenen John Rabe anfragte, erinnerte man sich an die detaillierten Aufzeichnungen des Vaters von Otto Rabe und schaltete die ebenfalls in China geborene Enkelin John Rabes, Ursula Reinhardt, ein. „Sie war am längsten mit dem Großvater zusammen," erzählen Else und Otto Rabe den BNN
>
> Der 1917 in Peking geborene Otto Rabe, der von 1957 bis zu seiner Pensionierung als Arzt in Ottenau tätig war, hat die von seinem Vater geschilderten Greueltaten der Japaner Ende 1937 in Nanking nicht persönlich miterleben müssen. Nach ersten Schuljahren in Peking und später im chinesischen Tientsin besuchte Otto Rabe ab 1931 ein Internat in Diez an der Lahn. „Wir haben damals kaum was von Vater gehört, Briefe gingen ja wochenlang," erinnert sich Otto Rabe. „Der kleine Pfirsichgarten am trockenen Fluß" hieß das Anwesen des Siemens-Vertreters John Rabe in Nanking, das nach 60 Jahren noch einmal in den Mittelpunkt des historischen Interesses rückt, weil nach Vorabveröffentlichungen einzelner Passagen die Tagebücher als Werk mit den Schriften als Buch veröffentlicht wird. „Wir sind dankbar, daß John Rabes Leistung diese Würdigung erfahren hat. Schön wäre gewesen, wenn er noch einen Zipfel davon selbst mitbekommen hätte", sagt Else Rabe. Die Tagebücher, derzeit noch bei einem Stuttgarter Verlag, kommen anschließend ins Bundesarchiv.
>
> Die NSDAP-Mitgliedschaft John Rabes darf nach Ansicht der Angehörigen und nach Einschätzung des Buchherausgebers, dem ehemaligen deutschen Botschafter in China, Erwin Wickert, keinen Schatten auf das unermüdliche Engagement von John Rabe in Nanking werfen. „Er konnte damals in China nicht ahnen, daß Hitler selbst einmal die Methode der Japaner anwenden würde," sagt Else Rabe. Und schließlich war es ausgerechnet das Hakenkreuz an John Rabes Arm, das unzähligen Chinesen das Leben rettete. Dafür sind ihm die Chinesen noch heute dankbar.
>
> Gerne würde die Familie Rabe die Gedenkstätte in Nanking besuchen, doch der Gesundheitszustand von Otto Rabe läßt so eine weite Reise nicht mehr zu. „Vor Jahren haben wir mal Pläne für eine Chinareise geschmiedet, die aber doch nicht angetreten," sagt Else Rabe. „Da ärgere ich mich heute noch." Damals konnte die Familie aber noch nicht ahnen, welche späte Wertschätzung das Wirken des Vaters beziehungsweise Schwiegervaters einmal erfahren würde.
>
> *ALS „ZWEITER OSKAR SCHINDLER" wird Otto Rabes Vater John Rabe derzeit in den USA bezeichnet, nachdem seine Tagebücher veröffentlicht wurden. Sie lagerten bei Else und Otto Rabe auf dem Dachboden. Foto: Freist*

图 189　奥托·拉贝——约翰·拉贝的儿子和妻子埃尔瑟正在接受《巴登最新消息报》采访（BNN，1996）

（Alliance of Victims of the Nanjing Massacre）在纽约举行了一场纪念活动，联合会前主席邵子平在纪念仪式上展示了他此前收到的拉贝日记复印件。这次以"南京的辛德勒"（The Schindler of Nanjing）为主题的纪念活动，在美国社交媒体引起了异常强烈的反响。

约翰·拉贝的外孙女莱茵哈特夫人也受邀参加了纪念活动。各界纷纷向她寻求购买翻译版权，她还收到了访问日本、中国、美国的邀请，这些突如其来的反响，令事先毫无思想准备的莱茵哈特夫人印象深刻。有人在她去纽约前就提醒过，不要在任何关于版权的协议上签字，因为日记是她舅舅的财产。

莱茵哈特夫人的努力是可以理解的，她想让外祖父的功绩为世人所知，有时她考虑将拉贝日记原件送给耶鲁图书馆，有时又想送给南京纪念馆，时任中国驻德国波恩的大使梅兆荣就曾试图说服她这样做。当梅大使为此事来找我时，我回答道，拉贝日记应存放在德国联邦档案馆，我将尽我所能做好这件事。我还劝说奥托·拉贝最终将拉贝日记原件交给联邦档案馆。与此同时，莱茵哈特也满足了中国大使的愿望，中方收到了她外祖父的墓碑。这个墓碑曾一度被存放在她家的车库中，今天安放到了南京，以表达对约翰·拉贝的纪念。

当我于1996年12月初步阅读完这些日记时，我写了一篇关于约翰·拉贝的长文，文章发表在1997年3月22日《法兰克福汇报》（*Frankfurter Allgemeine Zeitung*）的副刊上，且迅速引起了社会各界的广泛关注。

随后，经与德意志出版社协商，我于1997年底出版了《约翰·拉贝——南京的德国好人》（*John Rabe. the Good German from Nanjing*）。这本书以拉贝南京日记和关于战后令人难以忘怀的岁月为基础，这部日记是我从约翰·拉贝的儿子那里得到的，附有详细注解和对当时政治状况的评论。南京的一家出版社在对本书的部分日记进行调整的基础上，编辑整理成书。随后，纽约的亚飞诺普出版社（Alfred A. Knopf）和英国的利特尔-布朗出版社（Little Brown and Co）出版了此书的英文版。美国出版商怀疑"德国好人"（Good German）的书名是否会成为一种矛盾修辞法（oxymoron），即两种相互矛盾的概念的组合，因而将书名改成了"南京好人"（The Good Man of Nanjing）。英国的出版社则保留了"南京的德国好人"（The Good German of Nanjing）这个书名。尽管日本的一位法务大臣曾称南京大屠杀是"捏造的神话"，并完全否认大屠杀的存在，但东京的一家大型出版社仍然出版了日文版，后来还出了袖珍版，一度成为日本的畅销书。正如日本一家报纸描述的，它就像在日本扔下了一枚炸弹。

与此同时，张纯如写的《南京浩劫》（*The Rape of Nanjing*）主要内容是以拉贝日记为基础，也从我的书籍中摘取了一些章节，曾经在美国畅销了一阵子。但日本拒绝翻译此书，声称这本书描写的内容不符合事实。但这本书在许多方面是对拉贝日记的补充，张纯如采访了许多新的目击证人，特别是采访了

| 拉贝与中国

当年参与选举南京安全区国际委员会主席的西方传教士。她对日本人占领南京期间那些令人震惊的暴行的描写扣人心弦，具有很强的说服力。

为什么约翰·拉贝的日记这么晚才为公众所知？

鲁特·哈罗（Ruth Hallo）在她的论文中也提出了这个问题。对于这个问题的答案，她在2002年的一本书中做了这样的总结：

1996年12月12日，"纪念南京大屠杀受难同胞联合会"在纽约举行的新闻发布会上，拉贝的外孙女乌苏拉·莱茵哈特展示了拉贝的日记。在场的记者中，有一位中国记者向莱茵哈特所提的问题是，为什么约翰·拉贝先生的日记在这么多年后才发表。对这个问题，莱茵哈特回答道："我是经历过战争苦难的人。我外祖父的这份日记能唤起我对战争伤痛的回忆，所以直到现在我也不愿意去读这些日记，因为那会使我再次经受战争给我的心灵造成的创伤。而且，长期以来，我外祖父曾经的德国国家社会主义工人党党员的身份也是我们全家备受煎熬的原因。这给我们家庭成员造成的心理压力是巨大的，始终担心一旦将这些日记公之于众会给我们带来麻烦。直到1996年11月我去德国南部看望我的舅舅奥托·拉贝时，我才鼓足了勇气第一次阅读我外祖父的日记，当时其中有许多让我感到很恐怖的细节……但是，随着我不断克服这种恐怖心理，我对拉贝日记所承载的历史和现实意义也有了新的认识。我认识到，拉贝的日记不仅属于拉贝家族，而且更属于世界各国人民。我们必须把南京大屠杀的真相告诉全世界人民。"

因为拉贝在日记中写得很明确，他的这些记录仅仅是给他的近亲或者好朋友们看的。因此对于公开发表这件事情，他的家人一开始便很犹豫。莱茵哈特担心，日记的出版会对中国和日本的关系造成爆炸性影响。

托马斯·拉贝感悟：

1996年，奥托·拉贝博士和他的妻子埃尔瑟·拉贝在加格瑙接受《巴登最新消息报》（BNN）采访时，回忆了拉贝日记所记录的历史、奥托·拉贝在中国和德国度过的岁月，以及奥托14岁从中国回到德国进入寄宿学校开始的学习生活（见图189）。

埃尔温·维克特为什么要出版拉贝日记？

关于这个问题，埃尔温·维克特在《约翰·拉贝——南京的德国好人》这本书引言部分是这样回答的：

> 拉贝热情好客，他在南京的家向客人开放。在美国的大学念完书后，我于1936年秋天游历了日本和中国。虽然囊中羞涩，但我什么都想了解，什么都想看一看。
>
> 我在山东省拜访了克里克尔先生（Klicker），他给我留下了深刻的印象。
>
> 克里克尔长期居住在一片散兵荡寇猖獗的危险地区，这些人打家劫舍，就像后来电影《上海特快列车》（*Shanghai Exprdss*）中所描写的一样。他负责一片中国矿山的采矿工作，矿山归一家中国企业所有。克里克尔还给这家大公司接收了几家为工人提供社会福利的机构。就凭这一点，这家企业在德国也能算得上是模范。他为我专门给约翰·拉贝写了一封信，希望拉贝能安排我在他家借宿一段时间，并能给我介绍一些关于中国的情况。
>
> 11月底某天的一大清早，天刚蒙蒙亮，我便坐火车抵达南京浦口。乘渡船过了长江之后，我又搭黄包车从一座雄伟的城门穿过南京城墙，来

到拉贝家门前。这是一栋很简朴的建筑,连着一个办公室。拉贝家所有人还在熟睡,我就在街上逛了许久,直到早餐时分才敲响房门。

约翰·拉贝和妻子立刻给我摆上了第三套餐具,并在客房为我准备好一张床铺。他们留我住了一周时间,比我最初计划的还要久。我们还一起去电影院看过一部美国电影。除此之外,我们晚上会坐在客厅里闲聊。拉贝给我讲了多年在中国的所见所闻,关于中国人和他们的思维、语言和行为习惯,还有中国稀奇古怪的内政、蒋介石政府的腐败,还有在中国的德国军事顾问等情况。

拉贝还与我分享了很多他在中国的故事,特别令我感兴趣的是,拉贝甚至亲身经历了清王朝最后的几年,并知道不少那位声名狼藉的"寡妇女皇"——慈禧太后的事情。拉贝还去过德意志帝国在胶州半岛的殖民地,并亲眼见过青岛的建设。

约翰·拉贝对中国历史、文化和现实有相当的了解,他详细、客观的描述使我十分受益,尤其有助于我深入了解中国那些令人颇为费解的事情。他经常为我读自己日记中的一些内容,包括有趣的诗句,对仆人及其家人生活的观察,以及中国的商业习俗等。当时还没有电视,人们有更多的时间闲聊。

在我们的聊天中,我也给他讲了许多我在美国和在中国东北游历伪"满洲"时的见闻。当听到我说,那些肆无忌惮的日军卡车不仅在北平城里,还在中国首都南京的使馆区里——中国政府承诺这里拥有"治外法权"——横冲直撞时,拉贝非常愤怒。

当时,像同所有在中国的德国人一样,约翰·拉贝很忧虑地看到希特勒对日本采取了亲善的政策,对此他很担忧。1936年至1938年德国驻英国伦敦大使约阿希姆·冯·里宾特洛甫在没有德国外交部参与的情况下,发起并签署了《反共产国际协定》——也证明了这一点。对于希特勒将从中国撤回军事顾问团的传闻，约翰·拉贝根本不相信。因为这些人都和中国政府签署了私人协议。尽管如此，希特勒还是于1938年这么做了。1938年冯·里宾特洛甫任德国外交部长后，威胁在中国军队中的这些德国顾问和他们的家人，如果他们不立即回国，就要承受"严重的后果"。这些对约翰·拉贝和对我仿佛都是非常遥远的事情。拉贝当时并未提及，自己是德国国家社会主义工人党的党员，甚至还曾经接替过当时德国驻华使馆公使衔参赞劳滕施拉格在当地党组织的领导职位。拉贝认为这只是程序上的形式，并不值得提及。对于拉贝的这一段经历，我是在战争结束后很久才听说的。

在南京，拉贝一家细致入微地接待了我。我在山东曾经兑换了一些钱，但在南京无法使用，因为那些钱是华北地方军阀们发行的货币。约翰·拉贝说他找到了一家银行，能为我兑换成在南京流通的货币。今天回想起这件事，我不禁怀疑，拉贝可能就是自掏腰包将自己的钱"换"给了我。

托马斯·拉贝感悟：

约翰·拉贝的日记，以及他所写的其他书籍（共23部）和其他文献，目前由海德堡约翰·拉贝交流中心收藏。

2017年，约翰·拉贝的后人将他的南京日记捐给了中国国家档案馆，它们现在已经成为联合国教科文组织世界遗产，其复制品现在可以在海德堡约翰·拉贝交流中心查询。

| 拉贝与中国

第二节　拉贝日记的中文翻译工作

中译本《拉贝日记》受到中国作家、新闻工作者和政府官员的赞赏

鲁特·哈罗

从中国政府官员的角度看中译本《拉贝日记》

据时任江苏省委书记的陈焕友介绍，《拉贝日记》是对事实的实录，能够帮助南京大屠杀遇害者和受伤者的子孙们了解那段不幸。[1]

时任江苏省委副书记顾浩和江苏省人大常委会副主任王霞林认为，《拉贝日记》的出版具有十分重要的意义，是一项严肃的历史责任。[2]

中国前驻联邦德国大使王殊说，《拉贝日记》对于澄清历史可以发挥重要作用，特别是对于仍然否认南京大屠杀的日本人而言。[3]

《拉贝日记》对还原南京大屠杀那段不幸的历史做出了独特贡献。它可以也应该用作教学材料。特别是，鉴于外国教科书仅简短地提及南京大屠杀，《拉贝日记》作为真实的历史资料，对客观地了解南京大屠杀的历史将是十分有益的。

这本书是否能够教育那些否认南京大屠杀的日本人，仍待观察。1997年5月9日，时任日本自民党副总裁的野中广务（Hiromu Nonaka）前往南京，并承诺将以日本制造的南京大屠杀教育后代。同月24日，前首相村山富市前往南京。在南京大屠杀死难者纪念馆，呼吁日本同胞正视日本侵略者给中国人

民带来的苦难。[4]

但是，南京大屠杀发生后63年，日本政府仍然未对中国人民正式进行道歉，在日本甚至仍然有人否认这场大屠杀。[5]

南京大屠杀是人类历史上最黑暗的时刻之一，距今已过去80年，南京大屠杀档案已被联合国教科文组织列入"世界记忆名录"。这是联合国科学与文化机构做出的重要决定，将有助于保护人类重要遗产、驳斥日本极右分子的谎言。其中约翰·拉贝关于1937—1938年南京大屠杀的10篇日记，托马斯·拉贝分别于2016年4月6日和2017年12月11日移交给中国国家档案馆（见图190—192）。

"联合国教科文组织的这一决定代表着南京大屠杀是国际公认的历史事实。"侵华日军南京大屠杀遇难同胞纪念馆原馆长朱成山说，"从现在开始，任何否认大屠杀的行为都是徒劳的。"

联合国教科文组织的这一决定是经过专家两年严谨和公正的审查后作出的。

而且，中国出示的文件绝对真实：对几位受害者的深入采访、美国传教士约翰·马吉拍摄的影像以及日本士兵拍摄的照片，这些照片记录了他们杀害平民、强奸妇女的滔天罪行。

中国提交的材料还可以得到许多更早的证据和记录的支持，如约翰·拉贝的日记。这些证据都可以互相印证。

多年来，日本有一些保守派和民族主义分子一直否认南京大屠杀暴行，编造荒唐的谎言。即使今天，日本政府在谈到日军在当时的中国首都南京犯下的无数罪行时，仍然使用"事件"而非"屠杀"一词。

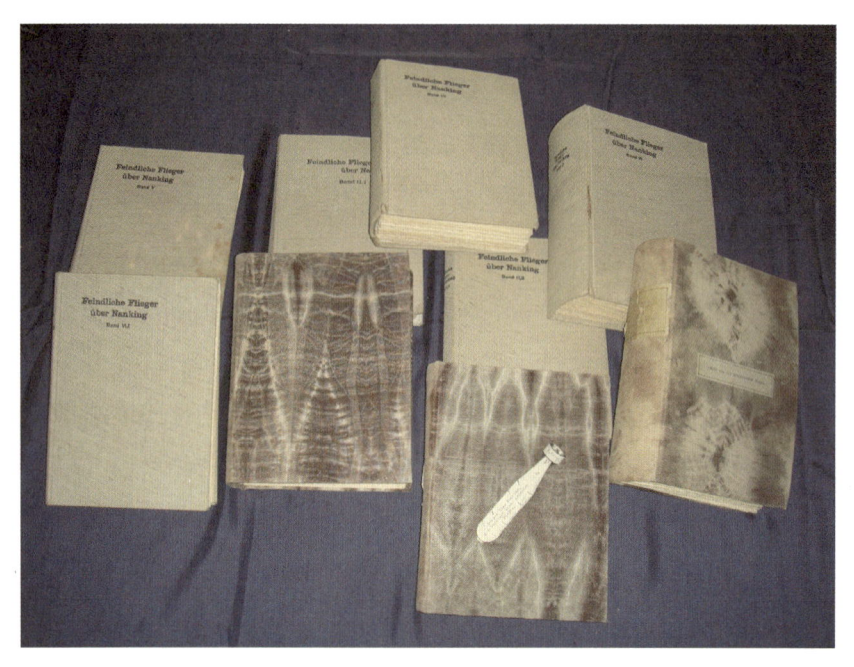

图190　2016 和 2017 年，捐献给中国国家档案馆的拉贝日记（南京卷），关于南京大屠杀的记录总共超过 2000 页

图191　《拉贝日记》（家庭卷）专家鉴定会

第八章　多元演绎

图192 《世界记忆名录——南京大屠杀档案》《拉贝日记》（影印本）新书首发仪式（2017年12月11日）

拉贝日记的中译本与日文和德文版译本的比较

通过对中国作家高兴祖和历史学家胡绳拉贝日记中文版的分析以及与其他版本的比较，可以看出，中文版基于拉贝本人用打字机打的原始手稿，不受其他翻译版本和二手文献的影响。它不仅是第一个国际版本，而且是全球唯一的完整版本。内容与未删减的原始内容一致。该译本完全忠实于原著，并原汁原味地保留了原文的表现力。

在中文版之后出版的德语、日语和英语的缩略版，也因部分的新编内容失去了原作的精髓。[6]

来自中国方面的上述几点看法得到了乌苏拉·莱茵哈特夫人，以及一位日本记者的确认。1997年12月，在日本东京和大阪召开的南京大屠杀国际专题

| 拉贝与中国

研讨会上，除了莱茵哈特夫人和那位日本记者，其他与会的科学家和专家们也在发言中对中文译本《拉贝日记》表示了充分肯定，并一致认为，与其他语言译本相比较，中文版的准确性和完整性是最好的。

关于拉贝日记的日文版，莱茵哈特夫人批评了版本中大量的删减以及由此造成的对本意的曲解。另一方面，对拉贝日记的中文版，[7] 她认为忠实于原文，而且翻译得非常好，在已出版发行的版本中，她对中文版特别满意。[8]

居住在德国的日本新闻记者村一郎（Mura Ichiro）说："在诸多的版本中，中文版本最准确，最完整地再现了原作，因此是最好的。日文版补充了一些没有的东西。"[9]

村一郎还展示了一些日文版伪造的附加段落。同时，他指出一些缺失的段落，正是日本编辑删除的一些段落。而且，日文版中的某些段落在某种程度上与原始含义相矛盾，以至于原文的最初含义已很难再予辨认。

在比较拉贝日记的德文版和中文版时，村一郎指出德文版的章节要少得多：缺少了三分之二的内容。

事实上，拉贝日记以前没有出版过德文版。只有埃尔温·维克特出版的采用的是德语。其《约翰·拉贝——南京的德国好人》中收录了自1937年9月7日至1938年2月，以及自1945年4月24日至1946年5月16日期间拉贝撰写的《轰炸南京》《敌机飞临南京》中最重要的事件。在维克特所撰写的书中，[10] 含有从大屠杀开始时的内容，但与中文版相比，它们有部分删减。从大屠杀开始，德文版缺少许多日子的内容，甚至是同一天记录了多个事件的日子。拉贝日记记录的内容中，从1945年4月24日至1946年6月7日的这一段只能在维克特的书中找到相应的内容，因为这期间拉贝已经在德国，中文版本只是简略地提到这些内容。因为这一部分所涉及的问题与中国人关系不大，从这个事实来看也是合理的。[11]

这样就带来一个问题，为什么拉贝日记还没有德文完整版。在她（莱茵哈特——译者注）的要求下，德国出版机构仅仅在埃尔温·维克特的书中提到了作者，同时备注没有出版另一个版本，对她提出的问题没有做解释。我不熟悉拉贝日记的英文版。[12] 据我所知，世界上只有两个英文版的拉贝日记相关著作，被翻译成英文的埃尔温·维克特的著作和张纯如的《南京浩劫》。

资料来源：

[1] 高兴祖和胡绳：《侵华日军南京暴行的铁证》，《瞭望》，1997年第32期，第12页。

[2] 同上。

[3] 同上。

[4] Mennemeier, M:《南京的活菩萨》，《日本杂志》，1998年第12期，第31页。

[5] 张纯如：《南京浩劫》，Zurich-Munich，1999年出版，第212页。

[6] 埃尔温·维克特的德语版《约翰·拉贝——南京的德国好人》中所表达的。

[7] 高兴祖和胡绳，1997年，第6页。

[8] 同上。

[9] 同上。

[10] 埃尔温·维克特：《约翰·拉贝——南京的德国好人》，1997年于斯图加特，第378页。

[11] 同上，第293—342页。

[12] 根据作者在书店和互联网上的搜寻结果，目前尚无《拉贝日记》的英文翻译版本。

第三节　歌剧《拉贝日记》首演

唐建平创作的歌剧《拉贝日记》

2017年12月13日，歌剧《拉贝日记》在南京进行全球首演。

| 拉贝与中国

2019年3月7日，歌剧《拉贝日记》在位于菩提树大街的柏林国家歌剧院首演（见图193）；同年在汉堡的易北河交响乐团音乐厅首演。

（https://www.staatsoper-berlin.de/de/veranstaltungen/die-tagebuecher-von-john-rabe.8439/）

歌剧《拉贝日记》是当代中国一部动人的作品，表现了普世人道主义的人间大爱，是向1937—1938年日本侵华战争期间南京为数不多的一些国际居

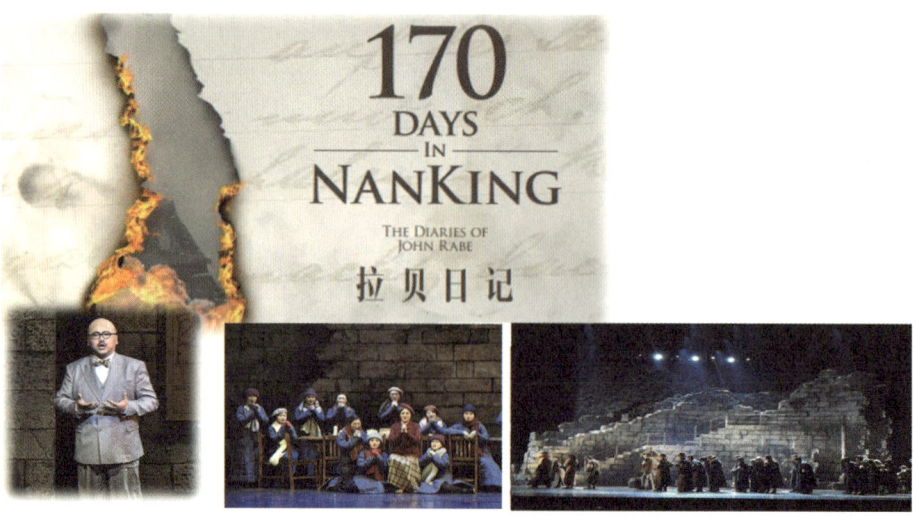

图193　2017年12月13日，歌剧《拉贝日记》在南京首演；2019年3月7日在柏林国家剧院首演

第八章 多元演绎

图194 ↑ 2019年3月7日,歌剧《拉贝日记》在菩提树大街的柏林国家歌剧院首演。中国驻德国大使吴恩在招待会上讲话;大使左侧为歌剧作曲家唐建平先生

图195 → 2019年3月7日,《拉贝日记》在柏林国家歌剧院首演。托马斯·拉贝与约翰·拉贝的扮演者薛皓垠合影

民,特别是德国商人约翰·拉贝的深深致谢,他们营救了成千上万的中国平民。江苏省表演艺术中心在欧洲巡回演出时首次在海外上演《拉贝日记》。

"这部歌剧的感染力在于唐建平的配乐,它具有真实的情感深度,并巧妙借鉴了巴赫的风格。"(《金融时报》)

| 拉贝与中国

第四节　电影《拉贝日记》

《拉贝日记》是德国导演佛罗瑞·加仑伯格于2009年执导的一部影片，影片根据"中国辛德勒"约翰·拉贝的真实故事拍摄。拉贝1937年在当时中国首都南京拯救了25万多人的生命（见图196）。

《拉贝日记》是一部德文、中文和法文传记电影，由佛罗瑞·加仑伯格执导，乌尔里希·图库尔、丹尼尔·布鲁赫和史蒂夫·布西密主演（见图197上）。

该片耗资1800万欧元，于2009年在柏林首映，随后在全国影院上映，但票房不佳。电视版于2011年10月在德国电视二台（ZDF）首播。

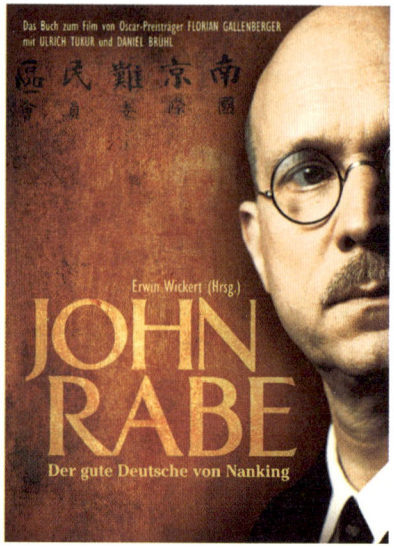

图196　电影《拉贝日记》

第八章 多元演绎

该片根据已出版的约翰·拉贝战时日记，于 2007 年开始拍摄，并于 2009 年 2 月 7 日在第 59 届柏林国际电影节上首映。

影片主要讲述德国商人约翰·拉贝的经历。拉贝利用纳粹党党员身份在

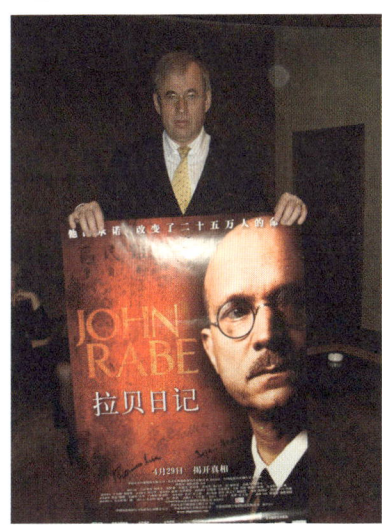

图 197 ↑《拉贝日记》电影团队：班杰明·赫曼、佛罗瑞·加仑伯格（导演）、乌尔里希·图库尔（饰演约翰·拉贝）、丹尼尔·布鲁赫、史蒂夫·布西密
↙托马斯·拉贝手持中国版电影海报 ↘《拉贝日记》日本版海报

中国南京建立了一个国际安全保护区,在 1937 年底到 1938 年初的南京大屠杀中帮助拯救了 20 多万中国人。这次大屠杀及其相关暴行是在日本侵华战争期间,日本帝国主义侵略军在南京战役中击败中国军队后实施的。

南京的英雄

第九章

传承友谊

JOHN RABE

第一节　南京荣誉市民

托马斯·拉贝感悟：

2015年3月17日，南京市市长率团前往海德堡，授予我南京市荣誉市民证书，我和拉贝家族感到非常荣幸。

2002年以来，拉贝家族与位于南京小粉桥1号的拉贝故居联系密切。这里是南京大屠杀期间约翰·拉贝的住所，他在宅院中保护了600多名受日本人迫害的中国难民。如今，这里还设有"拉贝与国际安全区纪念馆"和"拉贝国际和平与冲突化解研究交流中心"。

- 多次访问约翰·拉贝故居并举办讲座。
- 多次前往南京大屠杀遇难同胞纪念馆（见图198）。
- 在南京大学医学院附属鼓楼医院，中国最早的西医院之一，数次主讲关于现代内分泌学的讲座（见图199a, b）。
- 在南京大学法学院举办"德国法学"讲座。
- 参加2013年在南京举办的亚洲青年运动会。
- 2014年受邀出席在南京举办的第二届夏季青年奥林匹克运动会开幕式。
- 2016年和2017年（英文原文为2017年——译者注），约翰·拉贝关于南京大屠杀的日记捐赠给了中国中央档案馆，被列入联合国教科文组织世界记忆名录。

| 拉贝与中国

《拉贝日记》南京卷关于南京大屠杀的记录总共超过 2000 页。

(-en.wikipedia.org/wiki/Memorial_Hall_of_the_Victim_in_Nanjing_Massacre_by_Japanese_Invaders- alchetron.com/Nanjing#nanjing)

链接：

english.njmu.edu.cn/5842/listm.htm

www.njglyy.com/english/index.asp

图 198　南京大屠杀遇难同胞纪念馆（www.chinadiscovery.com/jiangsu/nanjing/nanjing-massacre-memorial-hall.html）

第九章 传承友谊

图 199a　鼓楼医院，1937—1938 年威尔逊在这里做外科医生（sk.sagepub.com/cases/nanjing-gulou-hospital-honoring-the-heritage-building-the-future）

图 199b　新鼓楼医院和研究中心的建筑模型（www.njglyy.com /english/bulid.asp）

| 拉贝与中国

第二节　约翰·拉贝纪念铭牌

2012年11月23日，在约翰·拉贝诞辰130周年及南京保护区成立75周年之际，约翰·拉贝纪念铭牌分别在南京、柏林西门子城和德国汉堡揭幕。

地址：德国柏林西门子城哈里斯路3号

纪念铭牌上的文字：

中文：南京好人

英文：JOHN RABE（约翰·拉贝）

1882年11月23日—1950年1月5日

（https://www.gedenktafeln-inberlin.de/nc/gedenktafeln/ge-denktafel- anzeige/tid/john- rabe/）

中文介绍（共七行）：

1937年7月7日，抗日战争爆发。11月，日军对国民政府首都南京发起进攻。约翰·拉贝先生作为西门子公司南京分公司经理，为保护南京人民的生命安全，坚持留守南京。1937年11月22日，南京城内留守的国际友人决定成立南京安全区国际委员会，推举约翰·拉贝先生为主席。南京安全区国际委员会保护了约25万人的生命。从1932年到1938年2月23日，约翰·拉贝先生一直居住在南京市小粉桥1号。而从1943年至1950年去世，他则居住在德国柏林西门子城Harries路3号。

铭牌的右侧刻有拉贝先生的照片，列明其姓名和生卒日期，铭牌悬挂在房门左侧。在拉贝诞辰 130 周年之际,它与另外两个相同的铭牌一同挂起,另外两个分别挂在拉贝故乡汉堡的西门子分公司和他南京的故居中。

1938 年,拉贝返回柏林。他尝试报告日本的恶行,但徒劳无果。自 1911 年起,拉贝就一直是西门子公司的员工,回国后负责照料西门子公司在国外出差的职员。他居住在威尔默斯多夫的香特纳尔(Xantener)路,直到他的公寓在一次空袭中被炸毁。其后,他搬到了哈里斯(Harries)路。这位"南京好人"安葬在德国威廉皇帝纪念堂公墓(费尔斯腾布鲁内路 69—77 号)。

2019 年,北京联合大学教授武定宇设计了拉贝交流中心的会徽,分别悬挂在 6 个交流中心。

图 200　拉贝交流中心的会徽

| 拉贝与中国

南京好人
Der lebende Buddha von Nanjing
The Living Buddha of Nanjing

JOHN RABE

* 23. November 1882
† 05. Januar 1950

1937年7月7日，抗日战争爆发。11月，日军对国民政府首都南京发起进攻。约翰·拉贝先生作为西门子公司南京分公司经理为保护南京人民的生命安全坚持留守南京。1937年11月22日，南京城内留守的国际友人决定成立南京安全区国际委员会，推选约翰·拉贝先生为主席。南京安全区国际委员会保护了约25万人的生命。从1932年到1938年2月23日，约翰·拉贝先生一直居住在南京市小粉桥1号。而1943年至1950年去世，他则居住在德国柏林西门子城Harries路3号。

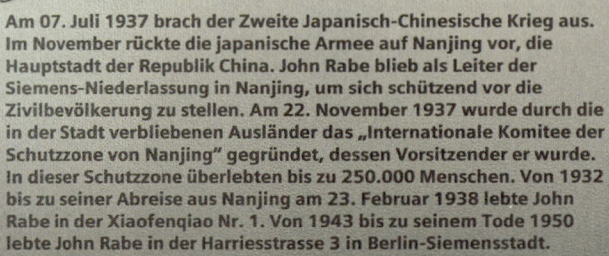

Am 07. Juli 1937 brach der Zweite Japanisch-Chinesische Krieg aus. Im November rückte die japanische Armee auf Nanjing vor, die Hauptstadt der Republik China. John Rabe blieb als Leiter der Siemens-Niederlassung in Nanjing, um sich schützend vor die Zivilbevölkerung zu stellen. Am 22. November 1937 wurde durch die in der Stadt verbliebenen Ausländer das „Internationale Komitee der Schutzzone von Nanjing" gegründet, dessen Vorsitzender er wurde. In dieser Schutzzone überlebten bis zu 250.000 Menschen. Von 1932 bis zu seiner Abreise aus Nanjing am 23. Februar 1938 lebte John Rabe in der Xiaofenqiao Nr. 1. Von 1943 bis zu seinem Tode 1950 lebte John Rabe in der Harriesstrasse 3 in Berlin-Siemensstadt.

On July 7, 1937, the Resistance War Against Japan broke out. In November, the Japanese army invaded Nanjing, the capital of the Republic of China. Mr. John Rabe stayed on in Nanjing as head of the Siemens subsidiary in order to protect the civilian population. On November 22, 1937, some foreigners remaining in the town founded the "International Committee for the Nanjing Safety Zone" and John Rabe was made chairman. In this zone about 250,000 people survived. From 1932 to his departure from Nanjing on February 23, 1938, John Rabe lived in No.1, Xiaofenqiao. From 1943 to his death in 1950, he lived in No.3, Harriesstrasse in Berlin-Siemensstadt.

柏林－南京，2012年11月　　　Berlin – Nanjing, November 2012

图201　刻有中、英、德三国文字的纪念铭牌

第九章 传承友谊

第三节 约翰·拉贝荣获"十大国际友人"奖

2009年12月8日:"中国缘·十大国际友人"颁奖活动(中国国际广播电台)(见图202、203)。

图202 颁奖:"中国缘·十大国际友人"(中国国际广播电台)(2009年12月8日)

| 拉贝与中国

图203 颁奖："中国缘·十大国际友人"（中国国际广播电台）（2009年12月8日）
http://english.cri.cn/6909/2009/12/08/1781s534119.htm

2009年，中国国际广播电台发起了"十大国际友人"网络用户评选活动，5600万网络用户参与评选。

参选者为百年来国际友人，拉贝位列第二，第一是加拿大医生白求恩。2009年12月8日在北京为此次评选活动举行了隆重的颁奖仪式，时任全国政协主席贾庆林出席颁奖仪式。

2009年12月8日，中国国际广播电台台长王庚年（二排左三）与部分"中国缘·十大国际友人"或其代表合影（见图203）。这些国际友人或其代表是：平松守彦（前排左三），通过发起"一村一品"运动帮助无数中国农民脱贫的日本友人；爱泼斯坦夫人黄浣碧（前排右一），出生于波兰的中国公民爱泼斯坦，发表了大量书籍和文章，为中国对外传播事业做出巨大贡献；柯棣华之妹（前排左二和右二），柯棣华是一位在抗日战争中牺牲的印度援华医生；路易·艾黎侄女菲利帕·雷诺兹（前排左一），路易·艾黎是新西兰的社会活动家和教育家，为中国的民族解放作出了贡献；拉贝之孙托马斯·拉贝（后排左二）、托马斯·拉贝的夫人伊丽莎白·拉贝（后排左四），拉贝是日军南京大屠杀期间拯救25万中国人的德国友人。

由中国国际广播电台发起的这次网络投票是庆祝中华人民共和国成立60周年的活动之一。投票从8月31日持续至10月10日，共收到5600万张有效选票。

入选者包括：诺尔曼·白求恩，在20世纪30年代抗日战争期间，因拯救中国军人而牺牲的加拿大医生；约翰·拉贝，在日本侵略军进行南京大屠杀时拯救了25万中国人的德国人；萨马兰奇，国际奥委会荣誉主席，支持中国申办2008年奥运会；埃德加·斯诺，一位美国记者，其20世纪30年代的著作《西行漫记》让中国红军享誉世界；李约瑟，英国科学家，花费约50年完成巨作《中国科学技术史》。

入选者还有：出生于波兰后加入中国国籍的伊斯雷尔·爱泼斯坦、新西兰教育家路易·艾黎、印度医生柯棣华、泰国公主玛哈·扎克里·诗琳通和日本友人平松守彦。

全国政协主席贾庆林出席颁奖活动，对获奖者或其代表的无私支持和帮助表示感谢，他强调，中国人民永远不会忘记他们作出的伟大贡献。

"中国的发展离不开各国友好人士的关心与帮助，世界的繁荣与发展也离不开中国这个世界上最大的发展中国家。"全国政协主席贾庆林会见当选者及当选者代表时说。

贾庆林指出，在全球化不断深化的今天，国家与国家之间、人民与人民之间，比以往任何时候都更需要相互帮助，加强合作，以促进世界和平和发展，

"中国人民愿与世界各国人民一道，为建设一个和谐美好的世界而积极努力"。诗琳通公主在致辞中表示，评选活动和她本人获得这份殊荣令她十分感动，表明中国人民一直没有忘记曾帮助过中国的老朋友。

第四节　约翰·拉贝荣获"中国人民抗日战争胜利70周年"纪念章

图 204　"中国人民抗日战争胜利 70 周年"纪念章

2015年9月2日，习近平主席在人民大会堂授予约翰·拉贝"中国人民抗日战争胜利70周年"纪念章，由其遗属代表、孙子托马斯·拉贝代领（见图204）。

这种特殊纪念章授予帮助和支持过中国抗战的国际友人。

第五节　2017年习近平主席接见约翰·拉贝的后人

中国一位不愿透露姓名的历史研究人员说："国际安全区拯救了大约25万人的生命。"

屠杀开始几天后，乘船从南京逃往上海的美国和英国记者，向世人讲述了在南京发生的一切……

30万人被屠杀，25万人获救，中国的这段历史事实毋庸置疑。

据南京大屠杀遇难同胞纪念馆称，与在南京举行的纪念仪式相似的纪念仪式还在世界9个国家和地区的208个地方举行，包括美国、加拿大和中国台湾等。海外华人也纷纷参加这些纪念活动。

2017年12月13日，南京大屠杀死难者国家公祭日，国家主席习近平向约翰·拉贝之孙托马斯·拉贝表达了问候。

图 205　2017 年 12 月 13 日，南京大屠杀死难者国家公祭日
（https://japan-forward.com/history-wars-china-ignores-facts-to-weaponize-the-past/）

难者国家公祭仪式

| 拉贝与中国

第六节　向约翰·拉贝之孙颁发"中国政府友谊奖"

中国政府友谊奖，是中国政府为表彰为中国经济和社会发展作出突出贡献的外国专家而设立的最高奖项。除颁发奖章外，还授予证书。

自1991年第一届颁奖典礼以来，颁奖典礼通常在每年10月1日（国庆节——中华人民共和国成立日）前后举行。至2007年，已有来自56个国家的949名专家获得过该奖项。2年后，获奖专家人数增加到了1099名［https://de.wikipedia.org/wiki/Freundschaftspreis_(China)］。

2018年9月30日，李克强总理在北京人民大会堂接见托马斯·拉贝等参会代表；刘鹤副总理在北京人民大会堂向托马斯·拉贝颁发"中国政府友谊奖"。

图206a ← 2018年10月1日，首都医科大学附属北京妇产医院院长严松彪教授祝贺托马斯·拉贝获"中国政府友谊奖"，并持证书与之合影留念

第九章 传承友谊

图 206b "中国政府友谊奖"奖章

| 拉贝与中国

第七节　约翰·拉贝和平奖

约翰·拉贝和平奖

自 2009 年以来，德国海德堡约翰·拉贝和平交流中心将"约翰·拉贝和平奖"授予了发挥不同作用的人，这些人在以下方面作出了特殊贡献：

- 促进国与国间的相互理解；
- 增进对中国的友谊；
- 开展和平研究。

图 207　← 首届"约翰·拉贝和平奖"：2009 年颁发给日本演员香川照之
　　　　→ 表彰他有勇气在国际故事片《约翰·拉贝》中扮演朝香宫鸠彦亲王

第九章 传承友谊

首届约翰·拉贝和平奖

首届"约翰·拉贝和平奖"于 2009 年授予日本演员香川照之,以表彰他作为日本人拥有在讲述我祖父的国际故事片《约翰·拉贝》中扮演朝香宫鸠彦亲王的勇气(见图 207—209)。

图 208 "约翰·拉贝和平奖"奖章

图 209 2009 年首届"约翰·拉贝和平奖"颁奖现场

| 拉贝与中国

第二届约翰·拉贝和平奖

2011年，第二届"约翰·拉贝和平奖"授予了两位获奖者。其中一位是南京大学拉贝纪念馆馆长汤道銮教授。她在2006年至2011年任职期间，一直负责约翰·拉贝故居和国际和平会议的工作（如图210、211所示）。

自1984年在南京大学化学专业毕业后，汤教授一直致力于南京大学档案馆现代管理系统建设。

1990年至2010年，汤教授先担任南京大学档案馆和南京大学校史博物馆第一任副馆长，之后担任馆长。

2003年，她被授予"中国杰出档案工作者"称号。从2004年开始，她负责约翰·拉贝故居的修缮工作。

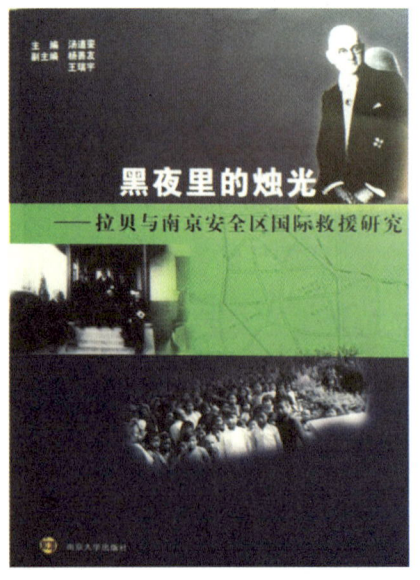

图210 2011年，"约翰·拉贝和平奖"授予了两位获奖者。南京大学拉贝纪念馆汤道銮教授，在2006年至2011年任职期间，一直负责约翰·拉贝故居和国际和平会议的工作

第九章　传承友谊

2006年10月30日,开始负责"约翰·拉贝和南京国际安全区纪念馆"。

除展览外,她还担负了相当量的收集文件和采访南京大屠杀幸存者的工作。2010年,她出版了一部学术书籍《黑夜里的烛光——拉贝与南京安全区国际救援研究》。此外,她于2010年6月组织了一次题为"纪念约翰·拉贝逝世60周年和国际和平会议"的大型会议。

图 211　↑ 拉贝纪念馆前馆长汤道銮教授与来访的托马斯·拉贝和伊丽莎白·拉贝及南京大屠杀幸存者合影
↓ 拉贝纪念馆前馆长汤道銮教授组织的南京和平会议:"纪念约翰·拉贝逝世60周年和国际和平会议"(2010年)

拉贝与中国

2010年7月,汤教授退休,但继续担任南京约翰·拉贝故居基金会顾问。

第二届"约翰·拉贝和平奖"的第二位获得者是奥地利国外服务机构的负责人安德里亚斯·麦斯令尔博士(见图212)。

1982年至1991年,麦斯令尔先后在因斯布鲁克(Innsbruck)大学、新奥尔良(New Orleans)大学、洪堡(Humboldt)大学、柏林的约翰内斯·肯普勒(Johannes Kepler)大学和林茨(Linz)大学以及耶路撒冷希伯来(Hebrew University)大学政治科学研究所(Institute of Political Science)工作。安德里亚斯·麦斯令尔是奥地利纪念馆的发起人。从事研究以来,他一直致力于此类军事替代服役的法律定位,旨在教育公众了解大屠杀的真相。

西蒙·维森塔尔(Simon Wiesenthal)、特迪·科莱克(Teddy Kollek)、阿里·拉特(Ari Rath)、赫伯特·罗森克兰茨(Herbert Rosenkranz)、格哈德·勒特勒(Gerhard Röthler)和卡尔·普法伊勒(Karl Pfeifer)对这项事业给予了特别支持。

1980年10月10日,受安东·佩林卡(Anton Pelinka)的邀请,马克斯·林格尔(Max Lingle)得以在多洛雷斯·鲍尔(Dolores Bauer)的指导下,在奥地利广播公司的"交叉测试"栏目中推出"到奥斯威辛集中营替代服役"节目。

图212 第二届"约翰·拉贝和平奖"授予安德里亚斯·麦斯令尔(Andreas Maesslinger)博士。他负责奥地利国外服务机构,是该机构的发起者、领导者及世界和平维护者。该机构的信条为国与国理解(2010年)

第九章 传承友谊

意识到这一点之后,纪念活动的志愿者于1992年9月1日在奥斯威辛-比尔肯瑙博物馆开始了他们的服务。1997年,马克斯·林格尔(Max Lingle)和安德烈亚斯·霍特内格尔(Andreas Hörtnagl)被推选为他们目前的职务——纪念服务协会主席。因此,在与奥地利大屠杀纪念协会新一届董事会进行长时间讨论后,他们成立了国外服役协会,并于2005年更名为奥地利国外服务协会,奥地利国外服务将服务内容扩展到了社会与和平方面。

第三届约翰·拉贝和平奖

第三届"约翰·拉贝和平奖"授予了两位奥地利大学教授(如图214所示),他们增进了世界与中国的关系和对中国文化和中国人民的了解(2013年6月6日)。

格尔德·卡明斯基(Gerd Kaminski)教授(https://de.wikipedia.org/wiki/Gerd_Kaminski)

卡明斯基曾在维也纳大学学习法律和中文。自1971年起,他一直担任奥地利-中国友好协会的负责人。

自1978年接受培训以来,他一直是位于维也纳的玻尔兹曼协会中国和东亚问题研究所的负责人。他还是纽约州布法罗大学学院(Buffalo University College)和北京大学的客座教授。现为奥地利外交部中国问题顾问。他的主要研究领域之一是中国的国际法概念。

图213 奥地利联邦前总理沃尔夫冈·许塞尔(Wolfgang Schüssel)对该奖项表示赞赏(2013年6月6日)

| 拉贝与中国

他到访亚洲 70 多次,写了 35 本相关书籍和文章。

理查德·特拉普尔(Richard Trappl)教授。

特拉普尔曾于 1974 年至 1975 年在北京学习中文,获得维也纳大学博士学位。自 1979 年起,理查德·特拉普尔一直在这所大学的逻辑研究所(现为东亚研究所)教授当代和古代中国文学。他目前是维也纳大学孔子学院院长,在中国有 30 多年的经历。

奥地利前总理(2000 年至 2007 年)沃尔夫冈对设立并颁发该奖项表示赞赏。

图 214a 第三届约翰·拉贝和平奖授予奥地利大学两位教授,格尔德·卡明斯基教授和特拉普尔教授,以表彰他们在强化与中国的关系、加强对中国文化和中国人民的理解方面做出的贡献。图为托马斯·拉贝和两位获奖者的合影(2013 年 6 月 6 日)

图 214b 仪式举办地奥地利议会

第四届约翰·拉贝和平奖

2019年第四届"约翰·拉贝和平奖"之一授予了中国历史学家梁怡教授（见图215）。

梁怡教授于1992年获得北京大学历史学硕士学位。梁怡教授是北京联合大学原人文社会科学部主任、海外中国学研究中心首席专家、约翰·拉贝北京交流中心的倡议者和首席专家。此外，她还兼任十几个其他学术职务，包括：中国德国友好协会理事、中国国际友人研究会理事、北京中国抗日战争史研究会副会长和中国社会科学院国际中国学研究中心学术委员会委员、特聘研究员。

作为访问学者，她曾与全球20余所大学和研究所进行过学术访问和交流，2003年和2006年两次访问海德堡的约翰·拉贝交流中心，并将拉贝日记中有关北京的5卷手稿于2009年以《我眼中的北京》（拉贝日记·北京卷）为题编辑出版。十几年来，她不仅与拉贝家族保持友谊，还在北京图书馆、北京广播电台等官方媒体介绍拉贝义举和人道主义精神。

图215 托马斯·拉贝与第四届"约翰·拉贝和平奖"获得者梁怡教授（中国）合影　2019年9月3日在中国人民抗日战争纪念馆

| 拉贝与中国

她出版了 15 部专著（包括合著），其中两部书是国家级社会科学研究项目的成果，先后于 2006 年和 2017 年获得了北京市政府颁发的第 9 届和第 14 届哲学社会科学优秀成果二等奖，在相关研究领域发表学术论文 90 多篇。

这 5 卷北京手稿较为丰富地记载了我祖父在南京以外的北京、天津等中国城市的生活和见闻。有关于清代皇太后慈禧的宫廷生活、北京文化和普通人的市井生活情况，都由我祖父收录其中并配有精美的插图。北京联合大学历史学教授梁怡于 2009 年 4 月在国内出版了这 5 卷书稿的合订本。这些资料对研究北京近代的社会文化史具有很好的文献价值（见图 216）。

2019 年第四届"约翰·拉贝和平奖"，还授予了"奥地利国外服务"组织（如图 219—224 所示）。

非营利性协会"奥地利国外服务"是一个能够让奥地利人在国外完成大屠杀纪念服务、社会服务或和平服务的组织。

图 216　约翰·拉贝在华 30 年，其中前 17 年在北京，留有 4 卷名为《我眼中的北京》的手稿和 1 卷关于慈禧皇太后的手稿《慈禧太后最后的诏书》，彩色与黑白绘画及实景照片汇合拉贝的感想共同构成 5 卷一套记载北京历史的原始文献

图 217　2019 年第四届"约翰·拉贝和平奖"其一授予中国历史学家梁怡教授，表彰她在"为中国建立约翰·拉贝北京交流中心以及多年来在中国宣传约翰·拉贝的人道主义精神方面做出的突出贡献"

| 拉贝与中国

图218 2014年4月7日,梁怡教授代表学校授予托马斯·拉贝北京联合大学"中国近代史"客座教授证书

该组织获得奥地利联邦劳工、社会事务和消费者保护部的认可。

Verein Österreichischer Auslandsdienst（奥地利国外服务协会）

- 为参加者提供在国外从事职业服务的机会；
- 可以履行大屠杀纪念服务、和平服务或社会服务；

图219 第四届"约翰·拉贝和平奖"其二，在奥地利驻华大使弗里德里希·施蒂夫特（Friedrich Stift）博士的见证下，授予了目前在南京的"奥地利国外服务"组织，包括在约翰·拉贝故居工作的两名和平服务人员

第九章 传承友谊

图 220 奥地利国外服务网遍及五大洲

图 221 奥地利国外服务组织成员和托马斯·拉贝于奥地利维也纳议会图书馆（2013 年 6 月 6 日）

| 拉贝与中国

图 222　在奥地利驻华大使弗里德里希·施蒂夫特博士的见证下，向奥地利国外服务两名和平员工代表颁发第四届"约翰·拉贝和平奖"。

图 223　奥地利国外服务员工与奥地利联邦总统亚历山大·范德贝伦（Alexander Van der Bellen）（2019 年）

图 224 迄今为止，奥地利国外服务组织已陆续向中国南京的约翰·拉贝故居派遣了 10 名和平工作者（2019 年）

- 该组织获得奥地利联邦社会事务部的认可；
- 通过联邦拨款提供财政支持；
- 替代服兵役。

托马斯·拉贝感悟：

"患难见真情。"德意志民族和中华民族是世界上两个伟大的民族，都为人类文明进步作出了重大贡献。

德国以其先进的科学技术和现代的产品闻名于世。德国制造一直是德国的王牌。

同时，许多举世闻名的文学家、哲学家和音乐家都诞生在德国。他们的许多作品早已为中国人所熟知——如歌德、席勒、海涅等人的文学著作；康德、黑格尔、马克思等人的哲学思辨；巴赫、贝多芬、舒曼等人的优美旋律。而这些文学、哲学和音乐作品，为中国人民了解德国打开了一扇窗。

中国也有着悠久的历史和灿烂的文化，不仅诞生了孔子、老子等著名哲学家和《易经》《道德经》等哲学著作，还涌现了《西游记》《三国演义》和《红楼梦》等一批文学名著，为德国人民打开了一扇了解中国历史文化的窗户。我想，《习近平谈治国理政》拓宽了我们的视野，让我们更好地了解当代中国，了解当代中国的发展变化。

中国人民和德国人民有着悠久的交往历史，友谊深厚。我和我的家人也与中国人民关系密切。在70多年前的南京大屠杀中，我的祖父约翰·拉贝召集了其他声名显赫的国际友人，建立了一个国际安全区，为20多万中国人提供庇护所，最终拯救了这些中国人的生命。《拉贝日记》被认为是研究南京大屠杀最全面、最完整的史料之一。

与中国朋友合作，我有什么愿望？

1. 向中日两国提出和平倡议。我们希望看到南京市和广岛市结成姊妹城市，作为国际理解的标志。在过去的战争中，这两个城市的平民经历了难以言表的痛苦。从1937年末到1938年初，日军在南京杀害了30多万无辜的中国军民。1945年，美国投下的原子弹将广岛夷为平地。我已向南京市和广岛市的市长提出两个城市结成姊妹友好城市的想法。

宽恕只有在承认为历史文献所证明的历史事实的基础上才能得到。相互信任对将来的任何关系都很重要。信任是在每个关系中都必须积累的东西，也是每个关系的基础——即便在我们的个人生活中也是如此。

2. 我们海德堡约翰·拉贝交流中心（www.john-rabe.de）的活动本身是为加强国际信任所作的小小贡献，也是国际和平网络的一个组成部分。每个人都必须了解自己的过去，才能向人类同胞敞开心扉。人要吃一堑长一智，不忘历史。我们历史的根基在过去。记住过去的责任尤其适用于我们德国人——我们永远不能忘记，也不会忘记大屠杀。南京大屠杀也是如此——对南京大屠杀的记忆应该警醒我们，战争是多么可怕，而避免战争、及时为和平努力是多么重要。但是，过去不应该决定一生，否则就无法展望未来。

3. 当然，要实现基督教的慈善，公民的勇气是必要的。路遇不平而无动于衷、袖手旁观之人亦是罪莫大焉（见图225）。愿柏林威廉皇帝纪念教堂中的十字架时刻提醒我们（见图226）。

我们的和平项目得到了德国海德堡、罗马尼亚蒂米什瓦拉和卡拉绍、

图 225 尖叫永不停歇——约翰·拉贝向你传递其后代的信息

图 226 德国柏林威廉皇帝纪念教堂祭坛上方的十字架

西班牙阿德耶和特内里以及中国北京和南京的支持。如果找到赞助方，我们将在香港（中国）、澳门（中国）、台北（中国）、广岛（日本）、耶路撒冷（以色列）和旧金山（美国）建立新的约翰·拉贝交流中心。

4.我希望全世界的学生、医生、专家以及病人都能通过互联网免费获得医疗信息——或许与位于日内瓦的世界卫生组织合作。对于这一点，我已经在页面上详细介绍了。

5.多年来，我们一直在为建立医学教育的远程学院，包括远程教学的标准化模块而努力——这在新冠病毒全球流行时期变得越来越重要。已经实施的一个案例是在瑞士的大学、医院推出的妇科教学互联网平台"EG0-NE"。

中国还有一句古话叫"患难见真情"。2020年年初，德国爆发新冠疫情时，我与中国驻德国大使馆吴恩大使取得联系，希望中国能为我和我所在的医院、我的家人提供口罩、消毒剂、防护服、护目镜和药品。驻德使馆立即与中国有关部门联系，并免费为我们提供了相应的物资，这大大超出我的预料，对此我深表感谢。此外，很多中国朋友也给我们寄来大量口罩，在疫情暴发之初，这些物资非常紧缺。在这里，我再一次对这些为我们提供帮助的人表达深深的谢意。阮祥燕教授和梁怡教授也带领我做客座教授的两个大学为我们筹集所需物品和口罩。

这是发生在我和我的家人身上的一个生动例子。在新冠疫情肆虐的艰难时期，中德两国人民都能够彼此关心、相互帮助、共渡难关。两国和两国人民之间的友谊代代相传、历久弥新。它显示了中华民族是一个知恩图报的民族。

最后，我真诚地希望中德两国人民的友谊能够继续加深，并希望能与中国朋友们携手前进，共同将这些愿望化为现实。

托马斯·拉贝

南京的英雄

第十章

命运与共

JOHN RABE

第十章 命运与共

第一节　在北京担任客座教授

图227　首都医科大学附属北京妇产医院院领导及阮祥燕团队庆祝托马斯·拉贝荣获中国政府友谊奖（2018年10月1日）

| 拉贝与中国

图228a 向托马斯·拉贝颁发的北京联合大学客座教授聘书（2013年11月28日）

图228b 首都医科大学校长吕兆丰与首都医科大学附属北京妇产医院院长严松彪授予托马斯·拉贝首都医科大学妇产科学客座教授聘书（2014年7月4日）

第二节　内分泌科新诊室揭牌

2018年10月1日，首都医科大学附属北京妇产医院内分泌科新诊室揭牌（见图229—232）。

阮祥燕教授是首都医科大学附属北京妇产医院（中国北京朝阳区姚家园路251号，邮编：100026）妇科内分泌科主任，绝经门诊主任，国际生殖力保护中心负责人。

图229　2018年10月1日，首都医科大学附属北京妇产医院内分泌科新诊室揭牌

| 拉贝与中国

图230　2018年10月1日，首都医科大学附属北京妇产医院内分泌科新诊室揭牌。左四托马斯·拉贝、左三副院长阴赪宏、左五院长严松彪、左六阮祥燕教授

图231　缪克教授：首都医科大学附属北京妇产医院妇科内分泌科名誉主任和客座教授

医院院长是严松彪教授。

黄铜牌匾刻有新诊室的名称，新诊室是近年来经中国政府批准成立的新项目。

遗憾的是，我的老友，同样也是"中国政府友谊奖"获得者的缪克（Mueck）教授没有出席上述庆祝仪式。缪克教授是德国与北京妇产医院妇科内分泌科之间10余年国际科学合作的创始人。

第十章 命运与共

图 232 2018 年 10 月 1 日，首都医科大学附属北京妇产医院内分泌科新诊室揭牌。黄铜牌匾刻有新诊室的名称，新诊室是近年来经中国政府批准成立的新项目

第三节 约翰·拉贝海德堡和柏林展览

"约翰·拉贝生平图片展"——纪念南京大屠杀 80 周年·南京 1937—1938

2018 年 1 月 24 日 海德堡

这是海德堡孔子学院与海德堡约翰·拉贝交流中心合作组织的一次展览，由托马斯·拉贝博士、教授为代表（如图 233a—233d 所示）。

展览的主题是约翰·拉贝生平，纪念南京大屠杀，向约翰·拉贝的功绩致敬，这也是海德堡约翰·拉贝交流中心的活动。

2019 年 3 月 28 日至 8 月 1 日 柏林

在柏林孔子学院举办的展览（2019 年 3 月 28 日至 8 月 1 日）于罗梅君教授的介绍词和托马斯·拉贝教授的开场演讲中开幕。

| 拉贝与中国

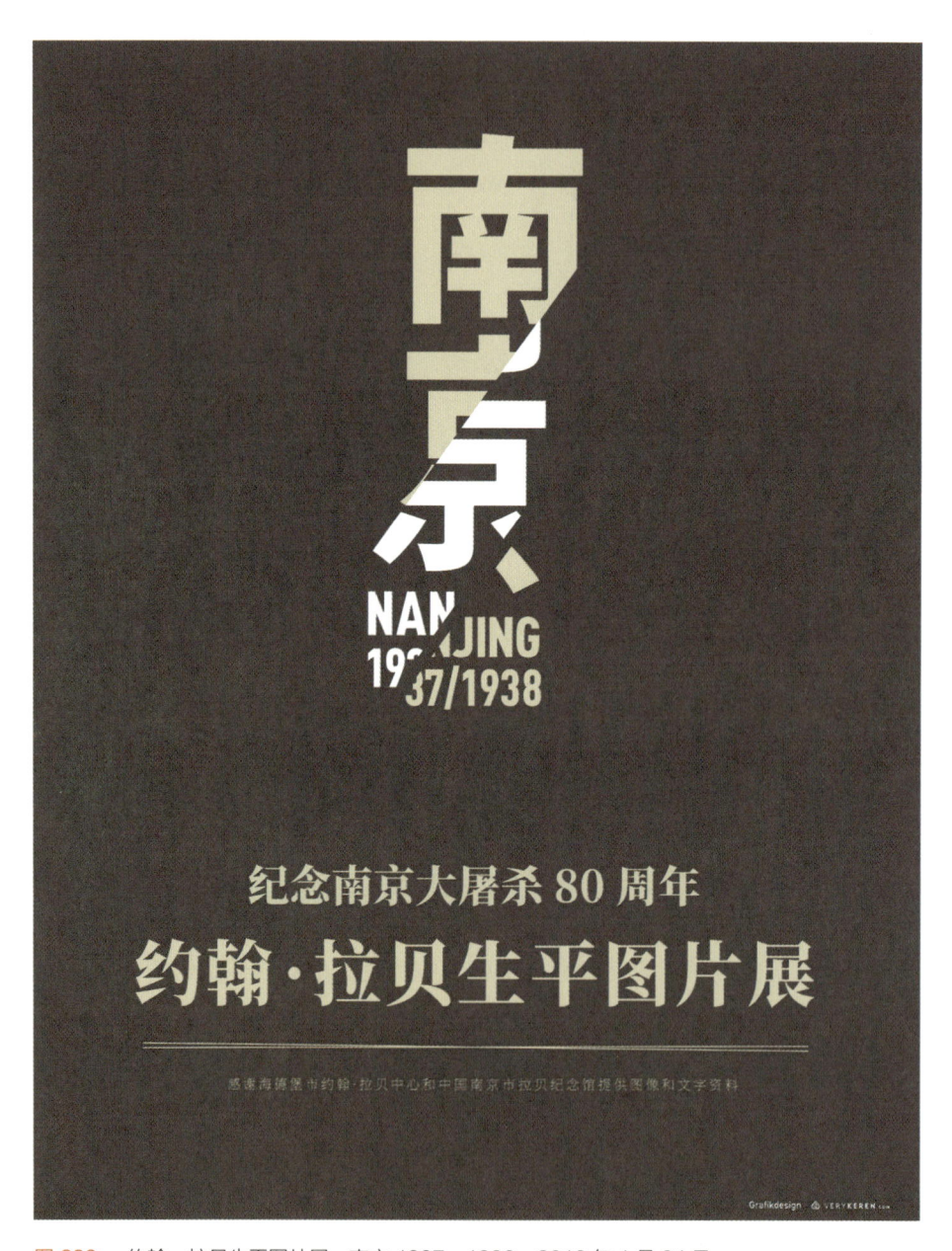

图 233a 约翰·拉贝生平图片展·南京 1937—1938 2018 年 1 月 24 日

第十章　命运与共

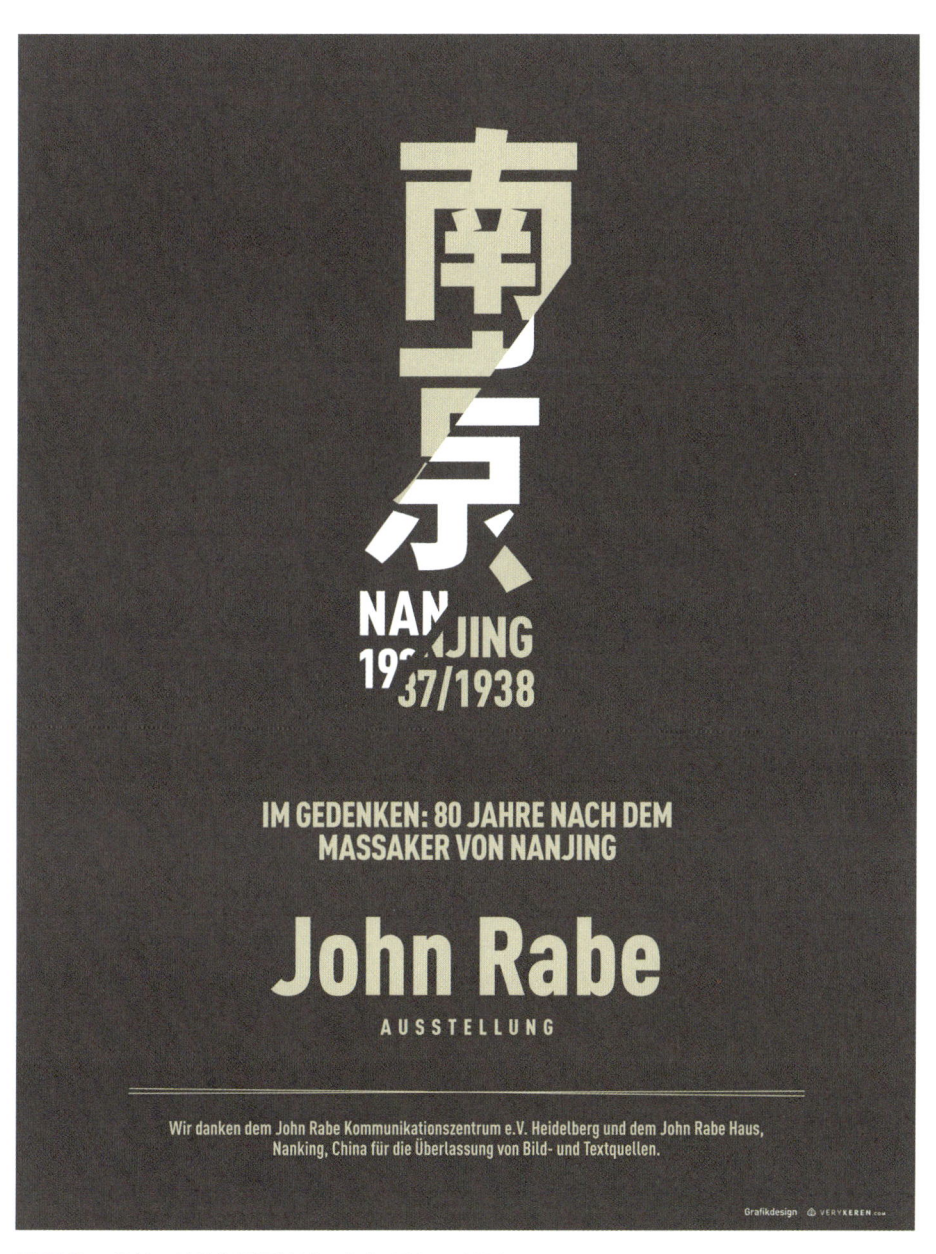

图 233b　约翰·拉贝生平图片展·南京 1937—1938

| 拉贝与中国

John Rabe, der von 1911 bis 1938 für Siemens in China arbeitete, organisierte während der Besatzung durch die japanische Armee 1937-38 eine sogenannte „Sicherheitszone". Dort konnten die chinesischen Einwohner der Stadt Schutz vor den japanischen Besatzungstruppen finden.

约翰·拉贝先生，1911 年至 1938 年任西门子公司驻中国代表处职员。曾于 1937 至 1938 年日军占领南京的严酷时期，组织建立"南京安全区"，为中国平民提供暂时栖身避难场所。

John Rabe mit dem ihm von der Regierung der Guomindang (Nationale Volkspartei Chinas) in Nanjing verliehenen Jadeorden und der Medaille des Roten Kreuzes, verliehen vom *Internationalen Komitee des Roten Kreuzes*.
约翰·拉贝半身像，胸前佩戴南京国民政府授予他的"采玉勋章"，左胸佩戴国际红十字会授予他的"红十字勋章"

Quelle: John Rabe Kommunikationszentrum e.V. Heidelberg und John Rabe Haus, Nanking, China

图 233c "约翰·拉贝生平图片展"——纪念南京大屠杀 80 周年·南京 1937—1938

第十章 命运与共

9

John Rabe

Im November 1937 schlossen sich etwa 20 Ausländer zusammen, um eine Hilfsorganisation zu gründen, die als Vorbild die Sicherheitszone für Flüchtlinge im Stadtteil Nanshi in Shanghai hatte. Es handelte sich dabei unter anderen um Amerikaner aus Missionarsschulen, Briten und Deutsche aus Geschäftskreisen sowie einen dänischen Geschäftsmann. Erklärtes Ziel war es, der Bevölkerung in Kriegszeiten zu helfen und Schutz insbesondere vor den japanischen Bombardements zu gewähren. Diese Organisation nannten sie das *Internationale Komitee für die Sicherheitszone in Nanjing*. Das Komitee ernannte John Rabe zu seinem Vorsitzenden.

1937 年 11 月，在南京各教会学校服务的美国人和部分英国、德国、丹麦商业人士约 20 人，成立了一个国际救济机构，目的是在战争期间，使未撤离的平民有一个躲避日军轰炸的处所。该机构定名为"南京安全区国际委员会"，并公推拉贝为主席。

Mitglieder des Internationalen Roten Kreuzes in Nanjing, 3. von links John Rabe |
国际红十字会南京委员会部分委员合影，左三为约翰·拉贝

Rabe und die anderen Mitglieder des Komitees informierten die japanische Militärspitze in Shanghai über die Sicherheitszone in Nanjing. Sie gaben ihnen eine Karte der Zone mit der Bitte, die Zone nicht anzugreifen. Später wurde diese Karte bei den japanischen Soldaten gefunden, die Nanjing eingenommen hatten.

拉贝等人又设法将南京安全区成立的消息转告上海的日本军方，并把安全区地图转交日军，请日方进攻南京后不要侵犯安全区。后来，在进入南京城的日军身上就发现了画着南京安全区的地图。

John Rabes Visitenkarte und sein chinesisches Siegel |
拉贝当时使用的名片和印章

Quelle: John Rabe Kommunikationszentrum e.V. Heidelberg und John Rabe Haus, Nanking, China

图 233d "约翰·拉贝生平图片展"——纪念南京大屠杀 80 周年·南京 1937—1938

| 拉贝与中国

第四节　约翰·拉贝事迹在北京展览

"大爱生命　追求和平——约翰·拉贝先生在中国三十年事迹展"

为了弘扬中德两国人民之间的友谊，2019年9月3日，在中国抗战胜利74周年之际，中国人民抗日战争纪念馆与约翰·拉贝交流中心共同在北京联合大学和中国人民抗日战争纪念馆举办了一次展览，主题是"大爱生命　追求和平——约翰·拉贝先生在中国三十年事迹展"。

展览再现了这位德国商人在中国三十年的生活经历，以及他在1937年南京大屠杀中帮助保护中国平民的事迹。

展览持续至2019年10月7日，参观人数达10万人次。

此次展览共展出了151张拉贝收藏的历史照片，包括四个部分，详细介绍了约翰·拉贝家族、其本人在中国的生活及其对中德之间友谊的贡献的情况。

"约翰·拉贝先生对生命有大爱，对和平有追求。"时任馆长李宗远介绍，展览秉持习近平主席对拉贝这句高度评价设计内容。他指出，对于现在的人们而言，重要的是珍视像拉贝这样的国际友人的贡献。

图234　中国人民抗日战争纪念馆微信公众号

图235 "大爱生命 追求和平——约翰·拉贝先生在中国三十年事迹展"，北京联合大学/中国人民抗日战争纪念馆联合举办

| 拉贝与中国

图 236

↑ 2019年9月3日，抗战馆开幕式现场
前排左起：时任抗战馆李宗远馆长、时任北京联合大学党委韩宪洲书记、中共北京市委宣传部副部长赵卫东、托马斯·拉贝、奥地利驻华大使

← 开幕式讲话

↙ 托马斯·拉贝先生陪同奥地利驻华大使参观展览

↘ 在抗战馆报告厅，第四届拉贝奖获得者合影

第十章 命运与共

图237
↑ 2019年9月3日,抗战馆报告厅的专场讲座
← 2019年9月4日,托马斯·拉贝在前门火车站1908年祖父到北京的地方
→ 2019年9月4日,在铁道博物馆与1906年车站背景合影
↓ 2019年9月3日,约翰·拉贝先生在中国30年事迹展

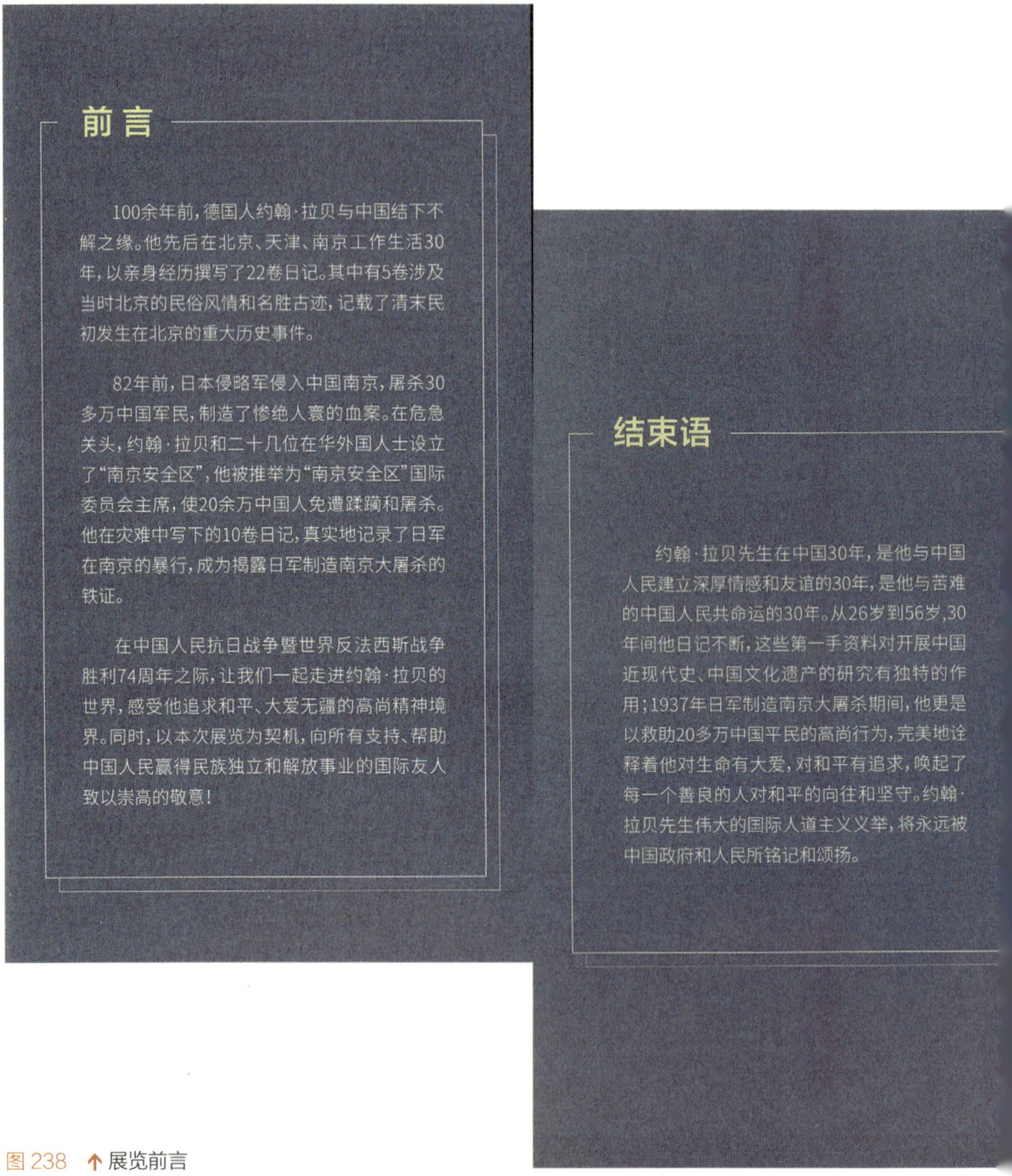

| 拉贝与中国

前言

　　100余年前,德国人约翰·拉贝与中国结下不解之缘。他先后在北京、天津、南京工作生活30年,以亲身经历撰写了22卷日记。其中有5卷涉及当时北京的民俗风情和名胜古迹,记载了清末民初发生在北京的重大历史事件。

　　82年前,日本侵略军侵入中国南京,屠杀30多万中国军民,制造了惨绝人寰的血案。在危急关头,约翰·拉贝和二十几位在华外国人士设立了"南京安全区",他被推举为"南京安全区"国际委员会主席,使20余万中国人免遭蹂躏和屠杀。他在灾难中写下的10卷日记,真实地记录了日军在南京的暴行,成为揭露日军制造南京大屠杀的铁证。

　　在中国人民抗日战争暨世界反法西斯战争胜利74周年之际,让我们一起走进约翰·拉贝的世界,感受他追求和平、大爱无疆的高尚精神境界。同时,以本次展览为契机,向所有支持、帮助中国人民赢得民族独立和解放事业的国际友人致以崇高的敬意!

结束语

　　约翰·拉贝先生在中国30年,是他与中国人民建立深厚情感和友谊的30年,是他与苦难的中国人民共命运的30年。从26岁到56岁,30年间他日记不断,这些第一手资料对开展中国近现代史、中国文化遗产的研究有独特的作用;1937年日军制造南京大屠杀期间,他更是以救助20多万中国平民的高尚行为,完美地诠释着他对生命有大爱,对和平有追求,唤起了每一个善良的人对和平的向往和坚守。约翰·拉贝先生伟大的国际人道主义义举,将永远被中国政府和人民所铭记和颂扬。

图238　↑ 展览前言
　　　　→ 展览结束语

第十章　命运与共

约翰·拉贝(John Rabe)，德国人。1908年8月18日来到中国，先后在北京、天津、南京工作生活30年。

亲人——约翰·拉贝在北京、天津
Kinsman — John Rabe in Beijing and Tianjin

1908年—1931年，约翰·拉贝在北京、天津工作生活了23年，他热爱中国文化，拍摄、收集了大量清末至民国的历史图片，撰写了内容丰富的日记，真实反映了北京、天津的旧时风貌。

"戴安全盔的拉贝"在委员会办公室

约翰·拉贝的儿子奥托·拉贝和保姆在北京

《拉贝日记》(北京卷)反映了1908-1925年间发生在北京的重大历史事件，收藏了大量实景照片和多种系列画图。

约翰·拉贝本人的万国红十字会袖标

"南京难民区国际委员会图记"和"主席之印"

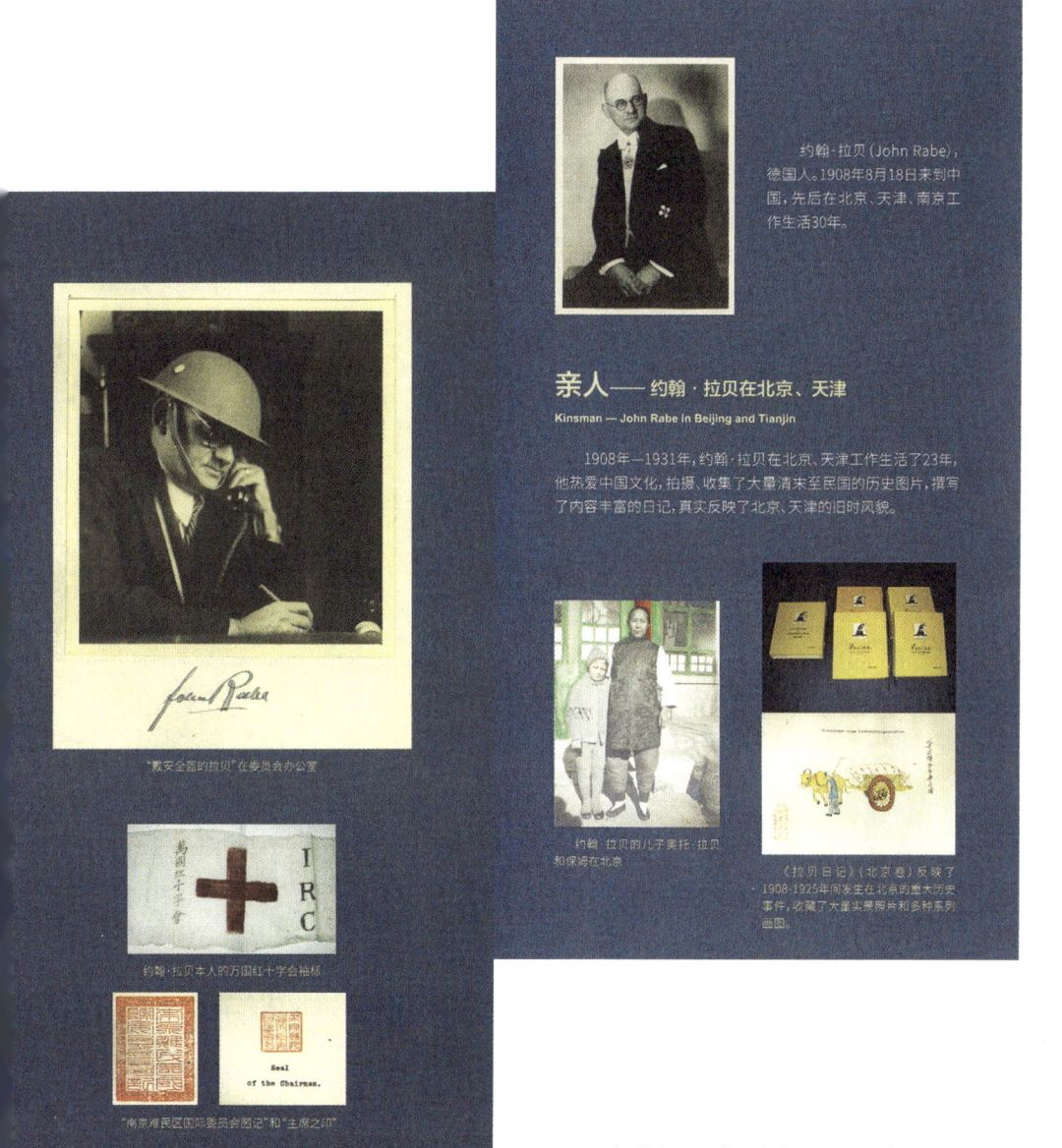

图 239　与北京、天津、南京人民的亲情、恩情和友谊

| 拉贝与中国

约翰·拉贝的女儿格蕾特尔·拉贝的画作

约翰·拉贝的女儿在天津结婚

恩人——约翰·拉贝在南京
Benefactor — John Rabe in Nanjing

1937年日军攻占南京前夕，约翰·拉贝和其他十几位在华外国人设立了南京安全区，并被推举为安全区国际委员会主席。在日军制造南京大屠杀期间，约翰·拉贝领导安全区国际委员会为20多万中国平民提供了栖身避难之所。

约翰·拉贝一家人在天津

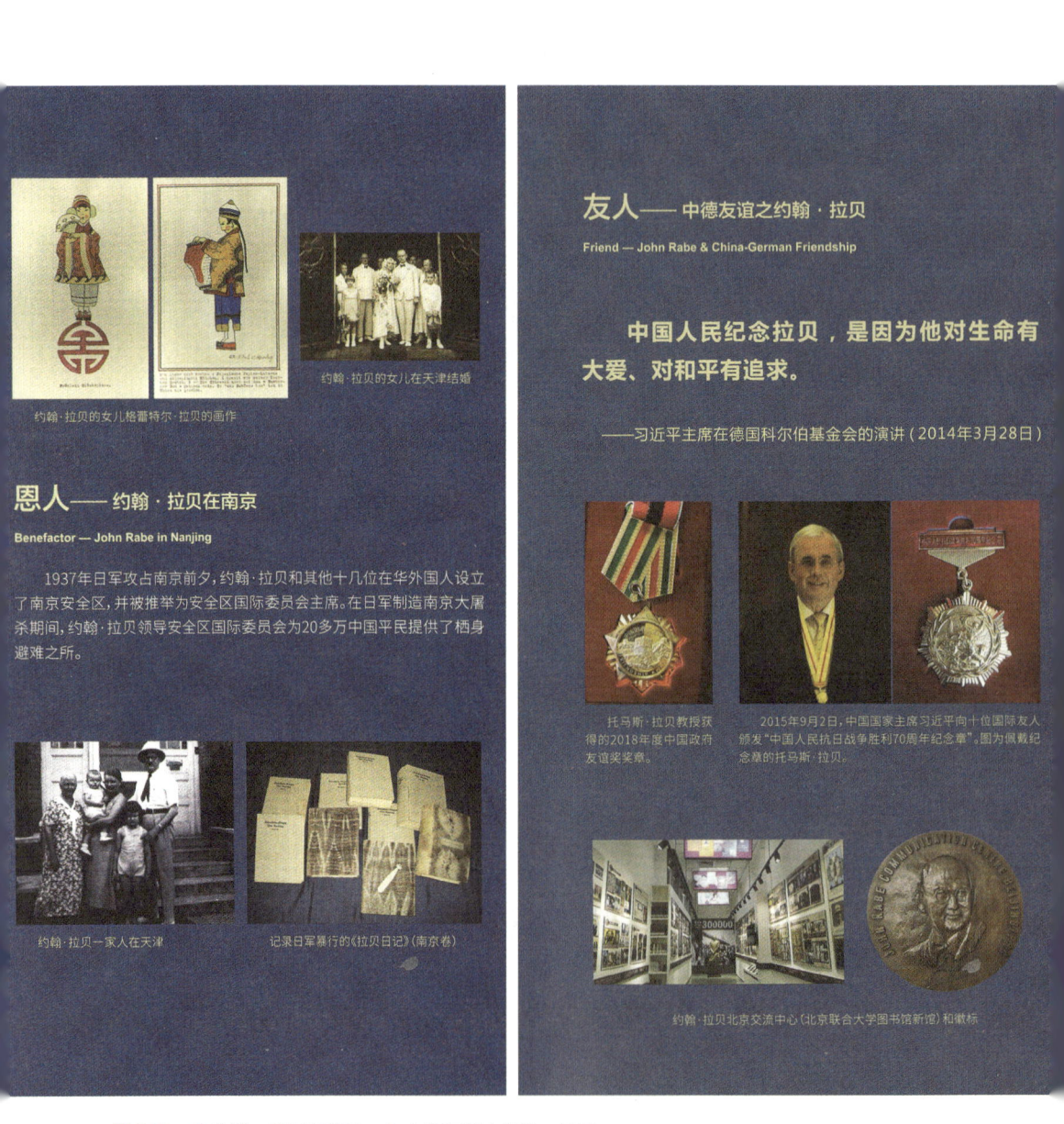

记录日军暴行的《拉贝日记》（南京卷）

友人——中德友谊之约翰·拉贝
Friend — John Rabe & China-German Friendship

中国人民纪念拉贝，是因为他对生命有大爱、对和平有追求。

——习近平主席在德国科尔伯基金会的演讲（2014年3月28日）

托马斯·拉贝教授获得的2018年度中国政府友谊奖奖章。

2015年9月2日，中国国家主席习近平向十位国际友人颁发"中国人民抗日战争胜利70周年纪念章"。图为佩戴纪念章的托马斯·拉贝。

约翰·拉贝北京交流中心（北京联合大学图书馆新馆）和徽标

图240 ← 约翰·拉贝在南京　→ 中德友谊之约翰·拉贝

第五节　海德堡约翰·拉贝交流中心

建立约翰·拉贝交流中心的初衷是为创建一个以约翰·拉贝的书籍、文件、信件视频等为历史信息主体的国家及国际交流平台。此外，同期证人和其他外部来源（包括柏林联邦档案馆）信息也一并收集。

内部结构：
- 为国际访客，如为中国、日本访客提供客房。海德堡中心可为国际访客提供 8 间客房。

图 241　海德堡约翰·拉贝交流中心，2005 年——客厅暨小博物馆

- 院子内竖有约翰·拉贝的半身铜像。
- 带会议室的小型博物馆。
- 定期研讨和开展有关文化活动。
- 讲座。
- 电视、报纸和电台采访。
- 托马斯·拉贝组织翻译有关约翰·拉贝的书籍,将其译为中文、英文和西班牙文。

外部结构:

- 将全球各地的所有约翰·拉贝交流中心联网,进行信息交流和会议组织。
- 南京大屠杀幸存者后代与研究人员的国际网络。
- 国际和平项目研究人员网络。
- 策划组织关于约翰·拉贝的展览。
- 制作或合作制作有关约翰·拉贝的纪录片。
- 策划拍摄一部有关约翰·拉贝一生的新故事片。
- 电视、报纸和电台采访。
- 进一步发展并支持位于罗马尼亚(蒂米什瓦拉、卡拉斯)、西班牙(阿德耶)和中国(南京、北京)的现有约翰·拉贝交流中心。
- 倡议建立更多新的约翰·拉贝交流中心,如:香港、澳门、台北(中国)、广岛(日本)、耶路撒冷(以色列)、旧金山(美国)。

所有中心都将提供有关中国历史的资料,特别是1937—1938年日本进攻南京以及约翰·拉贝担任安全区国际委员会主席期间的历史资料。此外,还应提供有关约翰·拉贝的生平和人格魅力以及他热爱中国和中国人民的资料。

第十章 命运与共

图 242

↑ 2003 年梁怡教授到拉贝中心访问证书
→ 2006 年 5 月 1 日，托马斯·拉贝、刘建业（中华世纪坛原常务副主任、抗战馆原副馆长）、梁怡在海德堡合影
↓ 在拉贝家刘建业鉴定鲍家良给的古钱币 2006 年 5 月 1 日

543

| 拉贝与中国

图 243a　海德堡约翰·拉贝交流中心，2005 年；交流中心花园里"南京好人"约翰·拉贝塑像

- 参加有关约翰·拉贝的展览。
- 将托马斯·拉贝写的有关拉贝的书籍翻译成中文、英文和西班牙文。

和平与人道主义项目中心：

- 南京和广岛结成姊妹城市。
- 与位于日内瓦的联合国世界卫生组织合作创建一个向学生、医生和患者免费开放的互联网平台。
- 创建包括远程教学的虚拟医学教学、自学学院；该设想在新冠疫情肆虐全球后越来越受到重视。

图 243b　e-learning Protal Gynecology: EGONE (http://www.egone.ch/)

图 243c　Geneva Medical Foundation (www.gfmer.ch/000_Homepage_En.htm)

| 拉贝与中国

图 244　约翰·拉贝青铜半身像和制作者、艺术家徐恒

海德堡约翰·拉贝青铜雕像：

2005 年，一群中国留学生提出是否可以在海德堡约翰·拉贝交流中心的花园中竖立一尊拉贝的青铜半身雕像。艺术家徐恒根据约翰·拉贝的照片创作了这尊青铜雕像（见图 244）。

一些中国留学生在基座周围放置了许多白色鹅卵石，象征 1937—1938 年间，在南京拉贝家中和花园里被拯救的 650 名中国难民。

2005 年 8 月 15 日，拉贝青铜半身像揭幕仪式（见图 245）举行，中国总领事馆代表孙从彬（见图 246a）及海德堡市常务市长冯·拉彭莅临（见图 246b）。

埃尔温·维克特博士（见图 246b）发表主旨演讲。

作为拉贝日记的主编，他讲述了他初次与约翰·拉贝在南京相遇的场景。他当时还是一名学生，正在环球旅行。他称赞约翰·拉贝是一位"伟大的德国人"，置生死于度外，与国际委员会的朋友一起，保护中国平民。此外，一位中国留学生代表也做了发言，表达了中国人民的感激之情。

托马斯·拉贝致开幕词，并指导了整个活动的进行。凤凰卫视和多家媒体对此活动进行了报道。

第十章 命运与共

图 245 2005 年 8 月 15 日拉贝青铜半身像揭幕仪式，托马斯·拉贝发言

| 拉贝与中国

图 246a ← 2005 年 8 月 15 日，在海德堡约翰·拉贝交流中心为约翰·拉贝铜像揭幕
→ 中国驻法兰克福总领事馆孙从彬总领事致辞

图 246b 2005 年 8 月 13 日，海德堡约翰·拉贝交流中心，约翰·拉贝青铜雕像揭幕仪式
← 埃尔温·维克特博士发言　→ 海德堡常务市长冯·拉彭讲话

图 247　2005 年 8 月 13 日，在海德堡约翰·拉贝交流中心举行的约翰·拉贝雕像揭幕仪式上，埃尔温·维克特博士与托马斯·拉贝交谈

通过多次当面交流、电话和信件，埃尔温·维克特博士不但让托马斯·拉贝理解了1937—1938年日本侵华战争期间的各种政治关系，还为他进一步认识自己的祖父约翰·拉贝提供了宝贵的帮助。作为顾问，他还审阅了《约翰·拉贝传》书稿，并为该书写了一章"约翰·拉贝，南京1937—1938年，他的时代，他的朋友，他的对手"。

每年，在南京大屠杀开始之日（日军攻占南京后的1937年12月13日），在海德堡的中国留学生和学者都会集汇于中心，向约翰·拉贝青铜雕像献花并点燃蜡烛（见图253a，253b）。

同时，我们在德国海德堡、罗马尼亚蒂米什瓦拉和卡拉斯、西班牙阿德耶和特内里费、中国北京和南京都设有约翰·拉贝交流中心。此外，我们还将为在中国香港、澳门、台北、日本广岛、以色列耶路撒冷和美国旧金山建立新的约翰·拉贝交流中心募集资金，期待您的支持。

第六节　约翰·拉贝北京交流中心

托马斯·拉贝感悟：

2019年9月2日，约翰·拉贝北京交流中心揭牌仪式在北京联合大学新图书馆隆重举行。这是集教学、科研、交流于一体的公益性常年展室。我相信，这个新的中心将会有助于弘扬国际人道主义精神和维护世界和平。

作为约翰·拉贝交流中心的主席，我已经亲眼见证了全球6个约翰·拉贝交流中心落成，其中两个分别位于中国的南京和北京。

我们非常欢迎来自不同国家的人们参观访问这些约翰·拉贝交流中心。这些中心的共同特点是，向人们讲述南京大屠杀的历史，讲述那些胸怀正义的

| 拉贝与中国

图 248
↑ 世界上第 6 个约翰·拉贝交流中心于 2019 年 9 月 2 日在北京联合大学新图书馆正式对外开放
← 6 个中心共同样式的标志（logo），是武定宇教授作品

国际友人在南京救助难民和战争受害者的动人事迹，而我的祖父就是他们中的代表。

作为约翰·拉贝交流中心的主席，我很希望在世界其他地区建立更多的约翰·拉贝交流中心，如中国香港、澳门、台北，日本广岛，以色列耶路撒冷，美国旧金山等。希望这些新中心以北京的约翰·拉贝交流中心为蓝本建设运营，主要讲述约翰·拉贝的事迹。

我认为这个想法与习近平主席提出的建立人类命运共同体的理念是一致的。

第十章 命运与共

图 249 托马斯·拉贝与约翰·拉贝塑像的创作者武定宇博士

图 250 在约翰·拉贝北京交流中心举办的约翰·拉贝事迹展的部分图片

| 拉贝与中国

图251 2018年9月28日，约翰·拉贝北京交流中心展厅，托马斯·拉贝站在约翰·拉贝塑像设计板前

第十章 命运与共

图 252a 2018年9月28日，在第6个约翰·拉贝交流中心（试展）开启仪式上，托马斯·拉贝夫妇与中国国家外国专家局、北京联合大学的领导及朋友合影

图 252b 前排左起：
　　仲计水教授：约翰·拉贝北京交流中心主任，北京联合大学马克思主义学院常务副院长
　　梁怡教授：北京联合大学约翰·拉贝北京交流中心首席专家，中国国际友人研究会理事
　　顾品锷先生：中国国际友人研究会常务副会长　伊丽莎白·拉贝女士：托马斯·拉贝的夫人
　　托马斯·拉贝教授：约翰·拉贝交流中心主席，2018年度中国政府友谊奖获得者
　　刘建业：约翰·拉贝北京交流中心学术委员会顾问，中华世纪坛原常务副主任，中国人民抗日战争纪念馆原副馆长
　　后排左起：
　　都斌：中国人民抗日战争纪念馆编研部副主任
　　柯马凯：中国工合国际委员会主席，中国政府友谊奖获得者，中国国际友人研究会理事

553

| 拉贝与中国

图252c　第六个约翰·拉贝交流中心于2019年9月2日在北京正式成立，图为约翰·拉贝的铜像

地址：北京联合大学新图书馆

中国北京市朝阳区北四环东路97号　邮编：100101

2018年9月5日，约翰·拉贝北京交流中心学术委员会工作会后，部分委员考察了中心展览的筹备情况。

第十章 命运与共

第七节　国内与国际交流

图 253a　海德堡约翰·拉贝交流中心
　　　　↑ 拉贝日记原始稿
　　　　↓ 中国留学生每年 12 月 13 日为南京大屠杀死难者点燃蜡烛

| 拉贝与中国

图253b 2008年12月19日,海德堡约翰·拉贝交流中心花园里的约翰·拉贝半身雕像——中国留学生点燃的蜡烛和敬献的鲜花

与中国驻柏林大使馆和驻法兰克福总领事馆的交流

托马斯·拉贝

中国驻柏林大使馆

2005年,在反法西斯战争暨中国抗日战争胜利60周年纪念日,中国驻柏林大使馆马大使邀请我及夫人发表演讲。

中国驻法兰克福总领事馆

2008年1月23日,中国驻法兰克福总领事馆的一个代表团、海德堡历史学家赖歇特(Reichert)教授、米勒−萨伊尼(Müller-Saini)教授以及海德堡汉学研究所柯杰(Thomas Kampen)博士到访约翰·拉贝交流中心(图255右)。

2008年8月8日,中国驻法兰克福总领事馆举办招待会,庆祝北京奥运会开幕(实况转播)(见图254)。

2007年12月19日,中国驻法兰克福总领事李海雁携工作人员举办招待晚宴(见图255左)。

图254 2008年8月8日受邀在中国总领馆观看北京奥运会开幕式(实况转播)
↑ 中国总领事李海雁
↓ 托马斯·拉贝和伊丽莎白·拉贝

| 拉贝与中国

图 255　与中国驻法兰克福总领事的交流
← 2007年12月19日，托马斯·拉贝和夫人参观中国驻法兰克福总领事馆；从左到右依次为：赵为民教授，托马斯·拉贝教授，伊丽莎白·拉贝，李海雁总领事，领事、医学博士刘宣，领事季大福教授
→ 2008年1月23日，李海雁总领事、中国驻法兰克福总领事馆代表团、海德堡历史学家赖歇特教授、米勒－萨伊尼教授以及海德堡汉学研究所柯杰博士访问约翰·拉贝交流中心，拜访托马斯·拉贝教授及其夫人伊丽莎白·拉贝

国内及国际交流

托马斯·拉贝

与中国及日本历史学家的合作

中国南京大学的历史学家通过中国驻德国大使馆，日本的历史学家通过日本驻德国大使馆，都得到了一份南京拉贝日记副本。到目前为止，南京大学已经收到了这些文件。日方也于近期索要一份中日史学家联合会的电子文本。

与海德堡汉学研究所的合作

2007年6月，我应海德堡汉学研究所的邀请，在南京做了一场有关"约翰·拉贝"的讲座。

讨论要点在随后的采访中进行了总结（SHAN e.V.；http://www.sino.uni-heidelberg.de/alumni/newsletter/juni07/interview_rabe.htm）。

与海德堡日本研究所的合作

日本研究所赛弗特（Seifert）教授想和一名博士生一起研究日本人对拉贝及其在南京行动的看法。他从兰登书屋出版集团下属的德意志出版社和托马斯·拉贝教授那里得到了必要的合同文件，以及约翰·拉贝日记的电子版副本，作为他研究项目的基础。

2008年12月19日进行了文件移交。

与海德堡中国留学生的联系

每年12月13日（1937年日本侵占南京之日），中国留学生都会向拉贝的雕像献花，并点燃蜡烛。

与我的祖父约翰·拉贝在南京的朋友的后代的联系

2008年12月19日，我和妻子邀请了一批中国留学生和罗森夫妇，以及海德堡日本研究所所长沃尔夫冈·赛弗特教授来我们家做客。

乔治·罗森先生的儿子保罗·罗森先生是我在祖父约翰·拉贝1937—1938年南京的朋友圈的后代中认识的一个（见图256上）。

与国际友人的联系

2003年，中国北京联合大学历史学家梁怡教授到访海德堡拉贝交流中心，为期一个月。她祖父与中国末代皇帝是同辈。

2009年，她编辑出版了《我眼中的北京》（拉贝日记·北京卷）（见图256下）。

中国艺术家焦阳先生是众多国际友人之一，他于2008年访问了海德堡。

| 拉贝与中国

图256 ↑ 2008年12月21日，保罗·罗森（乔治·罗森博士的儿子）和赛弗特教授（日本研究所）到访海德堡（后排站立者为托马斯·拉贝夫妇）

↓ 2003年，来自北京的梁怡教授访问海德堡中心。这张照片是拍摄于中国的全家福：梁教授与丈夫霍力钢和女儿霍阳

附录 1

JOHN RABE

中国近现代历史的大事件

| 拉贝与中国

1894—1895　甲午战争。为了控制朝鲜和满洲（中国东北），日本发动了甲午战争。

1895　《马关条约》。中国将台湾割让给日本，并承认朝鲜独立。

1897　德国占领青岛。因为两位德国传教士在山东遇害，德国获得了对青岛99年的租借权，并获得胶州半岛的筑路权及铁路两旁的采矿权。中国与英国、法国和俄国（旅顺港）也签订了类似的不平等条约。

1899—1900　义和团运动。义和团运动是民族宗教秘密组织发起的正义与独立之战，此运动是仇外起义，起因是德国驻华公使遇害。这场运动导致欧洲列强在中国展开了一次报复性的远征（即八国联军侵华战争——译者注）。战争结果是中国必须向德国皇帝赔偿并道歉，俄国占领满洲。当德国远征军前往中国时，威廉二世皇帝发表了"匈奴演说"。

1905　日俄战争。日本试图再次在中国大陆站稳脚跟，把沙俄赶出满洲。战争始于对亚瑟港（旅顺口）俄国舰队的攻击和摧毁。日本在沈阳（奉天）击败了俄国军队，并在对马海峡外摧毁了一支来自波罗的海的俄国舰队（对马海战）。

1905　《朴次茅斯条约》（美国）：在美国调解下达成的条约，迫使俄国撤离满洲。日本占领了亚瑟港（旅顺口），并对朝鲜造成了影响，而朝鲜在1910年成为日本的殖民地。战败后，俄国放弃了在东亚的帝国主义政策，又转向巴尔干半岛。这场失败促进了俄国的第一次革命的爆发。自此，日本自称是亚洲的第一个现代强国。

1905　孙中山（1866—1925）建立中国国民党的前身中国同盟会。革命纲领：驱除鞑虏，恢复中华，创立民国，平均地权。

1911　辛亥革命导致清朝的覆灭和中华民国的成立。

1928　蒋介石的国民革命军攻克北京，北伐战争结束，中国"统一"。它的政策是基于中国传统的复兴以及与英国和美国的合作。土地革命没有成功（大地主阶级继续剥削农民阶级）。逐步过渡到军事独裁。在工人和农民的支持下，中国共产党人在毛泽东（1893—1976）领导下成功地在井冈山建立了根据地，创建了红军。

1931　日本占领了东北三省，建立了伪"满洲国"。

1933　日本占领了察哈尔（北平北部）

1934—1936　为了摆脱国民党的"围剿"，中国共产党人长征北上，在延安建立了政权。

1936　蒋介石在西安事变中被扣留，第二次国内革命战争结束。蒋介石被迫同意抗日，国内和平初步实现。

1937　中日两国军队在卢沟桥交火，日本在没有宣战的情况下全面发动了侵华战争。自1939年起，中国的抗口战争与欧洲的战争联系在了一起。

1937—1945　日本占领了中国整个沿海地区，1940年在南京建立了亲日的中国伪政府。

1945　日本投降，第二次世界大战结束。

附录 2

JOHN RABE

约翰·拉贝所著文章和相关书籍

| 拉贝与中国

约翰·拉贝所写文章和书籍

托马斯·拉贝：

约翰·拉贝一生中写了大量日记、文章和多部著作。我父亲，医学博士奥托·拉贝列出了清单（见图258，图259）。不幸的是，其中3本在"第二次世界大战后"（戈茹夫划归波兰，德语名称是 Landsberg，波兰语名称是 Górowo Iławeckie。译者注）的混乱中不幸遗失。

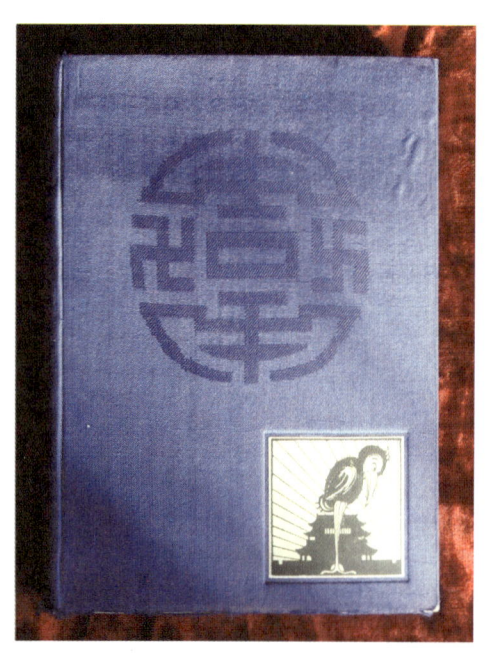

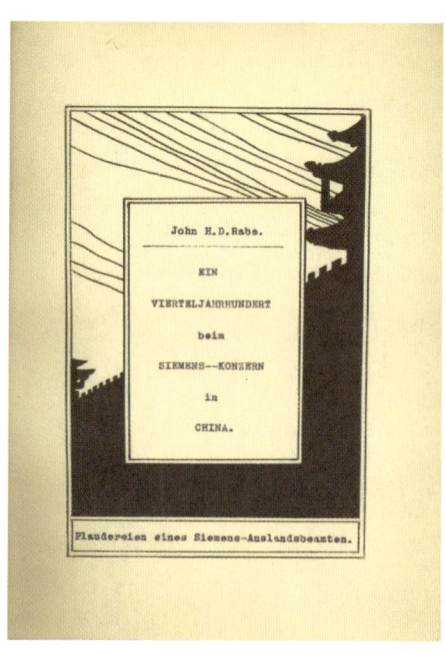

图257 约翰·拉贝：记录了自己在四分之一世纪中为西门子洋行在中国工作的经历（内容截至1934年），本书中的某些页面是根据原版书复制的

在《拉贝自传》（*Rabe's Biogra-vieh*）中，约翰·拉贝对拉贝家族的历史做了概述，同时介绍了他从出生到1906年结束在非洲工作的主要经历。

1934年为纪念与爱妻道拉结婚25周年，约翰·拉贝专门写了《银婚集》（Silberhochheit）作为礼物赠送道拉，该集子记录了有关拉贝家族史的大量细节（见图262）。

《天津故居》（*My Parental Home*）记录了拉贝一家1925年至1931年在天津的工作与生活。遗憾的是，文中所提到的他们在家中使用的一些中国古董未能在日本侵华战争中幸存，而只有一小部分家具和所谓的中国"古玩"保存了下来，目前展陈在海德堡的约翰·拉贝交流中心。

约翰·拉贝撰写的《弥勒佛》（*The Laughing Buddha*）和《中国衣箱的余物》（又译为《中国百宝箱》）（*Remnants of the Chinese Chest*）两部书可以作为了解拉贝家族史的补充（见图263—265）。

约翰·拉贝在《我在中国西门子的四分之一世纪》（*A Quarter of a century for the Siemens Group in China*）一书总结了自己在西门子洋行的职业生涯（见图257）。

在5卷北京日记中《我眼中的北京》（*Peking in My Eyes*）详细记录了20世纪初老北京的艺术与文化，而《慈禧太后最后的诏书》（*The Last Edicts of the Great Empress widow Tsu-Hsi*）又在这方面做了大量补充（见图261）。

关于约翰·拉贝写的《南京日记》（*Nanjing Diaries*）和其他涉及第二次世界大战及战后的日记手稿，我们将随后讨论。

| 拉贝与中国

```
Band 0    : J. Rabes Reise nach China.
            Die letzten Edikte der Kaiserin Tzu-Hsi.

Band I    : Peking - Strassen. Stadtteile.
            Garküchen.
            Begräbnisse / Hochzeiten.
            Hinrichtungen.
            Porträts ( jetzt: Hamburg Völkerkundliches
                      Museum ).
            Lung-Fu-Tze.

Band II   : Gassen.
            Theater.
            Aushängeschilder.
            Strassenhändler.
            Handwerker.
            Schuhe - Füsse.
            Mandarine (Bannerleute) u. Mandschuh Frauen.
            "Langes Leben".
            Spiele.
            Hartrachten.
            Fächer.
            Justiz.

Band III  : Peking -- Chinesen Stadt.
                      Tartaren Stadt.
                      Kaiser Stadt.
                         Verbotene Stadt (= Winter Palast)
            Seen.
            Tempel
            Mauer (etwa 10 m hoch ).
            Tore - Türme.
            Altare.
               PLAN von Peking !

Band IV   : Altare und Tempel.
            Alter Sommerpalast.
            Neuer Sommerpalast.
            Grosse Mauer (= lange Mauer  | ~ 6-7 m hoch )
            Ming-Gräber.                 | (= 22 Fuss hoch
                                         |    20 Fuss breit )
```

图 258 奥托·拉贝（约翰·拉贝和道拉·拉贝之子）：对约翰·拉贝所著书籍、文稿整理后所列的清单（第一部分）

```
              Vatis Bücher :
   Peking    1913 : Rabes Biogra-vieh !
             1916 : Das Bilderbuch mit den Silberecken.
             1917 : Auszüge aus der Bibel.
                    (Bilderbibel. Ein Taufgeschenk).
   Tientsin  1927 : Der lachende Buddha.
             1931 : Mein Elternhaus.  (in Tientsin).
   Nanking   1932 : Ein Vorwort von Putnam Weale zu
                    "The Pageant of Peking"- Eine
                    Übersetzung aus dem Englischen.
             1934 : Knigge in Nanking ( Der S-O-S Ruf
                    eines alten Siemens-Beamten !)
             1935 : Ein Vierteljahrhundert beim Siemens-
                    Konzern in China.
             1935 : Plünn und Knochen (Erinnerungen an
                    Alt-Hamburg.)
             1936 : Die letzten Edikte der Grossen Kaiserin
                    Witwe Tzu-Hsi.
             1936 : Peking, wie ich es sah.- Band I bis IV.
             1936 : Das Leben des Konfuzius.
                    Ein nachdenkliches Bilderbuch.
                       (dieses Buch ist verschollen ???)
             1937-: Feindliche Flieger über Nanking. I bis V
             38    deutsche, englische und chinesische
                    Dokumente.
                  : "Bomben über Nanking" - Es ist die
                    deutsche Übersetzung des oben genannten
                    Buches -- in zwei Bänden.
                    "What war means". The japanese Terror
                    in China, by H.J. Timperly. 1938.
                    Deutsche Übersetzung dieses Buches von
                              John H.D. Rabe. 2 Bände
   Berlin    1943 : Reste aus der Chinesischen Truhe. Wo?
             1945 : Handschriftliches - Tagebuch von J. Rabe
                    - aus Berlin.
                  : Lest we forget.
   Nanking   1934 : Das Buch - zur "Silbernen Hochzeit".
```

图259 奥托·拉贝（约翰·拉贝和道拉·拉贝之子）：对约翰·拉贝所著书籍、文稿整理后所列的清单（第二部分）

| 拉贝与中国

约翰·拉贝撰写的书

写书地点	时间	书名
北平	1913	《拉贝自传》
	1916	《镶银边的画集》(已遗失)
	1917	《圣经片段》(配图版《圣经》,洗礼仪式的礼物)
天津	1927	《弥勒佛》
	1931	《天津故居》
南京	1932	普特纳姆·魏勒为《北京的庆典》写前言
	1934	《南京的爵士》(西门子职员过去的一种紧急呼叫信号)
		《银婚集》(Silbernen Hochzet)
	1935	《我在中国西门子的四分之一世纪》
		《旧衣与废铁》(怀念古老的汉堡)(已遗失)
	1936	《慈禧太后最后的诏书》
		《我眼中的北京》(1—4卷)
		《孔夫子的一生》(纪念画册)(此书已遗失)
	1937/1938	《敌机飞临南京》(1—5卷)(德文、英文、中文的文献)
	1938	《轰炸南京》(为德文版,分为两卷)
		《战争意味着什么》(译著,原书为田伯烈著),中文版译名为《外国人目睹之日军暴行》
		约翰·拉贝上述书籍的德文版2卷
柏林	1943	《中国衣箱的余物》(又译为《中国百宝箱》——译者注)
	1945	约翰·拉贝在柏林写的亲笔日记
		《千万不要忘记》

约翰·拉贝:《我眼中的北京》

卷1	北京的街道、市区普通人的生活,中文版《我眼中的北京》中起名"市井生活"

小餐馆(路边饭摊)

葬礼(白事)/婚礼(红事)

处决犯人

人物肖像(现存于汉堡人类文化学博物馆)和捐献证书

隆福寺

卷2	胡同等各种民间习俗和生活景象,中文版《我眼中的北京》中起名"北京民俗"

剧场

店铺招帧 103 幅

街头小贩

手工匠人

脚——鞋

满族人官吏(旗人)和满族妇女

赌博

妇女发式(系列 16 幅)

扇子(系列 11 幅)

刑法(系列 16 幅)

卷3	北平——中国城市,中文版《我眼中的北京》中起名"典型建筑"

鞑靼城市(满族人掌管的城市)

皇城

紫禁城(东宫)

| 拉贝与中国

	湖泊
	寺庙
	城墙（约 10 米高）
	城门——城楼
	祭坛
	北平的规划，中文版《我眼中的北京》中起名"名胜古迹"（地图）
卷 4	坛庙
	圆明园
	颐和园
	长城（长长的城墙，6—7 米高，即约 22 英尺高，20 英尺宽）
	明陵（也称十三陵）

1908 年 26 岁的拉贝到北京，共生活了 17 年。在他收藏的 4 卷的

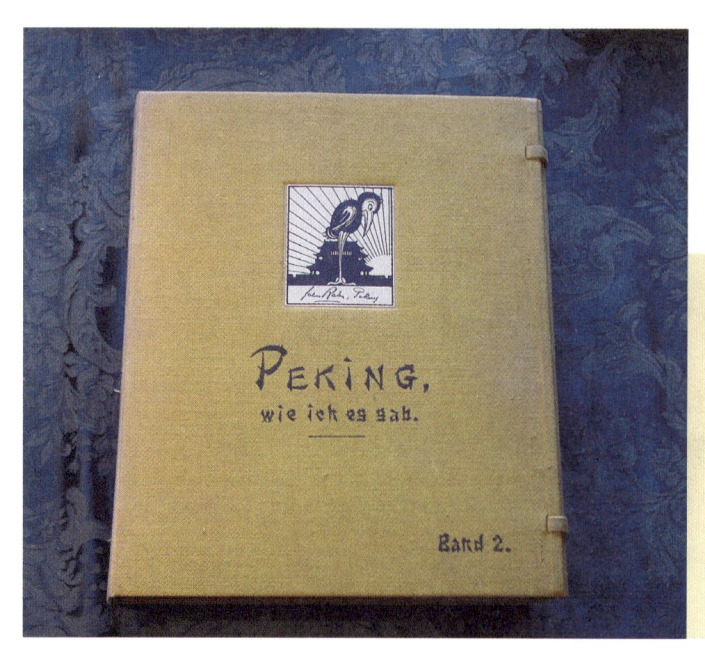

图 260　约翰·拉贝：《我眼中的北京》第 2 卷

《我眼中的北京》和 1 卷《慈禧太后最后的诏书》中,约翰·拉贝详细介绍了 20 世纪初北平的民俗、建筑、艺术与文化(见图 260,图 261)。这两部书中有许多图片描述了工匠和宫廷官员的日常生活与工作。

《慈禧太后最后的诏书》从 1908 年 8 月 2 日拉贝经西伯利亚大铁路去中国的旅途开始,记录了他在北京生活最初几年的所见所闻,书中的许多图片从不同视角呈现了当时的北京城。例如,1900 年义和团运动期间被毁坏的正阳门及对其迅速修复。又譬如,清政府慈禧皇太后统治时期所下的诏书,慈禧和光绪帝病逝前后的北京,还包括年轻的末代皇帝溥仪的相关情况。

这两种书已合为一本书《我眼中的北京》(拉贝日记·北京卷)由北京联合大学人文社科部近现代中国历史学教授梁怡组织翻译和编辑,并于 2009 年由东方出版社出版。

图 261
↗ 约翰·拉贝《慈禧太后最后的诏书》
↘ 慈禧 1908 年 11 月 12 日所下的一道敕令(选自《慈禧太后最后的诏书》)

| 拉贝与中国

约翰·拉贝:《天津故居》

(1931年,写于天津,约142页)

天津是中国北方的城市,位于北京的东南方向,海拔5米,是海河和大运河的交汇处。1858年6月27日中国清政府被迫签署的《天津条约》使欧洲人(德国、俄国和英国)获得了在中国大陆建立新的租界的特权。该书描述了拉贝家(在天津俄租界内的住所,当时天津城内有多个外国租界)的那幢漂亮的房子,位于马场道421号。

本书还收入了一些约翰·拉贝创作的诗和绘的漫画。

本书的一部分涉及南京德国学校的历史,学校有附属幼儿园。约翰·拉贝担任这所40名员工的学校协会的主席,他对这所学校投入非常大的精力。学校大楼直接建在他房子的后面,在建造学校的同时他对住房进行了翻新。

照片中还可以看到1934年约翰·拉贝在南京的"右手",他的助理韩湘琳先生。《天津故居》还描述了拉贝与家人在天津的生活细节,其中包括约翰·拉贝家中各种中国古董的说明。遗憾的是,一些古董后来在柏林战乱中丢失了,另一些被换成了土豆,剩下的现藏于海德堡的约翰·拉贝交流中心。

1934年在南京完成的《银婚集》共约100页,其中包括来自世界各地的大量插页、电报和信件等。

为纪念与妻子道拉结婚25周年,约翰·拉贝写了这本书,其中有许多家庭照片和家庭生活的描述(见图262)。

拉贝还在该书扉页上写道:谨以此书献给爱妻道拉,并以资纪念银婚。书上面贴着来自约翰·拉贝出生地——汉堡的一张明信片。书中还有许多约翰·拉贝妻子道拉、女儿玛格丽特·施莱格尔·拉贝及其丈夫威利、儿子奥托·拉贝等的照片。此书可与《天津故居》参照。

图 262 ← 约翰·拉贝:《银婚集》 → 约翰·拉贝:《天津故居》:拉贝家在天津的住宅（1925—1930）

约翰·拉贝:《弥勒佛》

（1927 年写于天津，共 290 页）

本书绿色封面，带弥勒佛，包含许多拉贝家庭生活的照片、他写的诗歌和创作的漫画（见图 263a、263b）。拉贝在这部书中所写的内容为读者了解遥远的中国打开了一扇窗子，那时德国在中国已经不再有殖民区，但本书再现了"殖民生活"。

这本书还反映了约翰·拉贝在非洲期间的生活，读者还能透过 1914 至 1919 年第一次世界大战期间战俘拘留营的状况，了解当时国际政治局势的变化。

书中拉贝所做漫画折射出了作者从岁月流逝中所获得的启示和智慧。

| 拉贝与中国

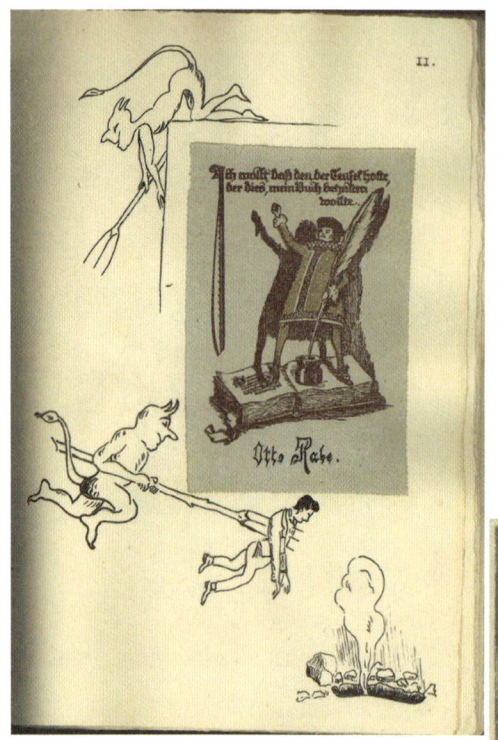

图 263a　约翰·拉贝:《弥勒佛》
　　↑ 本书封面和首页
　　→ 关于东亚战俘的一张宣传画

图 263b　关于"成熟"的系列画

| 拉贝与中国

约翰·拉贝:《中国百宝箱》

（1943年，写于柏林，为儿子奥托而作，共242页）

这本书包含约翰·拉贝收集的一些珍贵的"小艺术品"及其说明（见图264a）。

此外，书中还介绍了中国的剧院和中国戏剧里的各种人物角色系列（见图264b）。

剪纸艺术在中国的地位很重要（见图264b上），对于艺术家及普通民众而言，承载着许多功能。如果某地没有人能识文断字，他们的日常生活、所思所想、神话、故事等等，常常能以剪纸形式记录并传承下去。剪纸艺术的主题十分丰富，例如农耕、放牛、收获等。

本书还收集了很多小绘画和图片等（见图264b下）。

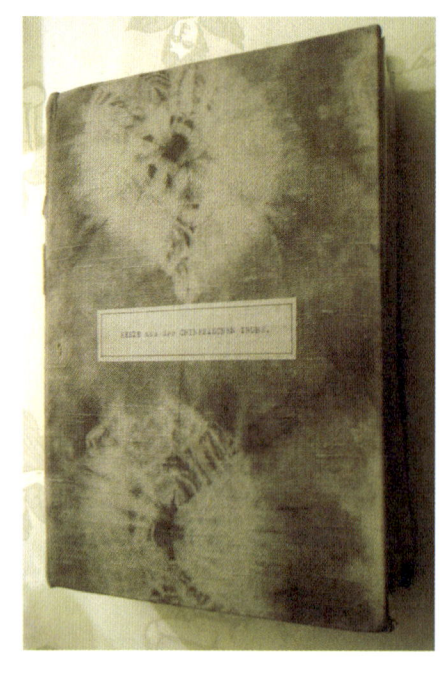

图264a 约翰·拉贝《中国百宝箱》
← 本书封面
→ 彩绘图形：中国民间式丧葬礼
（注：非拉贝本人绘制）

附录 2　约翰·拉贝所著文章和相关书籍

图 264b　约翰·拉贝《中国百宝箱》内图　↑各种剪纸　↓各种小绘画

| 拉贝与中国

图 265a 《中国百宝箱》
↑ 新娘乘坐红彩绸装饰的轿子，婆婆乘坐蓝色轿子
↓ 中国历史上的交通工具：马拉轿车

  书中还有描述葬礼的图片，见图 264a 右。图 265a 的上图，反映的是将新娘送到婚礼现场的过程：新娘乘坐红色彩绸装饰的轿子，婆婆乘坐的是蓝色的轿子。在铁路和汽车发明前，古代中国有很多不同的出行工具，其中包括带篷马车（见图 265a 下），有远途用的手推车，有骡子拉的轿子，也有豪华马车（见图 265b 下）。

图 265b　中国传统交通工具　　上：外省人旅行中的手推车
　　　　　　　　　　　　　　　中：长途旅行中骡子拉的轿子
　　　　　　　　　　　　　　　下：长途旅行中的豪华马车

| 拉贝与中国

约翰·拉贝:《圣经片段》

（纪念儿子受洗的礼物，1917年写于北平，共248页）

这本书与约翰·拉贝生平无关，但我必须专门做一介绍，不仅因为约翰·拉贝写得如此之好，还因为本书是他为庆贺儿子奥托·拉贝出生而创作的，是奥托接受洗礼的礼物（见图266a上）。图266b下并列的两幅图分别为《圣经·旧约》经文和《圣经》故事中的一幅图。

我父亲奥托·拉贝经常说，约翰·拉贝是一个虔诚的信徒，笃信耶稣，全家在饭前和睡前做祈祷是一个传统。

约翰·拉贝的南京日记中，有不少关于美国传教士布道的记载。

根据约翰·拉贝的日记，当时部分中国人按照欧洲传统来庆祝圣诞节，他们同样使用枞树作为圣诞树（见图266a下）。

当时，在中国能找到这样的树并不容易。父亲还告诉我，祖父总是亲自装饰圣诞树，每次他都是一边往圣诞树上挂饰物，一边抽雪茄、吃巧克力饼干。

图266a ↑约翰·拉贝《圣经片段》（洗礼赠书）↓在中国拉贝家中的圣诞树

附录2 约翰·拉贝所著文章和相关书籍

图266b　↑约翰·拉贝《圣经片段》（洗礼赠书）
　　　　↓分别为《圣经·旧约》经文和《圣经》故事

| 拉贝与中国

约翰·拉贝:《族谱》

（共 50 页）

在中国的那些岁月中，祖父似乎对研究拉贝家族发展史非常感兴趣。如图 267a 上反映的就是祖父所写的"拉贝家族史"的内容。此外还有一些与拉贝家族族谱有关的材料。这些文献曾出现在《圣经片段》的开头部分，如图 267b 下所示，并以活页形式保留了下来。

通过上述这些文献，我们能够了解到拉贝大家族中那些生活在德国、美国、新西兰和澳大利亚的祖父、祖母、姑姑、叔叔等人的情况。

我祖父约翰·拉贝的童年和青年时代，以及他和道拉的孩子们，可参见前文。约翰·拉贝在非洲的经历对他后来的成长影响很大，关于这些内容亦可参见前文。此外，约翰·拉贝还在《弥勒佛》一书中谈过自己在非洲的生活和工作，可参见图 263。

图 267a　约翰·拉贝:《族谱》

附录 2　约翰·拉贝所著文章和相关书籍

图 267b　约翰·拉贝：《族谱》

↖ 约翰·拉贝的父亲：马卡斯·拉贝　↗ 拉贝家族其他成员

↓ 约翰·拉贝于 1934 年 11 月 12 日在《圣经片段》中写给儿子奥托·拉贝的话

| 拉贝与中国

约翰·拉贝的译著：《战争意味着什么》

《战争意味着什么》是田伯烈（1898—1954）的著作，1938 年出版。田伯烈是一位澳大利亚新闻记者，因 20 世纪 30 年代对中国的报道以及在南京撰写的这部书而闻名。

1921 年，田伯烈从澳大利亚刚到中国时是做报刊销售的。从 1928 年开始，他为英国《曼彻斯特卫报》（1959 年更名为《卫报》，译者注）设在北平、上海和南京的分社写报道。1934 年他成为《亚洲》杂志的顾问。

1937 年 7 月 7 日"卢沟桥事变"后，田伯烈在《曼彻斯特卫报》上发的报道，在西方被视为无法从其他渠道获得的第一手资料。尽管当时他从上海以电报形式发出的报道必须经过日军的严格审查，但关于南京大屠杀初期的一些重要消息大多数都是他写的，并躲过了日军的审查，不断以电报形式从上海发往伦敦。

1938 年 4 月，田伯烈从上海前往伦敦，出版了《战争意味着什么》一书。在书中，他既记录了一些目击者的陈述，也收录了 1937 年至 1938 年关于侵华日军在南京的部分官方文件。这本书引起了国际社会的极大关注，并在美国以《外国人目睹之日军暴行》为书名出版，其内容曾被北村稔（Kitamura Minoru）等日本历史学家修改。

图 268　约翰·拉贝翻译的田伯烈所著的《战争意味着什么》

附录 2 约翰·拉贝所著文章和相关书籍

资料来源：（http://en.wikipedia.org/wiki/Harold_John_Timperley）

[1] What War Means: The Japanese Terror in China, London, Victor Gollancz Ltd., 1938. (There are two editions, Left Book Club and non LBC editions)

[2] The Japanese Terro in China, New York, Modern Age Books, 1938.

[3] Japan: A World Problem, New York, The John Day Company, 1942.

[4] Australia and Australians, New York, Oxford University Prsss, 1942.

[5] Some Contrast Between China and Japan in The Light of History/10 page leaflet, London, The China Society, publication date unknown

[6] The War on Want/5page leaflet, London, Gledhill Ltd., 1953.

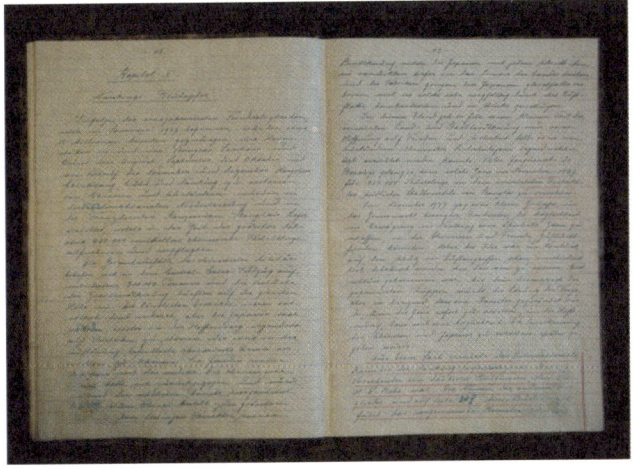

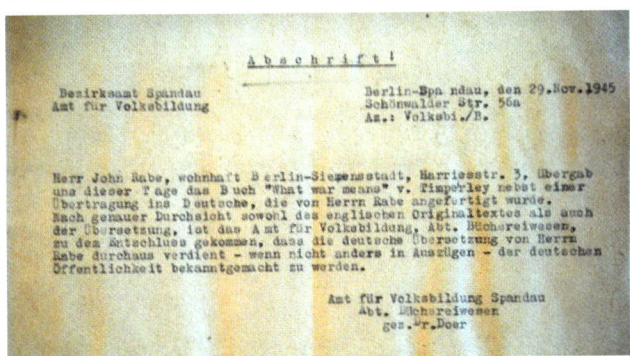

图 269　田伯烈著《战争意味着什么》（约翰·拉贝翻译）
↑ 约翰·拉贝翻译的手稿
↓ 柏林公共教育地区办公室收到约翰·拉贝译著的确认函

附录 3

部分人名、地名及相关术语

| 拉贝与中国

一些名字和术语的解释（使用汉语及汉字）

中国城市及河流名

China（中国）

Chinkiang（Zhenjiang/ 镇江）

Japan（日本）

Hangchow（Hangzhou / 杭州）

Mukden（Shenyang / 沈阳）

Nanking（Nanjing / 南京）

Peitaiho（Beidaihe / 北戴河）

Peking（Beijing / 北京）

Shanghai（Shanghai / 上海）

Soochow（Suzhou / 苏州）

Tienstin（Tianjin / 天津）

Wuhu（Wuhu / 芜湖）

Wuxi（Wuxi / 无锡）

Yangtze kiang Fluss（扬子江 / 长江）

与南京相关的名字和术语

Nanking Massaker Memorial（侵华日军南京大屠杀遇难同胞纪念馆）

Jiang Dong Men Museum（später "Nanking Massaker Memorial" genannt）

（江东门纪念馆［侵华日军南京大屠杀遇难同胞纪念馆前身］）

John Rabe Haus Nanking（南京拉贝故居）

Kulou Krankenhaus（Gulou Yiyuan / 古楼医院）

Jingling（JinLing / 金陵）

Jinling University（金陵大学）（heute die Nanjing University）

Hsin Chieh Kou（Xin Jie Kou / 新街口）（von den Nanking-Deutschen und in Rabe's Tagebuch Potsdamer Platz genannt）

Internationals Komitee zum Schutz der Sicherheitszone in Nanking（南京安全区国际委员会）

轮船名

Kanonenboot Panay（美国炮舰"帕奈"号）

人名（按字母分类）

Chiang Kai-Shek（Jiang Jieshi / 蒋介石）

Adolf Hitler（阿道夫·希特勒）

Christian Kröger（克里斯蒂安·克勒格尔）

Heinz Lautenschlager（海因茨·劳滕施拉格）

John G. Magee（约翰·马吉）

General Matsui（松井石根 / まつい いわね）

Dora Rabe（道拉·拉贝）

John Rabe（约翰·拉贝）

Margarete Rabe（马格丽特·拉贝）

Otto Rabe（奥托·拉贝）

Thomas Rabe（托马斯·拉贝）

Ursula Reinhard（乌苏拉·莱茵哈特）

Georg Rosen（乔治·罗森）

Paul Scharffenberg（保罗·沙尔芬贝格）

Wilhelm Schläger（威廉·施莱格尔）

General Tang（唐生智将军）

Oskar Trautmann（奥斯卡·陶德曼）

Tschou En-lai（Zhou Enlai/周恩来）

Tsu-Hsi（Cixi/慈禧太后）

Minnie Vautrin（明妮·魏特琳/华群）

Erwin Wickert（埃尔温·维克特）

Robert Wilson（罗伯特·威尔逊）

德国的术语

Enkel（孙子）

Großvater（祖父）

Deutschland（德国）

NSDAP（纳粹党）

Gestapo（盖世太保）

与日本相关的名词

HIH Prinz Asaka（朝香宫鸠彦亲王/あさかのみややすひこおう）

Hiroshima（广岛/広島市）（chin. - japanisch）

Nagasaki（长崎/長崎市）（chin. - japanisch）

中外文译法对照表

外文	中文译法
日记	
Hürter	许尔特尔
Kanzler an der deutschen Botschaft in Nanking Paul Hermann Johannes Scharffenberg	德国驻南京大使馆一等秘书保罗·赫尔曼·约翰内斯·沙尔芬贝格
Kiessling & Bader	起士林–巴德餐厅
Hotel Hempel	亨佩尔酒店
Richard Hempel	理查德·亨佩尔
Eckert	埃克特
von Schmeling	冯·施梅林
Pension Rohde	罗德膳宿公寓
Streccius	施特雷齐乌斯
Blume	布卢默
von Boddien	冯·博迪恩
Borchardt	博尔夏特
Just	尤斯特
Senzeck	岑切克
Lindemann	林德曼
Kunst & Albers	孔斯特–阿尔贝斯贸易公司
Stark	史塔克
"Bee"	"蜜蜂"号
"Tien Kwang"	"天光"号
"Cricket"	"蟋蟀"号
"Whangpu"	"黄浦"号
"Panay"	"帕奈"号
"Scarab"	"金龟子"号
Gesandtschaftsrat Lautenschlager	公使衔参赞劳滕施拉格
Konsulatssekretär Spengler, Hoth und Bresan	领事秘书斯宾格勒、霍斯和布雷桑
Bründel	布伦德尔
Zimmermann	齐默尔曼
"Kutwo"	"库特沃"号
"Suiwo"	"穗沃"号
Dr. Rosen	罗森博士
Butterfield & Swire	太古洋行

拉贝与中国

续表

外文	中文译法
Admiral Holt	霍尔特上将
Hornemann	霍恩曼
BR. Hidaka	日高信六郎参赞
Generalmajor Homma	本间少将
englischer Konsul Jeffery	英国领事杰佛瑞
Archivist Williams	档案员威廉姆斯
Allison und V. K. Percey	阿利森和 V.K. 珀西
Print Chichibu	秩父宫雍仁亲王
Oberst Akira Muto	武藤章大佐
Major Hungo	本乡少佐
Die Wacht am Rhein	《保卫莱茵河》
Generalkonsul Fukui	福井总领事
Garnison-Kommandant Generalmajor Naojiro Amaya	(南京)守备司令天谷直次郎少将
Attaché Tokuyasu Fukuda	随员福田笃泰
General Iwane Matsui	松井石根将军
Rote Kreut Gesellschaft	红卍字会
Oberst Hermann Voigt-Ruscheweyh	赫尔曼·福格特–卢什威上校
Rupert Hatz	鲁珀特·哈茨
Balte Zaudig	巴尔特·佐迪希
Eduard Sperling	爱德华·施佩林
Arzt Dr. Brady	布雷迪医生
Bridge House Hotel	桥楼旅馆
Foo Chong Hotel	福昌饭店
Generalkonsul Y. Hanawa	总领事花轮义敬
Konsul Tanaka	田中领事
StuDeO	东亚之友协会

生平	
Renate Scharffenberg	雷娜特·沙尔芬贝格
Missionar Mr. McCallum	传教士麦卡勒姆先生
Botschaftsrat Fischer	菲舍尔参赞
Smythe	史迈思

鸣　谢

埃尔温·维克特博士与祖父在中国相识时还是一名学生。作为世交，维克特博士备受拉贝家族的敬仰，正是他根据拉贝日记编辑出版了《约翰·拉贝——南京的德国好人》，国际社会才有机会从这些珍贵的历史文献中认识了解约翰·拉贝和那段历史。他还从前辈与亲历者的角度，对我本人不吝赐教。他的不幸辞世，使世界失去了一位伟大的人文主义者和作家，拉贝后人痛失了一位良师益友。

我的父母亲帮助包括我在内的孩子们认识祖父，了解中国，他们在这方面发挥的作用是无可替代的。父亲奥托·拉贝博士生于北京，他在中国生活到14岁。他总是向我们谈起中国，并讲述了大量关于1917年到1931年发生在中国的故事，由此我对东亚萌生了巨大兴趣。我的母亲埃尔瑟·拉贝对我的教育加深了我对祖父日记在还原历史方面的认识。父母的教诲令我受益无穷。

我要特别感谢乌苏拉·莱茵哈特夫人，作为约翰·拉贝的外孙女，她提供了自己收藏的所有关于约翰·拉贝的文献，并为这本传记的编写做了不懈努力。特别是她告诉了我许多关于祖父的事情，而这些重要信息在祖父的日记中并没有被记载。

作为《拉贝日记》的出版商,德意志出版公司多年来一直负责该书在全球的发行,并以极大的热忱始终关心着与这部作品有关的事宜。对此,我深表感谢。

德国驻上海总领事馆一直积极参与约翰·拉贝故居的修复工程。南京大学、西门子公司和博世西门子家用电器公司也为此作出了不少贡献。我谨代表拉贝家族表示敬意。

耶鲁大学图书馆不但提供了许多历史图片,还允许我摘录并转载那些当年身为"南京安全区国际委员会"成员的美国传教士的简历等资料,我谨对此表示衷心的谢意。

生活在纽伦堡的犹太汉学家鲁特·哈罗博士(Dr. Ruth Hallo)以前的硕士论文专门研究约翰·拉贝与南京,她不但慷慨地与我们分享了论文中的观点,还为本书撰写了部分章节。对此,我深表感谢。

罗梅君博士(Dr. Mechthild Leutner),柏林自由大学东亚研究所的教授、汉学家,我要感谢她为我们理解1937年至1938年德国与中国之间的关系所作的贡献。德国联邦外交部为我提供了资料,表明目前在南京的德国人社区和当地的德国学校对促进德中友谊发挥了积极作用。对此,我要特别对德国前驻沪总领事芮武峰博士(Dr. Wolfgang Röhr)表示诚挚的谢意。

奥地利海外和平服务志愿者吴家齐(Thomas Plesser)先生曾经在南京大学拉贝纪念馆工作,他向我提供了一些珍贵的照片和文字资料。对此,我要向吴家齐先生和奥地利海外和平服务机构负责人安德里亚斯·麦斯林尔(Andreas

Maislinger）先生表示感谢。

侵华日军南京大屠杀遇难同胞纪念馆的中国朋友热情授权我使用一些插图和资料，令我十分感动。

德国的东亚大学生服务之友协会（Studienwerk Deutsches Leben in Ostasien e. V.）自1992年成立以来，一直致力于对侵华日军当年在南京的暴行进行研究，积极收集曾经生活在东亚国家的德国人的文献和图片，并在协会期刊《东亚大学生服务之友通讯》上发表。张纯如女士多年来一直在寻找约翰·拉贝的后人。1996年在时任东亚大学生服务之友协会主席沃尔夫冈·穆勒牧师（Pastor Wolfgang Müller）的帮助下，张纯如女士终于与约翰·拉贝的外孙女乌苏拉·莱茵哈特建立起了联系。借此机会，我要对东亚大学生服务之友协会表示感谢。

我要感谢首都医科大学附属北京妇产医院妇科内分泌科主任、国际生殖力保护中心负责人阮祥燕教授和她的团队将本书从英语翻译成中文。为完成本书的翻译，阮教授的女儿谷牧青也做了大量工作。借此机会，我还要向所有帮助我翻译审校大量原始文件的人表示由衷的感谢。

在此，我要衷心感谢中国人民对外友好协会（简称"友协"）给予我的大力支持。友协的张骥先生将部分译自英文的中文文本与德文原版文本进行对照，在此基础上，对中文译稿做了修改，其中包括莱茵哈特女士、罗森博士、沙尔芬贝格先生、克勒格尔先生和维克特博士的文章。

我要特别感谢侵华日军南京大屠杀遇难同胞纪念馆的翻译团队将罗梅君教授的文章由德文翻译成中文。

北京联合大学人文社会科学部原主任梁怡教授多年来从事中国近现代史教学和研究，她不厌其烦地对本书的每一版稿件进行了认真的、建设性的审校，令人感动，我深表感谢。

借此机会，我还要感谢我亲爱的妻子伊丽莎白·拉贝，她与我一起负责坐落于海德堡的约翰·拉贝交流中心的日常工作，在本书的编撰过程中，她在文字和图片方面发挥了重要作用。

最后，我要向中国出版集团研究出版社的朋友表达由衷的感谢，他们以高度的使命感、责任感和专业精神，完成了本书的审校和出版工作。

全球新冠疫情改变了人们的生活，人类正处在一段恐惧、痛苦、悲伤的艰难时期，但这同时也是充满希望、关心和友爱的时期。换言之，疫情带来的危机影响着我们的情绪和生活，但病毒也唤起了更多人的热情、关怀和爱心。这就是为什么我们不仅满怀希望，同时也充满自信：我们将克服危机，人类终将战胜一切困难。

基于这些，我代表拉贝的后人衷心感谢中国驻德国使馆、北京市政府、南京市政府、首都医科大学和北京联合大学，他们给我和家人、朋友、海德堡民众和海德堡大学附属医院寄来口罩、防护衣、专用药品和消毒液等。

鉴于上述，我将传承祖父约翰·拉贝服膺的人道主义精神，与朋友们携手努力，身体力行，为实现习近平主席倡导的构建人类命运共同体这一新时代伟大愿景而努力。

约翰·拉贝之孙托马斯·拉贝
于海德堡约翰·拉贝交流中心
2020 年 10 月